FUTURE HUMANS TRILOGY

Buch 1: Die Kosmischen Schlüssel für unser Zukünftiges Werden

Die Reise der Rose

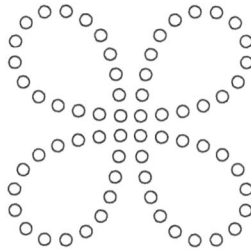

Anneloes Smitsman Ph.D. **& Jean Houston** Ph.D.

Vorwort von Lynne McTaggart

Unabhängig veröffentlicht von Oxygen Publishing, 2022

Die Reise der Rose

Anneloes Smitsman Ph.D. & Jean Houston Ph.D.

Anneloes Smitsman & Jean Houston

Future Humans Trilogy
Book 1: The Quest of Rose – The Cosmic Keys of Our Future Becoming
Copyright © 2021, Anneloes Smitsman Ph.D. und Jean Houston Ph.D.

1. Auflage, 2021, 1. deutsche Auflage 2022

Editor: Diane Nichols
Aus dem Amerikanischen: Dagmar Wolff
Titelbild: Denise Kester
Umschlaggestaltung: Anneloes Smitsman, und Steve Walters, Oxygen Publishing
Innen-Gestaltung: Steve Walters, Oxygen Publishing
Illustratoren: Anneloes Smitsman, Patrice Offman, und Justine Page

Independently Published by
Oxygen Publishing Inc.
Montreal, QC, Canada
www.oxygenpublishing.com

ISBN: 978-1-990093-65-4
Imprint: Unabhängig veröffentlicht

Widmung

Den Kindern der neuen Zeit

REZENSIONEN DER FUTURE HUMANS TRILOGY

„Voller Weisheit und Erkenntnis, mit einer Vision der Zukunft, von der in unserem Zeitalter der Veränderung und ständiger Unsicherheit jeder profitieren kann. Die *Future Humans Trilogy* von Anneloes Smitsman und Jean Houston ist der Ausdruck wahren Mitgefühls, welches von einer Empathie und einem Verständnis zeugt, das zu Antworten führt; und die Antworten sind die Essenz der Weisheits-Traditionen der Welt. Die Geschichten der Trilogie sprechen direkt zum Herzen, wo jede innere Reise beginnt. Wenn das Herz erwacht, wird die Person transformiert. Diese Trilogie ist lebendiges Beispiel dafür, dass solch eine radikale Veränderung erwünscht, möglich und notwendig für das Leben aller Menschen ist."

~ **Deepak Chopra**, M.D. Autor von *Total Meditation*

„Die *Future Humans Trilogy* ist reine Inspiration – Seelen-Gold. Während wir in den chaotischen Winden herumwirbeln, und uns fragen, wohin wir gehen und wann der Sturm enden wird, erscheint diese Trilogie als Leitfaden, der den Menschen aufzeigt, wie sie sich mit dem verborgenen Kraftfeld verbinden können, das dieses Epos der Transformation beherrscht. Wahrhaft genial!"

~ **Dr. Caroline Myss**, Ph.D. Autorin von
Intimate Conversations with the Divine

„In jeder Generation gibt es bahnbrechende Ideen, die den Kurs menschlicher Evolution verändern. Diese Funken stammen aus den generativen Tiefen der Imagination. Sie entfachen neue Wege, um ganz Mensch zu werden. Aus der Renaissance-Kunstfertigkeit von Jean Houstons Lebenswerk und der frischen Brillanz und tiefen wissenschaftlichen Einsicht Anneloes Smitsmans entsteht *Die Reise der Rose*, ein Buch, welches zugleich *hoch aktuell und zeitlos* ist. Die architektonischen Werkzeuge und kreativen Mittel der Entfesselung der eigenen Wiedergeburt warten auf ihre Entdeckung durch packende und innige Dialoge, die auf diesen Seiten lebendig werden. Archetypische Portale und kosmische Schlüssel, die für das Neu-Erschaffen von Gesellschaft benötigt werden, zeigen sich in meisterhafter Erzählkunst. Dieses Buch ist mächtig. Es erweckt die eigene latente Bestimmung und inspiriert dazu, das Neue, nun Mögliche freudig zu umarmen und willkommenzuheißen. Der RUF erschallt. Die Einladung ergeht an alle, ihm zu folgen. Jetzt ist die Zeit…"

~ **Dr. Stephen Aizenstat**, Ph.D. Gründer des Pacifica Graduate Institute, der Academy of Imaginal Arts and Sciences und Dream Tending

„Ein fabelhafter Ausflug in die wahrhaftigen Potenziale – und wenn wir Glück haben – auch die Zukunfts-Realität der menschlichen Persönlichkeit. Wir erfahren so ziemlich alles, was über die evolutionären Möglichkeiten des Menschen denkbar ist – eine wirklich verblüffende Reise. Mit Bewunderung und Dankbarkeit zu lesen und zu leben."

~ **Dr. Ervin Laszlo**, Ph.D. Nominiert für den Friedensnobelpreis, preisgekrönter Autor, Gründer & Präsident des Laszlo Institute of New Paradigm Research

„Die Reise der Rose ist so viel mehr als nur ein Buch! Es ist der Start einer Reise, die buchstäblich das eigene Nervensystem neu strukturieren kann, um den Herausforderungen dieser schwierigen Zeiten besser begegnen zu können. Es greift die größten Fragen der Menschheit auf, in dem es gleichzeitig die Kraft des Erzählens, Einblicke in die kosmische Ordnung, die Inspiration der größeren Perspektive und einfache Übungen verbindet, die die Grenzen des eigenen Denkens erweitern werden. Diese Wegbeschreibung in eine bessere Zukunft wird Sie persönlich ansprechen, und es ruft unsere Kultur als Ganzes an: Der Weg zu immer größeren Möglichkeiten für das Experiment *Mensch* liegt vor uns, unser kollektiver Wille wird beschworen –und die Zeit ist reif!"

~ **Donna Eden** und **David Feinstein**, Ph.D. Co-Autoren von *The Energies of Lov*e

„Geschrieben mit einer atemberaubenden Schönheit, Wärme und Charme – Jean und Anneloes haben der Human-Potential-Bewegung einen unschätzbaren Dienst erwiesen, indem sie die Erkenntnisse neuester Paradigmen-Forschung und die Weisheit der alten Mystiker in einer magischen Erzählweise vereinen, die mit dem Umblättern jeder Seite im Leser etwas entfachen und katalysieren. Zusammen weben sie einen sehr gut erfassbaren und unvergesslichen Fahrplan zur Aktivierung und Entwicklung der Zukunfts-Potentiale unserer Spezies. Von enormer praktischer Bedeutung sind die neun kosmischen Schlüssel des Bewusstseins und die zwölf transformativen Übungen, die am Ende jedes Kapitels in einen reichhaltigen Erzählstrang eingebettet sind. Die *Future Human Trilogy* ist eine Pflichtlektüre für alle, die an der Evolution des Bewusstseins arbeiten."

~ **Dr. Claire Zammit**, Ph.D. Gründerin von FemininePower.com

„Wie Schamanen auf einer magischen Reise der Heilung nutzen Anneloes Smitsman und Jean Houston in der *Future Humans Trilogy* meisterhaft die fiktionale Kraft und welterschaffende Kunst der heiligen kreativen Imagination, um eine fesselnde Geschichte zu weben, die die zugrundeliegende tiefe mythische und befreiende Natur offenbart, die in der scheinbar gewöhnlichen, nicht-fiktiven Realität verborgen liegt. Codiert in der Geschichte, die sie erzählen – und es ist wirklich unsere eigene Geschichte – liegt die lebendige Überlieferung, die unser evolutionäres Potenzial aktiviert und erweckt und uns damit hilft, uns daran zu erinnern, wer wir sind und wozu wir hier sind. Diese Trilogie ist ein wahrhaftiges Geschenk an die Menschheit, welches ich nicht hoch genug empfehlen kann."

~ **Paul Levy**, Autor von *Dispelling Wetiko* und
The Quantum Revelation

„Geschrieben von zwei Visionären, evolutionären Anführern und meisterhaften Erzählern, ist dieses Buch nicht fiktional, es ist *imaginal*. Es rührt an unsere tiefsten Sehnsüchte und legt die Saat für ein tiefes *Gefühl der Zugehörigkeit*. Unter tiefgründiger und stärkender Anleitung von Jean Houston und Anneloes Smitsman werden wir ermuntert, uns an die Wahrheit zu erinnern, wer wir wirklich sind. Das Buch lädt uns ein, unserem Leben Sinn und Bestimmung zu verleihen – als mit- und neu-erschaffende, co-kreative evolutionäre Partner in einem offenbarten und lebendigen Universum. Wahrhaft Balsam für die Seele!"

~ **Dr. Jude Currivan**, Ph.D. Kosmologin, Autorin von *The Cosmic Hologram*, Mitbegründerin von WholeWorld-View

„Ich habe schon lange eine persönliche Regel: Lies alles, was Jean Houston schreibt. *Die Reise der Rose* von Anneloes Smitsman und Jean Houston, bestärkt diese Regel. Dieses weitblickende Werk erscheint zu einem kritischen Moment in der Geschichte der Menschheit, in dem wir mit enormen Herausforderungen konfrontiert sind, die vielleicht das Weiterbestehen unserer Spezies beeinflussen werden. Wir können uns nicht leisten, dieses großartige Werk zu ignorieren."

~ **Larry Dossey**, M.D. Autor von *One Mind: How Our Individual Mind Is Part of a Greater Consciousness and Why It Matter*s

„Anneloes Smitsman und Jean Houston liefern eine fesselnde Erzählung, in der von jeder Seite profunde Erkenntnisse hervorzuspringen scheinen. Diese überragenden Denker erwecken eine mythische Reise persönlicher und gesellschaftlicher Transformation zum Leben. Die *Future Humans Trilogy* ist ein reizvolles Geflecht aus erbaulicher und nachhaltiger Weisheit, wunderschön gestaltet und ein Zeugnis für die Entwicklung menschlichen Potenzials, das deinen eingeschlagenen Weg erneuern und voranbringen wird."

~ **Dr. Jeffrey K. Zeig**, Ph.D. Gründer von
The Milton H. Erickson Foundation

„Dies sind monumentale Bücher für unsere beispiellose Zeit! Die *Future Humans Trilogy* ist anders als alle anderen Bücher, die Sie je lesen werden. Sie ist atemberaubend in ihrem Umfang, erhellend in ihrer Tiefe und erhebend in ihrer Botschaft. Sie verwebt nahtlos Quantenphysik, Kosmologie, Mythologie, Spiritualität, Psychologie, Geschichte und Vieles mehr – und das mit fesselnder Eindrücklichkeit. Dieses Buch ist ein Muss für alle, egal welchen Alters oder welcher Herkunft, die sich mit der Frage beschäftigen, wie wir durch diese chaotischen Zeiten des Wandels – akzentuiert und verstärkt durch die COVID-Pandemie – unseren Weg navigieren sollen."

~ **Prof. Dr. Alexander Schieffer**, Ph.D. Mitbegründer von Home for Humanity, Adjunct Professor im Da Vinci Institute, Südafrika

„Die *Future Humans Trilogy* lässt uns in das Leben der jungen COVID-Überlebenden Rose eintauchen – und in ihre Suche nach einem tieferen Sinn nach ihrer Begegnung mit dem Tod. Durch Roses belebende Dialoge mit gleichaltrigen Freunden sowie ihrer eindrucksvollen Großmutter Verdandi nehmen wir aktiv an ihrer sich entfaltenden Entdeckung der kosmischen Architektur des Lebens teil. Seite an Seite mit Rose aktivieren wir unsere imaginalen Zellen und erweitern unsere Bewusstseinszustände durch Großmutter Verdandis kraftvolle Übungen zur Entfaltung unserer Quanten-Kräfte. Wir werden nicht nur Teil der mythischen Initiationsreise von Rose, sondern lernen mit ihr, wie wir unser eigenes Leben transformieren und Zukunfts-Menschen werden können, die wir sein müssen, um eine Zukunfts-Welt zu schaffen, die für alle funktioniert. Die *Future Human Trilogy* ist DIE überragende Buchreihe für unsere Zeit."

~ **Dr. Rama Mani**, Ph.D. Mitbegründer von Home for Humanity, Convenor, Enacting Global Transformation. Centre for International Studies, University of Oxford

„Diese erstaunliche *Future Humans Trilogy* ist ein Werk purer Genialität, welches dazu inspiriert, ‚sich selbst zu erkennen' als multidimensionalen Architekten des ‚zukünftig Möglichen'. Anneloes Smitsman und Jean Houston erwecken brillant unsere wahre Essenz als kosmische aktivierende Kräfte der Evolution, indem sie den Leser mit Werkzeugen, Codes, Schlüsseln, Pattern, Übungen und Prinzipien ausstatten, und damit Geburtshilfe leisten für eine kollektive Metamorphose der Schmetterlings-Puppe in eine leuchtende Zukunft. Dieses Buch ist eines der wichtigsten Bücher unserer katalytischen Zeit des Umbruchs und sollte allen Menschen und jeder Bildungseinrichtung als Leitfaden zur Verfügung stehen, um eine Welt zu erschaffen, die für alle funktioniert!"

~ **Diane Williams**, Gründerin von The Source of Synergy Foundation

„Wie kann man sich mit anhaltender und lebendiger Vorstellungskraft mit den uralten Mysterien von Wissenschaft und Spiritualität sowie Materie und Bewusstsein auseinandersetzen? Mit unseren Welten am Abgrund kann es wichtiger sein, *wie* wir lernen als *was* wir lernen, wenn es darum geht, furchtlos und gewissenhaft eine Zukunft der Zugehörigkeit und des Gedeihens zu erschaffen. Dieses die Seele anrührende Buch, gespickt mit transformativen Prinzipien, Perspektiven, Praktiken und Potentialen, imprägniert unseren kollektiven Willen mit der Saat möglicher Zukunfts-Welten."

~ **Dr. Aftab Omer**, Ph. D. Präsident der Meridian University

„*Die Reise der Rose* ist ein kraftvolles Buch, welches Ihnen hilft, durch diese persönlich und global schwierigen Zeiten zu navigieren. Roses Weg wird Sie inspirieren – durch strahlende Integrität, Authentizität, Wahrheit und Weisheit. Anneloes Smitsman und Jean Houston stellen am Ende jedes Teils Übungen zur Verfügung, die Sie weit über die Grenzen dessen führen werden, was Sie im Leben für möglich gehalten haben. Dieses erste Buch der *Future Humans Trilogy* stillt das Verlangen unserer Herzen nach dem, was wir uns für uns selbst, unsere Kinder und Kindeskinder und die Kinder anderer Spezies gewünscht haben – heute und für kommende Generationen."

~ **Dr. Anita Sanchez**, Ph.D. Autorin von *The Four Sacred Gifts: Indigenous Wisdom for Modern Times*

Vorwort

Es passt sehr gut, dass *Die Reise der Rose* – der erste Teil der *Future Humans Trilogy* – als Geschichte erzählt wird. Mit großen Teilen unserer Welt in einer akuten Krise – Klima und Ökologie, Ökonomie, Gesundheit und Sicherheit, sogar unsere Grundrechte sind bedroht – brauchen wir dringend ein neues Narrativ, nach dem wir uns richten können.

Joan Didion formulierte es so: „Wir erzählen uns Geschichten, um zu leben." Obwohl ein Flickenteppich von Einflüssen die Entstehung von Überzeugungen über unsere Welt und unseren Platz in ihr beeinflusst – sei es religiös, politisch, ökonomisch, wissenschaftlich oder philosophisch – sieht der moderne Mensch die Wissenschaft als Haupt-Autorin an.

Wissenschaftliche Modelle erschaffen unsere Wahrnehmung davon, wie das Universum funktioniert und was es heißt, Mensch zu sein – und von diesem Standpunkt aus gestalten wir die Welt.

Obwohl wir die Wissenschaft als Kollektion von zeitlosen, unverrückbaren Wahrheiten ansehen, ist Wissenschaft selbst auch nur eine Geschichte, die ständig weiterentwickelt wird - und deren alte Kapitel mit jeder bahnbrechenden Entdeckung im Labor verworfen werden.

Trotz einer sich stetig verändernden Handlung geht das meiste, was wir heute als menschliche Kapazität und Erfahrung definieren, auf Ideen zurück, die vor über 300 Jahren formuliert wurden, welche auf Entdeckungen von Isaac Newton zurück gehen und von Charles Darwin im 19. Jahrhundert erweitert wurden.

Newton beschrieb ein wohlgeordnetes Universum aus einzelnen Objekten, die nach bestimmten feststehenden Gesetzen in Zeit und Raum funktionieren; und Darwins Theorie der Evolution erschuf ein *Leitmotiv* des kompetitiven Individualismus, einen heroischen Kampf um die Herrschaft über feindliche Elemente und das Teilen von strikt limitierten Ressourcen.

Beides waren Geschichten, die das Getrennt-Sein definierten und idealisierten. Wir erleben nun Krisen an vielen Fronten und das vage Gefühl beschleicht uns, dass wir uns trotz der scheinbaren technischen Beherrschung des Universums einem apokalyptischen Ende unserer Tage nähern – beides symptomatisch für ein falsches Bild von dem, was wir wirklich sind und der daraus abgeleiteten Schlüsse.

In diesem Buch ist der Weg der Rose im tiefsten Sinne eine Reise der Heldin auf der Suche nach einem authentischeren menschlichen Narrativ. Eine Nahtoderfahrung (passenderweise wegen Covid-19) – während derer sie einen Blick einer tieferen und wahrhaftigeren Realität erhascht, nämlich die außerordentliche Einheit aller Dinge – bringt sie auf den Weg einer Reise ins innere Entdecken: Nicht nur, um herauszufinden, was um Himmels Willen tatsächlich mit ihr geschah, während sie zwischen Leben und Tod schwebte, sondern auch was es heißt, wirklich Mensch zu sein.

Während ihrer Suche nach Sinn in ihren Erfahrungen betritt Rose unbekanntes wissenschaftliches Terrain. In Verbindung mit dem außerordentlichen Dialog, den Rose mit ihrer weisen isländischen Großmutter Verdandi unterhält, vereint sie zudem viele dieser neuen Entdeckungen mit starken, zeitlosen Mythen und Archetypen, und erschafft damit nicht nur eine neue wissenschaftliche Geschichte, sondern einen neuen, nachhaltigeren Blick auf die Welt.

Rose beginnt zu verstehen, was sie schon selbst tief erlebt hatte: Das Universum ist eine fühlende, geeinte und ineinander verflochtene Entität, in der das Bewusstsein der Hauptantrieb ist und digitalisierte Information das Alphabet einer universellen und holistischen Sprache.

Sie erkennt, dass Zeit nicht als in die Zukunft weisender Zeitstrahl existiert, sondern als immerwährendes „Jetzt", sodass die Zukunft die Gegenwart kontinuierlich mit erschafft und verfeinert.

Aus der Warte dieser radikal neuen Einsichten beginnt sie, die Kraft dessen zu verstehen, was sie – und jedes menschliche Wesen – besitzt: Die Zukunft zu „aktivieren und herbeizurufen", hinein in eine höhere Ordnung der Realität.

„Das Leben schränkt uns nicht ein. Es hält uns nicht zurück", ermahnt ihre Großmutter sie.

Die Wahrheit ist, wie Rose schließlich realisiert, dass das Leben ganz und gar nicht so ist, wie es uns oberflächlich erscheint. Letztendlich muss das Verarbeiten aller dieser Implikationen aus den wissenschaftlichen Offenbarungen unweigerlich zu einer radikal anderen individuellen und kollektiven Art des Seins führen.

Die Reise der Rose ist ein bemerkenswerter Hybrid eines Buches auf mehreren Ebenen: Eine individuelle Reise und eine äußerst schmackhafte Einführung in unzählige wissenschaftliche Durchbrüche. Packende Fiktion und praktisches Sachbuch zugleich.

Die Reise der Rose

Jedes Kapitel bringt nicht nur Roses Reise voran, sondern fasst Schlüsselerkenntnisse und Wahrnehmungs-Übungen für die Leser zusammen, um deren Selbstverwirklichung zu unterstützen, so dass wir selbst unser eigener „Kosmischer Architekt" werden können.

In diesem Sinne ist die *Reise der Rose* unser eigenes Helden-Epos. Durch das Entdecken der Geheimnisse und Übungen von Rose folgen wir – wie Verdandi sagt – der „Verlockung des Werdens" mit einer Reise, auf die wir uns in diesem Schlüsselmoment menschlicher Geschichte alle begeben müssen.

Verdandi erklärt, warum diese Reise noch nie so wichtig war wie heute: „Es scheint, dass wir in unserem eigenen Live-Experiment der Mythenbildung gelandet sind, konfrontiert mit einer Krise nach der anderen."

Dass *Die Reise der Rose* das Mythische mit wissenschaftlichen Erkenntnissen vereint, resultiert aus der glücklichen Partnerschaft zweier außergewöhnlicher Denker: Dr. Jean Houston, Futuristin, Visionärin, Akademikerin, Beraterin globaler Führungspersonen, und eine der wichtigsten Architekten des Human Potential Movement und Dr. Anneloes Smitsman, Autorin, visionäre Wissenschaftlerin, und Architektin des systemischen evolutionären Wandels.

Diese außergewöhnliche Zusammenarbeit hat ein kühnes, hoch originelles Werk hervorgebracht, welches uns alle einlädt, unseren Platz in der Renaissance einzunehmen – indem wir in uns selbst „die Passion für das Mögliche" finden.

„Dein Leben als Teil einer größeren Geschichte zu sehen, hilft dir, dich wieder auf die Füße zu bringen und weiterzumachen. Aber dein Leben als *großartige* Geschichte zu sehen, kann dich mit Leidenschaft erfüllen und dir die Codes geben, welche dir neue Sphären von Möglichkeiten eröffnen und dir ein mythisches Leben und einen höheren Sinn verleihen", sagt Verdandi.

Jean Houston blickt auf jahrzehntelange Erfahrung als „Evocateur", wie sie es nennt, zurück. Ursprünglich war hiermit ein Soldat gemeint, der die Truppe zu den Waffen ruft; hier meint es einen Wissenschaftler, der das Wachstum eines winzigen Embryos in Gang setzt. Dr. Houston hat einen Großteil ihres Lebens damit verbracht, zehntausende Menschen überall auf der Welt mit der Notwendigkeit zu konfrontieren, nach höheren Zielen zu streben, um ihr höheres Potential zu finden und auszuschöpfen.

Dr. Smitsmans Forschung hat sich unermüdlich mit revolutionären Ideen auseinandergesetzt und radikal neue wissenschaftliche Erkenntnisse ans Licht gebracht. Und ihr Hintergrund als kreative und schöpferische Kraft des transformativen Wandels in Bildung, Ökonomie, Governance und Ökologie resultiert aus einer Verbindung ihrer wissenschaftlicher Originalität und umfassender Erfahrung in spirituellen und mystischen Gefilden.

Die Reise der Rose ist letztlich ein Werk tiefer Hoffnung in diesen turbulenten Zeiten, welches eine neue Definition unserer selbst und eine Vision unbegrenzter zukünftiger Möglichkeiten anbietet.

Aber diese Trilogie bedeutet ebenso den Anstoß zu radikalem Wandel. Und es gibt kein Zurück. Sobald du gefangen bist in Roses Offenbarungen und beginnst, die tiefe Wahrheit in ihnen zu verstehen, muss eine neue Art und Weise deines eigenen Seins geboren werden.

Akzeptiere den sirenenhaften Ruf und begib dich mit Rose auf den Weg. Erlaube der neuen brillanten Geschichte, deine imaginalen Zellen deines außerordentlichen Potentials zu erwecken und werde ein *Future Human* – der Mensch der Zukunft – der du schon immer sein solltest.

~ **Lynne McTaggart**, Juni 2021

Lynne McTaggart ist eine preisgekrönte Journalistin und weltbekannte Autorin. Sie ist eine der zentralen Autoritäten auf dem Gebiet der neuen Wissenschaft des Bewusstseins und Redaktionsleiterin von *What Doctors Don't Tell You,* einem der weltweit angesehensten Gesundheitsmagazine. Sie ist Begründerin des Intention Experiment.

Inhaltsverzeichnis

Einleitung

Willkommen zu *Die Reise der Rose*, dem ersten Buch der *Future Humans Trilogy*. Wie Du bald feststellen wirst, ist dies kein gewöhnliches Buch! Du bist dabei, eine Erfahrungsreise anzutreten, die in Allegorien spricht, welche dein Bewusstsein in Richtung der neuen und uralten Möglichkeiten unseres zukünftigen Werdens verschieben wird. Du wirst teilhaben am Weg der Zukunfts-Menschen einer neuen Ära – welcher wirklich unser eigener Weg ist, hinein ins Herz der Realität, um die fundamentale Einheit des Lebens zu entdecken.

Diese neue Ära wurde seit langem von Mystikern, Philosophen und Dichtern vorhergesagt, unter anderem auch dem französischen Theologen und Philosophen Pierre Teilhard de Chardin, der sich selbst als „Pilger der Zukunft" bezeichnete. Wir verstehen uns auch als „Pilger der Zukunft", und das Universum kennt Wege, solche Pilger auf höchst außergewöhnliche Art und Weise miteinander bekannt zu machen (lies dazu unseren Epilog am Ende).

Im Falle von Jean geschah das, als sie 14 Jahre alt war. Nachdem sie eine Neuigkeit erfahren hatte, die sie sehr verstörte, rannte sie zum Central Park in New York City, um ihren Kopf frei zu bekommen – und sie rannte Teilhard de Chardin buchstäblich um und raubte ihm fast den Atem. Glücklicherweise nahm er die Angelegenheit mit viel Humor, während Jean ihm wieder auf die Beine half. Nach etwa einer Woche, während Jean ihren Foxterrier Champ ausführte, traf sie den alten Herrn erneut. Damit begann ihre drei Jahre dauernde Freundschaft. Erst nach seinem Tode erfuhr Jean, dass „Mr. Tayer" – wie sie ihn nannte – der berühmte Pierre Teilhard de Chardin war. Obwohl dieses Buch nicht von ihren Begegnungen handelt, ist Teilhard jedoch Teil des Buchs, in dem er vor 70 Jahren durch folgende Konversation einen Samen säte...

Während einer ihrer wöchentlichen Spaziergänge im Park fiel Teilhard plötzlich auf die Knie, von Staunen überwältigt: „Jeanne, sieh dir diese Raupe an. Ahhhh! Wie schön sie ist, diese kleine grüne Kreatur mit ihren wunderbaren, lustigen kleinen Füßen. Exquisit! Ein kleiner pelziger Körper, kleine grüne Füße *auf dem Weg zur Metamorphose*. Jeanne, kannst du dich wie eine Raupe fühlen?", so rief Teilhard.

„Ohhh, ja!", antwortete Jean als pickeliger Teenager.

„Gut, dann denke an deine eigene Metamorphose. Was wirst du sein, wenn du ein Schmetterling geworden sein wirst, *un Papillon*, eh? *Was ist der Schmetterling von Jeanne?*" Teilhard lächelte.

„Ich werde um die Welt reisen und Menschen helfen", antwortete Jean leidenschaftlich.

Das Folgende illustriert, wie wir alle die Saat für unsere eigene Metamorphose in uns tragen. Und dann, wenn wir es am wenigsten erwarten, wird ein Fremder, oder eine Unebenheit auf der Straße, oder ein unvorhergesehenes Event der Katalysator, durch den die Zeit vermag den Kreis zu schließen und uns an den Ort des Ursprungs zu bringen, wo alles begann. Dort, wo wir zum Ursprung zurückkehren, erhalten wir die Saat für einen *neuen Anfang* – so ergeht es auch den Charakteren der *Reise der Rose*.

So hat sich für uns der Kreis geschlossen: Anneloes schlug im Mai 2020 Jean vor, die Schmetterlings-Metamorphose als Herzstück der Trilogie zu verwenden. Zu dieser Zeit hatte sie keine Kenntnis von der Unterhaltung, die sich zwischen Jean und Teilhard de Chardin zugetragen hatte. Zwölf Monate später, während sie die Einleitung schrieb, wurde Anneloes einer starken und liebevollen Präsenz in ihrem Wohnzimmer gewahr, zusammen mit dem hartnäckigen Drängen, herauszufinden, was Teilhard tatsächlich in ihren Gesprächen zu Jean gesagt hatte. Als sie von dem Gespräch über die Raupe hörte, war sie erfreut zu erfahren, in welcher Weise vor so vielen Jahren die Saat für die Trilogie durch die Fragen Teilhards gelegt worden war! Wie vorhergesagt, hatte Jean tatsächlich die Welt bereist und in ihrer Rolle als Beschwörerin der Verlockung des Werdens und Hebamme der Seelen, sowie als weltweit gefeierte Wissenschaftlerin und eine der Hauptbegründerinnen des Human Potential Movement einer enormen Anzahl von Menschen geholfen. Sie ist weiterhin dabei zu reisen, zu lehren, Vorträge zu halten und Menschen zu helfen und das im Alter von 85 Jahren. In unserem Epilog wirst du mehr darüber erfahren, wie wir uns begegnet sind und wie sich Versprechen, die wir beide gemacht hatten, in dieser Trilogie manifestierten.

Komm nun mit auf die *Reise der Rose*, auf der wir die Schlüssel, die Werkzeuge und Wege zur Erkenntnis entdecken, wie wir Zukunfts-Menschen einer neuen Ära werden können. Zukunfts-Menschen wie du, wir, und viele Andere, die die eigene Metamorphose willkommen heißen, um die Frage zu beantworten: *Was ist der Schmetterling meiner selbst?*

Wie du bald entdecken wirst, sind die antizipierten Potentiale einer erleuchteteren Zukunft nicht einfach imaginal, noch ist das Imaginale nur imaginativ oder nur in unseren Köpfen existent. Diese Zukunfts-Potentiale sind wirkliche Potentiale des Bewusstseins; Kosmische Information, die in einem bestimmten Zustand existiert, welchen wir aktivieren und einnehmen können, sobald wir die passenden kosmischen Schlüssel dafür entdecken. Dies ist eine wahrhaft mythische Reise, um ein mythisches Leben zu führen.

Die Reise der Rose webt reale Lebensgeschichten, die sich tatsächlich im Vordergrund unserer jetzigen Welt ereignen, mit neuesten Erkenntnissen neuer Wissenschaften, indigener Weisheit und Bewusstseins-Lehren zusammen, um größere Potentiale für unser zukünftiges Werden zu entdecken. Wir haben uns entschieden, den Charakteren unserer Trilogie fiktive Namen zu geben, haben sie jedoch als Menschen aus dem wirklichen Leben dargestellt, sodass wir alle uns in ihnen wiederfinden können und die tiefe Leidenschaft teilen, derjenige Unterschied zu werden, der letztlich den Unterschied ausmacht.

Die Geschichten und Erfahrungen dieser Figuren umfassen auch einige der intimsten lebensverändernden Visionen, mystische Erfahrungen und Transformationen, die wir im Laufe unseres Lebens gemacht haben, sowie manche komische und seltsame Momente. Gegen Ende des Buches wirst du auch eine Zusammenfassung der essentiellen Erkenntnisse der *New Paradigm Sciences* finden und Referenzen zum weiteren Eintauchen in diese Phänomene.

Jedes Kapitel enthält einen spezifischen ‚Kosmischen Schlüssel des Bewusstseins‘, um dein Zukunfts-Potential zu aktivieren und zu entwickeln. Dieses Buch enthält neun solche Schlüssel sowie zwölf transformative Übungen im Zusammenhang mit einem integrativen Abschnitt am Ende jedes Kapitels, jeweils mit Hinweisen zur Anwendung in deinem täglichen Leben.

Leitfaden für die Übungen

Die Übungen wurden entwickelt, um auf sichere Weise die neuen Bewusstseins-Stadien deines menschlichen Zukunfts-Potentials zu aktivieren. Du kannst von diesen Übungen profitieren, indem du die Geschichte einfach nur liest, du kannst aber auch tiefer in die Materie vordringen, indem du sie in dein tägliches Leben integrierst und die Übungen mit anderen durchführst, die ebenfalls *Die Reise der Rose* lesen oder hören.

Die Übungen sind zwischen 5 und 45 Minuten lang und können jederzeit wiederholt werden. Es gibt keine feste Reihenfolge für die Übungen, du kannst eine eigene Reihenfolge festlegen. Trotzdem empfehlen wir, dass du das Buch in der Reihenfolge liest, wie es geschrieben ist, da jedes Kapitel auf bestimmte Aktivierungen und Realisationen ausgerichtet ist. Der folgende Leitfaden wird empfohlen, um den größten Nutzen aus den Übungen zu ziehen:

1. Wie schon beschrieben, kannst du diese Übungen allein oder mit anderen durchführen. Wenn du sie mit Anderen durchführst, respektiere die Privatsphäre des Gegenübers und berate oder belehre niemanden. Gib Raum dafür, dass neue Einsichten und Realisationen natürlich entstehen – als Konsequenz des Übens selbst.

2. Schaffe einen ruhigen und sicheren Ort für das Üben – ohne Störungen. Gib dir selbst den Raum und die Zeit, die inneren Veränderungen zu integrieren und unterstütze dich selbst in der Zeit der Transformation und des Heilens. Es wird empfohlen, dass du nach jeder Übungssequenz ein frisches Glas Wasser trinkst, um den Körper in seiner Integration zu unterstützen.

3. Forciere diese Prozesse nicht, lasse sie sich entfalten und natürlich geschehen. Die tiefe Arbeit geschieht von den Wurzeln aus und ist oft unsichtbar. Achte die natürlichen Zyklen des inneren Wachsens und vertraue auf sie. Erkenne jeden Schritt des Wachstums liebevoll an.

4. Denke daran, Erwartungen und Spannungen mit Lachen und Humor zu lösen.

5. Einige der Übungen sind als Aufnahmen bei futurehumans.world abrufbar. Du kannst ebenso deine eigene Stimme aufnehmen und die Übungen vorlesen und dann dir selbst mit geschlossenen Augen zuhören. Außerdem kannst du Freunde, Partner oder Familienmitglieder bitten, dir die Übungen vorzulesen, sodass ihr die Erfahrung zusammen genießen könnt. Stelle sicher, dass deine Stimme – oder die Stimme der Person, die dir vorliest – sanft und beruhigend ist und genug Zeit zwischen einzelnen Worten und Sätzen lässt, sodass du erspüren kannst, was gesagt wird.

6. Schreibe in ein Tagebuch, oder nimm eine Tondatei mit dem auf, was du erfährst, damit du den inneren Wandlungen und Veränderungen folgen kannst, während du dich auf der Reise durch die Trilogie befindest. Das können Träume, Visionen, Ideen, Gefühle, Gedanken und andere Realisationen sein, die auftauchen.

7. Die Übungen sind so gestaltet, dass sie auf sichere Art erlauben, neue Bewusstseins-Ebenen zu entdecken und eine tiefe

Transformation und Heilung zu unterstützen. Falls du jedoch zusätzlich medizinische oder persönliche Unterstützung bei der Heilung benötigst, suche bitte einen professionellen Therapeuten, Coach oder Arzt auf.

KAPITEL 1

Der Ruf zum Aufbruch

*Transformieren unseres Lebens mit dem
Schlüssel der bewussten Entscheidung*

Rose hört die angestrengten Stimmen der Mediziner, die fieber-haft arbeiten, um sie zu retten. Die Stimmen klingen leise und wie von ferne.

„Wieder ein hyperaktives Immunsystem."

„Blutdruck?"

„Sie entgleitet uns."

„Macht euch bereit, das Herz zu starten…"

„Es scheint, dass wir ihren Cousin verloren haben, der gestern mit denselben Virus-Symptomen eingeliefert wurde."

Wo bin ich? Warum ist es so leicht? Bin ich gestorben? Rose fühlt das Gewicht ihres Körpers nicht mehr, auch nicht das Fieber, das in ihr wütet. Alles fühlt sich jetzt überraschend ruhig und friedlich an. *Nein, warte. Das kann nicht wahr sein…Es ist noch nicht meine Zeit. Mutter Universum! Wer immer du auch bist, es muss eine andere Option geben! Ich bin noch nicht bereit zu sterben. Mein Leben hat gerade erst begonnen.*

Vor einer Woche besuchten Rose und Otto zusammen mit ihren Freunden aus der Uni eine Party in Amsterdam. Sie debattierten, umarmten sich, und tanzten bis spät in die Nacht hinein. Am nächsten Morgen wurde ihr Cousin eilig in die Intensivstation gebracht mit schweren Virus-Symptomen von Covid-19.

Otto hatte schon seit seiner Kindheit Probleme mit einem hyperaktiven Immunsystem gehabt, sodass seine Lage sich schnell verschlechterte. Die inneren Blutungen in seiner Lunge konnten nicht gestoppt werden. Rose weiß das noch nicht. Sie nimmt all ihre Kraft und ihren Fokus zusammen, um ihre eigene Krise zu bewältigen.

Ihre Eltern in den USA wurden schon über Ottos Tod und die kritische Situation ihrer Tochter informiert, aber sie können aufgrund der pandemiebedingten Reise-Einschränkungen nicht einfach schnell hierher fliegen. Nachdem sie die Nachricht erhalten haben, informieren sie sofort Roses Bruder und versprechen, ihn über alle Neuigkeiten zu informieren. Lucas ist besorgt um seine Schwester und natürlich traurig, von Ottos Tod zu erfahren. Es wird nicht einmal möglich sein, für Otto ein normales Begräbnis oder eine Trauerfeier mit Freunden und Verwandten auszurichten, er wird in den nächsten Tagen allein eingeäschert. Seine Familie befindet sich in tiefem Schock und kann einfach nicht glauben, wie schnell alles ging. Wird Rose die nächste sein?

Roses letzte Unterhaltung mit ihrem Cousin handelte von eskalierenden Konflikten und wachsender Gewalt auf der Welt – und davon, ob die Menschheit es wert sei, gerettet zu werden. Otto war ein außergewöhnlicher junger Mann, voller Leben, immer positiv – ein Problem immer von der besten Seite aus betrachtend. Er hatte in der frühen Kindheit schon viele gesundheitliche Probleme überwunden. Er und Rose hatten wilde Pläne geschmiedet, wie sie zusammen eine bessere Welt erschaffen wollten.

Alle auf der Intensivstation sind fokussiert darauf, Rose wieder zurückzubringen von der Schwelle des Todes. Ihre Temperatur ist gefährlich hoch und ihre Lungen füllen sich mit Flüssigkeit. Das ITS-Team arbeitet an ihr mit ruhiger Intensität.

„Puls?"

„Unregelmäßig."

„Wir verlieren sie."

Rose driftet ab in eine andere Welt, in der sie Teil einer Einheit ist, welche Alles ist, allumfassend, und doch intim zugleich. Diese Erfahrung fühlt sich lebendiger an als ihre gewöhnliche Welt. *Sieh dir all diese kleinen Lichter an! Wo bin ich?*

Eine beruhigende Stimme dringt in ihr Bewusstsein: „Lass dich umarmen vom Universum, meine Kleine."

Oma! Bist du es? Ich kann dich hören! Bin ich in Island?

„Vertraue. Entspann dich. Fühle die liebenden Arme der Kosmischen Mutter um dich herum", fährt die sanfte Stimme fort. „Sie wird dich beschützen und durch die Dunkelheit geleiten. Du bist in ihren Armen sicher. Lass jetzt einfach los und vertrau dich ihr an. Alles ist gut, du wirst wieder gesund."

Eine Welle der Entspannung durchspült Rose. Sie hört eine andere Stimme. Es ist nicht die ihrer Großmutter, sondern eine bewegende Stimme, die sehr vertraut klingt. Die Stimme klingt herrlich, wie Musik. In ihr schwingen alle Klänge der Schöpfung mit einer eindringlichen Schönheit und Harmonie, voller Zuneigung und vertraut wie der Kuss einer Mutter.

Bist du die Stimme des Universums? Rose weiß, dass sie dieser Stimme folgen muss. Ein starkes Verlangen und Neugierde überwältigen sie und ziehen ihre Energie der Stimme entgegen.

Das medizinische Team an ihrem Bett bemerkt eine leichte, positive Veränderung in der Patientin. Roses Fieber sinkt leicht. Ihre Atmung wird weniger flach. Ihre Muskeln entspannen sich. Das könnte ein gutes Zeichen sein, aber das Virus ist unberechenbar. Die Ärzte wissen, dass es auch bedeuten könnte, dass sie dabei ist, ihnen davonzugleiten. Gerade in dem Moment, wo sie es wagen, einen kurzen Moment aufzuatmen, wird Roses Herzschlag unrhythmisch.

„Wir müssen sie sofort ins künstliche Koma legen", rät ein Arzt.

„Zu viel Risiko", hält ein anderer dagegen.

„Sie hat nicht mehr viel Zeit. Wir müssen jetzt etwas tun, wenn wir sie retten wollen."

Sie diskutieren ernsthaft ihre Optionen. Rose driftet weit weg von den Ärzten – weit weg aus dem Krankenhaus, weit weg von ihrem Körper im Kampf ums Überleben. Sie reitet auf der Kosmischen Welle ihrer neuen Herzrhythmen. Der Herzschlag wird etwas schneller, verlangsamt sich, wird dann wieder schneller, während Wellen aus Licht und Klang sie in andere Sphären mitreißen. Sterben und Leben passieren gleichzeitig.

Auf der nächsten Welle sieht sie blitzartig ihr ganzes Leben vorbeiziehen. Sie sieht, wie die letzten Monate ihres Lebens sich entfalten, wie ein Astronaut, der die Erde aus dem Weltraum zum ersten Mal erblickt.

Das ist also die Bedeutung meiner jüngsten Träume – von Straßen, die plötzlich enden. Es gibt für mich auf dieser Straße keine Zukunft. Welche Abzweigung soll ich nehmen?

In den letzten Monaten hatten ihre Träume Rose schon auf subtile Art auf bestimmte mögliche Ausgänge vorbereitet, indem sie sie auf neue

Möglichkeiten hingewiesen haben, die sie sonst von ihrer Position des Weges, auf dem sie sich befand, nicht sehen konnte.

Sie versteht nun, warum eine neue Entscheidung notwendig ist – aber sie hat keinerlei Idee: Wie – oder womit – oder wo beginnen?

Im nächsten Moment sieht sie ihren physischen Körper auf der Intensivstation und erkennt, was gerade passiert. Sie hört, was die Ärzte über ihren Zustand sagen, obwohl sie sich physisch nicht in ihrem Körper befindet.

Kosmische Mutter, bitte hilf mir. Es ist noch nicht meine Zeit! Ich möchte nicht sterben!

Eine weitere kosmische Welle dringt in ihr Bewusstsein ein und nimmt sie erneut mit sich fort. Sie wird ins Tal des Todes befördert wo sie sich all dessen bewusst wird, was stirbt und kollabiert in unserer Welt und in sich selbst. Sehr zu ihrer Verwunderung ist diese Erkenntnis nicht schmerzhaft. Während sie sich weiter darauf einlässt, eröffnet sich ihr eine leuchtende Vision. Die im Sterben begriffene Welt wird in einem riesigen Kosmischen Kokon gehalten, umgeben von Lichtspielen, die die flatternden Flügel eines Schmetterlings nachahmen. Diese Licht-Pattern aktivieren neues Leben. Ihr Körper befindet sich im Kokon. Es scheinen auch Andere dort zu sein. Viele Andere. Es fühlt sich an wie einer riesiger Kosmischer Mutterleib, eine riesige Gebärmutter, die neues Werden hervorbringt. *Das ist so unsagbar schön! Was hat das alles zu bedeuten?*

Die Vision geht weiter. Als sie die inneren Wände des Kokons erforscht, bemerkt sie, dass diese Teil eines leuchtenden Kosmischen Baumes sind, dessen Krone und Wurzeln aussprossen und ganze neue Welten und Realitäten hervorbringen. Ihr Bewusstsein vereint sich mit diesem herrlichen Baum des Lichts, die Totalität selbst schwillt heran aus den unergründlichen Tiefen ihres Inneren. Sie wird des gesamten Universums gewahr, von seinem Beginn bis zum Ende – alles innerhalb eines einzigen Atemzugs. Sie realisiert, dass eines Tages auch dieses Universum sein Ende finden wird, so wie das, welches diesem Universum voran ging. *Das ist also, was meine Träume mir zeigten. Das Ende der Straße heißt nicht automatisch das Ende der Reise…*

Aus dem Inneren des Kosmischen Baumes erfährt sie die Kontinuität des Bewusstseins. Universen werden geboren und sterben, Welten und Planeten werden und vergehen, Formen kommen und gehen, aber die Reise geht weiter. Rose erinnert sich, wie unser Universum als kleines Pflänzchen dem Inneren des Kosmischen Baums entspross und dort noch viele weitere Samen auf ihre

Geburt warteten. Ein besonderer kleiner Samen fesselt ihre Aufmerksamkeit. Er sendet ein pulsierendes Licht aus und fühlt sich irgendwie verbunden mit der Pulsation ihres eigenen Herzens. *Was bedeutet das?*, fragt sie sich.

Die Stimme antwortet ihr tief drinnen: „Das ist der Samen deiner Zukunfts-Entscheidung – die Entscheidung, dein Leben zu erneuern von einem neuen Zyklus der Zeit her. Es ist ein neuer Code, der noch nicht geboren worden ist."

Rose ist fasziniert. Sie möchte sich näher zu diesem kleinen Samen hinbewegen, aber ihr Bewusstsein wird nochmals zurück in ihren physischen Körper auf dem Krankenhausbett gezogen. Die Ärzte diskutieren immer noch, ob sie sie ins Koma versetzen sollten, um ihre Situation zu verbessern. Alles in ihr schreit *„NEIIIIN!"*, aber sie kann nicht sprechen. Ihre Gedanken kehren mit einem neuen Verständnis zum Baum zurück. *Mein altes Leben stirbt gerade – und mein Körper auch – es sei denn, etwas ändert sich schnell…*

Die Zukunfts-Entscheidung

„Mein zukünftiges Leben… die Wahl meines zukünftigen Lebens… meine zukünftige menschliche Entscheidung… Ich wählte diesen Samen… diesen Samen… Ich wählte mein zukünftiges Leben…", murmelt Rose leise. Sie wirft ihren Kopf auf dem Kissen herum und ballt ihre schwitzenden Hände.

Die Schwester ist beunruhigt und weiß nicht, ob ihre Patientin vom Fieber Halluzinationen bekommen hat. Rose stöhnt. Ihr ganzer Körper wird steif und entspannt sich dann mit einer tiefen Ausatmung. Der Arzt dreht sich zum Monitor, um auf die Herzkurve zu schauen. Nichts. Kein Puls. Keine Atmung. Eine flache Linie. Die Schwester bereitet den Defibrillator vor. Man hört keinen Ton. Jeder im Raum wartet nervös, Sekunden fühlen sich an wie eine Ewigkeit. Plötzlich atmet Rose kurz und heftig ein.

„Sie atmet!"

„Sie hat einen Puls!"

„Komm schon, Rose, du schaffst das!"

Die rhythmischen Töne des Monitors klingen wieder durch den Raum, während Roses Herz zu pumpen beginnt – gerade noch rechtzeitig. Die Schwester seufzt erleichtert.

Während ihr physischer Körper den Reset vollzieht, wird Rose zum Samen ihres neuen Zeitzyklus: Sie trifft ihre Entscheidung für diesen neuen

Zyklus. Dies ist nicht nur für mich ein neuer Zyklus, sondern auch für die Welt, realisiert sie. Dieser und ähnliche Samen sind im Kosmischen Baum als heilige Potentiale für die Epochen vorhanden, wenn Universen ihre alte Haut abwerfen; Zeiten der Renaissance, wenn eine Ära zu Ende geht und eine Neue beginnt. Dieser bestimmte, von Rose gewählte neue Zyklus birgt nicht nur die Renaissance der Welt, sondern ist gleichzeitig der Beginn eines noch größeren Zyklus – eine Erkenntnis, die Rose noch entdecken wird.

Rose wird in die Zukunfts-Möglichkeiten ihres neuen Lebens getragen. Die Codes ihrer neuen Entscheidung werden zu Visionen, Träumen, komplett neuen Erfahrungen und Eindrücken. Ihr Körper antwortet sofort darauf: Ihr Fieber sinkt. Ihr Puls wird regelmäßig und stark. Die Ärzte und Schwestern blicken sich mit strahlenden Augen und voller Dankbarkeit an – sie lächeln sogar hinter ihren Masken. Rose hat es geschafft. Sie ist jetzt auf der richtigen Seite, auf der Straße der Heilung. Eine Schwester bleibt bei Rose, während die Ärzte zu den nächsten Patienten eilen, die gerade auf die Intensivstation verlegt wurden.

Während ihr Körper friedlich schläft, ist Rose tief auf ihrer Kosmischen Reise. Sie entdeckt erstmalig bewusst, was schon seit jeher da war – obwohl für die meisten Menschen verborgen.

Ohhh, das ist unfassbar. All diese Zeit hätten wir eine Welt des Überflusses und des Wohlstands für alle erschaffen können – zusammen mit dem Leben? Das ist die wahre Architektur des Universums. Das ist, was Raum-Zeit wirklich ist, und wie wir die Zukunft manifestieren können. Das Universum ist also der Kosmische Schoß – das ändert alles! Diese Zukunft ist schon hier… in dieser Saat, den inneren Codes des Lebens! Deswegen muss die alte Welt sterben. Die Schlüssel des Bewusstseins – die Kosmischen Schlüssel… die Schlüssel… ich muss mir das merken.

Rose wird von einem Strom von Offenbarungen mitgerissen. Sie kehrt zurück zu ihrer „inneren Rose" – zu ihrem Kosmischen Selbst. Die Samen ihres neuen Lebens aktivieren sich in ihr wie die imaginalen Zellen eines Schmetterlings. Ihr Raupen-Ich hat seinen Auftrag erfüllt. Ihr Körper beginnt eine tiefe Phase der Heilung und erschafft neue Pattern und Muster.

Rose erwacht langsam. Während sie die Augen langsam öffnet, betritt sie die Welt einer völlig anderen Zeit…

Neue Anfänge

Ein paar Tage später Ruft Sophia an, um zu fragen, wie es Rose geht. Sie ist eine von Roses engsten Freunden. Beide Frauen sind in ihren Mittzwanzigern, und sie lieben es, die Mysterien des Lebens zusammen zu erkunden. Sophia studiert in Amsterdam Medizin. Sie ist von gemischter Herkunft – ihre Vorfahren sind Holländer und australische Aborigines – eine natürliche Schönheit und sehr intuitiv. Sie ist groß wie viele Holländer, mit einem goldenen honigbraunen Teint, wunderschönen braunen Augen und dichtem lockigem Haar. Die beiden Freundinnen trafen sich vor vielen Jahren bei einem Konzert, wo sie in den Bann des Geigers gezogen wurden, der Bachs Chaconne spielte. Sie waren so begeistert vom Konzert, dass sie sich beide inspirieren ließen, Geigenunterricht zu nehmen.

Rose schaltet den Anruf der Freundin auf den Lautsprecher und nippt an ihrem heißen Kamillentee in der Tasse, die die Krankenschwester ihr gebracht hat. „Oh, Sophia", seufzt sie, „ich fühle mich so viel besser als vor ein paar Tagen. Ich wäre fast gestorben! Vielleicht bin ich es ja tatsächlich. Aber dann habe ich ein Wunder empfangen. Ich verstand auf einmal Dinge über das Universum, die alles verändern könnten. Es fühlt sich alles noch wie ein Traum an!"

„Es tut mir leid, dass du so krank geworden bist, Rose, aber es klingt so, als hättest du etwas Unglaubliches bekommen. Hast du es deiner Großmutter schon erzählt?" Sophia weiß, wie eng die Beziehung von Rose zu ihrer Oma Verdandi in Island ist. Sophia mag Verdandi auch. In der Vergangenheit haben die beiden jungen Frauen viele tiefe Gespräche mit der indigenen Weisen Frau genossen, die als Stammesälteste die Weisheit der alten Heilkünste in sich trägt, zusammen mit einem erfrischenden Sinn für Humor.

„Noch nicht." Rose pustet ihren Tee, nimmt noch ein Schlückchen und sagt dann: „Es fühlte sich so an, als wäre sie in der Nacht bei mir gewesen, als ich fast gestorben wär. Die Ärzte haben mir erzählt, dass mein Puls und meine Atmung für einige Sekunden aussetzten, aber dann hat sich alles in meinem Körper wieder normalisiert – wie ein Reset. Ich kann mich an nichts davon erinnern, aber ich erinnere mich gut an die unglaublichsten Träume, die ich in dieser Zeit hatte. Ich rief das Universum um Hilfe an, als ich dachte, ich würde die Nacht nicht überleben. Ich war so geschwächt vom Fieber, und in meinem ganzen Körper gab es fürchterliche Schmerzen.

Ich konnte kaum atmen. Ich schwebte zwischen Traum und Bewusstsein – immer zwischen verschiedenen Welten. Sobald ich mich etwas besser fühle, erzähle ich dir mehr davon."

„Ja, du solltest dich jetzt ausruhen. Das ist das Beste für deinen Körper, um zu heilen. Ich bin so froh, dass du noch bei uns bist. Du hast immer die denkwürdigsten Erlebnisse, sogar inmitten einer Krise!" Sophia erinnert sich an viele Abenteuer, die sie mit ihrer Freundin erlebt hat, aber keines von denen war so nah am Tode wie dieses hier.

Die beiden Frauen beenden ihr Gespräch. Rose lehnt sich zurück in ihre Kissen und wünscht sich, sie hätte etwas Interessantes zum Lesen. Im Stillen schwört sie sich, sich ein paar neue Bücher über Kosmologie und Quantenfeldtheorien zu kaufen und ihrer Sammlung hinzuzufügen, sobald sie in der Lage dazu ist. Ihre jüngsten Erfahrungen haben ein neues Interesse an diesen Themen entfacht.

Rose schloss vor einigen Jahren ihr Biologie-Studium an einer Universität in New York ab. Danach zog sie nach Amsterdam, wo sie in einem Buchladen zu arbeiten begann, während sie versuchte herauszufinden, was sie wirklich mit ihrem Leben anfangen wollte. Obwohl sie das Studium der Natur liebt, ist sie mehr an einem erfahrungsorientierten Verständnis vom Leben interessiert. Jetzt hat die direkte Unterweisung durch den Kosmos ernsthaft begonnen. So wie ihr Vater – ein Therapeut – ihr häufig sagt: „Das wahre Wissen ist der Pfad der Offenbarung, der Pfad der direkten inneren Weisheit."

Die Biegung des Weges

„Oh nein, nicht Otto!"

Roses Mutter Tara spricht leise am anderen Ende der Leitung. „Es tut mir so leid, Liebes. Ich weiß, was für ein Schlag das für dich ist. Ich wollte nicht, dass du es von den Schwestern erfährst, also dachte ich, ich rufe lieber selbst an und sage es dir."

„Warum? Warum konnten sie ihn nicht retten? Wann ist das passiert?" Rose zieht ein Taschentuch aus der Box neben dem Krankenhausbett. „Ich kann es nicht glauben. Das Letzte was ich hörte war, dass sie ihn auf die Beatmungsstation verlegt hatten."

Ihr Cousin wurde ein paar Tage vor Rose ins gleiche Krankenhaus eingewiesen.

„Es ist sehr verstörend. Er war so ein guter Kerl. Ich weiß, wie nah ihr euch standet."

Rose erinnert sich an all den Unfug, den sie und Otto im Laufe der Jahre zusammen ausgeheckt hatten; ihre Pläne, die Welt dazu zu überlisten, dass sie sich in eine bessere Version von sich selbst verwandelt. *Otto. Nein. Zu jung zum Sterben.*

„Ich bin sicher, er kann dich noch spüren von der anderen Seite des Schleiers aus", sagt Tara.

„Meinst du wirklich, er kann uns hören, Mama? Er hat oft gescherzt, dass er – sollte er auf bizarre Weise vor seiner Zeit sterben – zu den ‚Kosmischen Puppenspielern' reisen und ihnen so viel Druck machen würde, dass sie der Menschheit ein ernsthaftes Upgrade geben müssten."

Tara lächelt. „Das klingt nach Otto."

„Er sagte, dass wir Menschen die Joker-Karte des Tierreichs wären, mit gerade genug freiem Willen, dass wir glaubten, Herr unseres eigenen Schicksals zu sein, aber nicht genug, um dieses Schicksal um Gefahren herum zu manövrieren. Ich wünschte, ich könnte jetzt mit ihm sprechen", sagt Rose mit einem Kloß im Hals.

„Das Universum arbeitet auf mysteriösen Wegen, Liebes. Wir wissen häufig nicht warum Sachen in bestimmter Art und Weise passieren. Es ist manchmal schwer zu akzeptieren, dass das Leben uns ein Hindernis in den Weg wirft."

„Das erinnert mich an eine Unterhaltung, die ich vor einigen Wochen mit ihm hatte. Er hat möglicher Weise seinen eigenen Tod vorhergesehen."

„Wirklich?", fragt Tara. „Wie denn?"

„Wir haben über die ganzen apokalyptischen Veränderungen gesprochen, die in der Welt gerade passieren, und haben uns gefragt, was wir dagegen tun könnten. Er sagte: ‚Jeder von uns kann sich dafür entscheiden, ein Wendepunkt für eine bessere Welt zu werden.' Dann hat er einen seiner Helden zitiert, Buckminster Fuller: ‚Lasst die Erde für 100 Prozent der Menschheit arbeiten, in kürzest-möglicher Zeit, durch spontane Kooperation, ohne ökologische Schäden oder die Benachteiligung eines jedweden Einzelnen.' Das sollte unser Fokus sein."

„Wunderbar."

„Ja", fährt Rose fort, „ich fragte ihn, wie wir so ein positiver Wendepunkt werden könnten. Er antwortete: ‚Das Leben wirkt auf mysteriöse Weise. Du weißt nie, wie das Universum dich auf deine Rolle vorbereiten wird. Manchmal erscheint auf der Straße, die du bereist, überraschend eine Kurve. Die, die nicht wissen, dass die Straße auch nach der Kurve weitergeht, könnten glauben, die Straße endet dort, aber die plötzlichen Biegungen und Wendungen sind einfach Teil der Reise des Lebens.'"

Tara nickt. „Auf einem tieferen Level hat Otto dich vielleicht auf diese unvorhergesehene Wendung der Straße vorbereitet. Indem er dich vorfristig daran erinnerte, dass – auch wenn er nicht mehr physisch bei uns ist – sein Geist hinter der Kurve weiterlebt."

„Ich danke dir, Mama. Es macht es etwas leichter, mit seinem Tod zurechtzukommen, obwohl ich ihn schon jetzt so sehr vermisse." Rose wischt sich eine Träne von der Wange. „Aber vielleicht ist er gerade da wo er hingehört. Vielleicht ist er sogar unsere beste Hoffnung, wenn er es denn schaffen würde, diese Puppenspieler zu erreichen, über die er gewitzelt hatte."

„Ich bin sicher, er kann dich hören, mein Liebling. Ihr hattet so eine starke Verbindung. Nichts kann die zerstören, noch nicht mal der Tod. Jetzt geh und ruh dich etwas aus. Ich rufe bald wieder an."

Rose stellt sich ihre Mutter vor – so weit weg in den USA – aufgrund der Corona-Restriktionen kann sie gerade nicht nach Amsterdam fliegen.

„Ich wünschte, du wärst hier."

„Bis bald, Liebes."

Vertrauen in den Prozess des Lebens

„Guten Morgen! Wie fühlst du dich heute früh?"

Sophias freudige Stimme am anderen Ende des Telefons hellt Roses Stimmung auf.

„Mir geht es jeden Tag besser. Sie haben mir gesagt, dass ich am Wochenende nach Hause darf, wenn meine Temperatur normal bleibt."

„Super Neuigkeiten. Deine plötzliche Heilung ist so erstaunlich, zumal die Ärzte gesagt hatten, sie wüssten nicht, ob du es schaffen würdest. Der Pfleger Tom sagte mir, dein Herz hätte kurz aufgehört zu schlagen. Erinnerst du dich an irgendetwas, was erklären könnte, wie du ins Leben zurückgefunden hast?"

„Ja, mir wurde die Chance einer neuen Entscheidung von meiner Zukunft her gegeben. Die Zukunft eines anderen Zyklus als der meines alten Lebens, das in dieser Nacht zu Ende ging. Ich wusste nicht einmal, dass so etwas möglich ist."

„Ich auch nicht."

„Ich schätze, das Universum hat meine Bitte erhört und mir gezeigt, wie ich mich selbst heilen kann."

„Das klingt wunderbar; aber wie?" Sophia war schon immer fasziniert vom Leben nach dem Tod, schon seitdem ihr eigener Vater nach einem Herzinfarkt für einige Stunden für tot erklärt worden war und dann auf wundersame Weise wieder ins Leben zurückkam. Diese Erfahrung hatte sein Leben für immer verändert. Sophia wurde ein Jahr später geboren. Ihr Vater sagte immer scherzhaft, dass er beinahe sterben musste, um Sophias Seele tief zwischen den Sternen zu finden und sie mit zur Erde zu bringen. Sophias Mutter hatte viele Jahre versucht, schwanger zu werden, aber ohne Erfolg. Nicht lange nach der Nahtoderfahrung ihres Mannes wurde sie schwanger mit Sophia, die ihr einziges Kind ist.

„Während mein Körper im Sterben lag, trat ich in einen anderen Bewusstseinszustand ein und sah alles mit einer Klarheit, die ich vorher nie erlebt hatte", erklärt Rose. „In diesem erweiterten Zustand hatte ich starke Visionen. Eine der Visionen handelte von einem winzigen Samen, der die Codes einer neuen Zukunft im Inneren des Kosmischen Baums des Lebens in sich trug. Sobald ich mich mit dem Samen verband, änderte sich alles. Ich realisierte, wie ich mich selbst mit Hilfe dieser Codes heilen konnte. Es fühlte sich so an wie die Geburt eines Schmetterlings innerhalb des sterbenden Körpers der Raupe. Vor dieser Erfahrung hatte ich mich immer darauf konzentriert, mein altes Leben zu reparieren, indem ich meinen alten Körper am Leben hielt. Als ich verstanden hatte, dass mein Körper nicht die Hülle, sondern der Prozess des Lebens ist, welches ihn hervorgebracht hatte, verstand ich auch, worum es bei der Wiedergeburt geht. Von da an war es eher ein tieferes inneres Wissen, das in mir erwachte. Dieses Wissen führte mich durch das Tal des Todes, das sich dann in den magischen Schoß des Lebens verwandelte."

„Wow. Das ist unglaublich, Rose. Du hast dich von der Zukunft aus geheilt! Das ist so ein befreiender Umgang mit der Kraft der Zeit. Die Natur hat uns schon immer gezeigt, wie Heilung durch Transformation funktioniert, indem man dem tieferen Prozess des Lebens vertraut."

„Ja!" Rose liebt es, dass Sophia so neugierig und intelligent ist. Sie kann einfach alles mit ihr besprechen.

„Eine Schlange lässt auch ihren neuen Körper wachsen, während sie noch in der Haut des alten Körpers steckt; und die imaginalen Codes des Schmetterlings aktivieren sich innerhalb des sterbenden Raupen-Körpers", sagt Sophia. „Es erinnert mich an die ‚zweite Geburt', über die manche Mystiker sprechen. Es klingt so ähnlich wie das, was mein Vater durchgemacht hat. Aber wie konntest du diese Kräfte von Erneuerung und Geburt abrufen?"

Rose denkt darüber nach. „Es ging alles so schnell! Vielleicht ist mein Körper niemals wirklich durch das Virus gestorben, sondern hat sich stattdessen zusammen mit dem Virus erneuert und transformiert?"

„Interessant."

„Ja. Die Ärzte werden wahrscheinlich sagen, ich lag im Sterben; aber meine eigene Erfahrung fühlte sich so an, als würde mein zukünftiges Leben schon in meinem Körper erwachen. Vielleicht war das Fieber notwendig als Quelle des Feuers für die Transformation. Vielleicht hatte das Virus sogar eine Schlüsselrolle in allem, was passiert ist."

Die Schlüssel der bewussten Entscheidung

Dieser Gedanke ist eine Offenbarung. Rose liebt es, diese Gedanken mit Sophia zu teilen, weil es ihr hilft, ihre eigenen Gedanken zu ordnen.

Ich fange an zu realisieren, warum mir das Universum diese Erfahrung geschenkt hat. Ich will Sophia von den Schlüsseln erzählen, die ich in der Architektur unseres Universums entdeckt habe, denkt Rose bei sich, *aber vielleicht erst etwas später. Ich brauche noch mehr Zeit, das alles zu integrieren. Diese Schlüssel haben sich in mir aktiviert und werden mich wahrscheinlich zu neuen Erkenntnissen über das Universum führen, von denen ich schon so viele Jahre in Büchern gelesen habe.*

Rose sagt laut: „Wir müssen nicht physisch sterben und dieses Leben verlassen, um einen neuen kreativen Zyklus an einem neuen Ort oder in einem neuen Körper zu beginnen. Wir müssen nicht alles abreißen, bevor wir etwas Neues anfangen. Wir tragen jetzt schon die Zukunft mit neuen Möglichkeiten in uns. Nur viele Leute wissen nicht, wie man die Samen dieser Möglichkeiten aktivieren kann. Wir haben die Kraft, unsere Leben zu erneuern, genau wie die Raupe und die Schlange, die du erwähnt hast. Wir sind ja auch Natur. Der Schlüssel ist die Fähigkeit, in den Bewusstseinszustand der Entscheidung einzutreten, der die Zukunfts-Potentiale in uns erweckt. Du kannst dein Leben nicht von deinen alten Realitäten aus erneuern."

Roses Stimme wird lauter vor Aufregung. „Jede Entscheidung hat einen bestimmten Bewusstseins-Zustand, sodass jede Entscheidung ein ganzes Universum beinhalten kann. Wenn ein Teil unseres Lebens krank ist oder stirbt, dann strebt etwas in uns gleichzeitig danach, wiedergeboren zu werden! Als eine neue Entscheidung, eine neue Erfahrung und Weiterentwicklung des Lebens!"

Sophia unterbricht: „Also, ist... in einer bizarren Art und Weise... die Corona-Krise vielleicht ein Versuch des Lebens, sich zu erneuern? Ich meine, wenn man betrachtet, dass wir alle quasi verpuppt werden...?"

„Quarantänisiert."

„Ja, beschnitten in unserer Bewegungsfreiheit und aufgerufen, unsere alten, nicht nachhaltigen Lebensweisen zu verlassen. Wir sind wie hungrige Raupen, die unaufhörlich und unersättlich mehr und mehr konsumieren – bis zum Zeitpunkt des Kollaps. Aber wir können nicht ewig Raupen bleiben, oder? Das ist, was die Natur uns sagt. Es ist Zeit, uns zu wandeln, sodass wir lernen als leichtere Geschöpfe zu gedeihen, wie Schmetterlinge."

„Genau."

„Aber Rose, wie schafft man es, dieses Stadium der bewussten Entscheidung zu erlangen?", fragt Sophia. „Können wird das lernen? Oder passiert es einfach, wenn der Druck zur Veränderung einen kritischen Punkt erreicht?"

„Also – das ist die Joker-Frage, Sophia", lacht Rose. „Meine Oma hat mir erzählt, dass die Magie scheinbar dann passiert, wenn die Bereitschaft der Zeit und die Notwendigkeit der Veränderung sich mit der Kraft unserer Zukunfts-Entscheidungen verbindet. Die Kraft unserer Zukunfts-Entscheidung ist nicht die Entscheidung über unsere mögliche Zukunft, sondern die Kraft *von* unserer Zukunft *her*."

„Also – das ist ein interessanter Gedanke. Sind dann die höheren Potentiale in uns Teil der Kosmischen Realitäten, die neues Wachstum und Evolution stimulieren?"

„Ja. Oma Verdandi hat auch gesagt, dass wir uns bereithalten sollen für diese transformativen Gelegenheiten. Wir müssen vorbereitet sein, sodass wir die Möglichkeiten erkennen, sobald sie uns begegnen."

„Richtig, sie kommen meist vorbei, wenn man sie am wenigsten erwartet", sagt Sophia.

„Nicht wahr?!"

Die zwei Frauen lachen.

„Ich bin so dankbar für all die Unterstützung, die ich von der Großmutter und natürlich auch von Großvater und meinen Eltern bekommen habe. Aber besonders von Großmutter, sie liebt solche tiefschürfenden Diskussionen. Seit ich klein war, haben wir solche Momente geteilt. Sie ist so gut im Zuhören und teilt immer hilfreiche Erkenntnisse. Und ich bin auch dir dankbar, Sophia. Es ist schön, all diese Sachen mit dir besprechen zu können."

Der Kosmos als Architektur der Ganzheit

Rose sinniert im Stillen über ihre Entdeckung der lebendigen Architektur des Universums. Es erinnert sie an die fraktale Gestalt, die sie in den Wachstumsmustern in der Natur entdeckt hatte, während sie Biologie studierte. Sie hatte großes Vergnügen beim Studium dieser endlos komplexen Pattern, die sich wieder und wieder in einer selbst-kreativen und selbst-replizierenden Manier in allen Dimensionen des Lebens wiederholten. Zuerst hatte sie Fraktale in der Art entdeckt, wie Blütenblätter wachsen und sich dann spiralförmig öffnen und entfalten. Dann sah sie die gleichen Muster in der Art, wie Bäume wachsen; und in Wetterphänomenen. Sogar in einem winzigen Zweig ist das Potential des ganzen Baumes schon angelegt.

Schon als kleines Mädchen waren Roses Lieblings-Fraktale die in Broccoli und Blumenkohl, in denen die Röschen in solch exquisiter Geometrie geordnet waren. Als Teil ihres Studiums an der Uni bemerkte sie, dass auch Rituale fraktal aufgebaut sind, wie die Rhythmen des afrikanischen Trommlers, oder die Fertilitätsriten und Ernterituale der alten Schamanen, ja sogar das Balzverhalten von Pfauen und Präriehunden. Manche gehen so weit zu behaupten, dass Fraktale Gewohnheiten der Natur sind, die sich als Gesetz abbilden.

Neugierig, mehr zu erfahren, studierte Rose die Fibonacci Reihe, auch bekannt als „Goldener Schnitt", in dem die nächste Zahl dadurch gefunden wird, dass man ihre zwei Vorgänger addiert. Dies entfachte ihr Interesse in der heiligen Geometrie und Architektur lebendiger Systeme. Doch erst seit ihrer Nahtoderfahrung vor ein paar Tagen erlebt sie das erste Mal selbst, wie das Universum als einzige, geeinte Entität wächst und sich weiterentwickelt.

„Es passierte noch etwas anderes in der Nacht, als ich fast starb, Sophia. Ich weiß noch nicht so recht, wie ich das alles mit Worten und Konzepten ausdrücken soll. Alles was ich jetzt sagen kann ist, dass dieses riesige Universum in dem wir leben – und das so wahnsinnig vielfältig und unendlich ist, dass es schwer ist zu sehen, was wir mit den Sternen und Planeten in unserer Galaxie oder darüber hinaus gemeinsam haben – eine wirklich geeinte lebende Entität ist. Meine Großmutter hatte recht: Das Universum ist ein lebendiges Wesen, und sie – oder er, oder es – ist sich unserer bewusst. Das Universum hat mir so viele Geheimnisse über seine Architektur verraten. Ich habe seine Architektur als Kosmos kennengelernt.“

„Ah!“, ruft Sophia. „Wie das griechische Wort ‚Kosmos‘? Das bedeutet ‚geordnete Ganzheit.‘“

„Ja, richtig. Ich habe versteckte Schlüssel entdeckt, die auf radikale Art und Weise verändern könnten, wie wir unsere Welt designen, regieren und weiterentwickeln.“

„Das ist so aufregend.“

„Natürlich sind diese Schlüssel der Natur nicht verborgen, aber sie scheinen dem menschlichen Verstand nicht zugänglich“, sagt Rose.

“Vielleicht kommt das daher, dass wir immer noch recht wenig über die Einheit des Universums wissen? Weißt du, Rose, das erinnert mich an das, was der Physiker David Bohm meinte, als er über das Universum als „ungeteilte Einheit“ sprach; diese implizite Ordnung in allem und auf jeder Skala der Existenz als eine ungeteilte fließende Bewegung. Erinnerst du dich daran?“

„Das tue ich. Er erwähnte auch, wie diese Ganzheit sich in immer subtileren impliziten Ordnungen ausprägt, wie eine ‚super-implizite Ordnung‘. Die Architektur der Ganzheit. Während meiner Visionen in dieser Nacht, in der ich fast starb, habe ich diese Architektur der Ganzheit auch erfahren – tief im Inneren des Kosmischen Baumes. Ich habe bemerkt, wie sie sich in unserer Welt als fraktale Potentiale und evolutionäre Codes manifestiert, die dann Ausdruck finden in der Ästhetik, Schönheit und den natürlichen Wundern unserer Welt. Eben diese Architektur inspirierte unsere größten Künstler, Musiker, Komponisten, Designer, Erzähler, Erfinder und Weisen. Der Kosmos ist nicht nur immerwährend im ewigen Jetzt, er ist auch die Quelle unserer tiefsten Kreativität.“

Die Zukunft als Kosmischer Magnet

Sophia nimmt sich einen Moment für die Reflektion dessen, was Rose gerade gesagt hat. „Ohhh!", ruft sie: „Das ist es also, wenn wir sagen ‚Power of Now'! Die Kosmische Präsenz ist immer im Jetzt. Das ‚Jetzt' gibt uns Zugang zu allen Formen der Zeit, inklusive Vergangenheit und Zukunft – sie alle existieren simultan nebeneinander. Unglaublich! Also verschwindet der Kosmos auch niemals, das heißt, wir haben ihn auch niemals verlassen. Wir sind der Kosmos und schauen in die Welt – und die Welt schaut zurück auf sich selbst als Kosmos. Eine große Einheit, ein Eins-Sein, das ist die Natur des evolutionären Sprungs von der Zukunft her, den wir für unsere Zeit wirklich brauchen." Sophia wird immer aufgeregter, während sie ihre Gedanken mit Rose teilt.

„Ganz genau, Sophia. Du hast es verstanden", grinst Rose. „Das ist einer der Schlüssel, den ich während meiner Nahtoderfahrung bekommen habe. Der Kosmos ist unser eigenes Bewusstsein. Wir sehen vom Kosmos aus in die Welt, jedoch meistens, ohne es zu realisieren. Der reine Akt des Sehens, des Seiner-selbst-bewusst-Seins, der Möglichkeit zu entscheiden, ist die Präsenz der Kosmischen Architektur in uns. Der Kosmos ist die Architektur des Bewusstseins. Kannst du sehen, wie das Erkennen der Tatsache, was dies bedeutet, alles verändern kann?"

„Ich versuche, hinterherzukommen und zu verstehen, was du mir sagst, aber ich kann noch nicht sehen, wie das alles verändert", gibt Sophia zu. „Aber während ich dir zuhöre, wächst in mir eine ganz neue Vorstellung davon, wie meine Haut, meine Organe, Zellen und Knochen und alle meine Körperfunktionen lebendiger Ausdruck der Kosmischen Architektur sind. Ich frage mich, was die Implikationen davon sind, wenn es um die Heilung von Menschen bei Krebs oder Virusinfektionen oder jeder anderen Art von Krankheit geht?"

Die zwei jungen Frauen sind für einen Moment still, während sie darüber nachdenken.

„Es scheint, als wärst du wirklich aus der Zukunft in unsere Welt zurückgekommen", sagt Sophia. „Es können Jahrzehnte vergehen, bevor die Wissenschaft in der Lage ist zu verstehen, was das Universum mit dir geteilt hat."

„Da könntest du Recht haben."

„Weißt du was? Ich würde gerne mit einigen Sachen, über die du gesprochen hast, herumexperimentieren. Ich möchte mit meinem eigenen Körper anfangen, indem ich mein Bewusstsein als Kosmische Präsenz auf alle die Areale in mir richte, die Heilung brauchen – oder ein neues Pattern – oder Optimierung. Dann werde ich in das Bewusstsein der Entscheidungen höherer Ordnung eintreten und mich mit meinem Zukunfts-Selbst verbinden. Das ist aufregend!"

„Das ist es!"

„Diese Unterhaltung hat für mich eine ganz neue Welt der Möglichkeiten eröffnet. Ich danke dir sehr, dass du das alles mit mir geteilt hast. Ich kann es kaum erwarten, noch weiter über alle diese Konzepte zu sprechen, aber du bist noch am Gesundwerden und musst müde sein. Ruh dich jetzt aus, meine Schwester."

„Gut!" Rose widerspricht nicht. Ihre Freundin hat recht: Sie ist erschöpft. „Ich bin so erleichtert, dass du ein offenes Ohr für meine Entdeckungen hast. Ich fühle mich dir näher als einer echten Schwester."

„Es ist mir ein Vergnügen. Hey, mit meinem medizinischen Hintergrund bin ich voll und ganz dabei. Ich kann es nicht erwarten mit dem Experimentieren zu beginnen. Die Kraft der Entscheidung zu nutzen, um unendliche Realitäten im Feld des Bewusstseins zu betreten? Was wäre schöner als das? Es bedeutet, dass die Zukunft nicht mehr länger nur das ist, was durch das Verrinnen von Zeit passiert. Unerforschte Kosmische Potentiale können völlig neue Erfindungen inspirieren. Völlig neue Seins-Arten! Ich liebe es."

„Ich auch. Jetzt weiß ich, warum meine Großmutter immer sagt, dass die Zukunft unsere ‚Verlockung des Werdens' ist. Ich hatte das bislang nie so wirklich verstanden. Kosmische Magnete ziehen uns in höhere Ordnungen von Realität."

„Das ist wirklich viel zum Nachdenken, Rose. Mir schwirrt der Kopf."

„Ich weiß! Mir auch", lacht Rose. „Aber es macht Spaß."

„Ich stimme zu. Lass uns bald wieder sprechen."

Momente der Entscheidung definieren

Der Doktor kommt mit einem breiten Lächeln zur Tür herein. „Wir sind so glücklich über Ihre Fortschritte, dass wir Sie entlassen möchten, Rose. Morgen können Sie nach Hause gehen."

„Das sind wunderbare Neuigkeiten! Vielen Dank."

Rose vermisst ihre Wohnung. Seit neun Tagen ist sie im Krankenhaus. Die Zeit ist nur langsam vergangen. Ihr Freund Peter schickt ihr per Telefon einen Artikel von Justin Worland aus dem Time Magazine mit dem Titel *One Last Chance: The Defining Year for the Planet; Eine letzte Chance: Das entscheidende Jahr für den Planeten.* Der Titel trifft ihr Inneres und erinnert sie an eine Unterhaltung, die sie kürzlich mit ihrer Großmutter hatte.

„Rose", sagte Verdandi, „du musst dich dazu entscheiden, der notwendige - ersehnte Mensch dieser Renaissance-Periode zu werden. Renaissance-Zeiten sind mythische Zeiten, so wie im Athen des 5. Jahrhunderts vor Christus und im späten 14. Jahrhundert. Was jetzt erforderlich ist, ist ein wirklich mythisches Vorgehen. Niemals zuvor stand für uns selbst, unsere Gesellschaft und unseren Planeten so viel auf dem Spiel. Das schiere Ausmaß von Zusammenbruch und Durchbruch, Schönheit und Hässlichkeit, dem Unerwartbaren als einzig Erwartbares, von auf den Kopf gestellten Realitäten, von verdrehter Natur der Dinge, die vorher gewöhnlich und unveränderlich waren – alle diese Elemente bringen uns in das weltweite Leben einer Geschichte, die einzigartig und unerhört ist, immer überraschend und deshalb mythisch. Das passiert gerade mit uns allen – gleichzeitig, überall auf der Erde, ungeachtet unserer Kultur oder des Kontextes, der Ökonomie oder Ökologie, der Wissenschaft oder des Geistes. Es ist, als wären wir selbst auf der unbekannten anderen Seite des Mondes gelandet, ohne ein Training oder Mentoring durchlaufen zu haben, mit dem wir die Immensität dieser Aufgabe bewältigen könnten."

Während Rose die Worte ihrer Großmutter rekapituliert, bemerkt sie, welchen riesigen Unterschied es ausmacht zu wissen, dass sie die Hilfe des Kosmos als liebevollen Ratgeber und Mentor abrufen kann. Ihre Gedanken wandern zu Otto. Sie schließt ihre Augen.

„Lieber Cousin, wenn du mich hören kannst auf der anderen Seite des Schleiers, ich werde dich immer lieben! Genieß die Zeit unter den Sternen."

Ein glücklicher Tag

Es ist soweit. Rose sitzt am Rand ihres Krankenhausbettes und wartet auf die Entlassungspapiere, damit sie endlich nach Hause zurückkehren kann. Die Vögel hinter dem Fenster zwitschern fröhlich, während die Strahlen der Morgensonne sanft auf Roses Wangen fallen, und sich ihr Körper mit

Dankbarkeit füllt. Alles fühlt sich neu an für sie, wie der erste Tag eines neuen Lebens.

Pfleger Tom kommt mit den Papieren vorbei. „Sie wollen uns schon verlassen, Rose? Ich schätze, manche Leute würden alles dafür tun, um nicht noch einen Tag länger unsere schicken Flügelhemdchen tragen zu müssen, hm?"

Sie lacht. „Ich würde nicht gerade sagen, dass das meine höchste Motivation war, hier rauszukommen."

„Wir werden Sie vermissen." Tom gibt ihr einen Stift und sagt: „Aber wir sind überglücklich, dass Sie sich erholt haben. Manche Tage sind wirklich schwer hier auf Station. Sie waren ein helles Licht – Ihre Geschichte gibt uns Hoffnung."

„Sie waren alle großartig. Mehr als das!" Rose unterschreibt die Papiere und gibt dem Pfleger alles zurück.

„Bevor Sie gehen – darf ich Sie um einen kleinen Gefallen bitten? Sie scheinen einen bemerkenswerten Weg gefunden zu haben, den Körper zu heilen – Sie haben sich viel schneller erholt, als alle anderen Covid-19-Patienten. Würden Sie uns an diesen Erkenntnissen teilhaben lassen, sodass wir es mit den anderen teilen können?"

„Natürlich, ich freue mich, wenn ich irgendwie helfen kann."

„Wunderbar. Hier – Sie können mein Telefon benutzen zum Aufnehmen."

„Sie können diese Übung auch für andere Heilungsvorgänge benutzen – passen Sie sie einfach an", erklärt Rose. Rose nimmt Toms Telefon und nimmt die Übung auf, die sie von ihrer Großmutter gelernt hat.

Eine Übung zur Selbst-Heilung

„Nimm dir 10 Minuten für diese Heilmeditation, in denen du ungestört bist. Mach es dir bequem im Sitzen oder Liegen. Entspanne deinen Körper so gut wie möglich. Entspanne auch deine Aufmerksamkeit, lasse alle Spannung wegfließen. Lass alles los.

„Werde dir bewusst, dass der Kosmos immer präsent ist – immer bei dir – als dein eigenes Bewusstsein. Du siehst vom Kosmos aus in die Welt durch dein Bewusstsein. Der Kosmos lebt in dir als lebendige Architektur deines Körpers und innewohnende Ganzheit des Lebens.

„Gib dem Kosmos die Erlaubnis, dich während deines Übens in einer Weise zu unterstützen, die deinem höchsten Wohl und der reinen Gesundheit dient. Du kannst diese Erlaubnis senden, indem du einfach die Intention in deinem Herzen hältst, dass du die Kosmische Unterstützung empfängst, die in diesem Moment für dich da ist.

„Der Kosmos antwortet auf deine Intention, indem er sanft einen wunderschönen Heil-Kokon um dich und deinen persönlichen Raum herum webt. Dieser Heil-Kokon ist von perfektem Design, um dich mit den Vibrationen, Pattern, Heil-Seren und der Weisheit auszustatten, die du brauchst. Er unterstützt dich optimal, um in Ruhe und Sicherheit zu heilen, dich neu zu strukturieren und dich mit Leichtigkeit und Klarheit weiterzuentwickeln.

„Fühle, wie der Heil-Kokon dich sicher umfängt wie eine warme liebevolle Umarmung. Er schirmt dich vor äußeren Gefahren und Interferenzen ab, während er dir die Sicherheit gibt, dich dem inneren Wachstum und der Transformation zu widmen. Er entzieht dir außerdem alle schädlichen Pattern und Toxine und transmutiert sie. Diese Pattern und Toxine können physischer, mentaler, emotionaler oder energetischer Natur sein. Er transmutiert sie von ihrer Wurzel aus.

„Fühle, wie die Toxine und schädlichen Muster durch und durch verwandelt werden. Die Energie erneuert, heilt und entwickelt deinen Körper, deinen Geist und deine Seele so, dass du optimale Gesundheit und Wohlbefinden erreichst. Eine innere Befreiung findet statt. Vielleicht empfindest du das als Kribbeln oder hast den Eindruck, winzige Ströme durchflössen deinen Körper, die Balance und Wohlgefühl erzeugen.

„Fasse die Intention, dass diese Heilwirkung alle deine Gene, Zellen, Gewebe, Organe und innere Systeme reparieren und verbessern kann. Fühle diese wunderbaren Wirkungen des Heil-Serums, welches jetzt durch deine Adern fließt und zu allen deinen Zellen zirkuliert. Wo immer dieses Serum hingelangt, was es umspült oder berührt, dort wird Gesundheit wieder hergestellt, eine größere Klarheit und eine tiefere Harmonie stellen sich auf natürliche Weise ein. Es wird nun einfacher, deine inneren Fähigkeiten und deinen Zukunfts-Ressourcenreichtum abzurufen, während das Serum fortfährt, schädliche Muster zu entkräften. Sogar virale oder bakterielle Muster werden durch das Serum transformiert, sodass alle gemeinsam eine gesunde symbiotische Beziehung eingehen können.

„Das Pattern für mehr Gesundheit und Wohlbefinden initiiert eine tiefere Zusammenarbeit innerhalb deines gesamten Selbst; das umfasst auch die eigenen genetischen Codes und die von Bakterien und Viren. Alle arbeiten nun zusammen für deine umfassende Gesundheit und dein Wohlergehen und unterstützen deine Vitalität. Spüre die Genialität dieser Zusammenarbeit deines gesamten Systems.

„Ruhe noch ein paar Minuten in dieser Erfahrung größerer Gesundheit und von Wohlbefinden. Wenn du bereit bist, komme sanft aus dieser Übung zurück, indem du deine Augen öffnest und völlig präsent bist im Hier und Jetzt.“

Nach-Hause-Gehen

Rose beendet die Aufnahme und gibt dem Pfleger sein Telefon wieder.

„Wow! Vielen Dank. Diese Übung wird sehr hilfreich sein. Mein ganzer Körper kribbelt schon, nur vom Zuhören“, sagt Tom mit warmer Stimme. „Bitte melden Sie sich mal. Schicken Sie uns immer mal eine Nachricht, damit wir wissen, wie es Ihnen geht.“

„Tom, ich kann Ihnen und den Anderen nicht genug danken. Sie sind alle meine Helden. Ich werde eines Tages mit frischen Blumen und holländischem Apfelkuchen vorbeikommen, um mich nochmal persönlich zu bedanken! Ich verspreche, mich zu melden.“

„Keine Ursache, Rose; dafür sind wir hier. Wir sind so erleichtert, dass Sie sich erholt haben. Das ist das größte Geschenk.“ Tom lächelt. „Ich kümmere mich besser mal wieder um meine anderen Patienten.“

Der Moment, nach Hause zurückzukehren, ist endlich da. Rose blickt noch einmal auf das Bett, in dem sie all diese Tage verbracht hat und fast gestorben wäre und dann dreht sie sich um und geht hinaus durch die Tür, um ein neues Kapitel ihres Lebens zu beginnen.

Integration -
Der Schlüssel der bewussten Entscheidung

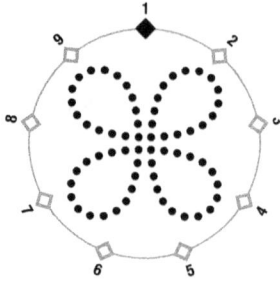

Das ist wahrhaft deine Geschichte – und die von Rose. Schließ dich ihr an, um dich mit deinem menschlichen Zukunfts-Potential zu verbinden. Ihre Entscheidung für einen neuen Lebenszyklus kann auch deine menschliche Zukunfts-Entscheidung sein. In welcher Weise lebt die Notwendigkeit für Wandel und der Ruf nach einem neuen Zyklus, einer neuen Quelle in dir? Während ihrer Nahtoderfahrung hat Rose viele essentielle Schlüssel erhalten, mit denen sie ihre Kosmischen Kräfte erwecken und anwenden kann. In diesem Kapitel haben wir den Schlüssel der bewussten Entscheidung erforscht, mit dem wir ein Bewusstsein höherer Ordnung erreichen können.

> *Der Schlüssel der bewussten Entscheidung hilft dir zu erkennen, dass jede Entscheidung ein Bewusstseinsstadium ist, das Wandel hervorbringt. Deine menschliche Zukunfts-Entscheidung aktiviert und erweckt das Bewusstsein deiner menschlichen Zukunfts-Potentiale.*

Die folgende Zusammenfassung wird dir helfen, diese Entdeckungen besser zu integrieren:

- Das Ende der Straße bedeutet nicht das Ende der Reise. Unerwartete Kurven und Wendungen sind auch Teil der Reise des Lebens.

- Eine sterbende Welt enthält in sich auch die Zukunfts-Saat einer neuen Welt. Das Leben existiert auch noch nach der Biegung.

- Bewusstsein ist kontinuierlich. Universen werden geboren und sterben, Welten und Planeten werden geboren und sterben, Formen kommen und gehen, aber die Reise geht weiter.

- Dein Körper ist nicht die physische Form, sondern der *Prozess* des Lebens, der ihn geschaffen hat. Verinnerliche das und du wirst die Schlüssel zur Wiedergeburt erkennen.

- Wir leben in einer Zeit der Renaissance (Wiedergeburt); eine Ära geht zu Ende, eine andere beginnt. Dies ist nicht nur eine Renaissance für die Welt, es ist auch der Beginn eines weitaus bedeutenderen Zyklus.

- Das Tal des Todes innerhalb des Kokons ist ein Hospiz für die Raupe, aber auch die Gebärmutter für den Schmetterling, der sich formt und aus dem Kokon heraus eine Wiedergeburt erlebt.

- Wir alle tragen in uns die Möglichkeit einer neuen Entscheidung von einem Zukunfts-Zyklus aus. Von dieser Zukunfts-Entscheidung aus können wir heilen und uns und die Welt neu strukturieren.

- Du kannst dein Leben nicht mithilfe alter Realitäten erneuern. Nimm das Bewusstsein deiner Zukunfts-Potentiale ein, um neue Entscheidungen zu treffen, die dein Leben weiterentwickeln werden.

- Wenn ein Teil deines Lebens krank ist oder stirbt, dann ist ein Teil von dir schon auf der Suche nach Wiedergeburt – als neue Entscheidung und neue Erfahrung, damit sich das Leben weiter entwickeln kann.

- Die Kraft deiner Zukunfts-Entscheidung ist nicht die Entscheidung über deine Zukunft, sondern *die Kraft von deiner Zukunft her.* Deine Zukunft ist das höhere Potential in dir, welches schon lange Teil der Kosmischen Realitäten ist, die Wachstum und Entwicklung stimulieren. Deine Leidenschaft zu werden ist ein Kosmischer Magnet, der dich in neue, höhere Ordnungen der Realität hebt.

- Das Universum mit all seiner Diversität und Multidimensionalität ist eine einzige, geeinte Entität, ein unteilbares Ganzes. Der Kosmos ist die Architektur dieser Ganzheit und du bist Teil ihrer Architektur.

- Die Kosmische Präsenz ist immer im Jetzt. Der Kosmos ist „das ewige Jetzt", präsent als dein eigenes Bewusstsein, und gibt dir Zugang zu allen Formen der Zeit – Vergangenheit, Gegenwart und Zukunft – sowie der kreativen Zeit. All dies passiert simultan.

Verbinde dich mit deinem Bewusstsein als der eigenen Kosmischen Präsenz, fokussiere dann auf jedes Areal in dir, welches der Heilung, Neustrukturierung, Re-Patterning oder Optimierung bedarf. Rufe dein Zukunfts-Selbst an, in einen Bewusstseinszustand höherer Ordnung einzutreten, der dir die Entscheidungen ermöglicht, deine jetzige Realität von deinem Zukunfts-Bewusstsein her zu entwickeln.

KAPITEL 2

Der Neue Mythos

Entdecken der mythischen Sphären
mit dem Schlüssel der imaginalen Kraft

Es ist einige Wochen her, dass Rose in ihr kleines Appartement in Amsterdam zurückgekehrt ist. Sie ist noch dabei, die kraftvollen Visionen zu integrieren, die sie empfangen hat – neben einer immer tiefer werdenden Neugier, ihre Konversationen mit dem Kosmos weiterzuführen. Da sie nun erlebt hat, wie jede ihrer Entscheidungen ein eigenes Leben und sogar eine Sphäre eigener Möglichkeiten entwickelt, möchte sie diese Kraft nicht mehr in einer Weise nutzen, die ihre Möglichkeiten im Leben limitieren würde. Der Buchladen hat aufgrund der Corona-Regeln temporär geschlossen. Aber auch wenn er wieder öffnen würde – Rose möchte nicht mehr in ihr altes Leben zurückkehren. Sie wird aber weiter Geigenstunden nehmen, weil die ihr so viel Freude bereiten. Sie hält die Schlüssel für einen neuen Weg in ihrer Hand, und diesmal mit völlig neuen Verbündeten inklusive des Universums selbst.

Einsteins Rat

Rose nippt fröhlich an ihrem grünen Smoothie, der vor ihr steht.

„Danke für deinen Anruf, Oma. Ich vermisse dich. Und ich vermisse auch deinen Kardamom-Stachelbeer-Kuchen."

„Du Scherzkeks. Ich vermisse dich auch. Wir haben uns Sorgen gemacht um dich, als deine Mutter uns erzählte, was passiert ist. Es ist schön, zu hören, dass deine Stimme so kräftig ist."

„Ich hatte viel Zeit zum Nachdenken im Krankenhaus. Erinnerst du dich an die Geschichte, die du mir über Einstein erzählt hast?"

„Du meinst die, wo ich erzählt habe, ich sei sicher, er habe Haarschaum benutzt, um so zerzaust auszusehen?"

„Nein", lacht Rose. „Die Geschichte mit den Kindern, die ihn gefragt hatten, wie sie so intelligent wie er werden könnten. Er sagte ihnen: ‚Lest Märchen!'"

„Daran erinnere ich mich. Und als sie fragten, wie sie noch intelligenter werden könnten als er, antwortete er: ‚Lest noch mehr Märchen!'", kichert Verdandi.

„Nun, Einstein war auch Musiker und er benutzte seine imaginalen Kräfte, um einige der größten Geheimnisse des Universums zu entschlüsseln, nicht wahr?"

„Stimmt."

„Meinst du, ich kann das auch? Scheinbar hatte er Hilfe von seiner ersten Frau, Mileva Einstein-Maric, die einen Großteil der mathematischen Grundlagen seiner Theorien ausarbeitete. So ging es bei *seinem* Genie nicht um Mathematik oder beinharte Wissenschaft. Vielmehr lag sein Genie, wie er immer sagte, in der Kraft seiner Imagination."

„Ja! Und daher seine Fähigkeit, in das Universum einzugehen", bestätigt Verdandi. „Dort konnte er intuitiv die tiefere Architektur erkennen, die das Universum unterhält und weiterentwickelt, genau wie ein großer Komponist intuitiv Musik aus den Sphären evozieren kann, die dann für alle hör- und fühlbar wird."

„Das ist es, was ich denke."

„Ja, du hast es verstanden, Rose. Allein das Hören von Bach oder Händel oder Mozart kann eine Person direkt in das Kosmische Bewusstsein katapultieren."

„Ist das nicht aufregend?"

„Absolut! Obwohl ich mich oft gefragt habe, ob das Universum eine heimliche Vorliebe für Banjo-Musik hat."

„Oder Dudelsack."

„Genau. Warum eine Wahl treffen, wenn du alles haben kannst. Das ist der Vorteil, wenn man das Universum ist", gluckst Verdandi. „Ich mag deine Art zu denken, mein Kind."

„Na ja, du warst diejenige, die mir das beigebracht hat."

„Kein Wunder, dass ich es so gut finde."

Verdandi hat ihre Enkelin immer ermutigt, ihre imaginalen Fertigkeiten zu verbessern. Seitdem Rose klein war, hatte sie ihr spezifische Übungen gegeben, mit denen sie ihre imaginalen Kräfte nutzen sollte, um sich die Antworten auf ihre Fragen vorzustellen. Von Zeit zu Zeit griff sie auf ihr schamanisches Wissen zurück und zeigte Rose, wie sie sich mit den nicht-menschlichen Welten verbinden konnten, beispielsweise der Welt der Elfen, Riesen und Trolle, die so eine große Rolle in Island spielen. Sie erklärte Rose, wie alle diese Welten – menschliche, physische, spirituelle und nicht-menschliche – aus den imaginalen Bewusstseins-Strängen gemacht sind, die uns mit dem großen universalen Träumen verbinden. Diese imaginalen Gefilde sind präsent in jedem Atom und Molekül, während diese zwischen ihren verschiedenen Daseins-Zuständen hin und her tanzen.

Rose war ein sehr kluges und wissbegieriges Kind. Sie übte sich darin, ihre imaginalen Kräfte zu nutzen und ihnen zu vertrauen, indem sie sich mit den imaginalen Strängen verband, die in den Landschaften ihrer Träume, Visionen und Intuitionen leben. Verdandi lehrte sie, ihre Sinne so zu nutzen und ihre natürliche Empfänglichkeit über den Bereich ihres Verstandes hinaus zu erweitern, um sich mit den kosmischen Dimensionen des Lebens zu verbinden. Sie erinnerte Rose oft daran, dass das Imaginale über das Imaginative hinausgeht, da es den Kosmos und die transformativen Kräfte des Universums in der Art wie wir denken, empfinden und antworten, mit einschließt.

Rose nimmt noch einen Schluck von ihrem Smoothie. „Oma, ich möchte nicht wieder anfangen im Buchladen, wo ich gearbeitet habe, auch wenn er bald wieder aufmacht. Ich kann nicht in mein altes Leben zurückkehren. Alles hat sich verändert. Jetzt wo ich weiß, wie kraftvoll Entscheidungen wirklich sein können, möchte ich meine nächsten Entscheidungen bewusster treffen. Ich möchte offen sein für größere Möglichkeiten."

Einbinden der Archetypen

„Mutter Universum ist jetzt mit dir befreundet, Rosie; eine wunderbare neue Freundin, die dich schon immer durchs Leben begleitet hat. Beziehe sie ein in deine Fragen nach dem, was du als nächstes machen sollst und sei offen für die Antworten."

„Danke für dein Verständnis, Oma. Dieser Tage scheint es so, als würden wir ständig aufgefordert, zu wählen: ‚Sei nur dies und nicht das! Entscheide dich! Was willst du mit deinem Leben anfangen?' Die Liste dessen, was wir tun und lassen sollten ist lang und langweilig, und es ist nicht meine Liste!"

„Ich verstehe dich. Es weckt nicht die Vorstellung für das Mögliche und zeigt einen Mangel an Verständnis für die Kraft deiner eigenen Entscheidung."

„Weißt du, wie oft du über Archetypen als Personifikationen von universellen Kräften sprichst, die manchmal auch als Götter und Göttinnen, und Wesen mit übernatürlichen Kräften dargestellt werden?"

„Ja."

„Nun frage ich mich, ist ‚Mutter Universum' auch ein Archetypus? Und sollte ich diese Archetypen mit in die Erkundungen meines neuen Lebens einbeziehen?"

„Mutter Universum ist der mütterliche Archetypus des riesigen Universums, welches unsere Welt geboren hat", erklärt Verdandi. „Diese Mutter, so wie auch der Vater-Archetypus, existiert in der Struktur und Beziehung jedes Atoms – so wie auch im Leben als Ganzes."

„Ich denke an die Archetypen in den Mythen und Geschichten, die du mir erzählt hast, als ich ein Kind war."

„Lerne, mit diesen Archetypen co-kreativ zu erschaffen und zu gestalten, sodass du Brücken bis in die tiefsten Level deines Lebens bauen kannst. Denk dir die Archetypen als Bindeglied für die Art wie Dinge wachsen und sich entwickeln. Wir haben alle einzigartige archetypische Kräfte in unserem Leben, die uns helfen, unsere wahren Potentiale auszuschöpfen. Durch das Einbinden dieser Archetypen in unserem Leben helfen wir tatsächlich auch *ihnen*, größer zu werden und sich zu entwickeln."

„Wirklich? Die Archetypen wachsen und entwickeln sich auch weiter? Das ist interessant", sagt Rose.

„Ja."

„Ohhh, wenn also die Archetypen Teil meiner tieferen mythischen Strukturen des Lebens sind, dann könnte es ja sein, dass es sogar ganz *neue* Archetypen gibt, die zu meinem zukünftigen Leben gehören."

„Ja!"

„Und vielleicht gibt es auch gänzlich neue Archetypen, die in diese neue Ära gehören, in die wir gerade eintreten?"

„Das stimmt. Und es kann sein, dass Einsteins Brillanz daher kam, dass er ein archetypisches Verständnis von den Gesetzmäßigkeiten der Physik hatte – nicht als trockenes Regelwerk, sondern als kreative Codes für größere Möglichkeiten. Die Gesetze, die er entdeckte, sind ebenfalls große universelle

Archetypen, die zur Architektur des Universums gehören, das du als Kosmos kennengelernt hast. Der Kosmos spielt die Rolle des großen Architekten – die geordnete Ganzheit, die unteilbar ist. Stell dir die Zukunft vor und verbinde dich mit den Zukunfts-Möglichkeiten, die dich rufen und antreiben. Tritt mit deinen imaginalen Kräften ein in diese größeren Möglichkeiten. Wenn du das tust, bekommen sie einen Platz in unserer Welt. Du wirst der Ort ihrer Manifestation in dieser Welt und Zeit. Deine imaginalen Kräfte sind Schlüssel zu deiner mentalen Fruchtbarkeit. Lass deine Entdeckungsreisen ‚sensorisch reich' sein: Sieh sie! Rieche sie! Fühle sie! So wird die Zukunft unsere Kraft für die Erneuerung und Entwicklung unserer selbst und der Welt."

„Das ist eine Menge zu verdauen", sagt Rose.

„Ja. Und ich wollte nur anrufen und sehen, wie du dich fühlst."

Verdandi lacht mit ihrer Enkelin. „Mehr davon ein anderes Mal, meine Kleine. Genug mit dem Telefonieren. Warum machst du nicht einen Spaziergang durch den Park, wenn dir danach ist? Geh raus und sauge die frische Energie des Frühlings auf."

„Mach ich, Oma."

Das mythische Leben

Es ist ein wunderbarer Frühlingstag in den Niederlanden. Die Natur steht in voller Blüte. Die Sonne wärmt Roses Körper. Sie atmet tief durch. Erstmalig seit ihrer Rückkehr aus dem Krankenhaus ist sie in der Lage, nach draußen zu gehen. Sie geht um die Ecke auf dem Weg zum Park und stößt mit Sophia zusammen.

„Sophia!"

„Schau dich an! Du läufst draußen rum? Das ist wunderbar."

„Ich fühle mich jeden Tag besser. Hast du viel zu tun? Ich bin auf dem Weg in den Park und ich würde mich freuen, wenn du mich begleitest."

„Das kann ich machen", sagt Sophia. „Es ist so ein schöner Tag und ich freue mich riesig, dich wieder auf den Füßen zu sehen."

„Großartig. Wie läuft dein Studium?"

Sophia macht ein komisches Gesicht. „Es ist eine Herausforderung, aber ich bin hoch motiviert."

„Du wirst mal eine hervorragende Ärztin."

„Danke, Rose."

Die Freundinnen laufen für eine Weile schweigend nebeneinander her und genießen den Anblick der blühenden Bäume im Park.

„Weißt du Sophia, seit ich diese zweite Chance im Leben bekommen habe, möchte ich ein wirklich *mythisches* Leben führen. Ich möchte frei sein, alle meine Passionen und Fähigkeiten auszuleben und auszuloten – als Wissenschaftlerin, Geschichtenerzählerin, Musikerin... Ich bin all das – und ich kann nicht mehr in einer einengenden Box rigider Formeln und gesellschaftlicher Erwartungen leben. Es funktioniert einfach nicht für mich."

„Ich denke nicht, dass es so für irgendjemanden wirklich funktioniert."

„Warum limitieren wir uns selbst auf bestimmte Entscheidungen?"

„Nun, ist das nicht offensichtlich? Leute benutzen ihre Entscheidungen, um Möglichkeiten einzuschränken, die ihren Glauben an eine limitierte Welt stärken, die auf ‚Entweder-Oder-Entscheidungen' ausgelegt ist. So können sie die Schuld auf das Leben schieben, wenn sich ihre größeren Träume nicht manifestieren, weil ‚das Leben sie zur Entscheidung gezwungen hat'. Du bist das lebendige Beispiel, dass das Leben uns nicht limitiert. Es hält uns nicht zurück. Für dich sind Entweder-Oder-Optionen überhaupt keine Option. Du erkennst sie als falsche Entscheidung, weil du nicht an Dualität glaubst."

Sophia fährt fort: „Glaub mir, ich kenne die Welt der Label und Dogmen – und wie beengend das Leben werden kann, wenn man nur versucht, den Erwartungen Anderer zu entsprechen. Als junge farbige Frau werde ich oft abgestempelt und in Schubladen gesteckt."

„Warum tun wir das?", fragt Rose. „Warum beschränken wir uns, wenn wir so viel mehr sein können? Oma Verdandi erzählt mir oft, dass in diesen Zeiten der Renaissance ein neuer Mythos benötigt wird, damit die Leidenschaft für das Mögliche in den Menschen erweckt wird. Es scheint, dass wir in unserem eigenen, mythen-erzeugenden Echtzeit-Experiment gelandet sind – in diesen Zeiten, wo wir Krise über Krise aufgetischt bekommen."

„Ich stimme dir zu. Besonders du. Wenige Leute bekommen die Chance, die eigene Geschichte davon zu erzählen, wie sie in das Tal des Todes traten und am anderen Ende wieder rauskamen. *Das* ist mythisch. Seit du mir von deinem Erlebnis erzählt hast, bin ich gespannter denn je, alles was ich kann darüber zu erfahren. Ich frage sogar die Ärzte, die ich kenne, ob sie mal sterbenskranke Patienten hatten, die eine wundersame Heilung erfahren haben und wenn ja, ob sie darüber sprechen würden. Es gibt so viel mehr über Leben und Tod als die meisten Menschen denken."

„Es gibt so viel Angst verbunden mit diesem Thema. Aber es ist überhaupt nicht beängstigend."

„Oh Rose, Ich würde gerne weiter mit dir darüber sprechen, aber ich muss zurück an meine Bücher."

„Ich verstehe. Ich hab mich gefreut, dass wir uns getroffen haben. Und was das für ein wunderschöner Tag ist, nicht? Die frische Luft hat mir sehr gut getan."

„Mir auch. Wir sprechen uns bald wieder."

Rose genießt den schönen Spaziergang zurück zu ihrer Wohnung. Sie fühlt sich eher gestärkt als müde und beschließt, ihre Großmutter zurückzurufen.

Notwendigkeit für neue Narrative

„Rosie! So schnell zurück vom Spaziergang?"

„Du kennst mich doch. Ich hab so viele Dinge, die ich mit dir besprechen möchte."

„Nun, dann lass mal hören, meine Kleine. Was geht dir durch den Kopf? Warte kurz, diese Katzen brauchen noch ihr Mittagessen."

„Ich kann sie hören."

„Ja, es ist ihre Kätzchen-Oper, um sicherzustellen, dass ich genug Futter in ihren Napf mache. Sie würden auch 15 Mal pro Tag essen, wenn sie damit durchkämen. Genau wie dein Opa. Also, wo waren wir?"

„Ich möchte wissen, wie wir eine neue Geschichte für unsere Welt erschaffen können. Ich bin es leid, all diese Stories von Konflikten, Lügen, Gewalt und Teilung zu hören."

„Ja, das kann entmutigend sein. Deshalb schalte ich meinen Fernseher aus. Außer für *Jeopardy*."

„Es muss einen Weg geben, wie wir eine bessere Story schreiben können über das, was es bedeutet, Mensch zu sein. Das Universum hat mir gezeigt, wie unglaublich das Leben wirklich ist. Diese Unglaublichkeit lebt in jeder Zelle unseres Wesens, aber entweder realisieren das die Leute nicht oder sie ignorieren es!", ruft Rose.

„Wenn dir die jetzige Geschichte unserer Welt nicht gefällt, dann beginne, eine schönere Geschichte zu erzählen, noch bevor sie Realität wird. Lebe eine bessere Wahrheit von der Realität deiner Entscheidung aus. Inspiriere den Wandel. Was du wertschätzt, schätzt dich auch. Widme deine Zeit, Aufmerksamkeit und Intention diesem Herabkommen eines höheren Plans für unsere Erde und alle Spezies, die sie bewohnen."

„Aber es gibt so viel Zerstörung..."

„Erzittere nicht aus Angst vor vorbeiziehenden Desastern", rät ihr Verdandi. „Erschaffe in Co-Kreation mit dem Kosmos ein höheres Pattern und eine neue Geschichte der Erde. Sie existiert schon im Imaginalen. Während dieser Zeit, in der Tod und Kollaps die Grundfesten unserer Gesellschaft erschüttern, ist gerade jetzt die Wiedergeburt des Selbst eine absolute Notwendigkeit. Du bist diese Geschichte. Du lebst das gerade selbst. Kultur, Religion und Politik unserer Ansichten rufen danach, re-imaginiert und neu erdacht zu werden."

Verdandi spricht weiter: „Das ist die Zeit der Empfängnis, die eine neue Ära hervorbringen wird. Wir leben in einer fruchtbaren Zeit der Renaissance. Wiedergeburt! Das ist die Erweckung unserer Seelen vom Potential unserer großartigeren Zukunft aus. Einer Zukunft, die neue Pattern und Möglichkeiten ins Leben ruft, um die verborgenen Schätze unseres Verstandes freizulegen. Dies ist ein Akt mythischer Kreation durch den heiligen Akt des Re-Mythologisierens unserer Geschichte: Um die Bestimmung, den Plan und die umfassenderen Möglichkeiten unseres Lebens freizusetzen. Das ist absolut aufregend!" Sie pausiert kurz und fügt dann hinzu: „Und weißt du, was noch aufregend ist?"

„Was?"

„Dieses selbstgebackene Roggenbrot, das dein Großvater gerade aus dem Ofen gezogen hat. Es riecht himmlisch. Dagaz! Bring mir die Butter!"

„Stopp! Mir läuft das Wasser im Munde zusammen."

„Ich gebe dir nur einen Grund, uns mal zu besuchen."

„Ich komme zu Besuch, sobald ich kann. Hebt mir ein Stück Brot auf."

„Das kann ich nicht versprechen", kichert Verdandi. „Schau, Rosie, die Dynamik unserer heutigen Zeit hilft uns, unsere ganze Größe wiederzuerlangen und unseren Platz an der Seite von Parsival, Penelope, White Buffalo Calf Woman, der Lady of the Lake, Quetzalcoatl, Isis, Athene, Maria und sogar Buddha, Jesus, Mohammed und Krishna einzunehmen. Das ist die aufregendste Zeit, um zu leben! Dein Name in diesem neu entstehenden Mythos gehört auch auf die Liste, mein Liebes, zusammen mit allen anderen, die Teil der Re-Mythologisierung unserer Geschichte und Welt sind. Jeder und jede von uns ist zu diesem mythischen Werk berufen, und wir sind bereit. Wir sind für diese Zeiten geschaffen." Verdandi hält erneut inne, um diese Worte nachhallen zu lassen und sagt dann: „Glaub mir. Ich weiß das."

„Und du lebst ein mythisches Leben, Oma. Du verkörperst das alles."

„Das kannst du glauben!"

Verdandis einzigartige Sichtweisen sind begründet in der langen Tradition indigener Weisheit der samischen und nordischen Kulturen und verwoben mit ihrer extensiven Kenntnis der Mythen der Welt. Geboren in Norwegen, zog sie später nach Island und heiratete Dagaz. Sie wurde weithin bekannt als Seherin und weise Frau, eine Mystikerin, die die Geheimnisse der Öffnung der inneren Portale des Kosmos kennt, und Menschen durch die mythischen Landschaften ihrer Seelen führt.

Suchende aus der ganzen Welt kommen zu ihr, um Initiationsrituale zu durchlaufen. Einer ihrer Besucher nannte sie einmal „weiblicher Merlin", fügte jedoch hinzu, dass sie – anstatt magische Tricks für Menschen vorzuführen – den Menschen zeigte, wie sie Zugang zu ihren eigenen kreativen Kräften bekommen konnten.

Verdandi verehrte Merlin, seit sie ein junges Mädchen in Norwegen war und neben ihrer Mutter saß, während diese ihr Märchen von König Arthur vorlas. Sie nannte sogar ihren neuen Hund Merlin. Der Hund wurde mit Begeisterung in die Familie aufgenommen, zu der bereits zwei Katzen und zwei Hunde gehörten. Verdandi vergöttert Geschöpfe aller Art und kommuniziert mit ihnen telepathisch – sogar mit solchen aus der Geisterwelt.

Ihr Name *Verdandi* bedeutet so etwas wie „das Werdende" – die Gegenwart zwischen Vergangenheit und Zukunft. Die alte nordische Mythologie spricht von drei weiblichen Gottheiten, den „Nornen", die am Fuße des Baums *Yggdrasil*, dem Baum des Lebens wohnen. Diesen Nornen wird nachgesagt, dass sie das Schicksal der Götter und Menschen in Bezug auf das Vergangene, Jetzige und Zukünftige bestimmen und lenken. Die Nornen mit den Namen *Urðr*, *Verðandi* und *Skuld* versorgen auch den Baum des Lebens mit Wasser und Erde aus der heiligen Quelle *Urðarbrunnr*, indem sie damit seine Wurzeln begießen. Es wird gesagt, dass dies notwendig ist, um den heiligen Baum kräftig und gesund zu erhalten. Die Norne *Verðandi* ist für alles in der

Gegenwart Befindliche verantwortlich, inklusive aller Prozesse des Werdens im Hier und Jetzt.

Verdandi macht ihrem Namen alle Ehre – sie spielt diese Rolle für viele Menschen, ihre Enkelin Rose eingeschlossen. Ihre Erscheinung ist beeindruckend, mit einem starken „überirdischen" Charisma und warmen, braunen, magnetisierenden Augen, die immer einladend wirken. Ihr natürliches langes Haar schimmert in verschiedenen Farben: Dunkelbraun, rötlich-kastanienbraun und weiß. Die weißen Strähnen erinnern Rose an den wunderschönen Schnee Islands.

„Sobald wir wieder fliegen können, komme ich dich besuchen", verspricht Rose ihrer Großmutter.

„Ich werde diesen Gedanken im Herzen behalten, Röschen. Je früher, desto besser."

Die Rolle des Mythos

Am nächsten Tag ruft Rose ihre Großmutter noch einmal an. Ihr Großvater Dagaz nimmt ab.

„Sie führt das Rudel aus", sagt er. „Nun – das sage ich, aber es wäre wohl angebrachter zu sagen, die Hunde führen sie aus. Sie ist ziemlich unerschrocken, meine Frau. Draußen zu sein bei diesem Wetter mit drei großen Hunden macht dieser Frau nicht das Geringste aus. Warte – sie kommen gerade wieder herein durch die Hintertür – schön, mit dir zu sprechen, Rose. Hier ist sie..."

Dagaz gibt seiner Frau den Hörer weiter.

„Hallo, Rosebud!" Die Stimme der Oma ist wie beruhigender Balsam. „Es ist ein stürmischer Tag hier, aber meine pelzigen Freunde haben darauf bestanden, dass wir uns bewegen. Sie sind schlau, was das angeht. So. Hab Mantel und Stiefel abgelegt, Dagaz hat den Wasserkessel aufgesetzt und ich bin bereit zu reden. Wie geht es dir?"

„Ich habe noch über unsere gestrige Unterhaltung nachgedacht. Wenn du von Mythos sprichst, ist es für dich lebendig, Oma. Es ist so anders als das, was mir meine Lehrer in der Schule oder die Professoren an der Uni über Mythologie erzählt haben."

Verdandi lächelt. Das ist ihr Lieblingsthema. Der Kater Loki springt ihr auf den Schoß und macht es sich bequem, während Verdandi erzählt.

„Mythische Geschichten leben in allen Menschen und beinhalten ein großes Versprechen. Sie bieten die tiefste Nahrung und Kraft für die Seele. Besonders während solcher Zeiten, in denen wir uns gerade wiederfinden – wir sprachen ja schon darüber. Es sind die Mythen, die uns sagen, wo wir stehen, was wir sein könnten, wohin wir gehen sollten und wie wir mit Schwierigkeiten und Aufgaben umgehen sollten, die uns begegnen. Und schließlich auch, wie wir nach Hause gelangen und unsere hart erfochtenen Fähigkeiten in Zeit und Gesellschaft einbringen können."

Sie streichelt Loki unter seinem weichen grauen Kinn und fährt fort: „Mythen sind grundlegend für die eigentliche Genese unserer Existenz. Deshalb sage ich oft, Mythen seien die ‚DNA der menschlichen Psyche'. Deswegen haben ich und andere den Pfad beschritten, das mythische Terrain in uns selbst zu entdecken. Wir haben die Mythen unterschiedlichster Zeiten und Kulturen studiert, und unsere Erkenntnisse in Büchern, Vorlesungen und Theaterstücken eingebracht, was schließlich hilft, diese großen fruchtbaren Geschichten zu erzählen und zu verkörpern. Wir tun dies auf eine Art und Weise, dass Individuen auf der Reise von der persönlichen Erfahrung zum Universellen gelangen und dadurch den Mythos ausagieren können – mit all seiner Kraft und Leidenschaft.

„Was wir dabei herausgefunden haben", erzählt Verdandi weiter, „ist, dass das Eintauchen in den Mythos die Codes offenlegt, die vorher darin schlummerten und nun wieder erweckt und praktiziert werden müssen. Wir sind die Erben dieses unschätzbaren Reichtums, welcher dort verborgen ist – nicht nur, um wiederentdeckt zu werden – sondern um seine vielfältigen Teile in das Gewebe einer neuen Geschichte einzubringen, eine ‚Re-Genesis', die Wiedererweckung des Mythos zum Wohle aller."

„Das ist es genau, weshalb ich mehr darüber wissen möchte. ‚Eine Re-Genesis des Mythos zum Wohle aller.' Ich liebe es! Also sind die Kosmischen Codes und Samen, die ich in meinen Visionen vom Universum sah, auch mythische Codes?", fragt Rose.

„Oh ja, Rosie, sehr richtig. Sie sind die Samen des Kosmos für eine großartige neue Geschichte, die aus deinem Inneren heraus geboren wird, die dich aufruft, diese neuen Möglichkeiten jeden Tag in deinem Leben zu erleben. Wir haben uns zu sehr auf sekundäre Mythen verlassen – du weißt schon, diese Geschichtchen und verkürzten Stories im Fernsehen oder in populären Filmen. Großartige Geschichten – wie sie in Mythen codiert sind – geben uns Richtung und Göttlichkeit. Mythen im besten Sinne handeln von Wachstum und Transformation; die Bewegung von einem veralteten Zustand und Selbst zu einem solchen, der die höhere Form von dem, was sein könnte, umfasst."

Rose beginnt zu verstehen, wie dieses mythische Verständnis ihr helfen kann, die tieferen Realitäten dessen zu entdecken und zu teilen, was sie im letzten Monat durchlebt hat. Diese Art, ihre Geschichte zu leben und zu teilen ist viel tiefgreifender, als einfach auf das zu schauen, was passiert ist.

„Danke, Oma. Das hilft mir, in den Transformationen, durch die ich gerade gehe, einen Sinn zu erkennen."

„Denk daran, die Art, wie du auf dein Leben als Geschichte blickst, entscheidet oft darüber, wie das Leben dich behandeln wird. Wenn du dein Leben als kleine, triviale Geschichte ansiehst, kann es sein, dass du in Trägheit und Niedergeschlagenheit verfällst. Siehst du dein Leben als größere Geschichte, kommst du wieder auf die Füße und es hilft dir, weiter zu machen. Siehst du aber dein Leben als *großartige* Geschichte, wird es dich mit Leidenschaft erfüllen und dir Codes zur Verfügung stellen, mit denen du Zugang zu neuen Gefilden von Möglichkeiten bekommst und die dir ein mythisches Leben und eine höhere Berufung schenken."

Der Schlüssel der imaginalen Kraft

„Aber *wie* können wir die mythischen Pattern in uns selbst und in unserer Welt ändern? Zumal diese Pattern so tief in unserer Struktur der Psyche verwurzelt sind?", will Rose wissen.

„Wir leben gerade in einer wirklich einzigartigen Zeit. Ich bezweifle, dass bis vor einigen Jahrzehnten irgendjemand in der Lage gewesen wäre, mehr als ein paar Details ihrer Pattern zu ändern. Aber da wir nun diese Zeit der systemischen Transformation betreten haben, wo *alles* sich de- und rekonstruiert, verändert sich auch unsere mythische Struktur. Um die dominanten Mythen zu verändern, müssen wir die Menschen zunächst in die Tiefen ihrer eigenen Psyche führen, so dass sie Zugang zur Kraft erhalten, ihre eigene essentielle Geschichte zu verändern", erklärt Verdandi.

Rose erinnert sich an ihre Nahtoderfahrung. „Als ich ins Tal des Todes kam, war ich auf einmal in der Lage, meine Kraft der bewussten Entscheidung abzurufen. Ich sah, wie jede Entscheidungsmöglichkeit als eigener Bewusstseins-Zustand auch eine Koordinate innerhalb der Landschaften des Bewusstseins ist, die zu bestimmten Sets von Möglichkeiten gehören. Zuvor hatte ich nie über den Bewusstseins-Zustand meiner Entscheidungen nachgedacht. Anstatt dessen entschied ich aus dem Moment heraus – was ich gerade fühlte, ohne darüber nachzudenken, was meine Entscheidung verschließen oder ermöglichen würde."

„Jede Entscheidung ist ein Bewusstseins-Zustand und enthält eigene Codes des Bewusstseins, meine Liebe. Eine Entscheidung ist ein Samen für die Zukunft und kann die Geschicke für viele Jahre kraftvoll beeinflussen. Wenn du realisierst, wie deine Entscheidung *im Bewusstsein* erfolgt, und wie das Universum eine Entität des Bewusstseins ist, dann beginnst du auch zu verstehen, inwiefern wir ein mythisches Bindeglied – ‚the mything link' – für die Evolution des Lebens sind. Warum fragst du nicht mal Sophia und deine anderen Freunde, welche Geschichten ihr inneres Feuer und ihre Leidenschaft für das Mögliche entfachen?"

„Das ist eine großartige Idee. Wir sprechen viel darüber, wie wir eine bessere Welt erschaffen können, die funktioniert – aber nicht aus dieser mythischen Perspektive. Für die meisten von uns sind Mythen etwas, was wir in Geschichten lesen oder in Filmen sehen können, besonders in den Filmen über Superhelden und über Legenden."

„Ja, wie der gute alte Spiderman."

„Wir sind nie richtig aufgefordert worden, unsere eigenen Leben als mythisch anzusehen."

„Ohne diese tiefere Verlockung des Werdens werden die Menschen weiterschlafen in einem System, dass sie davon abhält, auf ihre mythischen Fähigkeiten zuzugreifen", fügt Verdandi hinzu. „Bildungssysteme und Medien heutzutage entfremden die Menschen noch mehr von der wahren Kraft ihrer Psyche. Der Schlüssel ist, unsere Leben mit einer mythischen Schwingung und Strahlkraft zu führen – durch die Nutzung unserer imaginalen Kräfte. Die mythische Schwingung derer, die die uralten Geschichten bevölkerten, kann – zusammen mit uns – neue Landkarten für unsere Zeit schaffen. Die alten Karten früherer Traditionen passen aufgrund des radikalen Wandels in unserer Zeit nicht mehr so wie einst zu unserem persönlichen Umfeld. Jedoch ist der Prozess des Kartographierens und des Findens eines moralischen Kompasses, um durch lebensbedrohliche Situationen zu navigieren, das Herzstück der mythischen Struktur."

„Ich brauche dringend ein neues Navigationssystem, Oma. Es ist unmöglich, in mein altes Leben zurückzugehen. Mein altes Leben ist in dieser Nacht im Krankenhaus gestorben und ich weiß nicht, wie ich von meinem jetzigen Standpunkt aus in meine Zukunft navigieren soll."

„Löse dich von den alten Karten, Röschen. Vertraue deinem inneren Kompass, genau wie in der Nacht, als dein altes Leben starb. Du hast deinen Weg zum neuen Samen deines Lebens gefunden. Du bist durch einen Moment des ‚Zeitsprungs' gegangen, etwas, was passiert, wenn ein Mythos sich selbst manifestiert – aus dem Stoff persönlicher Erfahrung. Dies ist von monumentaler Bedeutung für die Entwicklung deiner Psyche. Klopf dir auf die Schulter, du hast es verdient. Du entwickelst gerade völlig neue innere Strukturen in deinem Verstand, Gehirn und in der Psyche, die dir Fertigkeiten und Perspektiven verleihen werden, die noch nie erforscht wurden. Keine Kleinigkeit!"

„Brauche ich deshalb viel mehr Ruhe als sonst?"

„Ja. Du machst eine Menge."

„Letztens habe ich geträumt, dass mein altes Haus abgebrannt ist und ich mich entschlossen hatte, mein neues Zuhause direkt unter den Sternen zu suchen. Das fühlte sich wie eine kraftvolle Metapher für das Niederbrennen meiner alten inneren Strukturen und für den Tod meines alten Lebens an."

„Ja, und während unsere Welt in Flammen steht und unsere Erde parallel ihr eigenes Fieber ausficht, kommt es überall zum Abbrennen der alten Landkarten und archetypischen Strukturen in unserer Gesellschaft. Und dies ist genau das, was die Voraussetzung für die Emergenz neuer mythischer Geschichten schafft – genau wie Phönix aufsteigt aus der Asche. Die Erde braucht das Feuer für ihre Wiedergeburt."

„Oma, was denkst du ist die wichtigste menschliche Kraft, die wir ausbilden müssen, um unsere Welt zu re-mythologisieren und eine neue Geschichte zu schreiben?"

„Unsere imaginalen kreativen Kräfte, die aus der uralten Weisheit unserer Herzen stammen, Rosie. Wie du weißt, geht das Imaginale über das Imaginative hinaus, weil es auch die tiefen kreativen Gefilde des Kosmos selbst mit einbezieht. Die Imagination entsteht auf dem Niveau deines eigenen Geistes und deiner Physiologie. Durch die Teilhabe an größeren, unendlichen Weiten des Seins und der Weisheit des Kosmos kannst du die Schlüssel zu den transformativen Kräften des Universums erlangen."

Verdandi spricht weiter: „Das Universum erneuert sich selbst vom imaginalen Reich des Kosmos aus; das ist so wie das Erwachen der imaginalen Zellen des Schmetterlings, die in der Haut des sterbenden Raupenkörpers inmitten der Metamorphose stecken. Die Zukunft existiert bereits als Kosmisches Potential innerhalb unseres eigenen imaginalen Selbst, welches die neuen Möglichkeit und die transformativen Kräfte aktiviert, um diese Möglichkeiten zu erreichen. Erinnerst du dich an den Mystiker Meister Eckhart?"

„Ja."

„Der sagte einmal: ‚Das Auge, mit dem mich Gott sieht, ist das Auge, mit dem ich ihn sehe; mein Auge und sein Auge ist eins. Ein Sehen, ein Wissen, eine Liebe.'"

„Das ist sehr tiefgründig. Es gibt mir Stoff zum Nachdenken."

„Das ist die wahre Essenz des imaginalen Stadiums des Bewusstseins, welche weit über das hinaus geht, wo Imagination uns hinführen kann. Alle diese großen Mystiker waren auch die kreativsten Menschen – übersprudelnd mit Ideen und Offenbarungen, und zwar aufgrund ihrer Fähigkeit, in diesen Zustand der tiefen Einheit mit dem Kosmos einzutreten, dem direkten Eins-Sein mit der großen Einheit."

„Das ist so schön, Oma. Ich verstehe, was du sagst. Ich weiß aus direkter eigener Erfahrung, dass das imaginale Reich real ist; es ist nicht nur etwas, was in unserem eigenen Verstand passiert. Nicht, dass wir wüssten, was ‚Verstand' ist... Die Ärzte konnten sich meine plötzliche Heilung nicht erklären. Es geschah nicht, weil mein Immunsystem das Virus bekämpfte. Ich weiß das tief im Inneren. Stattdessen spüre ich, dass die Verbindung zum Virus sich in dem Moment verändert hat, in dem ich das Bewusstsein meiner Zukunfts-Entscheidung eingenommen hatte – als wenn alles neu strukturiert worden wäre. Sobald ich verstanden hatte, inwieweit das Virus auch Teil des Ganzen ist, betrat ich den Raum der Möglichkeit einer symbiotischen Beziehung mit dem Virus. Ich habe den Eindruck, dass seine Codes sogar irgendwie meine Fähigkeiten verbessern können. Sophia möchte auch mehr über ihre eigenen imaginalen Kräfte erfahren. Hast du nicht eine Übung, die ich ihr geben kann?"

„Die habe ich. Lass sie uns zusammen machen, sodass du es dann mit ihr teilen kannst. Danach geh und ruh dich etwas aus, meine Kleine. Du bist immer noch dabei, deinen neuen Körper aufzubauen. Ruf mich später in der Woche noch einmal an, und ich gebe dir eine Übung im Geschichten-Schreiben, um die mythischen Strukturen in deiner Lebens-Entscheidung zu entdecken und zu verbessern. Und jetzt mach es dir bequem und lass uns diese Übung durchgehen."

Rose entspannt ihren Körper und stimmt sich auf die beruhigen Schwingungen der Stimme ihrer Großmutter ein.

Übung zum Verbinden mit deinen imaginalen Kräften

„Beginne mit der Einsicht, dass es Gefilde der Existenz und Stadien des Seins gibt, die über unseren persönlichen Verstand hinausgehen. Du besitzt bereits imaginale Kraft. Wir alle besitzen sie, so wie das Leben – in allen seinen Ausprägungen. Deine imaginale Kraft ist die direkte Kosmische Verbindung, welche dich mühelos mit den größeren Realitäten verbindet, von denen du Inspiration, Führung, Vision und einen intuitiven Sinn für die Richtung deiner Reise sowie deine ultimative Transformation empfangen kannst.

„Die imaginale Sphäre geht über das hinaus, was landläufig als das ,Imaginative' bekannt und mit dem Akt der Imagination und manchmal auch Fantasie assoziiert ist. Die imaginale Sphäre umfasst Kosmische Dimensionen, die nicht rein mentaler Natur sind. Sie umfasst auch die transformativen Kräfte des Universums in der Art wie wir denken, wahrnehmen und reagieren.

„Werde dir deiner imaginalen Kräfte nun bewusster und auch dessen, wie du diese Kräfte mit dem Leben und dem Universum teilst. Sobald du dir deiner imaginalen Fertigkeiten gewahr bist, kannst du diese bewusster einsetzen, um die entsprechenden Veränderungen in deinem Leben und in der Welt um dich herum hervorzubringen. Du bist jetzt bereit, diese Übung zu beginnen.

„Schließe deine Augen und atme ein paar Mal tief durch. Entspanne dich vollständig und lass los, und nun noch etwas tiefer. Werde dir des Lebens in deinem Inneren bewusst: In deinem Atem, in der Wärme deines Herzen, im Fluss deines Blutes, in deinem Puls, in deinen Gefühlen, Gedanken, Intentionen und sogar deinen Fragen. In dir ist immer Leben. Du bist Leben.

„Erkenne an, wie diese Lebenskraft auch in der Natur existiert: In allen Pflanzen, in Tieren, Ozeanen, unserem Planeten und im ganzen Universum. Deine Lebenskraft und die Lebenskraft der Natur sind identisch, und sie sind tief verbunden. Die Kraft der Erneuerung, Heilung, Transformation und Wiedergeburt, die intrinsische Kräfte des Lebens sind, sind auch in dir vorhanden. Jede dieser Kräfte ist auch imaginaler Natur, die sowohl dem Leben als auch dir innewohnen; und sie schenken dir die Fähigkeit, dich selbst zu erschaffen und zu erneuern, dich selbst zu heilen, zu lernen, dich zu entfalten und weiterzuentwickeln.

„Fasse die Intention, dich nun direkt mit deinen mächtigen imaginalen Kräften zu verbinden. Fühle, wie deine imaginalen Kräfte in dir erwachen und sich aktivieren. Du kannst das vielleicht sogar als wunderbare Empfindung wahrnehmen, die sich in deinem Körper ausbreitet, sobald die imaginalen Kräfte in deinem Inneren erwachen. Du bist in einem imaginalen Prozess. Willkommen in einer neuen Art des Seins und des Erforschens.

„Deine imaginale Kraft ist dein direkter Zugang zu den kreativen Kräften des Kosmos. Du kannst diese Kraft anrufen – so enorm sie auch ist – wann immer es erforderlich ist. Diese Kraft sehnt sich danach, sich mit dir zu verbinden und bringt tiefgreifend neue Wege des Seins und Tuns in dein Leben. Lass deine Fähigkeiten, auf diese imaginalen Kräfte zuzugreifen und sie zu lenken, noch weiter wachsen. Fühle diese imaginalen Kräfte wachsen und in deinem Inneren erstrahlen. Während sie stärker werden, optimieren und vergrößern sie auf natürliche Art deine kreativen Fertigkeiten sowie dein Vorstellungs- und Intuitionsvermögen. Spüre deine Heilkraft und deine transformativen Kräfte. Du musst nur an deine imaginale Kraft denken – und sie aktiviert sich natürlicher Weise von selbst. Deine imaginalen Kräfte ziehen dich hinan zu einer höheren Realisations-Stufe auf dem Pfad deiner Bestimmung.

„Lege nun deine Hände über dein Herz: Verbinde dich mit dem kraftvollen imaginalen Genie deines wunderschönen Herzens. Bitte dein Herz, dich zu führen und deine imaginalen Kräfte mit endloser Liebe und Weisheit zu erfüllen. Bleibe an diesem Ort für einige Momente...

„Nun bist du bereit, dich mit den imaginalen Kräften des Universums zu verbinden. Bitte das Universum, dich mit den transformativen Kräften zu unterstützen, die dir helfen, diejenigen Erfahrungen und Möglichkeiten zu erfinden, erschaffen, und zu manifestieren, die dich auf deinem höchsten Weg und zu deiner Berufung unterstützen. Fühle die Woge dieser Kräfte, die in dir fließen. Spüre, wie sie dein Feuer entfachen, dich energetisieren, und deinem Leben zu dieser Zeit auf diesem Planeten neuen Schwung und Sinn verleihen. Wisse, dass ihr Partner seid auf der großen Bühne des sich entfaltenden Lebens. Bleibe in diesem Gefühl für einige Momente...

„Nun bist du bereit, dich mit Mutter Erde zu verbinden und sie um ihren Beistand zu bitten, den sie dir huldvoll gewährt. Du kannst sie sogar fragen, wie auch du sie unterstützen kannst als ihr kreativer Partner in der

Weiterentwicklung des Lebens. Behalte die Intention der überfließenden kreativen Güte und des Wohlbefindens für alle Geschöpfe in deinem Herzen. Sieh die Welt und dein eigenes Leben in einem optimalen Stadium des Seins: Blühend, gesund, glücklich und gedeihend. Wenn du bereit bist, öffne deine Augen, strecke dich und sei wieder völlig präsent im Hier und Jetzt."

Die imaginale Berührung des Universums

Am nächsten Tag hört Rose ein Klopfen und rennt zur Tür: Sophia ist pünktlich auf die Minute.

„Komm rein, komm rein!" Rose schließt die Tür hinter ihrer Freundin. „Ich habe Ratatouille im Ofen und ich dachte, wir könnten auch einen schönen Salat essen; aber bevor wir essen, muss ich dir noch was erzählen."

Rose teilt die Übung, die sie gestern von ihrer Großmutter bekommen hat. Sophia entspannt sich auf der Couch und lauscht der Stimme ihrer Freundin, die sie durch den Prozess führt. Als sie fertig sind, öffnet sie die Augen.

„Und?", fragt Rose. „Was denkst du?"

Sophia benötigt einen Moment, um ihre Gedanken in Worte zu fassen. „Kraftvolles Zeug. Ich habe wirklich begriffen, wie das Universum in mir lebendig ist, und in allen von uns... in allem." Sophia setzt sich auf. „Weißt du, während meiner Ausbildung zur Ärztin bin ich immer dabei, die Lebenskraft zu erforschen, die unsichtbar durch alle unsere Adern und Zellen fließt, wie universelle Ströme des Bewusstseins. Aber der Mainstream der medizinischen Wissenschaft nimmt diese Lebenskraft selten – wenn überhaupt – zur Kenntnis."

„Du hast Recht. Stell dir vor, wie sich ihr Herangehen an Medizin transformieren würde, wenn sie es täten."

„Es würde alles verändern."

„Willst du mir helfen mit dem Salat? Wir können derweil weiterreden."

"Sicher."

Rose holt eine Auswahl von frischem Gemüse aus ihrem Kühlschrank. Sophia wäscht den Salat in der Spüle, während Rose Gurken schneidet.

„Ich wollte schon immer Menschen helfen", sagt Sophia während sie die Blätter trennt und auf einem Papiertuch trocknet. „Seit ich Kind war, wollte ich die Welt mitfühlender und menschlicher machen. Deshalb arbeite ich so hart, um Ärztin zu werden. Ich möchte, dass die Menschen gesund und munter sind, so dass sie ihr Leben genießen können."

„Du hattest dieses Ziel, seit ich dich kennengelernt habe. Jetzt, da du direkter erfahren hast, wie deine imaginalen Kräfte ein direkter Kommunikations-Kanal mit dem Universum sind, meinst du, das könnte dir helfen als Ärztin?"

„Interessante Frage, Rose. Willst du ein Geheimnis wissen?"

Rose legt ein paar Karotten neben das Schneidebrett und gibt Sophia ihre volle Aufmerksamkeit.

„Ich möchte direkt mit den Körpern meiner Patienten sprechen", sagt sie. „Ich werde ganz still und fokussiere meine Energie, dann lege ich meine Hand auf den Patienten. Wenn ich das mit einer reinen, liebevollen Intention mache, fühlt es sich an, als würde ich das fleisch-gewordene Universum berühren."

„Hat dir das deine Großmutter in Australien beigebracht?"

„Ja. Es funktioniert auch bei Tieren. Ich frage den Körper im Stillen danach, mir zu sagen, was ihm fehlt oder was aus der Balance geraten ist. Manchmal wenn ich das tue, bekomme ich auch Informationen über die Ursache der Beschwerden. Dann ermutige ich den Körper, die betroffenen Areale zu heilen."

Rose nickt. „Das lernt man im Medizinstudium ganz sicher nicht."

„Nein, aber ich hab durch das Sprechen mit den Körpern der Patienten herausgefunden, dass ich dadurch einen besseren Einblick in die Bereiche bekomme, auf die ich mich konzentrieren sollte. Ich habe schon unzählige Male damit Erfolg gehabt, aber es noch nie mit meinen Kommilitonen besprochen."

Der Timer an Roses Herd klingelt und sie holt eine Pfanne mit brodelndem Ratatouille aus dem Ofen.

„Schau dir das an. Gut gemacht, Rose."

„Danke dir. Ich bin am Verhungern. Lass uns essen."

Rose stellt das Ratatouille auf eine Wärmeplatte neben den Salat und die zwei Freundinnen setzen sich, um ihr Mittagessen zu genießen.

„Du hast dich selbst übertroffen, Rose. Der Tisch sieht so hübsch aus mit dem bunten Tischtuch und den frischen Blumen. Und Stoffservietten! Das ist so viel besser als ein schneller Happen in der Uni-Cafeteria."

„Das freut mich. Ich schätze es sehr, dass du deine Zeit mit mir verbringst, obwohl du so beschäftigt bist, also wollte ich es zu etwas Besonderem machen. Außerdem müssen wir feiern, dass wir uns hier im realen Leben treffen können, und nicht nur am PC oder am Telefon", sagt Rose, während sie ihrer Freundin den Balsamico für den Salat reicht.

„Ich weiß, was du meinst", sagt Sophia. „Es scheint, dass der Kontakt zwischen Menschen heutzutage vorwiegend digital ist. Gerade jetzt, wo wir uns am meisten brauchen."

„Ja, Maschinen können niemals den menschlichen Kontakt ersetzen."

„Wenn es unsere imaginalen Kräfte sind, die uns ermöglichen, mit anderen Dimensionen, Orten und Zeiten in Kontakt zu treten, dann nicht. Menschliche Berührung ist so essentiell. Aber es geht über die reine physische Berührung hinaus. Das Berühren enthält die Fingerabdrücke eines tieferen Kontakts; die Berührung verbindet uns über Raum und Zeit hinaus, sie kann uns öffnen für das Zwischenmenschliche – das ‚interbeing'. Körper und Geist sind dafür gemacht, sich gegenseitig zu berühren und berührt zu werden durch Gefühle, Worte, Imagination und die Qualitäten des lebendigen Feldes des Universums, welches in unseren Beziehungen zueinander zum Leben erweckt wird", sagt Rose.

„Du hast Recht, wir sind in einer Art und Weise verbunden, die Maschinen und Technologien niemals verstehen werden."

„Viele von Oma Verdandis imaginalen Übungen bestätigen das. Wir sind kraft der imaginalen Berührung über Raum und Zeit hinweg mit einander verbunden. Das Leben ist nicht nur eine Simulation oder ein Computer-Prozess. Der Kosmos berührt jeden Aspekt unseres Lebens als Präsenz unseres eigenen Bewusstseins. Unser Bewusstsein ist ein Bewusstsein, welches das Leben anrührt. Es ist keine sterile Entität, die nur beobachtet." Rose hält inne, um ein paar Bissen zu nehmen und fährt dann fort.

„Wie würde eine Welt ohne diese imaginale Berührung aussehen, riechen, schmecken und sich anhören oder anfühlen? Wie können wir ohne diese Berührung heilen? Wie können wir ohne diese Berührung überhaupt neue Zukunftsszenarien und ungeborene Potentiale ins Leben rufen? Ich habe so viele Fragen!" Rose stochert mit ihrer Gabel in ihrem Salat herum. „Danke für dein Zuhören. Ich wollte mich gar nicht so aufregen. Sei froh, dass du dieser Tage nicht in meinem Gehirn sitzt, denn das sind nur einige der Fragen, die ich dort herumschwirren habe. Ich hatte eine Menge zu verkraften."

Rose weiß nicht, wie sie alle ihre Gedanken verbal ausdrücken soll, deshalb legt sie ihre Hand auf Sophias Arm und schaut in die Augen der Freundin. In diesem Moment des direkten Kontakts versteht Sophia, wie tief Rose während ihrer Erfahrung vom Leben nach dem Tod vom Kosmos berührt worden ist – und dass sie ihre enge Freundin braucht, um ihr zu helfen, dies alles zu integrieren.

„Es ist in Ordnung, Rose", sagt Sophia ruhig. „Du musst nicht versuchen, das alles jetzt zu verstehen. Du hattest eine außergewöhnliche Erfahrung und die hat dich in wirklich tiefgreifender Art und Weise verändert. Sei dir bewusst, dass ich dich immer als deine Freundin und Schwester lieben werde, egal was passiert."

„Danke dir, Sophia. Es gibt so viel, was ich mit dir teilen möchte. Ich weiß nur noch nicht, wie."

Der heilige Gral der Kommunikation

„Was mich begeistert", fügt Rose hinzu, „ist, wie das Universum in der Lage ist, mit uns zu kommunizieren – besonders, weil es so riesig ist. Wie kann so etwas Enormes und Unendliches mit Menschen auf der Erde kommunizieren, wo wir so winzig sind und in einer Form existieren, die aus der Perspektive des Universums derart flüchtig ist. Wie konnte das Universum überhaupt verstehen, was ich brauchte, als ich es im Krankenhaus um Hilfe anrief?" Rose hält inne und lacht. „Siehst du? Ich hab dir gesagt, ich habe viele Fragen."

„Du warst schon immer neugierig", antwortet Sophia. „Ich bin froh, dass du Fragen hast – das bedeutet, du denkst. Los, weiter, lass sie hören."

„Was, wenn die lebendige Architektur, die ich von den Kosmischen Gefilden wahrgenommen habe, ein riesiges universelles Kommunikationssystem ist? Was, wenn die Kosmische Architektur eine Architektur der Kommunikation auf einem Meta-Level des Designs ist?"

„Rose, wenn du die Schlüssel dazu entdeckt hast, dann hast du vielleicht den Heiligen Gral der Kommunikation gefunden", grinst Sophia.

„Vielleicht ist es genau das: Der Heilige Gral der Kommunikation! Die Kommunikation der Unsterblichkeit!"

„Eigentlich hab ich nur einen Spaß über den Heiligen Gral gemacht", sagt Sophia lächelnd.

„Nun, ich spaße nicht, ich meine das ernst. Denk mal darüber nach. Hier ist der Heilige Gral – verehrt seit Tausenden von Jahren als eine heilige Reliquie oder göttliche Kraft, die den Schlüssel zum unsterblichen Leben enthält. Einige Menschen glauben, dass es der Kelch sei, aus dem Jesus während seines letzten Abendmahls trank und in welchem sein Blut der Kreuzigung aufgefangen wurde. Andere glauben, dass es sich um einen Smaragd handelt, der die Kraft der Unsterblichkeit enthält. Er ist auch bekannt als das Gefäß aus Alabaster, aus dem Maria Magdalena Jesus mit Öl salbte. Und das schafft die Verbindung zu einigen druidischen Legenden meiner Familie, die davon handeln, dass die Salbung eines Königs nicht nur durch heilige Öle erfolgt, sondern auch durch den Schoß der Hohepriesterin, die die Blutlinie trägt und damit in der Lage ist, die Kräfte der Unsterblichkeit zu übertragen.“

„Du meinst die Blutlinien von Jesus Christus und Maria Magdalena? Hatten sie Kinder?“, fragt Sophia mit weit geöffneten Augen.

„Ja“, nickt Rose. „Ich weiß, es ist natürlich sehr kontrovers, und es gibt ähnliche Blutlinien in anderen spirituellen Traditionen, aber ja – es scheint so, dass Maria Magdalena mit seinem Kind oder seinen Kindern schwanger war – laut meiner Familie. Ihre Blutlinie soll sich in Europa fortgesetzt haben, wohin Maria nach seiner Kreuzigung geflohen ist. Maria hat laut unserer Überlieferung auch die Rolle einer Hohepriesterin bekleidet. Was ich noch von meiner Familie gehört habe, ist, dass der Schoß einiger Hohepriesterinnen, wie derer der merowingischen Blutlinien, wie zu einem Gral werden kann, der die Kraft und den Segen der Unsterblichkeit überträgt. Wenn diese Hohepriesterin einen Prinzen zum König salbt, vermählt sie ihn mit den magischen Welten. Sie kann den Segen der Unsterblichkeit als Heil- und Fertilitätssegen kraft des erweckten Heiligen Grals in ihrem Inneren übertragen. Aber das ist wirklich eine Geschichte für ein anderes Mal“, lacht Rose.

„Wow, okay, du meinst das wirklich ernst. Das ist unglaublich. Und wie ist die Verbindung zwischen der Kosmischen Architektur und dem Heiligen Gral?“, fragt Sophia ihre Freundin.

„Die Kosmische Architektur ist unsterblich, und zeigt uns, dass das nicht ausschließlich für bestimmte Blutlinien gilt. Sie ist die Grundlage für alles physische Leben, während sie aus Gefilden stammt, die außerhalb der Dimensionen existieren, die wir als Raum-Zeit kennen“, erklärt Rose. „Die Suche nach dem Heiligen Gral repräsentierte lange die Suche nach dem unsterblichen Leben, um die Vision von Unendlichkeit wiederzuerlangen und unsere göttlichen Kräfte zu verwirklichen. Oberflächlich gesehen mag es als Suche nach dem Zugang zu einer Reliquie erschienen sein, die Wunder erzeugen konnte; die tiefere Suche war jedoch, zu verstehen, wer wir sind, wo wir herkommen und wie unser sterbliches Leben transzendiert werden kann. Die Kosmische Architektur mag der wohl best-versteckte Schlüssel zur Unsterblichkeit sein. Er hilft uns, hinter die Geheimnisse und Exklusivität zu blicken, die die Menschheit lange gespalten hat!"

„Die Kommunikation der Unsterblichkeit… Die zeitlose universelle Sprache der Welten jenseits des Schleiers…" Sophia lächelt, während sie diese neue Information aufnimmt.

„Genau. Warum auch nicht? Ich weiß, es mag überheblich klingen, aber was, wenn der Kosmos will, dass wir das entdecken? Fast jedes Problem, das ich mir vorstellen kann, erwächst aus Kommunikationslücken und falschen Kommunikationsmustern. Manipulation kann Menschen entzweien, weil wir nicht in der Lage sind, mit einer universellen Sprache zu kommunizieren und mit der Kosmischen Sprache der Unsterblichkeit zu sprechen. Kein Wunder, dass virale Schadprogramme so leicht unsere Computer und Kommunikationssysteme kapern können."

„Ich höre dir zu, Rose. Ich stimme mit dir in allem überein, aber ich bezweifle, dass die Leute, die von den Kommunikationslücken profitieren, gewillt wären, dir zuzuhören. Es würde ihr Spiel zu sehr verändern. Die meisten unserer politischen und ökonomischen Systeme bauen auf solchen Kommunikationslücken auf. Sie sind dafür designt, die Kluft zwischen Menschen zu erhalten."

„Ich gebe zu, dass es nicht einfach sein wird", sagt Rose, während sie ihre Gabel zwischen den Fingern kreisen lässt. „Aber vielleicht sind wir der mythische Link. Wir können beginnen, das Unsichtbare sichtbar zu machen. Ich denke an meinen Cousin Otto und an einige unserer Unterhaltungen über Buckminster Fuller zurück. Mein Cousin liebte es, ihn ständig zu zitieren: ‚Neunundneunzig Prozent von dem was du bist, ist unsichtbar und unantastbar' war eines seiner Lieblingszitate. Und: ‚Wir sind berufen, Architekten unserer Zukunft zu sein, nicht ihr Opfer.'"

„Stell dir vor, ein Architekt einer völlig neuen Zivilisation zu werden!", ruft Sophia aus.

„Einer Zivilisation, die die universelle Sprache des Kosmos spricht", fügt Rose hinzu.

Bei dieser Erklärung durchströmt ein Schauer der Leidenschaft Roses ganzes Wesen. Ihr Körper fühlt sich warm an, ihr Herz glüht förmlich. „Ich bin überzeugt – der Kosmos *ist* der Heilige Gral der Kommunikation. Wir müssen das nicht erfinden; wir müssen es nur realisieren und anwenden. Das kann die Art, wie wir unsere Welt und unsere Zukunft wachsen, sich entfalten und entwickeln lassen, revolutionieren. Das Universum ist unser größter Verbündeter. Es ist lebendig in jedem von uns. Und wie meine Oma Verdandi immer sagt, ‚Wir sind ein Universum in einem biologisch abbaubaren Raum-Zeit-Anzug!'"

„Ein *heiliger* biologisch abbaubarer Raum-Zeit-Anzug!", wirft Sophia ein. „Weißt du, wenn wir unseren Patienten allopathische Medikamente geben, gibt es oft das Risiko, dass diese die Kommunikationssysteme des Körpers übernehmen und sich eine Abhängigkeit gegenüber diesen Medikamenten entwickelt. Allopathische Interventionen sind manchmal notwendig, aber als Ärzte müssen wir daran denken, dass sie nicht die systemische Kommunikation des Körpers heilen. Diese systemischen Probleme nehmen oft die Form von Krankheiten, Allergien, Krebs oder Störungen des Immunsystems an. Wenn wir medizinisch irgendwie die Kosmischen Kommunikationsfähigkeiten unseres Körpers und Geistes in Einklang bringen können – und wirklich diese bewussten Verbindungen schließen – könnten wir möglicherweise einen Schlüssel entdeckt haben, unsere natürlichen Heilkräfte zu erschließen. Unsere Körper werden dann wissen, was zu tun ist."

Rose nickt. „Wir müssen nur lernen, uns darauf einzulassen und zuzuhören."

Evolution als verbindendes Narrativ

Die beiden Freundinnen räumen den Tisch ab.

„Das war lecker. Lass uns abwaschen", sagt Sophia.

„Ach lass nur, ich mache das, wenn du weg bist. Setzen wir uns hin. Willst du etwas Musik hören? Die Woche, bevor ich ins Krankenhaus kam, hatte ich mich mit einem Plattenspieler und ein paar neuen Platten belohnt. Ich weiß – das ist etwas altmodisch, aber ich mag den Klang der Musik viel mehr als den vom Computer oder Telefon. Manchmal spiele ich sogar Geige dazu."

„Ich freue mich so, dass du noch Unterricht nimmst. Ich spiele auch, wenn ich mich nach einem langen Tag mit vielen Patienten entspannen möchte."

Sophia sitzt auf der Couch mit einem frischen Glas Wasser. Rose senkt die Nadel auf die Platte, die schon auflag, und setzt sich auf den Stuhl gegenüber ihrer Freundin.

„Sophia, ich fühle tief in meinem Herzen, dass es unheimlich wichtig und bedeutend, ja essentiell ist, unser Universum aus der Perspektive der Kommunikation zu verstehen. Speziell seine Architektur – als der Heilige Gral der Kommunikation." Rose hört für einen Moment der Musik zu. „Wusstest du, dass viele der großen Mystiker meinten, die Welt sei als großartiges Lied geschaffen worden? Ist das nicht interessant? Das Wort ‚Universum' hat das Wort ‚Vers' in sich."

„Was für ein schöner Gedanke."

„Als ich die andere Seite des Schleiers betrat, erlebte ich die Strukturen der Raum-Zeit und wie sich die Atome geformt haben; die präzisen Informationsmuster, die so fein abgestimmt sind, dass Leben ermöglicht wird. Seit dieser Erfahrung hat sich meine Vorstellung von Körperlichkeit und dem, was ‚Materie' ist, gewandelt."

„Das ergibt Sinn", sagt Sophia.

„Ich nehme jetzt alles in einem Zustand der Beziehung ... der Zusammengehörigkeit wahr. Alles in der Natur ist darauf ausgerichtet, zu kommunizieren: Pflanzen, Tiere, Insekten... sogar unsere Klima-Systeme. Nichts kann ohne ein basales Niveau von Kommunikation funktionieren oder sich entwickeln. Sogar Bakterien und Viren in unserem Körper plaudern miteinander, während wir sprechen. Unsere Zellen hören unseren Gedanken zu. Das Leben ist Kommunikation. Unser ganzes Universum ist ein riesiges Kommunikationssystem. Jetzt, wo ich das erfahren habe, denke ich, dass die Mainstream-Systeme der Menschheit völlig aus dem Einklang mit den Erzählungen des Lebens sind. Wir haben die Evolution auf dieses schreckliche Modell des ‚Kampfes ums Überleben auf einem Planeten des Mangels' reduziert, durch Wettbewerb und Dominanz. Unsere Mainstream-Wirtschaftssysteme bauen auf einem limitierenden Narrativ auf, die einen Menschen-spaltenden Wettbewerb erzeugt, und eine Politik der Dominanz durch ökonomische Kontrolle begrenzter Ressourcen. Diese verkürzte Art der Weltanschauung fühlt sich völlig entfremdet an von der tiefen Kollaboration und der Co-Kreation, die ich in den Narrativen der lebendigen Architektur unseres Universums erfahren habe. Die Evolution ist eine Geschichte der wundersamen Kollaboration und Co-Kreation in einer Art und Weise, die wir noch nicht mal begonnen haben uns vorzustellen. Klar – sie enthält auch Wettbewerb, aber nicht in der Art, wie wir Menschen sie zu unserem Modus Operandi gemacht haben."

„Ich stimme dir zu, Rose. Unsere Mainstream-Bildungssysteme sind nicht viel besser. Diese reduzierte, enge Version der Evolution aus dem alten mechanistischen Weltbild heraus ist immer noch das Rückgrat der modernen Bildung."

„Wo doch Bildung so viel mehr sein könnte! Sie könnte vital und lebendig sein. Holt die Schüler aus dem Klassenraum. Anstatt den ganzen Tag an Schreibtischen zu sitzen, sollten sie sich draußen bewegen und sinnvolle Entdeckungen und Erfahrungen machen."

„Bedauerlicherweise hat man der Natur die Seele genommen; und der Medizin auch. Das, was wir beim Medizinstudium über den Körper lernen, ist so mechanisch und trocken, nur mit einem Fokus auf Behandlung von Symptomen und Krankheiten, anstatt die Verbesserung von Gesundheit und Immunität als natürliche Lebensprozesse zu fördern."

„So viele Arten, wie wir auf dieser Erde Dinge angehen, fühlen sich völlig daneben an, dass es beginnt, überwältigend zu sein, und doch..."

Rose fühlt einen Schwung von Zukunfts-Möglichkeiten in ihrem Herzen; Transformationen, die nicht nur möglich, sondern erforderlich sind. Sie springt auf und sagt mit erregter Stimme: „Lass uns die neue Geschichte werden, Sophia! Lass sie uns so aufregend und bereichernd und ... *wunderbar* erzählen, dass die Leute nicht anders können als mitzumachen."

„Wie?"

„Wir werden die ‚Passion für das Mögliche' in ihnen entfachen, wie meine Oma immer sagt. Wir laden Kinder ein, die Wunder der Natur zu bewundern, so dass sie erfahren, worum es im Leben wirklich geht. Oh, das ist gut. Ich möchte Teil dieser Co-Kreation von Systemen und Kulturen sein; einer Partnerschaft, in der es das Natürlichste und Normalste von der Welt ist, sich um das Wohl des Planeten und um einander zu kümmern."

„Wie könnten wir das schaffen?"

„Wir müssen es viel persönlicher, attraktiver und sexier machen, sich um unseren Planeten zu kümmern. Anstatt Bäume zu retten, um die Absorption von Kohlendioxid zu fördern und damit den Klimawandel zu bekämpfen, lass uns die Geschichte davon erzählen, dass Bäume lebendige Wesen sind wie du und ich. Ihre Leben sind wichtig. Wir brauchen sie und sie brauchen uns; wir sind miteinander verbunden."

„Das ist wahr", stimmt Sophia zu. „Ich fühle mich immer besser, wenn ich in der Nähe von Bäumen bin. Eine Welt ohne Bäume ist keine, in der ich leben möchte."

„Bäume machen die Welt großartig, üppig, schwingend, faszinierend und einfach überwältigend. So wie Wasser!

Anstatt die Verschmutzung unserer Gewässer zu stoppen, weil es unser Trinkwasser gefährdet, lass uns die Geschichte erzählen, dass Wasser Leben – und Leben wertvoll und schützenswert ist."

„Unsere Narrative zu verändern und eine positivere Zukunft zu generieren kann auch helfen, unsere Körper zu heilen, Rose. Negative, limitierende Geschichten beeinflussen unsere Körper. Wenn man Menschen bewusst oder unbewusst ständig erzählt, dass sie, um sich weiterzuentwickeln, in den Wettbewerb um knappe Ressourcen treten müssen – was macht das dann mit dem Körper? Wir sagen unseren Körpern ständig, das Leben sei nicht sicher; was unsere Adrenalinspiegel in gefährliche Höhen treibt. Unsere Stress-Hormone sind ständig in Alarmbereitschaft." Sophia schüttelt den Kopf.

„Und jetzt umso mehr, so wie diese Virus-Krise gehandhabt wird", sagt Rose. „Wie verinnerlichen die Menschen all diese angstbasierten Geschichten? Unsere Körper sind buchstäblich krank durch die Geschichten, die wir uns zu Gemüte führen."

„Ich stimme dir zu. Lass uns bessere erfinden, in denen wir alle sicher und behütet sind durch das Universum, sogar inmitten von Tod und Kollaps."

„Kannst du dir vorstellen, wie groß die Erleichterung wäre, wenn wir diese Wahrheit stattdessen verinnerlichen würden? ‚Ich bin sicher.' ‚Ich bin behütet.' ‚Das Universum liebt mich.' All dieser alltägliche Stress und die Angst würden einfach wegschmelzen. Das ist so befreiend."

„Und du, Schwester, bist ein lebendes Beispiel für die neue Art, unsere Geschichte von Leben und Evolution zu erzählen."

„Ich danke dir, Sophia. Ich bin wirklich begeistert davon. Das Universum hat uns schon die Architektur gegeben, um Einheit, Zugehörigkeit und Ganzheit zu kommunizieren. Lass es uns anpacken."

Sophia nickt. „Ich bin schon am Nachdenken, wie ich das für ganz neue Gesundheits- und Heilungs-Strategien für meine zukünftigen Patienten umsetzen kann." Sie fügt hinzu: „Das erinnert mich an etwas, was die Evolutions-Biologin Elisabet Sahtouris in ihrem Buch *EarthDance* beschrieben hat. Sie erwähnte, dass die sexuellen Kommunikationssysteme von Bakterien darauf basieren, dass sie DNA-Abschnitte austauschen. Sie schrieb, dass diese winzigen Geschöpfe tatsächlich das erste World-Wide-Web des Informations-Austauschs erschaffen haben.[1] Stell dir vor, was passieren würde, wenn unsere Computer lernen würden, mit der Intelligenz von Bakterien zu kommunizieren und Informationen auszutauschen!"

Rose lacht. „Ich würd' mal sagen, es wird Zeit!"

„Ja, erinnerst du dich an Deepak Chopras Buch *Metahuman*? Als er schrieb, dass wir ständig mit der Unsterblichkeit kommunizieren, uns dessen aber meist nicht bewusst sind? Er sagte, dass die Ganzheit unsterblich ist und mit dem sterblichen Leben als Zeit, Raum, Materie und Energie kommuniziert."[2]

„Ich erinnere mich daran. Siehst du, warum du mir eine so liebe Freundin bist, Sophia? Mit wem sonst könnte ich solche Ansichten teilen?"

„Ja, und das alles in meiner einstündigen Mittagspause!"

Integration -
Der Schlüssel der imaginalen Kraft

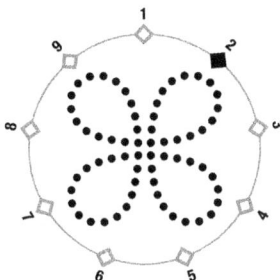

Wie leben Roses neuen Ideen und Offenbarungen in dir? Was ruft es in dir hervor, zu wissen, dass du imaginal und physisch Teil des großen Kosmos bist? Zu wissen und zu realisieren, wie das Universum in dir lebt und ihr euch beide co-kreativ weiterentwickelt? Zu wissen, dass du direkten Zugriff auf seine Architektur als deine innere Architektur hast? Durch dieses Kapitel haben wir den Schlüssel der imaginalen Kraft erforscht, um auf deine Kosmischen Kräfte zuzugreifen und deine menschlichen Zukunfts-Fertigkeiten zu entwickeln.

Der Schlüssel der imaginalen Kraft ist dein direkter Zugang zum imaginalen Reich des Kosmos, von dem aus du die Zukunfts-Möglichkeiten des geeinten Felds des Bewusstseins erfahren und nutzen kannst. Durch diesen Schlüssel kannst du lernen, deine imaginalen Kräfte abzurufen und anzuwenden, um dein Leben und unsere Welt mit der Kosmischen Architektur des Bewusstseins zu verwirklichen und weiterzuentwickeln.

Die folgende Zusammenfassung wird dir helfen, deine Entdeckungen tiefer zu integrieren:

- Das imaginale Reich ist architektonisch in allen Leveln und Realitäten der Existenz präsent – als Ort für das Träumen des höheren Traums und das Evozieren einer besseren Zukunft.

- Du kannst deine Bewusstseinszustände verändern durch die Nutzung der imaginalen Kraft.

- Traue deinen imaginalen Kräften und nutze deine Sinne, um deine natürliche Rezeptivität über die Sphären des Verstandes hinaus zu erweitern und dich mit den Kosmischen Dimensionen des Lebens zu verbinden.

- Erforsche deine archetypischen Kräfte in der Art wie du wächst, lernst, dich weiterentwickelst und entfaltest. Die Archetypen sind die verbindenden Pattern für die Art und Weise, wie Dinge wachsen und sich weiterentwickeln. Wir haben alle einzigartige archetypische Kräfte in unserem Leben, die uns helfen, unsere wahren Potentiale zu verwirklichen.

- Deine imaginalen Kräfte sind der Schlüssel zu mentaler Fruchtbarkeit. Mache deine Entdeckungen so reich an Sinneseindrücken wie möglich. In dieser Weise wird die Zukunft zur Kraft, mit der du dich selbst und unsere Welt erneuerst und weiterentwickelst.

- Leben ist die Kunst konnektiver Multiplizität. Nutze deine Entscheidungen entsprechend – als konnektive Kraft.

- Wenn du die derzeitige Geschichte unserer Welt nicht magst, dann beginne, eine bessere Geschichte zu erzählen – sogar, bevor sie Realität wird. Lebe eine bessere Wahrheit, ausgehend von der Realität deiner Entscheidungen. Inspiriere den Wandel. Was du wertschätzt, schätzt dich auch.

- Mythen sind wie die DNA der menschlichen Psyche. Die mythische Geschichte lebt in einem jeden von uns und enthält ein großes Versprechen, welches der Seele tiefste Nahrung und Stärkung bietet. Was ist deine mythische DNA? Welche Geschichte erweckt und inspiriert dich?

- Wir sind alle zu der mythischen Aufgabe berufen, die Welt zu transformieren und weiterzuentwickeln – und wir sind für diese Zeiten geschaffen. Welche sind die mythischen Aufgaben, zu denen du *ja* gesagt hast?

- Deine Entscheidung findet im Bewusstsein statt und manifestiert sich im Körper des Bewusstseins: Dem Universum. Du bist ein mythisches Bindeglied – *the mything link* – um das Leben weiterzuentwickeln.

- Die Zukunft existiert bereits als Kosmisches Potential innerhalb deines imaginalen Selbst, welches die Möglichkeit sowie die transformativen Kräfte aktiviert, die es braucht, um diese Möglichkeiten zu realisieren. Das Universum erneuert sich selbst von den imaginalen Sphären des Bewusstseins aus – und du kannst dies auch.

- Deine imaginale Kraft ist dein direkter Kanal der Kommunikation mit dem Universum. Halte einen Plausch mit dem Universum.

- Der Kosmos berührt jeden Aspekt unseres Lebens. Er ist immer präsent in uns als die Präsenz unseres eigenen Bewusstseins. Erforsche die Wirkung deines Bewusstseins. Wie berührt dein Bewusstsein das Leben? Was ist die Qualität dieser Berührung? Welche Geschichte wird dadurch kommuniziert?

- Die Architektur des Universums ist eine Architektur des Bewusstseins; eine lebendige Architektur, die mit fraktalen Codes und Potenzialen neue Welten und Realitäten erschafft. Werde kreativ mit dieser Architektur.

- Der Kosmos ist der heilige Gral der Kommunikation. Wir kommunizieren ständig mit der Unsterblichkeit, nur die meisten Menschen sind sich dessen nicht bewusst.

- Die Natur als Ganzes ist darauf ausgelegt, zu kommunizieren. Wie kannst du in diesem Wissen von der Information der Unsterblichkeit her kommunizieren und von unserer großen Einheit in Diversität erzählen?

- Evoziere die Leidenschaft für das Mögliche in dir und unserer Welt.

KAPITEL 3

Auf neue Art mythisch werden

Lüften des Schleiers mit dem Schlüssel
der Kosmischen Kommunikation

Roses tiefgreifende Entscheidungen zur Wiedergeburt und zur Heilung – von der Zukunft eines neuen Zyklus her – beginnen, neue Perspektiven und Pattern in ihr zu erzeugen. Ihr Weg, so wie der vieler Anderer, startete aus der Notwendigkeit des Wandels heraus, in einem Moment, in dem ihr altes Leben sie nicht mehr vorwärtsbringen konnte. Sie hat nun den Ruf zum Beschreiten dieses Weges voll und ganz angenommen und realisiert, dass es keinen Weg zurück in ihr altes Leben geben kann. Die Einladung des Kosmischen Architekten inspiriert sie, unsere Welt zu katalysieren und weiterzubringen; neue Realitäten und Welten mit Kosmischer Information und den unsterblichen Bausteinen des Bewusstseins zu erschaffen, die die lebendige Architektur unseres Universums sind. Ihre Passion für das Mögliche wächst. Sie ist neugierig und brennt darauf, mehr über die vielen neuen Ideen und Offenbarungen zu erfahren, die ihren Verstand und ihre Träume überfluten. Sie möchte ein mythisches Leben voller Sinn und Zweck führen; sie ist zu einer höheren Bestimmung berufen.

Während diese neuen Enthüllungen sie faszinieren, merkt sie jedoch auch, dass sie noch mehr Zeit in ihrem Kokon braucht. Ihr Körper braucht Ruhe, während ihre früheren Ansichten über sich selbst und ihr Leben zusammenbrechen und sich auflösen. Ihr Zukunfts-Selbst befindet sich im Werden im Inneren des Kokons und nimmt Gestalt an, aber es ist noch nicht bereit hervorzutreten. Ihre Großmutter erinnert sie oft daran, nichts zu übereilen. Sie rät ihr dazu, es geschehen zu lassen und den Vorgängen im Kokon zu trauen, während das Neue sich herausbildet.

Verdandi ruft Rose an und bittet sie, nach Island zu kommen, um eine Initiation zu empfangen, die ihr helfen wird, weitere neue Kräfte zu entdecken und zu lernen, diese anzuwenden.

Das Lüften des Schleiers

Rose ist begeistert. „Oma, meinst du, ich brauche eine Art Ritual, das mich mit meinen Entdeckungen weiterbringt?" Die junge Frau fühlt ein brennendes Verlangen in sich aufsteigen, den Schleier zu lüften und zu sehen, was als Nächstes kommt. Seit sie ein kleines Mädchen war, hat Verdandi ihr die Bedeutung von Ritualen nahegebracht. Sie erklärte, wie ein sorgfältig durchdachtes Ritual eine Person in die Lage versetzen kann, sicherer in die nächste Schlüsselphase ihres Lebens einzutreten.

„Ja, Liebes, deshalb rufe ich an." Verdandi lächelt. „In meiner Meditation heute früh verriet mir ein Rabe, dass es Zeit für dich sei, dich auf deine Initiation in Island vorzubereiten. Bis dahin können dir ein paar kleinere Rituale helfen, die ganzen Veränderungen und Wandlungen zu integrieren, durch die du gerade gehst.

"Rituale erhellen unsere Übergangsphasen und sind heilige Praktiken, um das Feld der Möglichkeiten zu bereiten, in welches wir unsere neue Zukunft und künftige Fertigkeiten pflanzen können. Rituale schöpfen aus den Kräften von Zeit, Raum, Natur, Himmel, Gemeinschaft und auch vom Leben selbst – in einer Art, dass wir erkennen, dass wir das Vehikel dieser Möglichkeiten sind, sei es zum Regen-Machen, zum Heilen, zum Verkünden einer Lebensentscheidung wie einer Heirat oder der Deklaration der Verbundenheit zu höherer Bestimmung oder zu spirituellen Realitäten."

„Interessant. Ich hatte letzte Nacht einen beängstigenden Traum."

„Erzähl mir davon."

„Ich war in einem Wald. Es war dunkel und ich fühlte Gefahr überall um mich herum. Ein Jugendlicher rief in der Tiefe des Waldes um Hilfe."

„War da noch jemand außer dir?", fragt Verdandi besorgt.

„Ja, Sophia war bei mir. Wir hatten eine vorzeitliche Ruine gefunden, eine Gebets- und Opferstätte. Es fühlte sich so an, als wäre sie vor langer Zeit für Tier- und Menschenopfer benutzt worden. Der Junge wurde von zwei Männern gejagt. Ich habe verzweifelt versucht, ihm zu helfen, indem ich die Männer aufhielt – aber ich wurde wie von einer unsichtbaren Kraft zurückgehalten."

„Hmm. Wie hat sich die Kraft angefühlt?"

„Sie fühlte sich wirklich böse an, so als wäre sie nach langer Zeit freigesetzt worden – tief im Inneren des Waldes. Sie fühlte sich so an, als ginge sie von den fürchterlichen Sachen aus, die dort passiert waren. Ich weiß nicht, was diese Kräfte freigesetzt hat, aber sie durchstreiften unsere jetzige Welt, als wollten sie ihre nächsten Opfer fangen. Ich hatte solche Angst, dass dieser Junge das nächste menschliche Opfer werden würde. Ich rief um Hilfe, aber meine Stimme blieb mir im Halse stecken und aus irgendeinem Grund konnte ich nicht an diesen bösen Mächten vorbei.

„Plötzlich stand Sophia neben mir und schrie: ‚SETZ DIR DEINEN RING AUF DEN FINGER! SETZ IHN JETZT AUF, ROSE!' Ich hatte keine Ahnung, wovon sie sprach. Ich konnte keinen Ring finden. Ich wachte plötzlich auf, weil der laute Hund des Nachbarn den unter meinem Fenster vorbeifahrenden Müllwagen anbellte. Ich fühlte mich schrecklich, als ich aus dem Traum erwachte. Es brauchte mehrere Stunden, um das ungute Gefühl abzuschütteln. Ich habe keine Ahnung was das alles bedeuten soll, Oma. Weißt du's?"

Verdandi ist still. Sie hat eine starke Ahnung, was der Traum bedeuten könnte, aber sie möchte Rose nicht beunruhigen oder ihr mehr verraten, als sie bereit wäre zu erfahren.

„Bitte schreib dir diesen Traum unbedingt auf, Rose. Er unterstreicht die Wichtigkeit deiner Initiation und dass einige Dinge vielleicht schneller geschehen müssen, als ich gehofft hatte. Du brauchst vielleicht noch ein anderes Initiationsritual, bevor du nach Island kommst. Die archaischen Kräfte merken, welche Kräfte in dir heranreifen und was in dir und durch dich erwacht. Erinnerst du dich an dein magisches Cape? Visualisiere es um dich herum mit der Kapuze über dem Kopf, um deine Anwesenheit in den fremden Welten zu verschleiern, bevor du einschläfst. Rufe die Göttin um Schutz an, so wie ich es dir gezeigt habe. Deine Seele erinnert sich an viele Sachen. Uralte und zukünftige Fertigkeiten erwachen in dir, aber du weißt noch nicht, wie sie am besten abzurufen und anzuwenden sind. Wenn der Traum noch einmal zu dir kommt, ruf mich bitte an. Ich werde ein paar Gebete für den Schutz derer schicken, die dich im Traum um Hilfe gerufen haben."

„Danke, Oma. Der Traum war ungewöhnlich lebendig; fast wie eine Vorhersage, aber es fühlte sich auch wie eine Erinnerung an lange vergangene Zeiten an. Seltsam."

Verdandi ist bedacht darauf, nicht noch mehr Energie und Aufmerksamkeit auf den Traum zu lenken. Sie möchte ihn nicht noch mehr befeuern, also bringt sie Roses Fokus auf ein neues Thema.

„Rosie, erinnerst du dich an das wunderbare Fruchtbarkeitsritual, das du mit deiner Mutter erfunden hast, um deinen Wandel vom Mädchen zur Frau zu feiern, nachdem du das erste Mal deine Periode bekommen hattest?" Verdandi führt Rose zurück zu ihren natürlichen Kräften, indem sie ihre Erinnerung in diese glückliche Zeit und auf die Kraft ihres Blutes zurückführt, welches den ewigen Bund der Einheit des Lebens beinhaltet.

„Oh, ja. Ich mochte dieses Ritual. Ich habe sogar später in dem Jahr meiner Klasse davon erzählt, als wir uns innerhalb eines Schulprojektes mit Ritualen beschäftigt hatten. Ich habe mich gefreut, es mit der Klasse zu teilen, aber als ich begann, es zu erklären, haben die Jungs bei dem Wort ‚Menstruationsblut' angefangen schüchtern zu kichern, als wenn ich das furchterregendste verbotene Wort ausgesprochen hätte. Sogar mein Lehrer sah furchtbar irritiert aus, als ich die Farbe, den Geruch, und die Beschaffenheit von meinem Blut beschrieb und meine seltsame Entdeckung, wie es aus meinem Körper heraus kam. Warum ist es immer noch so ein Tabu, darüber offen zu sprechen?"

„Seit tausenden von Jahren fürchten Männer das Menstruationsblut der Frau", erklärt Verdandi. „Manche denken fälschlicherweise, es sei nicht sauber. Andere sind in Angst und Schrecken, weil Frauen während ihrer Periode so voller Kraft sind. So sehr, dass männliche Schamanen uns erzählten, ihre Magie würde nicht wirken, wenn eine Frau während ihrer Menstruation einer Zeremonie beiwohnt!"

Sie lachen beide. Verdandi fährt fort: „Unglücklicherweise ist dieses Tabu von vielen Frauen internalisiert worden; sie fühlen eine Art Scham, wenn es ums Thema der eigenen Periode geht. Oder sie glauben, sie seien weniger attraktiv in dieser Zeit. Viele fürchten diese Zeit des Monats und haben keine Ahnung, dass es eine der mächtigsten Phasen ihres Zyklus ist. Frauen sind oft launisch oder übersensibel während ihrer Periode, weil sie nicht gelernt haben oder nicht wissen, wie sie mit der zusätzlichen psychischen Energie umgehen sollen, mit der die Natur sie in dieser Zeit ausgestattet hat. Sie könnten die Zeit dazu nutzen, sich nach innen zu kehren, wie die Bärin, die sich in ihre Höhle zurückzieht. Darum nennen wir diese Zeit ‚Mondzeit'. Wenn wir uns tief in unseren eigenen Schoß zurückziehen, schütteln wir die alte Haut und alte Zyklen ab. Wir erneuern uns selbst mit der Saat des

Träumens, des großen Mysteriums, die uns Visionen und Anleitung gibt, die während der Zeit der Ovulation befruchtet werden. Bei der weiblichen Fruchtbarkeit geht es um so viel mehr als die physische Schwangerschaft. Deine Mutter und ich wollten, dass deine erste Erfahrung des Frau-Seins zutiefst heilig, sicher und bedeutungsvoll für dich ist."

„Oh, es hat funktioniert, Oma. Ich erinnere mich noch, wie ich neben Mama im Garten stand. Es war so ein einzigartiger Moment. Ich hielt meine Fruchtbarkeits-Schale in der Hand, in der ich nach deiner Anweisung mein Blut der Periode sammeln sollte. Ich habe es dann den Wurzeln meines Geburtsbaumes anvertraut, wo ihr vor Jahren beide meine Plazenta und Nabelschnur vergraben hattet. Das gab mir das Gefühl tiefster Verbundenheit. Als wenn meine eigenen Wurzeln im Leben mit denen meines Geburtsbaumes und den Wurzeln meiner Vorfahren verschmolzen – es war magisch."

„Fühle noch einmal diese Verbundenheit und Kraft. Fühle die Kraft deines Blutes und die Fruchtbarkeit, die es enthält. Fühle, wie du in deinem Körper die fruchtbaren, Leben spendenden Kräfte des Universums in dir trägst. Denke an alle die Frauen, die vor uns kamen. Fühle das Band der Liebe füreinander als Schwestern, Mütter und Großmütter, als Hüterinnen des Lebens, der Erde und ihrer geliebten Kinder. Alle zusammen vereint durch die heilige und uralte Verbindung zur Mutter Universum, die uns alle – Frauen, Männer, Kinder und alle unsere Angehörigen verbindet. Die Familie des Lebens.

„Fühle und erinnere dich daran, wie dieser Band der Einheit den Prüfungen der Zeit standhält, und auch allen Härten, Trennungen und Konflikten trotzt. Es hält unsere Herzen verbunden und vereint mit dem Kosmischen Herz des Universums. Atme nun hinein in dieses Band der Einheit. Lass es deine Energie und dein ganzes Sein stärken und harmonisieren." Verdandi spricht mit einer zeremoniellen Stimme, die die Kraft der Ahnen heraufbeschwören kann.

„Durch die Kraft dieses Bandes der Einheit seist du nun völlig enthoben und befreit von allen und jedweden schädlichen Kräften oder Einflüssen, die deinen natürlichen Kräften und deiner Kosmischen Bestimmung entgegenstehen! Sieh dich jetzt frei von diesen Kräften, während das Band der Einheit deinen Raum und deine Energie wiederherstellt und regeneriert mit der Strahlkraft deines Kosmischen Selbst." Verdandi fährt mit der Zeremonie fort, indem sie alte Symbole der Heilung anruft, welche sie mit der Hand in den Raum vor sich zeichnet, erwartend, dass sich ihre Wirkung in Rose und in ihrer unmittelbaren Umgebung manifestiert.

Rose hat die Kräfte dieser Symbole schon viele Male gespürt. Sie bemerkt, wie die Energie um sie herum steigt und sich zu klären beginnt, obwohl sie physisch hunderte Kilometer von ihrer Großmutter entfernt ist.

„Danke, Oma. Das hilft mir wirklich. Es ist so kraftvoll, ich fühle mich wieder wie ich selbst. Meine Benommenheit ist jetzt auch weg. Ich hatte vergessen, wie stark dieses Band der Einheit ist. Nun erinnere ich mich auch, dass du mir vor langer Zeit gesagt hast, dass mein Menstruationsblut auch ein Schutz ist. Wir haben so erstaunliche weibliche Kräfte, hm?" Rose gluckst während sie sich entspannt in ihre lebhafte Art fallen lässt.

„Gut. Das ist mein Mädchen. Schön zu sehen, dass du zurück bist." Verdandi lächelt, ohne Rose verraten zu wollen, was sie glaubt, noch drohend in der Ferne zu sehen.

„Also, was ist eigentlich mit dem Ritual, dass du vorhin erwähnt hast?", fragt Rose.

„Es ist an der Zeit, dein eigenes Wiedergeburts-Ritual zu erschaffen, um deine Rückkehr aus dem Reich hinter dem Schleier zu feiern. Lass es zu dir kommen. Es könnte sich als ein Traum manifestieren, in welchem du deine menschlichen Zukunfts-Kräfte in einem noch stärker verwirklichten und erleuchteten Zustand, noch lebendiger, wahrnehmen kannst."

„Ohh, das ist aufregend. Ja, das werde ich tun. Ich werde vielleicht auch Sophia fragen, ob sie sich dazugesellt, damit es eine richtige Feier wird."

„Gute Idee. Und jetzt noch zu etwas Anderem: Wie ich vorhin schon gesagt hatte, würden Großvater und ich uns freuen, wenn du für einige Zeit zu uns kämst und Zeit mit uns verbrächtest, sobald die Flüge wieder gehen und du dich völlig wieder hergestellt fühlst. Und neben der kraftvollen Initiation, die ich mit dir in unserem zeremoniellen Kreis teilen möchte, würden wir dich gerne mit gutem Essen, Umarmungen, Spaziergängen in der Natur und lustigen Spielen verwöhnen."

„Ich kann es kaum erwarten! Das würde mir gefallen! Ist es der gleiche zeremonielle Zirkel, wo du mir einmal auftrugst, den Tanz des Kranichs zu tanzen?"

„Ja, das ist er. Dieser Kreis hat unsere Vorfahren für Tausende von Jahren unterstützt. Es gibt so viele Kräfte und Fähigkeiten, die gerade in dir erwachen, dass wir jetzt sicherstellen müssen, dass du dich nicht in einen Drachen verwandelst, und wegfliegst zu den alten Kratern, während du zu neuen Bewusstseinsebenen aufsteigst!", gluckst Verdandi.

„Oder ich gehe in Flammen auf wie ein aufsteigender Phönix. Das wäre ein toller Anblick", lacht Rose.

„Im Ernst, diese Initiation wird dir sehr helfen, besser zu verstehen, wie du mit diesen Kräften umgehen kannst und welchen Zweck sie erfüllen. Bis dahin muss ich sicherstellen, dass du in Ruhe damit umgehen kannst, was gerade passiert und genauso mit dem, was dich auf deinem Weg noch erwartet."

„Okay, bis dahin bleibe ich cool."

„Du? Cool bleiben? Oh, meine Kleine, es gibt viele Sachen, die du kannst, aber cool bleiben gehört nicht dazu!" Beide Frauen beginnen darüber zu lachen.

„Du kennst mich zu gut. Das ist nicht fair!", kichert Rose. „Ich wünschte, mehr Menschen hätten die Gelegenheit, in so einer heiligen, behüteten Art und Weise in neue Kräfte hineinzuwachsen. Wenn ich genau hinschaue, sehe ich viele Menschen in die Wellen des Wandels hineingeworfen – die dann schwimmen lernen müssen ohne jede Vorbereitung. So viele meiner Freunde sind überfordert von den neuen Eindrücken und dem Schock der Unsicherheit der heutigen Welt. Sie fühlen sich, als hätte sich ihr Leben auf den Kopf gestellt und wäre außer Kontrolle. Nichts ist, wie es war. Tragischerweise sind sogar einige schon ertrunken, bevor sie herausbekamen, wie sie durch die Wellen des Wandels navigieren sollen. Weißt du, dass zwei meiner Kommilitonen kürzlich Selbstmord begangen haben?"

„Oh, Rose, es tut mir so leid, das zu hören", sagt Verdandi sanft. „Das sind schwere Zeiten für viele Menschen."

„Ich wünschte, ich hätte ihnen helfen können, so wie du mir gerade hilfst. Ich kann nicht mal dem Jungen in meinem Traum helfen. Es gibt Tage, an denen ich mich so kraftvoll fühle, und dann gibt es solche wie heute Morgen, an denen ich mich hilflos und überfordert fühle vom enormen Ausmaß dessen, was in der Welt nicht stimmt."

„Wenn du dich jemals so fühlst, als würde alles zu viel, versprichst du mir bitte, mich oder deine Eltern anzurufen. Oder ruf Sophia an, wenn du lieber mit einer Freundin sprechen willst, aber versprich, dich an uns zu wenden damit wir dir helfen können. Du bist nicht allein. Wir werden die nächsten Monate dafür nutzen, dich besser auf die ganzen Veränderungen und Herausforderungen vorzubereiten und dich mit Mitteln ausstatten, besser mit dem umzugehen, was diese Zeit mit sich bringt."

„Danke dir. Das klingt wunderbar. Ich verspreche anzurufen. Und kannst du mir bitte mehr über die Reise der Heldin und des Helden und ihre neuen mythischen Strukturen erzählen?"

Die mythischen Codes

Verdandi antwortet: „Wie ich schon sagte, sind Mythen die codierte DNA der menschlichen Psyche. Es ist der Stoff des sich entfaltenden Selbst, der Bewusstsein und Kultur erweckt – je nach den Bedürfnissen von Raum und Zeit. Es ist das Versprechen unseres zukünftigen Werdens. Durch die mythischen Initiationen beginnst du zu entdecken, dass du ein wichtiger Charakter im Drama der Welten-Seele bist, und beginnst, die Grenzen deiner lokalen Geschichte zu verschieben, während du die Courage entwickelst, so viel mehr zu sein und zu tun. Was früher Teil des Kollektiven war – als unsere gemeinsamen Mythen und Archetypen – findet nun neue Flüsse einzigartiger Geschichten, die aus dem leidenschaftlichen Spiel unserer individuellen Leben hervorgehen. Wir werden von den uralten Mythen angeleitet und informiert, und wir befinden uns in einem offenen Moment, dem Moment des Quantensprungs – der ‚jump time' – in dem Mythen sich neu formen aus dem Material unserer persönlichen Erfahrungen."

„Aha! Heißt das also, dass die meisten alten Systeme nicht in der Lage sind, uns in die Zukunft zu führen oder uns auf das, was wir werden können, vorzubereiten? Ist das der Grund, warum sich viele Menschen so ruhelos, wütend, betrogen, gefangen, gespalten, kontrolliert, benutzt und manipuliert fühlen?"

„Genau."

„Es ist schmerzhaft zu sehen, dass man in einer Welt gefangen ist, die niemals darauf ausgelegt war, zu florieren, sondern nur darauf ausgerichtet, zu nehmen, zu extrahieren und zu kontrollieren. Das erinnert mich an Tim – erinnerst du dich an ihn?"

„Der Typ, mit dem du eine Zeit lang zusammen warst?"

„Ja. Das war eine schmerzhafte Beziehung. Ich fühlte mich gefangen und wollte unbedingt da raus. Das war eine harte Zeit für mich."

Rose hat nicht viel Erfahrung mit Männern, abgesehen von ein paar Schwärmereien und einer intimen Beziehung, die fast ein Jahr dauerte. Sie traf Tim während ihres letzten Jahres an der Uni in New York. Er studierte Jura, war ein starker Redner und konnte sehr eindringlich und überzeugend sein. Rose war gerade zweiundzwanzig geworden, und obwohl sie sich nicht sicher war, ob sie in wirklich liebte, fühlte sie sich von seiner Persönlichkeit magnetisch angezogen. Nach fast einem Jahr Beziehung entschied sie sich, die Beziehung mit ihm zu beenden, nachdem ein eindrücklicher Traum sie überzeugte, dass sie sich in eine sehr ungesunde Situation verstrickt hatte.

„Hast du jemals Sophia davon erzählt, wie du dich gefühlt hast und warum du die Beziehung zu Tim beendet hast?"

„Noch nicht. Meinst du, ich sollte?"

Verdandi hofft, dass Sophia einen positiven Einfluss auf die Partnerwahl ihrer Enkelin haben könnte. Sie scheint emotional schon etwas reifer zu sein und hat mehr Erfahrung als Rose.

„Ja, Rose, es wäre sicher gut, ihr einmal die ganze Geschichte zu erzählen. Sie ist deine beste Freundin und ihre Sicht auf die Dinge hilft dir vielleicht, einiges über dich selbst zu lernen. Wenn du dich an den Schmerz in deiner Beziehung mit Tim erinnerst, kannst du dich vielleicht auch mit dem klassischen Mythen-Thema der heiligen Wunde beschäftigen, die unsere Psyche auf Notwendigkeit zum Wandel vorbereitet. Wie die Kreuzigung Christi – ob es sich nun so zugetragen hat oder nicht. Das mythische Pattern der symbolischen Kreuzigung am Kreuz des Lebens ist viel älter als die Geschichte von Christus. Sie handelt von der Wiedergeburt, die sich im Zentrum des Kreuzes zuträgt.

„Das Kreuz innerhalb des Lebenskreises war für die indigenen Völker seit Tausenden von Jahren ein Symbol. Das Zentrum des Kreuzes ist der Ort, durch den neues Leben eintritt, während unser altes Leben stirbt. Dies ist der Ort, in dem die horizontale Achse unseres irdischen Lebens und die vertikale Achse unseres spirituellen Lebens sich vermählen und einen Menschen hervorbringen, der die lebendige Brücke zwischen Himmel und Erde darstellt."

„Oh, können wir nicht in einer weniger schmerzhaften Weise mythisch werden? Ich möchte nicht ans Kreuz geschlagen werden, und ich möchte weder Jesus noch irgendwen sonst solche schmerzhaften Opfer bringen sehen. Warum müssen wir erst verletzt werden, um zu höherem Bewusstsein zu gelangen? Was, wenn diese Verwundungen und Selbst-Opferungen nur zu Strukturen der alten Mythen gehören? Vielleicht gibt es ganz neue Optionen, uns weiterzuentwickeln, die wir noch nie ausgelotet haben. Ich möchte wachsen – auf neue mythische Art und Weise."

„Rose, ich verstehe, dass aus deiner Zukunfts-Perspektive diese alten mythischen Pattern bei dir keinen Anklang finden. Aber werde dir erst einmal der Rolle bewusst, die sie spielten, bevor du die neuen Zukunfts-Pattern vorschnell einbringst. Schließlich hast auch du Dornen, als schöne Rose, die du bist."

Rose weiß, dass ihre Großmutter oft einen Weitblick hat, den sie selbst noch nicht besitzt, und so ist sie bereit, mehr zu erfahren, wenn auch zögerlich. „Also gut. Erzähl mir mehr von der aktivierenden Kraft des Schmerzes."

„Alle klassischen Mythen haben das Thema der Verwundung als Herzstück. Christus braucht seine Kreuzigung, andernfalls gibt es keine Wiederauferstehung. Artemis muss Actaeon töten, als der ihr zu nahe kommt. Hiob muss seine Geschwüre erleiden. Dionysos muss kindisch sein und titanische Feinde anlocken, die ihn in Stücke reißen. Eine Fülle von heiligen Verletzungen steht im Zentrum aller großen weltlichen Mythen und ihrer beteiligten Götter und Menschen: Adams Rippe, die Ferse des Achilles, das Auge Odins, die Enthauptung Orpheus', Inannas Abstieg und Folter, Prometheus' Leber, Zeus' gespaltener Kopf, Pentheus' Zerstückelung, Jakobs gebrochene Hüfte, Jesajas versengte Lippen, Persephones Vergewaltigung, Eros' verbrannte Schulter, Ödipus' Erblindung... Und so geht es weiter und weiter, Verwundung um Verwundung."

„Warum sind wir von diesen Geschichten derart angezogen, Oma? Wir zucken nicht einmal oder hinterfragen alle diese Schrecken. Und noch schlimmer: Warum wiederholen wir sie in unserem eigenen Leben?", fragt Rose. „Nur beim Anhören dieser Liste von Verwundungen bekomme ich ein ungutes Gefühl in der Magengrube."

„Es mag damit zu tun haben, wie wir von diesen Geschichten ins Mysterium hineingetragen werden, Rosie. Das Wundersame, das Unheimliche und die Verkündigung, dass mit der Verwundung das Heilige in die Zeit eintritt – all das prophezeit eine Reise, eine Renaissance, einen Wendepunkt im Leben von Göttern und Sterblichen. Vom Punkt der Verwundung an nimmt die Reise eine Wendung hin zu neuer Geburt und – damit einhergehend – einer sinnlichen Schärfe gegenüber den Bedürfnissen Anderer, die vorher nicht möglich war. Selbst verletzlicher, nehmen wir mit unseren Händen und Herzen Kontakt mit anderen Verletzten auf. Nur an einem solchen Punkt bekommen wir einen umfassenderen Einblick, worum es im Leben geht und agieren deshalb aus einer tieferen und nobleren Intention heraus.

„Tausende von Jahren lang dienten Verwundungen dazu, das Tor unserer Sensibilität zu öffnen für eine größere Realität, welche sonst durch unseren habituellen und konditionierten Blickwinkel versperrt bleibt. Pathos gibt uns Augen und Ohren, damit wir sehen und hören und fühlen können, was unsere normalen Augen, Ohren und Gefühle nicht vermögen."

„Ich wünschte nur, es gäbe einen anderen Weg, Oma. Etwas weniger Schmerzvolles. Einen Weg, diese Bewusstseinsstadien direkt zu betreten und es damit zu ermöglichen, die größere Realität zu sehen, ohne erst zu leiden. Ich bin sicher, dass dieser Weg irgendwo im Universum existiert."

„Dann ist das Teil deines Weges, meine Kleine. Bitte das Universum, dich in deiner Suche zu unterstützen; und ihr könnt Partner in dieser Schöpfung sein und Verwalter unseres zukünftigen Wohlbefindens. Wie schon unsere Vorfahren wussten, ist diese Geschichte größer als wir alle. Bringe in den Prozess die Zukunfts-Pattern der Initiation mit ein. Nutze deine imaginalen Kräfte, um mit allen deinen Sinnen diese neue Zukunfts-Pattern zu visionieren, wie sich die Menschheit in ihrer Selbst-Transformation engagieren und dem Prozess verschreiben kann, ohne durch diese Verwundungen zu gehen. Beantworte die Frage jetzt noch nicht. Verschreibe dich der Reise, die dich darauf vorbereiten wird, zunächst die Antwort zu empfangen und diese dann zu werden."

Die Information der Unsterblichkeit

Rose fühlt eine ironische Komponente in diesen alten mythischen Pattern für das Träumen des höheren Traums und das Betreten höherer Stadien des Bewusstseins, um in die Kosmische Einheit einzutreten und einen Wandel herbeizuführen. Warum wird es einem so schwer gemacht, warum ist es so schmerzhaft, sich mit der tieferen Einheit allen Lebens zu verbinden, wenn die Kosmische Information schon ewig präsent ist in allen Angelegenheiten des Lebens? Können Menschen sich nicht einfach mit der Information der Unsterblichkeit verbinden, so wie die Natur es macht?

Je mehr Rose darüber nachdenkt, desto mehr hat sie das Gefühl, irgendwas stimme hier nicht. Sie nimmt Selbst-Verletzung und das Notwendig-Sein von Schmerz als Dynamiken wahr, die zu einem archaischen Weltbild aus Dualismus und Separation gehören. Sie stellt den Ansatz infrage, einen Teil des Ganzen zu opfern, um das größere Ganze weiterzuentwickeln oder aus dem größeren Ganzen etwas zu empfangen. Sie kann es einfach nicht akzeptieren, zumal sie tief empfunden hat, dass unser Universum vereint und unteilbar ist. Entschlossen, andere Optionen zu finden, erforscht Rose, wie sie mehr über die Information der Unsterblichkeit herausbekommen kann.

Sie möchte verstehen, welche Art von Information der Kosmos zum Kommunizieren und Erschaffen benutzt. Sie erkennt, dass eine so umfassende und unmittelbare Kommunikation aus subtileren, non-lokalen Gefilden entstammen muss, die nicht aus Raum-Zeit-Dimensionen unseres Universums entstammen oder an diese gebunden sind. Es muss da eine non-physikalische Dimension geben, die in der Raum-Zeit und Teil dieser ist – vielleicht sogar die Raum-Zeit informierend – die allerdings nicht den klassischen Gesetzen der Physik unterworfen ist, die unsere physischen Realitäten bestimmen. Während ihrer Studien der Kosmologie, Quantenphysik, Informationswissenschaften und Bewusstseins-Forschung hat sie erfahren, dass das Wort ‚Information' in jedem dieser Felder eine spezifische Bedeutung hat. Sie entdeckt, wie eine wachsende Gruppe von Wissenschaftlern postulieren, dass das Universum selbst informationeller Natur ist.

Neugierig, mehr zu erfahren, liest Rose Paul Levys Buch *Quantum Revelation*, in dem er erwähnt, dass unser materielles Universum selbst ein sich immer weiter entwickelnder Organismus lebendiger Information ist.[3] Sie erwähnt das gegenüber ihrer Mutter Tara, die vorschlägt, dass Rose ihre Freundin Dr. Jude Currivan kontaktiert, die Kosmologin ist.

In ihrem Telefongespräch erklärt Jude Rose, wie das, was wir physische Realität nennen, buchstäblich aus „In-Formation" besteht. Sie erklärt, wie die Wissenschaft informationaler Dynamik, auch „Infodynamik" genannt, eine Art universelles „Alphabet" von Nullen und Einsen digitaler Information offenbart. Dieser Wissenschaftszweig enthüllt auch, wie unsere manifeste physikalische Welt aus den impliziten kosmologischen Dimensionen entsteht, die non-lokal und vereint sind. Durch dieses neue wissenschaftliche Verständnis der Natur der Realität zerfallen die vormals dualistischen Ansichten, dass Energie-Materie und Raum-Zeit unterschiedlich sind, und wir bemerken, wie sie sich in komplementärer Art und Weise ausprägen und damit die emergenten Phänomene unseres Universums entstehen lassen.

Jude betont gegenüber Rose, dass die Information buchstäblich die gesamte Welt „in–formiert". Sie erklärt, dass das Universum wie ein Kosmisches Hologramm aus digitaler In–Formation besteht, die enthüllt, wie unser Universum sich als holographisch informierte Ganzheit weiterentwickelt, wobei seine dreidimensionale Erscheinungsform tatsächlich eine holographische Projektion seiner zweidimensionalen Raumgrenze ist.

Jude bestätigt Rose, dass die Kosmische Information die gleiche ist wie die digitale Information unserer Telefone und Computer, in welchen codierte Nummernkombinationen die Gestalt von Bildern, Musik oder Videos annehmen. Mit anderen Worten ist die digitalisierte Information – oder „digitalisierte bits", die für die Entwicklung menschlicher Technologien genutzt wird – *die gleiche wie universelle Information*. Der Unterschied besteht in der Art, wie dieses eingebettet und verkörpert wird.

Sie ermuntert Rose, ihr Buch *The Cosmic Hologram* zu lesen, um mehr über die Spezifika zu erfahren, wie unser Universum in der Lage ist, zu existieren und sich als eine einzige, geeinte Entität weiterzuentwickeln und wie der in eine Richtung fortlaufende Fluss der Zeit auch die In-Formation in unserem Universum von Moment zu Moment erhöht.

Nach dem Telefonat ist Roses Neugier noch größer. Sie ist entschlossen herauszufinden, wie diese Quantum-Potentiale innerhalb unseres endlichen Universums konkrete Realitäten werden können. Sie hat das Gefühl, das wäre ein perfektes Thema, was sie mit Sophia erforschen könnte, die ein Talent hat, die Art von Fragen zu stellen, die Rose helfen, die tieferen Erkenntnisse ihres intuitiven Verstandes zu artikulieren und weiter zu entwickeln.

Die Frauen machen es sich in den farbigen Kissen auf Sophias Couch bequem, während sie den warmen Chai aus Mauritius genießen, zubereitet aus Vanille-Tee, veredelt mit frischem Ingwer, Kardamom-Samen, Zimt-Sticks, einer Prise Masala-Pulver und Milch und Honig.

„Erinnerst du dich an das Gespräch, was wir letzte Woche geführt haben über die Kosmische Architektur als Heiligen Gral der Kommunikation, die erschafft?", fragt Rose ihre Freundin.

„Ja, ich erinnere mich lebhaft. Warum?"

„Ich habe ein bisschen tiefer gegraben zum sogenannten ‚Quanten-Superpositions-Zustand' von Information – als Sphäre der Potentialität, in der alle möglichen Stadien von Information simultan co-existieren, bevor sie beobachtet werden. Das ließ mich schlussfolgern, dass sogar die Zukunft als Stadium der Potentialität *im* Bewusstsein angesehen werden kann. Der Prozess der Informations-Konvergenz und Translation vom Quantenzustand zum lokalen Zustand wird auf Englisch scheinbar ‚quantization' genannt, indem Information als digitalisierte Bits encodiert wird – an der holographischen Grenze der Raum-Zeit, als ein bit per Planck-Skala-Areal. Wissenschaftler sagen nun, dass die Planck-Skala das kleinste messbare physikalische Level sei, viel kleiner als ein Quantum.[4] Ich habe auch aus der Konversation mit Dr. Currivan gelernt, dass der Informationszuwachs in unserem Universum ein Indikator für die Art ist, wie unser Universum lernt.“

„Wow, das hat's ja in sich, Rose. Ist das die gleiche digitale Information, die unsere Telefone und Computer nutzen?“, fragt Sophia neugierig.

„Ja!“

„Das ist faszinierend. Ich wusste noch gar nicht, dass Zahlen oder Ziffern dazu in der Lage wären! Ich habe sie immer als Abstraktionen unserer menschlichen Gehirne gesehen; ich habe nie realisiert, dass wir in einem Universum der Ziffern leben“, lächelt Sophia. „Um dir die Wahrheit zu sagen, habe ich mich immer ein wenig vor Ziffern und Mathematik gefürchtet. Ich bevorzuge die konkreten Realitäten des menschlichen Körpers und wie man Menschen beim Gesundwerden helfen kann. Vielleicht hätte ich sogar meine naturwissenschaftlichen Fächer in der Schule abgewählt, wenn es nicht mein brennendes Verlangen gegeben hätte, Ärztin zu werden.“

„Ich bin so froh, dass du durchgehalten hast, Sophia! Ich wusste auch nicht, dass Kosmische Information digital ist. Das wirft ein ganz neues Licht auf die Faszination meines Vaters für heilige Geometrie und seine Gematrie-Studien.“

„Gematrie? Was ist denn das?“

„Ein uraltes jüdisches Ziffernsystem in der Kabbala, welches Buchstaben in Ziffern und numerische Codes übersetzt.“

„Das klingt interessant. Ich lerne heute eine Menge.“

„Ich auch. Mein Vater hat mir immer gesagt, ich könnte alles lernen – auch die schwierigsten Zusammenhänge – wenn ich mir Zeit lasse und schrittweise vorgehe.“

„Das ist eine weise Philosophie. Und wahr ist sie auch!“ Sophia nimmt einen Schluck Chai.

„Weißt du, interessanterweise sind unsere Computer alle mit Technologien gebaut, die ein binäres Nummernsystem aus nur zwei Ziffern nutzen, die ‚bits‘ genannt werden. Ein bit ist die Kurzform von ‚binary digit‘, und das ist eine einzelne Einheit von Information mit dem Wert von entweder ‚0‘ oder ‚1‘. Mit anderen Worten ist in einem binären System die Basis des Ziffernsystems zwei. Beide Werte – ‚1 oder 0‘ korrespondieren mit dem Zustand ‚an‘ bzw. ‚aus‘, der vom Computer verstanden wird.

„Du meinst, wenn ich meinem Computer einen Befehl gebe, indem ich Buchstaben über mein Keyboard eingebe, ist er programmiert, diese Buchstaben als Zahlenkombinationen zu lesen?"

„Ja. Ich bin natürlich kein Experte auf diesem Gebiet, aber was ich bisher gelernt habe, ist, dass die Art, in der die meisten Standard-Computer arbeiten, der binäre Code ist – mit Nullen und Einsen. Zum Beispiel kennen unsere Computer unser Alphabet nicht – oder die Bedeutung des Buchstaben ‚A'. Die Computersprache übersetzt diesen Buchstaben ‚A' als binäre Ziffernfolge 1100 0001. Wir denken nicht in numerischen Codes. Zumindest durchschnittliche Menschen nicht", kichert Rose.

„Okay, das hab ich begriffen. Also haben wir eine Schnittstelle bzw. ein Interface erschaffen, um ein Sprachsystem in ein anderes zu überführen?"

„Genau."

„Heißt das, dass die universelle Sprache des Kosmos auch digital ist, oder mathematisch – aus der wir dann Sinn, Kultur und menschliche Sprache erschaffen?"

„Ja. Denk dir die digitalen Codes als Quellcodes, aus denen die Natur fraktale Wachstumsmuster, genetische Codes und Sequenzen erschafft; und wir Menschen erschaffen Sinn, Verständnis, Kunst, Wissenschaft und Kultur und natürlich auch unsere tiefen spirituellen Erkenntnisse über die Natur der Realität. Ein ‚bit' ist eine Einheit der Information, die zum ‚it' – dem ‚Etwas' in unserer Erfahrung und Perzeption wird. Das Problem mit uns Menschen ist, dass wir uns häufiger in der Übersetzung verlieren. Es ist, als hätten wir unser Kosmisches Interface auf ‚Dualitätsmodus' gestellt und würden nur Information über das Leben im binären, dualen Stadium lesen, anstatt im Quanten-Zustand der qubits. Schau dir nur die politischen und ökonomischen Systeme an, wo es nur Gewinner und Verlierer gibt und einen Nullsummenspiel-Wettbewerb."

„Warte einen Moment, Rose. Mach langsam. Was sind qubits?"

„Ein qubit ist die basale Einheit der Quanten-Information – sehr verschieden vom klassischen binären Zustand von bits, wo sich alle Information in einem ‚Entweder-Oder-Zustand' oder ‚An-Aus-Modus' befindet."

„Mit ‚klassischem Zustand' – meinst du da uns zwei – unsere zwei separaten, unterschiedlichen physischen Wesen mit unserer eigenen Autonomie in unserer eigenen lokalen Realität? Wo ich nicht ‚Sophia und

Rose', sondern ‚Sophia und nicht Rose' bin? Wie verändert sich das alles in einem Quanten-Zustand?"

„Der qubit-Zustand ist der von ‚sowohl-als-auch' und nicht der klassische Zustand von ‚entweder-oder'. In einem Quantenzustand sind wir Rose und Sophia und die Erde und der Kosmos und die Gesamtheit des Lebens, und wir sind in der Lage, unsere konkrete lokale Realität zu erleben und simultan auch unsere Einheit mit Jedem und Allem. Quantenphysiker bezeichnen dieses Quanten-Stadium als Quanten-Superpositions-Zustand. Erinnerst du dich, dass Ziffern des binären Systems der klassischen bits entweder den Wert ‚0' oder ‚1' haben? Die faszinierende Eigenschaft von qubits ist, dass sie den Wert von beiden haben, also eine Quanten-Superposition von jeder Kombination dieser zwei Zustände als ‚0' und ‚1'. Sie sind der beste Weg zu beschreiben, worum es beim Wort ‚Multiplizität' geht und wie Diversität in tieferen, fundamentaleren Levels der Realität geeint bleibt."

„Ha. Ich mag den Klang dieser qubits. Es klingt viel interessanter, die Welt als ein qubit zu betrachten, denn als binäres bit", lacht Sophia.

„Ja, und es geht noch weiter!" Rose atmet tief ein. „Dr. Currivan bestätigte mir auch in unserem Telefonat, dass die qubits die informationellen Grundbausteine der Möglichkeiten sind, die eingebettet werden in den informationalen Zustand von Wahrscheinlichkeiten. Während digitalisierte bits sich als ein einziger Zustand manifestieren, was bedeutet, dass sie in einem dualen ‚On-off'- oder ‚Entweder-oder'-Stadium existieren, haben qubits die faszinierende Fähigkeit, in jedem Kombinations-Zustand der Überlagerung zweier Stadien vorzuliegen und damit simultan in vielen Stadien der Superposition gleichzeitig zu existieren. Das ändert radikal ihre Kapazität der Informationsverarbeitung im Vergleich zur klassischen digitalen Informationsverarbeitung. Daher kommt die Vorhersage, dass Quanten-Computer unsere Art, Daten zu kommunizieren, zu speichern und zu analysieren, komplett verändern werden."[5]

„Das ist beeindruckend. Diese qubits sind Gestaltwandler!", platzt es aus Sophia heraus. „Wie die ‚cleveren' Männer und Frauen in unserem Aborigine-Stamm zu Hause in Australien. Diese Gestaltwandler können deinem Verstand wirklich Streiche spielen. Zuerst erscheinen sie dir als grimmiger Krieger aus alten Zeiten, um dich zu warnen. Als nächstes erscheinen sie dir als Schlange, die deinen Weg kreuzt. Dann, wenn du gerade denkst, du hast wieder sicheren Boden unter den Füßen, dann fegen sie dir als schalkhafter Kookaburra-Vogel dein Mittagessen vom Teller. Später am Abend, wenn du ihnen erzählst, was passiert ist, lachen und lachen sie und sagen dir, sie hätten das schon alles gesehen und solltest besser dein Abendbrot genießen, bevor es dir der Dingo wegschnappt!"

Rose lacht. „Oh, Sophia, du erzählst die besten Geschichten. Warum Quantenphysik studieren, wenn wir anstelle dessen ein Wochenende mit deiner Familie in Australien verbringen können?"

Sophia grinst. „Das finde ich auch, aber lass uns zu dem zurückkommen, was du mir erzählt hast."

„Ich habe mehr und mehr gemerkt, dass dieser imaginale Raum, den ich während meiner Nahtoderfahrung betreten habe, viel realer ist, als ich zunächst gedacht habe. Er geht unserer Erfahrung von Realität voraus – er liefert die Grundbausteine, aus denen Realitäten gemacht sind. Kannst du dir vorstellen, als Architekt unsere Welt und die Erfahrungen direkt aus diesen Grundbausteinen des Bewusstseins zu entwerfen?"

„Es gibt mir eine freudige Gänsehaut. Es ist wie das berühmte Zitat des persischen Mystikers und Dichters Rumi: ‚Das Universum ist nicht außerhalb deiner selbst. Schau in dich hinein. Alles, was du sein willst, bist du bereits.'

„Meine Tante Yindi, die mich so viel über unser traditionelles Wissen gelehrt hat, sagte mir, dass spirituelles Wissen über das Träumen nicht direkt erfahrbar sei, aber es lebe in Traumgeschichten, Liedstrophen und in der Landschaft als primordiale Schöpfungskräfte, die die Berge, Wasserlöcher, Flüsse, Ozeane und die Erde – und natürlich jeden von uns hervorbringen."

Rose nickt. „Das ist so ähnlich wie das, was mir meine Großmutter beigebracht hat. Sie hat gesagt, dass, obwohl wir die Kosmische Information nicht direkt wahrnehmen können, wir jedoch in sie eintreten können, wie es alle großen Mystiker erfahren und berichtet haben. Sie sagte, alles sei Bewusstsein – Raum-Zeit und Energie-Materie eingeschlossen."

Sophia schaut verträumt in die Weite. „Warum machen wir alles so kompliziert beim Verstehen dieser fundamentalen Realitäten, die unsere Vorfahren einfach mit dem Herzen erfasst haben? Sie mussten das alles nicht lernen; sie haben es einfach erlebt und erkannt."

„Vielleicht war es in den damaligen Zeiten nicht notwendig, die Einheit des Lebens auf wissenschaftliche Art und Weise zu verstehen. Es genügte, aus der Einheit zu leben. Aber ich glaube, dass das heute nicht mehr ausreicht, insbesondere bei dem Tempo heutiger technischer Entwicklungen. Wenn die moderne Wissenschaft und Technologie sowohl Raum-Zeit als auch

Energie-Materie als Formen von Information ansehen würde, könnten wir dazu übergehen, ganz neue Technologien und Systeme zu erschaffen, welche die informationelle Architektur des Bewusstseins nachahmen. Stell dir vor, wie dies unsere Auffassung von Materie und die Art, wie wir Ressourcen erzeugen und extrahieren, radikal verändern würde."

„Da sagst du was Richtiges, Rose."

„Ich bin mir sicher, dass das Erforschen von unterschiedlichen Zuständen, in denen Information vorkommt – ob in dualer Weise oder als Quanten-Superpositions-Zustand – uns ganz neue Erkenntnisse über die dynamische und kreative Natur des Bewusstseins selbst geben wird. Schau dir mal unser Modell des ‚modernen' Fortschritts an. Wir sind schon seit Hunderten von Jahren im Dualitäts-Modus gefangen. Wir haben unserer Welt und dem Planeten geschadet, weil wir das Leben mechanistisch angegangen sind. Wir trennen medizinische Substanzen von den Pflanzen, die sie hervorgebracht haben. Wir entfernen Tiere aus ihren natürlichen Habitaten – und halten sie in Fabriken zur Fleischgewinnung und ignorieren dabei die Tatsache, dass sie auch fühlende Geschöpfe sind. Wir machen aus heiligen Stätten Bergwerke, um seltene Mineralien aus der Erde zu gewinnen, extrahieren Gold aus dem Gestein, welches es gebildet hat, und so weiter."

„Ja", nickt Sophia. „Und was ist damit, dass Kinder von ihren Familien und ihrem Land getrennt wurden, auf dem wir seit Tausenden von Jahren aufgewachsen sind – etwas, was so vielen meiner Tanten und Onkel passiert ist, die Teil der ‚gestohlenen Generation' in Australien sind? So viele Aborigine-Kinder wurden mit Gewalt aus ihren Familien gerissen und in koloniale Schulen gesteckt, um sogenannte ‚zivilisierte' Menschen aus ihnen zu machen und die Aborigine-Gene aus dem Genpool der Menschen herauszuzüchten. Kannst du es fassen, dass das bis in die 1970er Jahre weiterging?", fragt Sophia mit Tränen in den Augen.

„Es macht einen krank", seufzt Rose tief. „Es ist so ähnlich wie mit den ‚Residential Schools' in Nord-Amerika, wo so viele indigene Kinder hineingesteckt wurden.

"Wir müssen uns dazu bekennen, dass andere Arten für Wachstum und Entwicklung unserer Welt und der Menschheit möglich und notwendig sind. Aber wir können diese Möglichkeiten nicht abrufen, wenn wir nicht zuerst unser Bewusstsein weiterentwickeln. Wir müssen die Tatsache realisieren und achten, dass alles Leben eine Einheit bildet und voneinander abhängig ist. Wie ein Freund meiner Mutter, Onkel Phil Lane, immer sagt: ‚Das Leid des Einen ist das Leid aller, und die Ehre des Einen ist die Ehre aller.' Wenn wir uns in einer Renaissance befinden, dann schulden wir den kommenden Generationen, das Beste aus den Möglichkeiten zu machen, die diese Zeit uns bietet."

„Ich stimme zu, Schwester. Du inspirierst mich."

„Du inspirierst mich auch."

„Hey, ich habe eine Idee. Lass uns den Science-Fiction-Film anschauen, den wir schon die ganze Woche gucken wollten. Ich brauche etwas Zerstreuung, um meine Laune zu heben und meinen Geist zu entspannen. Wir können nicht all diese Probleme von unserer Couch aus lösen, und vielleicht ist ja gar nichts mehr zu lösen, sobald wir unsere eigene Abkopplung von der Natur der Realität überwunden haben."

„Du hast recht. Her mit dem Film!" Rose lächelt. Sie greift sich eines von Sophias weichen, fluffigen Tierkissen und die beiden Freundinnen entspannen sich und lassen sich in die Handlung entführen.

Information als kreatives Werkzeug des Bewusstseins

Am nächsten Morgen ruft Rose Verdandi an, um auch mit ihr einige der neuen Erkenntnisse zu teilen. Verdandi fragt Rose nach kreativen Metaphern, die ihr helfen sollen zu verstehen, worüber Rose sprechen möchte.

„Kosmische Information ist kreativ, Oma. Sie ist wie ein Werkzeug eines Architekten, welches vom Bewusstsein genutzt wird, ganze Welten und Realitäten zu erschaffen. Genau wie du diese Heilsymbole benutzt, die keiner von uns sehen kann, die aber spezifische Potentiale und Eigenschaften des Bewusstseins aktivieren. Diese Symbole sind auch Kosmische Information, fähig zu kommunizieren und gleichzeitig Realitäten zu erschaffen. Oder vielleicht ist Kosmische Kommunikation in Wirklichkeit die hohe Kunst der Schöpfung, wie die heiligen Worte, die du heraufbeschwörst, die so mächtig sind."

„Das ist wahr. Dank dir, dass du die Verbindung herstellst zu etwas, was ich tue und gut kenne. Das hilft mir. Es bestätigt auch, was die alten Weisen mich immer gelehrt haben: Das Universum ist Eins und vereint."

„Mystiker haben gesagt, dass die Welt durch ‚das Wort' erschaffen worden sei, aber nicht irgendein Wort. Was ich von dir gehört habe, ist, dass das Bewusstsein ein spezifisches Alphabet benutzt, um physikalische Realitäten und Welten zu konstruieren, stimmt's? Ist das korrekt? Ein Alphabet aus Ziffern und numerischen Codes?"

„Ja, genau. Unsere physische Welt ist digital, aber nicht in einem Computer-generierten Sinne, und nicht im Sinne der Theorien, die sagen, wir lebten in einer Universums-Simulation von Bewusstsein. Bewusstsein ist viel dynamischer und kreativer als eine bloße Simulation; es ist nicht nur eine algorithmische oder mathematische Formel. Diese Kosmischen Ziffern formen Pattern für die Art und Weise, wie Dinge wachsen, sich entfalten und weiterentwickeln; diese werden von Physikern, Biologen und Mathematikern erforscht, und auch von Ökonomen und Sozialforschern, wenn diese die Wachstums-Prinzipien menschlichen Verhaltens analysieren. Die Kosmischen Ziffern sind außerdem Teil der kreativen Sprachen der heiligen Geometrie, Kunst und Musik – nur um einige zu nennen."

„Ich sehe, worauf du hinaus willst, Rosie. Ich verstehe, wie dieselben Kosmischen Ziffern, über die du sprichst, auch Teil der uralten mystischen Texte sind, die wir benutzen – codiert in numerischen und geometrischen Formeln, die das verborgene Wissen des Universums enthalten. Die Eingeweihten waren darin unterrichtet, diese Codes zu lesen und einzubetten, um dieses Wissen sicher zu bewahren. Es hört sich so an, als hättest du die kreative Sprache des Bewusstseins entdeckt, mit der viele unserer größten Erfinder, Komponisten, Köche, Schriftsteller und andere Kreative gearbeitet haben – selbst, wenn sie ihre Arbeit nicht als auf Ziffern basierend beschreiben würden."

„Das trifft's genau, Oma. Jeder übersetzt diese Ziffern für sich und benutzt sie für unterschiedliche Bereiche, aber die zugrundeliegenden Level der Realität sind immer die gleichen Ziffern. Bach und Mozart haben majestätische Kompositionen mit diesen Ziffern geschaffen. Einstein nutzte sie zur Beschreibung seiner Entdeckungen über die physikalischen Gesetze. Die berühmten Maler Rembrandt und Salvador Dali nutzten sie für Effekte von Licht und Schatten, die unseren Verstand aus unserer bisherigen Art, die Welt zu sehen, in andere Sphären führten. Kulinarische Maestros wie Chef Nigella Lawson und Chef Mauro Colagreco bedienen sich der Ziffern, um kulinarische Feste zu komponieren, die uns mit allen Sinnen genießen lassen. Schriftsteller verwenden Ziffern, um Geschichten zu erschaffen, die unsere Herzen erobern und uns in magische Gefilde entführen, in denen der Erwachsene in uns die Freiheit hat, mit Hexen und Zauberern zu spielen. Unsere Helden im Sport nutzen die Kosmischen Ziffern, um Meisterschaft über den Körper zu erlangen, und die Liste geht weiter. Siehst du, was ich meine? Es ist so kreativ. Ich liebe es einfach!" Rose lacht.

„Es ist wunderbar, Rose. Ich verstehe nun, warum die Ziffern, die du entdeckt hast, deine besten Freunde geworden sind. Was du mir sagst, ist, dass wir als Menschen encodiert und mit diesen Potentialen ausgestattet sind – genau wie das Universum."

„Ja! Und wir können das auf die wunderbarsten Weisen zum Leben erwecken."

„Wir müssen aber auch bedenken, dass die durch den kreativen menschlichen Verstand ausgedrückten Ziffern auch zu Massenvernichtungswaffen, zu Ausbeutung, Versklavung und brutalen Regimen machthungriger Politiker werden können. Unsere kreative Kraft ist eine gegebene Konstante des Universums, aber zu realisieren, was wir damit tun, liegt in unserer menschlichen Verantwortung."

Personalisieren unserer Beziehung mit dem Kosmos

Verdandi leitet Rose immer dazu an, ihre Entdeckungen relevant und persönlich werden zu lassen. Sie hilft ihr, sich dessen bewusst zu werden, wie und in welcher Weise die Information, die sie empfängt, sie weiterbringt oder nicht.

„Rose, diese Entdeckungen sind aufregend, aber eine abstrakte Beziehung mit dem Kosmos als Architekt der Ziffern ist vielleicht nicht genug, um dir zu helfen, die enormen Aufgaben, die auf deinem gewählten Weg vor dir liegen, zu lösen. Bitte den Kosmos, dir als Person zu erscheinen. Lass es uns jetzt gleich einmal versuchen. Schließe deine Augen und verbinde dich mit dem Kosmos, wie du es auch sonst immer tust. Nun bitte den Kosmos, als Person mit echten Qualitäten zu erscheinen. Betrachte diese lieblichen Kosmischen Qualitäten als Gesicht. Höre die weisen Kosmischen Eigenschaften als eine solche Stimme, die genau an dein Vermögen, sie zu verstehen, angepasst ist. Dann sage mir, was du siehst und hörst."

Rose schließt ihre Augen. Sie verharrt für einen Moment in Stille und sagt dann: „Ich sehe den Kosmos als eine Person mit vier Gesichtern, ähnlich denen der indischen Götter. Jede der vier Richtungen hat ein anderes Gesicht: Glücklich, traurig, ernst und lustig. Jetzt beginnt sich alles zu drehen. Die Gesichter verschwimmen zu einem eher ratlosen Gesicht – jetzt zu einem urkomischen... Jetzt in ein süßes Gesicht wie das eines Kindes.

Oh! Jetzt ist das Gesicht verführerisch – es wirft mir eine Kusshand zu! Sein Ausdrucksprogramm kann sich nicht entscheiden, was es sein will. Oder vielleicht testet es auch nur meine Fähigkeiten zur Gesichtserkennung? Das funktioniert nicht, Oma. Es bleibt nicht lange genug stabil, um mir nur ein Gesicht zu zeigen."

Verdandi gluckst amüsiert, während sie sich vorstellt, was ihre Enkelin gerade sieht. Rose findet das gar nicht komisch. Sie ist sogar ziemlich verärgert.

„Oh, meine Süße, kannst du nicht sehen, was gerade passiert? Versuch's nochmal und konzentriere dich diesmal nur auf die Stimme. Bitte den Kosmos, mit einer Stimme zu sprechen, die du erkennen und personalisieren kannst. Sag mir, was passiert."

„Alles was ich höre, ist einer dieser Casino-Automaten, der die Ziffern rotieren lässt, bis es ‚Bingo' macht." Rose zieht eine Braue hoch. „Bitte, Kosmos, so funktioniert das nicht für mich. Kannst du nicht als *Lady of the Lake* erscheinen mit einer schönen melodischen Stimme? Oder wie Merlin mit mysteriöser Stimme? Oder ein weiser Ahne mit einer tiefen Stimme, ein wundervolles Kind mit einer herrlichen spielerischen Stimme?" Rose schweigt für ein paar Minuten. Verdandi hofft, dass es diesmal funktioniert. Aber der Kosmos hat einen anderen Plan, was er ihrer Enkelin heute beibringen möchte.

Plötzlich ruft Rose mit aufgeregter Stimme: „Wirklich? Du machst dich doch lustig über mich. Du sagst, es sei mein Job? Aber warum kommst du immer so mythisch daher, wenn die Großmutter dich fragt? Für sie erscheinst du in den unglaublichsten Charakteren. Und dann, wenn ich dich frage, kommst du mir damit? Ich fühle mich, als wäre ich Teil eines riesigen Kosmischen Scherzes."

„Was ist passiert?", fragt Verdandi liebevoll.

„Ich hab genau das gemacht, was du mir geraten hast. Dann hat mir der Kosmos dieses Interface gegeben und mir gesagt, ich solle doch das Gesicht meiner Präferenz selbst designen und die neuen mythischen Realitäten genießen, wo vorgefertigte Gesichter nicht mehr bestellbar seien."

Verdandi lächelt, während Rose fortfährt: „Es ist ein höheres Niveau, in dem Architekten ihre eigenen Kosmischen Gesichter und Charaktere zusammenstellen. Ich hätte langsam wissen sollen, dass diese Sache mit den Zukunfts-Menschen bestimmte Konsequenzen hat. Nun müssen wir sogar unsere eigenen Charaktere der Realität selber entwerfen!" Rose atmet tief ein. „Oh wow! Ich seh' jetzt mein eigenes Gesicht und höre meine eigene Stimme! Ahh, das ist es also, was der Kosmos mir verständlich machen wollte. Jetzt verstehe ich."

Der Schlüssel der Kosmischen Kommunikation

Verdandi ist sehr froh, dass Rose diese Erfahrung gemacht hat und nun versteht. „Kannst du kurz warten, Liebes? Dagaz braucht mich in der Küche. Er macht gerade die herrlichste Bohnensuppe."

„Na klar", sagt Rose.

„Er ist so ein Unikum. Er singt, während er die Zutaten hinzugibt. Er sagt, es mache die Suppe besser. Ich bin gleich zurück."

Verdandi geht in die Küche und Rose denkt über all das nach, was sie und ihre Großmutter gerade beredet haben. Sie hört das Grummeln in ihrem eigenen Magen, eine Erinnerung an die physischen Realitäten ihres Lebens.

Ihre Gedanken kehren zur Idee zurück, dass die Kosmische Information die ursprüngliche Information ist, die schon vor dem Beginn da war – als unsterbliche Fraktale der Totalität, mit der wir in Co-Kreation erschaffen können. Sie erinnert sich an ihre Vision im Krankenhaus von Kosmischen Einheiten von Information, die unsere inneren und äußeren Welten ausmachen und dann als winzige, unsichtbare Kosmische Partikel zurückwirken in die Totalität.

Immer mehr ungewöhnliche Gedanken und Fragen kommen ihr in den Sinn.

Ist es für das Universum möglich, von uns mittels dieser Kosmischen Einheiten zu lernen? Ist die Sprache der Kosmischen Architektur die, die von Mystikern und Erfindern wie Plato, Leonardo Da Vinci, und Hildegard von Bingen genutzt wurde, um in die Kosmische Einheit einzugehen und die versteckte Weisheit des Universums zu entdecken? Ist dies die primordiale Sprache, die es Bäumen, Vögeln, Flüssen, Menschen, Bakterien, Planeten, Molekülen, Atomen, Sternen und auch dem Universum als Ganzes erlaubt, direkt miteinander zu kommunizieren, während alle Teil des Anderen sind?

Verdandi kehrt an den Bildschirm zurück und bemerkt, wie Rose in einem tiefen Zustand des Nachdenkens ist. „Alles in Ordnung, Liebes? Wahrscheinlich ist es auch für dich Zeit zu essen, eh? Dagaz ist so ein guter

Ehemann, aber er scheint sich nie daran zu erinnern, welche besonderen Kräuter in diese Suppe gehören. Ich hab es ihm wahrscheinlich tausend Mal gesagt. Oder vielleicht ist es nur seine Ausrede, um mich für einen Kuss in die Küche zu rufen."

Rose lächelt. Sie bewundert die lange und tiefe Liebe, die ihre Großeltern verbindet. „Ich vermisse eure Suppen, Oma. Sie geben mir immer so ein wohliges Gefühl. Nur der Gedanke an die Suppen bringt mich zurück in diesen Zustand."

„Wir werden ja bald wieder zusammen sein, meine Liebe. Was hast du noch auf dem Herzen? Ich habe noch zehn Minuten, dann werde ich Dagaz Gesellschaft leisten und mit ihm das leckere Mittagessen genießen."

„Das klingt wunderbar. Ich werde auch gerade hungrig. Oma, denkst du, dass jemand wie Einstein diese informationale Sprache des Kosmos kannte?"

„Okay, gib mir einen Moment, damit ich von der Suppe zu Einstein springen kann." Verdandi hält einen Moment inne und fährt dann fort: „Einstein war brillant darin, aus einer einfachen Formel eine weitaus größere Totalität und Dimension des Verständnisses herauszuarbeiten, wie das Universum funktioniert. Und damit, ausgehend von der Totalität, war er in der Lage, das wieder in die mathematische Sprache der Formeln und Gleichungen zurück zu übersetzen. Aber sein wahres Genie lag in der Nutzung seiner imaginalen Kräfte, die ihm das intuitive Verständnis davon gaben, wie unser Universum funktioniert, weit hinausgehend über die Wissenschaft der damaligen Zeit. Wenn Einstein noch leben würde, hätte er uns bestimmt gesagt, dass wir alle so intelligent wie er werden könnten, wenn wir unsere imaginalen Kräfte entwickeln würden."

„Meinst du, ich kann mit Viren kommunizieren, wenn ich die Kosmische Sprache des Lebens benutze? Viren sind Kombinationen von genetischen Codes, und Codes sind digital. Ich denke, ich bin dazu in der Lage, aber ich bin mir nicht sicher, dass die Ärzte mir glauben würden, was ich im Krankenhaus gemacht habe."

„Glaub an dich selbst, Rosie. Es ist egal, ob irgendwer sonst an das glaubt, was du gemacht hast. Du weißt, was du gemacht hast und ich auch. Für dich sind Viren keine Feinde, sondern evolutionäre Katalysatoren. Diese Wahrnehmung ist die erste Brücke, um mit Viren kommunizieren zu können."

„Das ist genau richtig! Viren haben immer eine große Rolle in unserer Evolution gespielt, indem sie genetische und epigenetische Prozesse angestoßen haben, d. h. die Aktivitäten von Genen und ihre Sequenz verändert haben. Es gibt sogar Forschungsergebnisse, die sagen, dass ohne die Rolle der Viren sich die menschliche Intelligenz nie entwickelt hätte. Viren lernen mit uns und werden Teil unseres Körpers. Wusstest du, dass uralte Viren tatsächlich Teil des menschlichen Bauplans geworden sind, und nun als ‚Doppelagenten' wirken, indem sie unseren Zellen helfen, andere Viren zu bekämpfen, die schädlich für unseren Körper sein könnten?"

„Das gibt mir eine schöne Geschichte, die ich Dagaz beim Essen erzählen werde. Ich werde ihm sagen, dass seine Intelligenz von einem Virus stammt. Ich habe ein Virus geheiratet!", lacht Verdandi.

„Bitte sag ihm, er sei ein nettes Virus!", grinst Rose. „Aber im Ernst, Viren sind wirklich evolutionäre Akteure. Sie sind nicht unsere Feinde. Sogar das Corona-Virus könnte sich als ein Katalysator für eine tiefere Evolution unserer Spezies herausstellen und sich eines Tages als nützlich und notwendig erweisen."

„Dagaz wird das gerne hören. Er hat sich eine eigene Theorie darüber gebildet, warum das alles gerade passiert, und ich bin sicher, er wird sie dir gerne erzählen, sobald du uns besuchen kommst."

„Ich stimme dir zu, Rose. Es ist durchaus möglich, mit Viren und Bakterien zu kommunizieren, genauso, wie du auch mit dem Kosmos kommunizieren kannst. Ich habe gesehen, wie du den Effekt des Corona-Virus in deinem Körper verändern konntest, auch, wenn das Meiste unterbewusst geschah. Sobald du in den Kosmischen Zustand der Einheit eingetreten warst, konntest du die Zukunfts-Potentiale einer förderlichen Beziehung mit allem, was Teil deines Körpers ist, aktivieren.

„Es gibt noch einen Schlüssel, den ich mit dir teilen will, zumal du gestern ja diesen Traum hattest, in welchem du nicht in der Lage warst, dir Gehör zu verschaffen. Und dann muss ich wirklich zum Mittagessen. Bist du bereit für einen weiteren Schlüssel?"

„Na klar!"

„Das ist der Schlüssel der Kosmischen Kommunikation, welcher dich in Kontakt mit den universellen Sprachen und der unsterblichen Information bringt, mit denen die spirituell orientierten Mystiker, Architekten, Priester, Wissenschaftler, Philosophen und Alchemisten arbeiten. Das kann auch deine derzeitige Faszination für die verborgenen Kosmischen Codes hinter Zahlen und Ziffern erklären. Dieses Wissen lag lange im Verborgenen – nur

Eingeweihten zugänglich; es ging so weit, dass viele alte mystische Texte sogar absichtliche Fehler enthielten, um sicherzustellen, dass Normalsterbliche diese Information nicht dekodieren und missbrauchen konnten. Aber nun ändern sich die Zeiten. Wir sind in die Zeit der Entschleierung eingetreten, in die Zeit der Offenbarung. Der Schlüssel der Kosmischen Kommunikation liegt allein darin, vom Kosmischen Zustand der *Einheit des Bewusstseins* aus zu kommunizieren. Erinnerst du dich daran, wie jede Entscheidung ein Stadium des Bewusstseins ist, welches die Art beeinflusst, wie sich deine Entscheidungen im Leben manifestieren? Das gleiche gilt für den Zustand des Bewusstseins, durch den du kommunizierst."

„Wow, ich mag diesen Schlüssel! Erzähl mir mehr."

„Das sind die Momente, in denen ich mir wünsche, du wärst physisch hier bei mir, sodass ich dir alles in der Weise zeigen könnte, wie ich dich immer gelehrt habe. Wir könnten die Hunde holen und zusammen in die Natur hinausgehen für ein direktes, erfahrungsbasiertes Verständnis. Aber ich schweife ab…

"Der Schlüssel liegt darin zu wissen, ob du in einem Stadium der Dualität bist, so wie du es vorhin erklärt hast mit den binären Ziffern – oder in einem Stadium der Einheit, in welchem du erkennst, dass hinter allen dual erscheinenden Phänomenen ein drittes Prinzip steht. Genauso gibt es ein Quanten-Prinzip hinter allen dualen Erscheinungsformen der Ziffern, die du beschrieben hast. Der Einheits-Zustand des Bewusstseins wird auch ‚Dreifaltigkeits-Sicht' genannt.

„Aus Dreifaltigkeits-Sicht: Du siehst mit Rück-Sicht, Ein-Sicht und Voraus-Sicht in einem", erklärt Verdandi. „So wie du auch zwei physische Augen und dein drittes Auge als spirituelles Auge hast, welches die duale Information deiner physischen Augen integriert; die Dreifaltigkeit hilft dir, die wahre Natur der Realität in all dem zu sehen, welches sich dual verhält oder zu sein scheint."

„Oma, erinnerst du dich noch an den Albtraum, von dem ich dir erzählt habe, kurz bevor das Corona-Virus in meinen Körper eindrang? Den aus der Nacht, bevor mein Fieber so in die Höhe schoss? In meinem Traum gab es drei Monster, die direkt auf mich losgingen. Als ich kurz davor war zu schreien, sprang eine schützende Figur zwischen uns und enthauptete eines von ihnen. Sobald das Monster enthauptet war, fing es an sich erneut zu materialisieren und sich zu vervielfachen. Das passierte jedes Mal, wenn das Monster enthauptet wurde.

„Nach diesem Traum begann ich, mich immer schlechter zu fühlen. In der Nacht im Krankenhaus, nachdem mein Fieber gesunken war, kam der Traum noch einmal zurück. Diesmal sagte ich zum Beschützer, er solle keines der Monster enthaupten. Sie veränderten sich daraufhin und hörten auf, eine Bedrohung zu sein.

„Sophia schickte mir einen Artikel vom Virologen Berend-Jan Bosch von der University of Utrecht in Holland. Er zeigte, wie das Corona-Virus eine kronenartige Struktur besitzt, daher stammt auch sein Name – ‚Corona‘ bedeutet ‚Krone‘. Die Corona-Krone sitzt auf drei spitzen Enzymen, die miteinander verwoben sind. Wenn der Körper versucht, sich zu verteidigen, schickt er ein Enzym zu diesen drei verwobenen Kronen und das Enzym schlägt einen der Köpfe ab. Der enthauptete Virus-Stamm transformiert sich irreversibel in einen Speer, der die Zellmembran durchstößt. Das ermöglicht dem Virus, in die Zelle einzudringen. Einmal innen angekommen, dupliziert es sich.“

„Du hast die Antwort direkt vor dir, Rose. Die erste Verteidigungs-Reaktion deines Körpers – die ‚Enthauptung‘ machte das Virus zur Waffe, indem es als ‚andersartig‘ erkannt wurde und damit als Gefahr. Später hast du gelernt, die Trinität des Virus intakt zu lassen, nachdem du das Stadium der Kosmischen Einheit erfahren hattest und auf die andere Seite des Schleiers gegangen warst. Dualität attackiert das ‚Anders-Sein‘, während die Einheit es integriert. Der Unterschied zwischen einer parasitären oder symbiotischen Welt hat ihren Ursprung in uns selbst.“

„Das ist tiefsinnig. Das würde heißen, dass unser Bewusstseinszustand tatsächlich verändert, wie Informationen uns erscheinen. Es impliziert auch, dass die einzige Art und Weise mit der Unsterblichkeit oder von ihrer Warte aus zu kommunizieren, die aus dem Stadium der Non-Dualität ist, weil dies der Zustand unsterblicher Information ist. Die ist permanent in einem non-dualen Quantenzustand geeinter Möglichkeiten.“

„Gut, meine Liebe. Nun muss ich aufhören und etwas essen. Kannst du dich heute Nachmittag ausruhen? Hab etwas Spaß. Denk daran, dass du immer noch in deinem Heil-Kokon mit diesen ganzen inneren Veränderungen und Transformationen beschäftigt bist. Ich schlage vor, du verbringst auch etwas Zeit mit deinen Gefühlen und nicht nur all diesen packenden neuen Ideen. Achte deinen Verarbeitungsprozess, und auch deinen Körper. Das könnte der perfekte Moment sein, um Sophia anzurufen und mit dem Kapitel abzuschließen, als du dich gefangen in der Beziehung mit Tim fühltest.

Erzähl ihr doch, was wirklich passiert ist. Wir können in ein paar Tagen wieder miteinander reden.“

Ausbrechen aus strangulierenden Beziehungen

Am nächsten Tag lädt Rose Sophia zum gemeinsamen Kaffeetrinken ein. Das Café bietet sowohl einen Take-out-Service als auch Bedienung an Tischen draußen an – mit Social-Distancing. Die jungen Frauen sitzen mit ihren Croissants und Latte macchiatos und genießen die kühle Frühlingsluft.

„Das ist erholsam“, sagt Sophia mit einem Lächeln. „Mein Vormittag fühlte sich so vollgestopft an, da tut es gut, eine kurze Pause zu machen. Wie fühlst du dich, Rose?“

„Ich hab in letzter Zeit über meine frühere Beziehung mit Tim nachgedacht. Da gab es ein paar Sachen, die ich dir nie erzählt habe. Ich habe gestern kurz mit Oma Verdandi darüber gesprochen und sie schlug vor, dass ich mit dir darüber spreche, damit ich dieses Kapitel meines Lebens abschließen kann und meine Gefühle heilen. Wäre das in Ordnung für dich?“

„Natürlich! Du bist wie meine Schwester. Ich war so froh, dass du den Mut aufgebracht hast, mit diesem Typen Schluss zu machen. Er hat dich in eine sehr toxische Dynamik hineingezogen.“

„Das hat er.“

„Er hat immer versucht, deinen Glauben an dich selbst zu erschüttern, und sich gleichzeitig als Retter in der Not für alle deine Probleme zu positionieren. Deine Welt und dein Freundeskreis begannen, mehr und mehr zu schrumpfen. Ich habe mir Sorgen um dich gemacht.“

„Danke, Sophia. Es hat mich eine ganze Weile und viele Tränen gekostet, bis ich begriff, was er eigentlich mit mir gemacht hat. Aber ich konnte einfach nicht glauben, dass jemand, der immer wieder sagte, er liebe mich, mich absichtlich kleinkriegen wollen würde.“

„Was er gemacht hat, war ein klassisches Manipulationsspiel. Er hat damit angefangen, indem er dir das Gefühl gab, du wärst die wunderbarste, einzigartigste Frau auf der ganzen Welt. ‚Nur *er* konnte deine Schönheit und Genialität sehen und wertschätzen! *Er allein* konnte dich jemals verstehen.‘“

„Das ist wahr.“

„Er hat Intimität mit dir erzeugt, indem er dich hat glauben lassen, er sei das Beste, was dir jemals passiert sei.“

„Du hast recht, Sophia. In den ersten Monaten unserer Beziehung hab ich mich gefühlt, als würde ich auf Wolken laufen. Ich fühlte mich als etwas Besonderes. Und dann gingen die Attacken los."

„Ich erinnere mich. Er begann dir zu sagen, wie enttäuscht er sei mit irgendetwas, was du gesagt oder getan hattest. Dass er vielleicht falsch gelegen hätte mit dir – dass du gar nicht so besonders wärest oder so intelligent, wie er gedacht hatte."

„Und so habe ich mich mehr angestrengt, um ihm zu gefallen und seine Anerkennung wiederzugewinnen."

„Da wusste er, dass er dich in seinen Klauen hatte. Er wusste, dass er dich kontrollieren konnte. Dann kamen die Opfer-Attacken, damit du dich schuldig fühlst. Ich erinnere mich noch an deinen Anruf die eine Nacht; du hast vor Verzweiflung geweint, weil du nicht verstehen konntest, was du falsch gemacht hattest."

„Ich erinnere mich an diese Nacht. Es war schrecklich. Ich habe mich gefühlt, als würde meine Welt zusammenbrechen. Ich wusste nicht mehr, wo oben und unten ist. Ich dachte, dass er vielleicht recht hatte, mit dem was er sagte. Vielleicht hatte ich ja wirklich einige gewaltige blinde Flecke, die ich selber nicht sehen konnte. Vielleicht war ich eine manipulative, kontrollierende Persönlichkeit. Ich habe nicht bemerkt, dass er dabei derjenige war, der mich manipulierte und kontrollierte."

„Stimmt. Dann bot er dir an, ‚dich ins Licht zu führen'. Er wurde zu deinem Retter, damit du dankbar sein konntest, dass er bei dir blieb, obwohl du so eine ‚schlechte Frau' warst. Und dann hatte er dich an dem Ort, wo du beginnen würdest, ihn vor anderen zu verteidigen. Du hast ja nie jemandem verraten, was wirklich los war."

„Ja, das war die schlimmste Zeit. Ich erinnere mich, dass ich mit meinem Vater in einen riesigen Streit geriet, weil ich wütend war, dass er Tim in Frage stellte. Jetzt sehe ich, dass das genau das war, was Tim wollte: Mich zu isolieren von den Menschen, die mich lieben und kennen."

„Und was hat den Fluch für dich gebrochen, Rose? Wie bist du dieser toxischen Beziehung entkommen?"

„Der große ‚Aha-Moment' kam, als ich einem Interview mit Maya Angelou zuhörte. Sie sagte ‚Liebe befreit.'"

„Ahh. Wunderbar."

„Im Moment, als ich diese Worte hörte, platzte der Ballon der Lügen. Ich erkannte, dass meine Beziehung mit Tim nicht auf Liebe beruhte. Ich sah plötzlich all diese Angst, die Manipulation und die Kontroll-Dynamik. Ich schloss meine Augen und fragte: ‚Als Liebe, was würde ich tun? Baut mich diese Beziehung auf oder macht sie mich kaputt?‘ Ich wusste, dass das, was wir hatten, definitiv keine Liebe war. Liebe verzerrt nicht die Realität; Liebe erzeugt keine Abhängigkeit; Liebe isoliert nicht oder manipuliert einen Menschen. ‚Liebe befreit!‘ Ich bin dort hineingezogen worden, nicht erkennen wollend, dass seine Intentionen vielleicht doch nicht so nobel waren. Ich bin auf seinen klassischen, teuflischen Trick hereingefallen: Er gab mir das Gefühl, ich sei etwas Besonderes und legte mir die Welt zu Füßen.“

Sophia nippt an ihrem Kaffee und überlegt für einen Moment. „Um dir die Wahrheit zu sagen, Rose – in der ganzen Zeit, in der du mit Tim zusammen warst, fand ich es wahnsinnig schwierig, dich zu erreichen. Es fühlte sich so an, als wärst du nicht offen mit mir; als wenn du nicht mehr länger interessiert daran wärst, mit mir Zeit zu verbringen. War das so?“

„Es tut mir leid, Sophia, ich wollte nicht, dass du dich so fühlst. Ich war so hin- und hergerissen. Ich wollte Zeit mit dir verbringen, aber Tim hat mir immer wieder gesagt, du wärst nur neidisch auf meine Beziehung mit ihm. Er sagte, ich solle vorsichtig sein, nicht von dir beeinflusst zu werden. Ich habe mich nicht getraut, es dir zu sagen, weil ich Angst davor hatte, wie du reagierst. Ich habe angefangen, mich von allen anderen abzuschotten. Auch von meiner Familie, nicht nur von dir. Ich hab mich in mein Studium und meine Bücher gekniet und gehofft, die Stürme würden einfach vorüberziehen, aber so war es nicht.“

„Ich verstehe. Danke, dass du es mir erzählst, Rose. Wir haben noch nie wirklich darüber gesprochen. Ist das der Moment gewesen, an dem du anfingst, diese Träume über den Tod zu haben?“

„Ja, ein Teil von mir wollte sterben. Es fühlte sich besser an, einfach zu verschwinden und ein neues Leben anderswo zu beginnen, als Tim zu konfrontieren. Ich habe das nie jemandem erzählt, aber ich begann, mich zunehmend abgestumpft zu fühlen. Ich habe nicht bemerkt, dass mein Rückzug auch eine Schwächung meiner Verbindung zum Leben bedeutete.“

„Es tut mir so leid, Rose, ich wusste nicht, dass es so schlimm war.“

„Da ist noch mehr. Ein paar Wochen, bevor ich mit ihm Schluss machte, wachte ich nach einem wirklich beängstigenden Traum auf. In dem Traum war eine riesige Python in meine Wohnung gekrochen, während ich schlief. Sie schlängelte über mich und legte sich auf meinen Körper. Ich dachte, wenn ich nur still liegen würde und ruhig bliebe, würde sie von alleine wieder wegkriechen. Ich wurde ruhig wie ein Zen-Mönch und wartete darauf, dass die Schlange sich bewegte. Aber anstatt dessen schien sie, meine Körperwärme zu lieben. Dann begann sie, sich von meiner Energie zu ernähren.

„Ich entschied, eine andere Taktik zu versuchen. Ich dachte, wenn ich die Schlange mit meiner Liebe füttern würde, würde sie friedlich bleiben und mich nicht attackieren. Aber das funktionierte auch nicht. Bevor ich bemerkte, was geschah, hatte sie sich um meinen Hals geschlungen und erhöhte ihren Druck immer mehr.

„Keine meiner Strategien funktionierte und ich war entsetzt, dass ich nicht in der Lage gewesen war, mich zu schützen. Ich bin schockiert aufgewacht, als ich gerade in diesem Traum starb. Ich habe realisiert, dass ich in meiner Beziehung langsam erdrosselt wurde und dass mein passiver Ansatz, noch mehr zu lieben, das war, was mich umbringen würde."

„Oh Rose, dein Traum enthält so viele kraftvolle Bilder. Schau mal, was gerade in unserer Welt passiert. So viele Leute fühlen sich gefangen und stranguliert. Vielleicht haben wir mit allem, was wir tun, diese tödliche Schlange der alten Zeit gefüttert, anstatt uns proaktiv aus den Fallen zu befreien. Ich hoffe wirklich, dass deine Erkenntnisse über die Kosmische Architektur des Lebens helfen kann, die Kräfte zu erwecken und anzuwenden, die wir anstelle dessen benutzen müssen. Wir müssen die Schlüssel verwenden, die uns das Leben gibt, um aus diesen alten Narrativen herauszukommen."

„Du hast recht, Sophia. Mir wird jetzt klar, dass ich damals auch aus dem alten weiblichen Muster der alten Story heraus reagiert habe. Durch das passive Unterhalten des Missbrauchs in der Hoffnung, dass ‚Nett-Sein' mich aus der Gefahr gebracht hätte, habe ich ihn auch ermöglicht."

Sophia nimmt ihren letzten Schluck Kaffee. „Hast du noch Zeit für einen kurzen Spaziergang? Lass uns in den Park gehen und da weiterreden."

Den neuen Mythos willkommen heißen

Rose und Sophia laufen zum nahegelegenen Park. Es ist einer ihrer Lieblingsorte mit seinen alten Bäumen, Blumengärten und einem kleinen Teich.

„Rose, beweg dich nicht!", flüstert Sophia. „Dreh deinen Kopf vorsichtig und sehr langsam nach links. Siehst du ihn?" Ein kleiner weißer Schmetterling ist auf Roses Schulter gelandet.

„Ich sehe ihn. Er ist wunderschön", sagt Rose leise. Der Schmetterling läuft ein paar Schritte und flattert davon. Rose grinst. Der Besuch des Schmetterlings erfüllt sie mit Entzücken.

„Macht es dir etwas aus, unser Gespräch über Tim fortzusetzen?", fragt Sophia ihre Freundin.

„Nein, überhaupt nicht."

„Wie würde die Heldin oder der Held eines neuen Mythos mit der Situation umgegangen sein, in der du dich mit Tim befunden hast? Wie kommen wir als die neuen Heldinnen und Helden aus Fallen, Bedrohungen und Manipulation heraus? Wenn du Tim als Mann, der dich ausnutzen und dich brechen wollte, bekämpft hättest, hätte dich das auch zur alten mythischen Struktur zurückgebracht, den Angreifer zu attackieren."

„Ich stimme dir zu."

„Könnte es sein, dass – wenn wir Tim als Symptom sehen, was alles in der Welt schief läuft, und wir begreifen, was du aus allem, was passiert ist, gelernt hast – du in eine neue mythische Struktur versetzt wirst, die auf tiefere Transformationen unserer Welt fokussiert ist? Es scheint mir, dass es nicht wirklich um Tim geht, sondern um das, was er repräsentiert."

„Du bist so brillant wie immer, Sophia. Ich habe gestern mit meiner Oma über duale und non-duale Kommunikation gesprochen und wie duale Antworten uns noch tiefer in reaktive Pattern hineindrängen. Nun sagst du das Gleiche, aber auf andere Art und Weise. Wir müssen nach dem *dritten* Prinzip suchen, wenn wir sehen, dass es nicht um Tim geht, sondern um das größere System dessen, was nicht funktioniert. Genauso wie die Covid-19-Krise nur ein Symptom all dessen ist, was in unserer Welt krank und falsch ist. In meinem Traum war ich passiv, indem ich mich der Python nicht direkt entgegenstellte. Anstatt dessen habe ich es ihr ermöglicht, mich zu strangulieren. Ich bin Teil des Problems geworden, statt zum Teil der Lösung."

„Genau. Also lass uns proaktiv werden und verstehen, dass es hier keine Opfer gibt. Es ist an der Zeit, dem Ruf nach einem systemischen Wandel zu folgen und diesen Wandel anzuführen. Diese neue Story von co-kreativer Partnerschaft, über die du gesprochen hast, ist so viel spannender. Lass uns den neuen Mythos in unseren Leben willkommen heißen."

„Noch eine Sache, Sophia. Diese neuen mythischen Strukturen der Reise des Helden und der Heldin fordern uns auf, eine ganz andere Beziehung zu allem aufzubauen, was wir als Gefahr empfinden. In den alten mythischen Strukturen wurde die ‚Bedrohung‘ oder die ‚Wunde‘ der Katalysator für das Erwachen der mythischen Kräfte der Helden. In der neuen mythischen Struktur ist es unsere eigene Fähigkeit, diese dualistische Neigung des ‚Kämpfens und Siegens‘ zu transformieren in ein Erwachen neuer transformativer Kräfte für diese Renaissance-Zeit. Wir müssen die ‚Lösungen des dritten Weges‘ erforschen, und nicht in alte dualistische Reaktionen zurückfallen. Wir müssen ‚Zukunfts-Gestalter‘ werden inmitten von Krise und Zusammenbruch, anstatt die Superkraft von Film-Superhelden zu bemühen. Wir müssen die Entscheidungen höherer Ordnung hervorbringen, die uns alle ermächtigen, indem sie uns willentlich in einen Zustand Kosmischer Einheit eintreten lassen, anstatt nach dem alten Superheldenmuster zu verfahren, um diese armen hilflosen Menschen zu retten. Wir müssen unsere menschlichen Zukunfts-Fertigkeiten entwickeln – durch Empathie, Inklusivität und Liebe, während wir unsere Kommunikationsmöglichkeiten verbessern von der Kosmischen Architektur her, die uns alle verbindet. Wir müssen unsere moralische Passion für das entwickeln, was richtig und notwendig ist – und nicht, was populär ist und erwartet wird. Wir haben eine Menge Arbeit vor uns, liebe Schwester.“

„Du hast recht, Rose. Und die Liste ist lang: Viruspandemien, unkontrollierbare Feuer, unsere Klimakrise, Rassismus, Terrorismus, der Vormarsch des Populismus, die soziale Ungleichheit und Polarisation unserer Welt. Stell dir vor, wir gingen jede dieser Krisen mit den Fertigkeiten des Zukunfts-Menschen an! Unseren neuen *mythischen* Fertigkeiten! Wir müssen innehalten und nachdenken, bevor wir reagieren. So viel kann sich verändern durch unterschiedliches Vorgehen. Ich bin froh, dass wir darüber sprechen konnten.“ Sophia schaut nach der Zeit auf ihrem Telefon. „Oops, ich gehe besser zurück in die Vorlesung.“

„Danke, dass du dich heute mit mir getroffen hast, Sophia. Es ist so schön, mit dir diese Gespräche zu führen.“

Unsere neuen Antwort-Möglichkeiten und Ver-Antwort-lichkeiten

Während sie zurück zu ihrer Wohnung läuft, experimentiert Rose mit unterschiedlichen Stadien des Bewusstseins und wie diese ihre Wahrnehmung der Welt und ihre Antwort-Möglichkeiten darauf verändern. Das Leben ist ein großartiger Lehrer. *Es ist faszinierend, wie jeder Bewusstseinszustand eine andere Realität erzeugt*, grübelt sie. *Wir in-formieren buchstäblich die Felder des Lebens um uns herum durch unsere Intentionen, Gedanken, Gefühle, Haltungen, Ansichten und Erwartungen. Wir sind wirklich die lebendige Information des Bewusstseins.*

Auf der anderen Straßenseite kämpft ein kleiner Junge damit, auf seinem neuen Fahrrad zu fahren. Seine Finger krallen sich am Lenker fest, während er verzweifelt versucht, geradeaus zu fahren. Der Junge beißt sich auf die Lippen. Seine Wangen sind gerötet und er hat Tränen in den Augen. Roses Herz sprudelt über vor Mitgefühl für den Kleinen, zumal sie sich selbst an solche Tage erinnert. Sie kam früher auch mit brennenden blutigen Knien nach Hause, wenn sie zu schnell um ihre Straßenecke gefahren war. Sie möchte ihm helfen, aber weiß nicht, wie. Sie schickt dem Jungen eine Welle beruhigender Liebe und ruft sanft zu ihm hinüber: „Entspanne deine Hände und schau nach oben! Schau nicht zu deinen Füßen runter. Lass deine Beine die Arbeit machen. Habe Vertrauen und Zuversicht! Du kannst das!"

Der Junge ist zu gestresst, um zu Rose zu schauen, aber er hört ihre Hinweise. Plötzlich entspannt er seine Haltung, hebt das Kinn und findet diesen magischen Punkt des Gleichgewichts, während er seine Beine das Treten übernehmen lässt. Sein Vater bemerkt die Veränderung bei seinem Sohn und ruft Rose schnell und mit einem breiten Lächeln ein ‚Danke' zu, bevor er seinem Sohn hinterherläuft, der fröhlich auf seinem Fahrrad davonjagt.

Beim Hereinkommen in ihre Wohnung erinnert sich Rose an ein Webinar am Vorabend, und wie völlig anders als sonst es verlaufen war. Sie fühlte sich in die Defensive gedrängt, nachdem sie tagsüber mit einem ihrer früheren Kommilitonen in ein Wortgefecht über den Zustand der Welt geraten war. Sie konnte keinen Weg aus der Sackgasse heraus finden, und nach einer Weile schaltete sie einfach emotional ab und verließ das Webinar vorzeitig. Sie realisiert nun, wie das Abgleiten in einen Zustand des Beurteilens und Verteidigens sie tatsächlich in ihren kreativen Fähigkeiten eingeschränkt und sie in eine antagonistische Debatte verwickelt hatte, die ins Nichts führte. Ihr Vater hatte sie gewarnt, dass wir unseren inneren Ressourcenreichtum nicht abrufen oder nicht lernen können, wenn die Hälfte unserer Hirnfunktion abgeschaltet ist, wie es der Fall ist in Zeiten von Angst und Stress.

Begeistert von ihren Erkenntnissen entscheidet sie, ihren älteren Bruder Lucas anzurufen. Es ist schon eine Weile her, dass sie mit ihm gesprochen hat; normalerweise ist er sehr beschäftigt mit seinen Kindern und der Arbeit, insbesondere im Moment, wo alles online abläuft.

Während ihres letzten Gesprächs hatten sie eine leidenschaftliche Diskussion über den Zustand der Welt und wie man damit umgehen könnte.

Nach einigem Tratsch und oberflächlichen Updates über persönliche Angelegenheiten des Lebens fragt Rose: „Hey, Brüderchen, was wäre, wenn der Zustand unserer Welt tatsächlich den Zustand unseres Geistes widerspiegelt? Vielleicht können wir ganz neue Möglichkeiten katalysieren, aber es erfordert, dass wir in das Auge des Sturms eintreten und unseren Bewusstseinszustand dahin richten, wo die Winde am turbulentesten sind?"

„Sagst du gerade, dass wir das Bewusstsein des Sturms annehmen und mit ihm verschmelzen?", fragt Lucas.

„Ja. Dann ändern wir ihn durch das bewusste Aktivieren unserer Zukunfts-Potentiale, die schlummernd im Inneren des Sturms liegen. Wir müssen die höhergradigen Ordnungen der Realität wachrufen – um die Attraktoren zu aktivieren, die die Wandlungskräfte zu neuen Konstellationen, neuen Richtungen und neuen Konfigurationen bewegen können."

„Klingt, als hättest du ein bisschen zu oft mit Oma Verdandi gesprochen. Wie oft sprecht ihr eigentlich dieser Tage miteinander?", fragt Lucas grinsend.

Rose ist seine Sticheleien gewöhnt. „Wir telefonieren fast jeden Tag", sagt sie ihrem Bruder. „Sie ist meine Stütze der Vernunft in all diesem Wahnsinn. Du solltest sie öfter anrufen, und Opa auch. Ich bin sicher, sie würden sich freuen, von dir zu hören. Sie fragen mich immer, wie's dir geht. Meine Standard-Antwort ist: ‚Er hat zu tun. Sehr, sehr viel zu tun!'"

Lucas lacht. „Na, das stimmt schon. Aber du hast recht, ich werd' sie bald anrufen. Und was das Verschmelzen deines Bewusstseins mit dem Sturm der Welt angeht? Du hast immer die wildesten Ideen. Wie willst du das anstellen? Und welche Garantie hast du, dass der Sturm deinen Verstand nicht übernimmt? Seine Kraft ist vielleicht viel größer als die Kraft deines Verstandes."

„Aber ist sie denn wirklich stärker als die Kraft meines Verstandes, wenn ich meinen Verstand in Einklang mit dem Kosmischen Bewusstsein bringe? Was ist, wenn das Bewusstsein der Welt aus der gleichen Kosmischen Information besteht, wie mein persönliches Bewusstsein und mein innerer Bewusstseinszustand den inneren Zustand des Bewusstseins der Welt daran erinnern kann, wie man durch die Krise manövriert? Was, wenn die wahre Natur der Krise dadurch bedingt ist, dass unfassbare Mengen von Energie in überholten Denkweisen gefangen sind, weil wir fast nie unseren Verstand in Einklang mit dem Kosmischen Bewusstsein bringen?"

„Meinst du das ernst?"

„Ja, meine ich. Denk mal drüber nach. All diese Energie unserer Sonne ist jetzt gefangen in unserer tieferen Biosphäre unseres Planeten, weil wir die Luft mit fossilen Brennstoffen vollpumpen, die die Strahlung der Sonne einfangen. Um es noch schlimmer zu machen, haben wir Bäume abgeholzt, die die Technologie der Natur darstellen, um Kohlendioxid-Emissionen aus der Atmosphäre zu eliminieren, indem sie CO_2 sicher in ihren Wurzeln speichern. Jetzt wird all diese potentielle Energie destruktiv, weil sie nicht länger in die natürlichen Systeme des Lebens eingebunden ist. Neunzig Prozent dieser gefangenen Hitze wird in den Ozeanen absorbiert und gespeichert, was zum gefährlichen Anstieg der Meerestemperatur überall auf der Welt führt. Das Äquivalent dieser Zusatz-Erwärmung sind ungefähr 3.6 Milliarden Explosionen der Hiroshima-Bombe.[6] Stell dir nur mal vor, was sich verändern würde, wenn wir lernen würden, diesen riesigen Betrag an Energie für unsere kollektive Transformation einzusetzen? Anstatt dessen nimmt er die Form von Hurrikans, Zyklonen, Hitzewellen, extremen Wetterfronten, Dürren, Erdbeben, Gewalt, Konflikten, Kriegen und anderem an. Zeig mir, wie das nicht den Bewusstseins-Zustand der Menschheit widerspiegeln soll. Wir sind seit tausenden Jahren in diesem problematischen Zustand. Unsere Geschichtsbücher sind voll von Geschichten über Kriege, Konflikte und Spaltung."

Lucas hört seiner kleinen Schwester zu. Er bewundert sie, aber hat eine pragmatischere Art als Rose. Er arbeitet gerade als Ingenieur für marine Biotechnologie an Lösungen für erneuerbare Energien. „Ich sehe deinen Standpunkt, aber ich denke, wir können die Sache nicht lösen durch eine einfache Änderung unseres Bewusstseinszustands. Insbesondere, weil ‚Verstand' oder ‚Bewusstsein' als Substanz kein Energiestadium ist, das solche überschießenden Mengen von Energie speichern könnte, von denen du gerade gesprochen hast." Er hält inne. „Es wirft jedoch die interessante Frage über die Radikalisierung unserer Welt auf, weil wir unsere transformativen Kapazitäten nicht verkörpern und sie als solche dann destruktiv werden. Genau wie freie Radikale in unserem Körper."

Rose lächelt. Sie kann eine neue Offenheit im Denken ihres Bruders spüren. „Während ich vorhin nach Hause gegangen bin, sah ich einen kleinen Jungen, der gerade lernte, auf seinem Fahrrad zu fahren. Er hat mich daran erinnert, dass wir unsere Richtung nicht dadurch ändern können, dass wir versuchen, alles was passiert zu kontrollieren und zu stoppen. Wenn du Fahrrad fährst, musst du immer in Bewegung sein, um aufrecht zu bleiben. Vielleicht gilt das auch für unsere Welt. Wir können die Geschehnisse nicht stoppen, die wir in Bewegung gesetzt haben, aber wir können lernen, die Richtung zu beeinflussen, wenn wir Zugriff auf die Kräfte erlangen, die entfesselt wurden – und sie zu einem vereinenden und transformativen Zustand verbinden."

„Das klingt logisch. Wie würdest du vorschlagen, dass wir das machen?"

„Das weiß ich noch nicht", antwortet Rose, „aber ich weiß, dass es eher etwas damit zu tun hat, mit den transformativen Kräften durch höhere Bewusstseins-Stadien zu arbeiten, die non-dualer Natur sind, anstatt sie zu bekämpfen oder kontrollieren zu wollen.

Diese Krise zu bekämpfen und zu versuchen, ‚den Klimawandel zu besiegen' wird nicht funktionieren, und ebenso wenig, wie dem Corona-Virus den Krieg zu erklären. Da gibt es andere Wege, andere Möglichkeiten, die wir noch nie kollektiv erforscht haben. Frag Oma. Sie hat so viele interessante Ideen. Die sagt, es hat etwas zu tun mit der Renaissance-Dynamik unserer Zeit."

„Okay, das werde ich. Im Moment erinnert mich Olaf daran, dass wir noch mit dem Hund raus müssen."

„Gib dem süßen Jungen einen Kuss von seinem Tantchen und sag ihm, ich rufe ihn bald an."

„Es war schön, mit dir zu sprechen, Rose."

„Ja, finde ich auch. Tschüss für heute." Rose beendet das Telefonat, froh, dass sie die Gelegenheit hatte, kurz mit ihrem Bruder zu sprechen.

Sie fühlt sich energetisiert und ist in vollem Kreativ-Modus. Wie Verdandi gesagt hätte, ist sie „in einem Zustand des Wissens vom Herzen her, das ein ganzes Spektrum von Intelligenz eröffnet, die mit unserer Fähigkeit verbunden ist, kreativ zu handeln." Rose ist fest entschlossen, die Lösung für all das zu werden, was nicht funktioniert. Die Notwendigkeit der Veränderung aktiviert und erweckt die Saat ihrer menschlichen Zukunfts-Bestimmung. Sie fühlt, dass jetzt unser Moment der Entscheidung ist; der Aufruf, auf völlig neue Weisen mythisch zu werden. Sie möchte herausfinden, wie wir zusammen mit dem Universum und der unendlichen Weisheit unseres Planeten unsere Welt transformieren und heilen können. Es war ein langer Tag und sie freut sich auf eine erholsame Nacht.

Kurz bevor sie einschläft, stimmt sie ihren Geist auf das Kosmische Bewusstsein ein und betritt das Bewusstsein der größten Probleme unserer Welt, so wie sie es ihrem Bruder vorgeschlagen hatte. Sie wird gewahr, wie jedem Problem die potentielle Lösung innewohnt, die einen neuen oder anderen Bewusstseinszustand erfordert. Sie fragt sich selbst, wie Zukunfts-Menschen diese herausfordernden Probleme sehen mögen. Sie taucht immer tiefer in ihren imaginalen Bewusstseinszustand ein und beginnt, sich selbst im Herzen dieser Probleme wahrzunehmen. Sie bemerkt, wie das bloße Dort-Sein im Kosmischen Zustand schon neue Realitäten in-formiert, sich zu aktivieren und zu emergieren, und den Zustand des Problems damit verändert.

In diesem Moment realisiert Rose tiefgreifend, wie in unserer neuen Geschichte unsere existentiellen Bedrohungen und die Energie der Zerstörung zum Brennmaterial für unsere Transformation und Erleuchtung werden. Sie sieht, wie diese neue Geschichte im Herzen der Menschheit erwacht, und die Seele unserer Welt auferstehen lässt aus der Asche dessen, was nicht funktionierte. Sie realisiert, wie Zukunfts-Menschen es beherrschen, die primordialen Kräfte der Transformation zu verkörpern und mit ihnen zu arbeiten. Ihr Bewusstsein ist nicht länger gefangen in den Fallen der Dualität; Zukunfts-Menschen verkörpern das Bewusstsein der Ganzheit und kommunizieren vom unsterblichen und geeinten Zustand des Kosmischen Bewusstseins her. Sie verstehen, was das Leben und jeden von uns erblühen lässt in all unserer Diversität und Pracht. Sie driftet in einen tiefen Schlaf, bis sie sich in einem höchst ungewöhnlichen Traum wiederfindet…

Integration -
Der Schlüssel der
Kosmischen Kommunikation

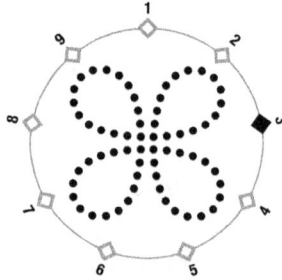

In diesem Kapitel haben wir den Schlüssel der Kosmischen Kommunikation aus der Sicht einiger bahnbrechender Ideen der New-Paradigm-Forschung inklusive der Kosmologie, der Quantenfeld-Theorie und der Wissenschaft der Infodynamik erforscht. Wir werden in den nächsten Kapiteln noch mehr dieser Erkenntnisse teilen.

Der Schlüssel der Kosmischen Kommunikation hilft dir dabei, zu realisieren, wie dein Bewusstseins-Zustand den Zustand der Information beeinflusst, die du kommunizierst, je nachdem, ob dies aus der Dualität oder Einheit heraus geschieht.

Die folgende Zusammenfassung wird dir helfen, deine Entdeckungen weiter zu integrieren:

- Das Leben ist eine geeinte Realität. Kosmische Kommunikation informiert alle Level und Realitäten des Seins aus dem non-lokalen Zustand der Einheit und Ganzheit her. Kosmische Information ist bis in alle Ewigkeit als Baustein des Bewusstseins in allen Belangen des Lebens präsent. Du kannst deine Realität und Erfahrungen aus der Ganzheit konstruieren, indem du deinen Verstand auf den Zustand

Kosmischer Kommunikation einstimmst – ganz so, wie die Natur es tut.

- Die informationelle Architektur unseres Universums ist ein Kosmisches Hologramm aus non-lokalen Ziffern (numerischen Codes), die simultan erschaffen und kommunizieren, indem sie die Realität in-formieren. Mit anderen Worten: Die Kosmische Sprache ist ein Alphabet aus Ziffern (Zahlen), welche die Art in-formiert, wie Leben sich manifestiert und weiterentwickelt, gespeist aus tieferen impliziten Ordnungen der Realität, die non-lokaler Natur sind.

- Der Quantenzustand der Superposition ist *die Sphäre der Potentialität*, in der alle möglichen Stadien der Information gleichzeitig co-existieren, bevor sie beobachtet werden. Die „Zukunft" ist buchstäblich ein Zustand informationeller Möglichkeit im Bewusstsein.

- Kosmische Information als Grundbausteine von Bewusstsein können auch als archetypische Strukturen wahrgenommen werden.

- Beides – Energie-Materie und Raum-Zeit – sind komplementäre Kosmische Information, die unser physikalisches Universum formen und in-formieren. Durch das Erforschen, in welchen verschiedenen Zuständen Information auftritt – entweder dual oder als Quanten-Superposition – wird die dynamische und kreative Natur des Bewusstseins selbst enthüllt.

- Duale Bewusstseinszustände erzeugen duale Informationsmuster, die zu Entweder-Oder-Optionen kollabieren und sich schließlich zu oppositionellen Dynamiken entwickeln können. Geeinte Bewusstseinszustände befinden sich im Quanten-Superpositions-Stadium der Information mit simultan vorhandenen Möglichkeiten. Dies ist der informationelle Zustand dessen, was wir „Zukunft" nennen.

- Menschliche Wesen sind in der gleichen Art und Weise wie unser Universum Kosmisch enkodiert und mit Potential ausgestattet. Du kannst das auf die wunderbarste und kreativste Art zum Leben erwecken.

- Hinter allen dual erscheinenden Phänomenen steht ein drittes Prinzip: Das der Einheit des Bewusstseins. Du kannst dies betreten durch die simultane dreifaltige Sicht der Rück-Sicht, Ein-Sicht und Vor-Sicht. Die Dreifaltigkeits-Sicht hilft uns, hinter die Dualität zu schauen, indem wir unsere physikalischen Augen mit unserem Kosmischen inneren Auge verbinden.

- Die physische Welt mit binärer Information und dualen Erscheinungsformen ist gleichzeitig eine Kosmische Welt in einem Superpositions-Zustand von simultanen Möglichkeiten – so wie du auch.

- Duale Zustände des Verstandes bringen das Feld der Möglichkeiten zum Kollabieren – was zu Erfahrungen von Anders-Sein und Trennung führen kann. Du kannst dich selbst oder unsere Welt nicht von einem mentalen Zustand der Dualität heraus heilen. Duale Antworten nehmen uns in reaktiven Verhaltensmustern gefangen. Nimm den Zustand geeinten Bewusstseins ein, um hinter den Schleier dualer Erscheinungsformen zu schauen. Alles was als *zwei* erscheint, ist eigentlich *drei* im Aspekt, vereint auf einem tieferen Niveau der Realität.

- Die neuen mythischen Strukturen entwickeln unsere Renaissance-Fertigkeiten, um dualistische Positionen zu transformieren und unsere Zukunfts-Potentiale zu aktivieren durch:

  - Die Initiierung von Lösungen des dritten Wegs,

  - Zukunfts-Gestalter werden inmitten von Krise und Zusammenbruch,

  - Anrufen höherer impliziter Ordnungen der Zukunfts-Möglichkeiten inmitten von Wandel und Chaos,

  - Kommunizieren aus einem Zustand der Empathie, Inklusivität und Liebe,

  - Engagieren von verbindenden Mustern und informationellen Codes der Kosmischen Architektur des Bewusstseins, die in uns allen existieren,

  - Die Entwicklung unserer moralischen Leidenschaft, das Richtige und Notwendige zu tun, und nicht das, was populär ist und erwartet wird.

- Die Notwendigkeit für Wandel aktiviert unsere zukünftige menschliche Bestimmung. Das ist unser Moment der Entscheidung. Wir können uns der Herausforderung stellen und die notwendigen und erwarteten Menschen einer neuen Ära werden. Wir können unsere Welt heilen und transformieren – in Partnerschaft mit dem Universum und der unermesslichen Weisheit unseres Planeten.

- Die neue Geschichte erwacht im Herz der Menschheit. Zukunfts-Menschen wissen, wie die primordialen Kräfte der Transformation verkörpert werden können. Ihr Bewusstsein bleibt nicht länger gefangen in Dualitäts-Modi, da sie die Architektur der Einheit verkörpern und wissen, wie sie vom Kosmischen Bewusstseins her kommunizieren können.

KAPITEL 4

Der Kosmische Kompass

*Mit dem Schlüssel der Dreifaltigkeit
zu Ganzheit navigieren*

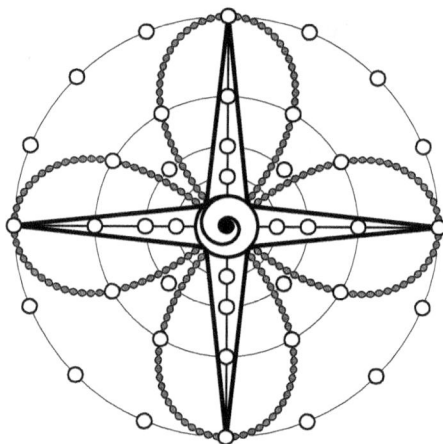

Rose träumt. Sie hat einen Martin-Luther-King-Moment, in welchem sie im Traum vor einer riesigen Menschenmenge von Millionen von Leuten spricht. Sie sind zusammengekommen, um den Beginn einer neuen Zivilisation zu deklarieren; eine Zivilisation, in der Menschen ihre Welt weiser und mit viel mehr Freude und Leichtigkeit verwalten.

„Wählt euch selbst! Steht auf von den Friedhöfen und aus dem Terror all dieser Jahrtausende des Leidens, der Sklaverei und der Gewalt. Werdet der ersehnte, notwendige Zukunfts-Mensch für eine neue Geschichte, eine neue Zeit, in der wir geeint stehen im großen Zirkel des Lebens. Die Verantwortung liegt bei uns! Erinnert euch, wer ihr seid und warum wir hier sind. Schüttelt sie ab, die Schichten des Vergessens! Ihr kennt eure Wahrheit. Ihr wisst, wer ihr seid. Facht an die Leidenschaft mit der Flamme der Liebe, die am Leben gehalten wurde von Nelson Mandela, Mahatma Gandhi, Martin Luther King, Mother Teresa, Jeanne d'Arc, Ruth Bader Ginsburg, Malala Yousafzai und all denen, die für die Befreiung und Heilung unserer Welt gekämpft haben und kämpfen! Das ist die Flamme, die in eurem Herzen wohnt. Mit dieser Flamme, entflammt eure moralische Leidenschaft, das Richtige zu tun und nicht, das Einfache und Erwartete zu machen. Liebe befreit. Entflammt die Heilung für unsere Welt!

„Macht euch frei von den Einflüssen der Gier und Abgrenzung. Unterbindet den Nachschub für Hass und Gewalt, entzieht ihnen den Treibstoff und investiert in eure Zukunft durch Gerechtigkeit, Wahrheit und Mitgefühl. Stellt *Fürsorge* an erste Stelle, nicht das Geld! In dieser Welt ist kein Platz mehr für die alte Geschichte von Jäger und Beute, Gewinner und Verlierer. In dieser neuen Zeit stehen wir alle gemeinsam ein. Wir sind die Zukunfts-Menschen, die Architekten einer Welt, die für alle von uns funktioniert. Eine Welt der Fülle, der Schönheit und der Fürsorge. Eine Welt, die wir Zuhause nennen.

„Zusammen werden wir die alten kranken Systeme transformieren. Zusammen werden wir unsere Geschichte neu schreiben – zugunsten eines neuen Lebens. Dieser ist unser Moment der Entscheidung. Ihr habt die Macht! Ihr macht den Unterschied! Mit eurer Lebenskraft – wählt euch selbst für diese neue Welt und diese neue Geschichte. Das ist die neue Reise der Helden und Heldinnen, in der Männer, Frauen, Kinder und Mütter miteinander gehen, Hand in Hand mit dem Kosmos und dem Kreislauf des Lebens. Nehmt euren Platz ein – nun, da die Welt in euch erwacht als Zukunfts-Menschen einer völlig neuen Zeit."

Der See des Bewusstseins

Während der Traum voranschreitet, reist Rose in der Zeit zurück in eine arme Stadt in Europa zu Beginn der damaligen Renaissance-Periode, ungefähr ins 14. Jahrhundert. Sie sieht die Entbehrungen und die Entweihung des Lebens und bemerkt, wie der Geruch des Todes buchstäblich überall ist, mit brennenden Körpern und Massengräbern. Tödliche Krankheiten sind normaler Teil des Lebens in dieser Stadt. Der Terror fortwährender Gewalt und lebensbedrohlicher Situationen ist in den ausgehöhlten Augen der Menschen sichtbar. Kinder weinen und hungern; viele überleben die Plünderungen und Massengemetzel in ihren Städten nicht. Hier herrscht das Gesetz des Stärkeren. Du bist entweder der Jäger oder wirst gejagt. Das Leben ist nichts wert, und für die weniger Glücklichen steht das Leben zur Versteigerung – an den Meistbietenden.

Rose nimmt ihren Traum halb bewusst wahr und versteht nicht, warum sie das träumt. Sie wendet sich an den Kosmos und fragt, warum sie in diese Zeit zurückgeführt wurde. Der Kosmos antwortet, indem er sie zum Wasser des kollektiven Unbewussten führt.

Ihre Traumlandschaft wandelt sich und sie sieht einen großen schönen See. Während sie ihre Hand ins Wasser steckt, wird sie sich aller Träume, Hoffnungen und Enttäuschungen der Menschheit bewusst. Das Wasser enthält alle unsere Erinnerungen von Anbeginn der Zeit an. Während sie mit einem Tropfen dieses Wassers ihre Lippen benetzt, bemerkt sie, dass es salzig schmeckt wie Tränen. *Ist dies ein Ozean unserer Tränen?* Sie wundert sich über diese Vision. Sie senkt ihre Hand noch einmal ins Wasser und wird sich der inneren Leben der Menschen bewusst, als wäre sie im Inneren ihrer Herzen und Gemüter.

Sie beobachtet ein kleines Mädchen, was dabei ist, ins Bett zu gehen. Das Kind umarmt ihren Plüschhund und flüstert ihm ins Ohr: „Gute Nacht, Max. Du verstehst mich. Die Erwachsenen hören niemals zu." Das kleine Mädchen hat schon den Unterschied zwischen der Erwachsenenwelt und der Welt eines Kindes gelernt. Sie kann nicht verstehen, warum die Erwachsenen ihre Ideen und Vorschläge nicht ernster nehmen.

Rose ist neugierig, mehr über dieses unglaubliche Wasser zu erfahren. Während sie sich mit seinen Qualitäten verbindet, wird sie sich unendlichen Mitgefühls und tiefer Empathie bewusst. Das Wasser umfasst alle Gefühle gleichermaßen. Es weist kein einströmendes Gefühl zurück, egal wie schmerzhaft es auch sein mag. Das Wasser liebt so sehr, weil seine unendliche Natur nicht von dem, was eindringt, verändert wird. Das Wasser befindet sich permanent im Zustand reinen Bewusstseins; es nimmt die Vergänglichkeit des Lebens und die Fluten des Wandels ohne Regung wahr. Das Wasser ist reines Mitgefühl. Seine Natur kann nicht vergiftet werden. Alles wird durch dieses Wasser erkannt, gesehen, gefühlt, verstanden und gehört, so wie es unsere unsterbliche Natur der Weisheit und die ewigen Qualitäten des Bewusstseins widerspiegelt.

Der Kosmische Kompass der Weisheit

Das Wasser fordert Rose auf, sich völlig hineinzubegeben. Sobald sie mit ihrem ganzen Wesen eintaucht, zeigt es ihr ein Objekt an seinem Grund, das langsam an die Oberfläche emporsteigt. Sie sieht einen strahlenden goldenen Kompass, eingehüllt in einen glühenden Lichtschein, der nicht von dieser

Welt ist. Als sie näher kommt, wird der Kompass größer und transformiert sich zu einer Kugel. Der Kompass lädt sie ein, in die Kugel einzutreten.

Im Inneren bemerkt Rose, dass die eingravierten Koordinaten nicht den räumlichen Kardinalrichtungen entsprechen, die sie als Norden, Osten, Süden und Westen kennt. Anstelle dessen sind es die Koordinaten unserer essentiellen Natur der Weisheit, die in die Richtungen zum Erlangen unseres Bewusstseins weisen. *Ist das unser innerer Kompass? Das muss unser Kosmischer Kompass sein, der uns durch das Leben begleitet und uns hilft, zu dem zu werden, was wir wirklich sind.*

Neugierig mehr zu erfahren, bewegt sich Rose ins Zentrum des Kompasses, wo sie einen kleinen schwarzen Punkt bemerkt. Während sie ihre Hände über dem schwarzen Punkt ausbreitet, beginnt ihr inneres Zentrum zu vibrieren und zu leuchten. Sie fühlt die tiefe Verbundenheit mit ihrer inneren Bestimmung und entspannt sich, während sie ihre eigene innere Einheit wahrnimmt.

Der Punkt im Zentrum spricht zu ihr und sagt: „Meine Bestimmung ist es, die Menschheit an die alles durchdringenden Weisheits-Qualitäten des Bewusstseins zu erinnern; die Allgegenwart deiner unsterblichen Natur. Außerdem bin ich die Koordinate des Quell-Punktes deiner Existenz; dein innerer Punkt der Einheit und wie sich all das manifestiert durch verschiedene Quellcodes, denen du durch deine Bestimmung auf dieser Erde ins Leben verhilfst."

Rose dankt dem Zentrumspunkt und geht weiter durch die Kugel. Sie bewegt sich zum östlichen Koordinatenpunkt. Als sie diesen betritt, fühlt sie eine große Klarheit in sich aufsteigen. Diese Klarheit hilft ihr zu erkennen, was real ist und was nicht. Diese Klarheit fühlt sich so ähnlich an, wie das, was sie als ihr Zukunfts-Bewusstsein erlebt hat. Der östliche Koordinatenpunkt spricht zu ihr und sagt: „Meine Bestimmung ist es, der Menschheit zu helfen, die spiegelgleichen Weisheitsqualitäten des Bewusstseins zu erlangen; die wahre Natur deiner Erfahrungen zu erkennen und in den Wellen des Wandels zu surfen. Außerdem bin ich die Koordinate deines Zukunfts-Potentials, indem ich deinen zukünftigen Lebensweg erleuchte."

Rose bedankt sich beim östlichen Punkt und setzt ihre Entdeckung fort, indem sie zum südlichen Punkt der Kompass-Sphäre schreitet. Dort angekommen fühlt sie eine tiefe Einheit und Verbundenheit mit allem Leben und im Besonderen, wie ihr eigenes Leben sich in das große Muster der größeren Entfaltung unserer planetaren Evolution einfügt.

Die südliche Koordinate spricht zu ihr und sagt: „Meine Bestimmung ist es, der Menschheit zu helfen, die Weisheitsqualität des Gleichmuts zu erlangen; sich zu erinnern, dass unser Leben immer miteinander verwoben – interdependent – und unsere fundamentale Natur die Gleiche ist. Aus der Perspektive des Bewusstseins sind wir alle gleichwertig. Ich bin außerdem die Koordinate deines Verwalter-Potentials, die dich leitet, dein Leben in der rechten Beziehung mit allen Dimensionen und Ausdrucksformen des Lebens zu führen."

Rose drückt ihre Dankbarkeit aus und läuft zur westlichen Koordinate. Mit ihrem Eintreten wird sie sich der heiligen Dunkelheit in ihrem Inneren bewusst. Sie fühlt sich uralt, als hätte sie schon immer existiert. Die Dunkelheit ist voll unendlichen Mitgefühls. Sie versteht den Ursprung aller unserer Leiden. Die westliche Koordinate spricht zu ihr und sagt: „Meine Bestimmung liegt darin, der Menschheit zu helfen, die Weisheitsqualität der Einsicht zu entwickeln; der Pfad der Erkenntnis und Befreiung durch die Kraft der Liebe. Außerdem bin ich die Koordinate deines heiligen Willens, der durch die heilige Flamme der Liebe gespeist wird, der die Kraft hat, alles Begehren zu reinigen und zu harmonisieren."

Rose ist dankbar für diese Information und setzt ihre Reise zur nördlichen Koordinate fort. Beim Eintreten erfährt sie den großartigen Zustand höchster Vollendung, als ob alles schon vollbracht und erreicht wäre. Mit Erleichterung realisiert sie, dass sie ihrer inneren Weisheit wahrhaftig trauen kann in dem Wissen, dass dieser Kosmische Kompass Teil ihrer inneren Natur ist, und er sie anleitet, im Leben zu erblühen. Die nördliche Koordinate spricht zu ihr und sagt: „Meine Bestimmung ist es, der Menschheit zu helfen, die all-durchdringende Weisheit zu erlangen, die auf den Pfad der Selbst-Verwirklichung führt. Durch diese Weisheit wirst du die Schritte und Handlungen entdecken, die zum wahren Erfolg führen, du wirst erkennen, wie du Durchhaltevermögen entwickelst und die richtigen Schritte zum Realisieren deiner Bestimmung findest. Außerdem bin ich die Koordinate deines Kosmischen Schicksals, die dir hilft, die Vielfalt deiner Rollen und Persönlichkeiten auf der großen Bühne des Bewusstseins auszufüllen und deine tiefere Berufung innerhalb der Kosmischen Lebensgeschichte zu realisieren."

Roses Herz füllt sich mit Dankbarkeit. Sie fühlt tiefen Frieden und ist im Einklang mit ihrer inneren Essenz. Noch einmal kehrt sie zum Zentrums-Punkt des Kompasses zurück, wo sie acht Punkte wahrnimmt, während sie vom Zentrum aus in die Welt schaut. Die acht Punkte sprechen zu ihr mit einer Stimme: „Wir sind die acht Richtungen für dein inneres und äußeres Wachstum und deine Entwicklung. Wir werden dir helfen, deinen Weg zu ebnen, da wir wissen, wann es Zeit ist, dich nach innen zu kehren und zu ruhen, und auch wissen, wann es Zeit ist, zu expandieren und tätig zu werden. Du kannst dich mit uns verbinden als deine inneren Werte, die dir helfen zu entscheiden und dich leiten im Wachstum, in der Entfaltung und Entwicklung."

Ein kleines Vögelchen vor Roses Fenster weckt Rose aus ihrem herrlichen Traum. Die ersten Sonnenstrahlen lugen gerade über den Horizont. Es ist noch sehr früh am Morgen. Sie dankt dem Kosmos dafür, ihr gezeigt zu haben, wo und wie sie sich mit diesem inneren Kompass verbinden kann, der Teil unserer inneren Architektur ist. Sie entscheidet sich, oft mit diesem Kompass zu arbeiten, um mehr über das Wesen ihrer eigenen Weisheit zu erfahren. Beim Reflektieren ihres Traums erkennt sie, dass es sich für sie bekannt anfühlt – wie die Lehren des Medizin-Rads ihrer indigenen Verwandten.

Unsere Welt in der moralischen Krise

Später an diesem Abend schaut Rose die Nachrichten im Fernsehen, die ihr eine traurige Geschichte nach der anderen zeigen. „Was ist mit der Menschheit los?", murmelt sie immer wieder zu sich selbst, während ihr Magen sich zusammenzieht. Berichte über Mord, Vergewaltigung, Folter, Betrug, Gewalt, Raub, Krankheiten, Klima-Desaster, Umweltverschmutzung, Korruption, Gier. Die Liste ist endlos. Einige Menschen verhungern, während andere für einen Wandel revoltieren. Millionen sterben in den fürchterlichsten Verhältnissen; Tiere werden für den bloßen Verzehr geschlachtet; Bäume werden in alarmierender Zahl gefällt; seltene Mineralien werden für unseren endlosen Konsum gefördert. Dann ploppt Werbung auf, in der glückliche Leute zeigen, wie Technologien, Arzneimittel und oberflächliche Lösungen all die Probleme des Zuschauers lösen werden. Auf diese Werbespots folgen solche von Veränderungs-Gurus, die ein Leben voller Bestimmung versprechen, folgt man nur ihrer Lehre. Sie bieten dem Zuschauer Meditations-Gerätschaften an, die ihre Nutzer in unter fünf Minuten in einen Zustand der „Superbewusstheit" bringen sollen. Die Gegensätze sind enorm. *Oder ist es vielleicht alles Teil desselben Patterns?*, fragt sich Rose.

Verstört durch die Manipulation und das Ausmaß der destruktiven menschlichen Verhaltensmuster denkt Rose zurück an ihren Traum mit dem kosmischen Kompass. *Was könnte sich ändern,* grübelt sie, *wenn die Menschheit diesen Kompass in den Bereichen Regierungs-, Amts- bzw. Unternehmensführung, in unseren Verfassungen, ökonomischen Systemen und ins Bildungswesen implementieren würde? Sind die Menschen bereit für den Wandel, der notwendig ist?*

Immer noch verstört und unruhig ruft sie ihre Großmutter an und spricht über das, was sie beschäftigt. Verdandi hört ihr wie immer aufmerksam zu.

„Rosie, was die Raupe als Ende der Welt bezeichnet, nennt der Meister einen Schmetterling. Das sind die berühmten Worte von Richard Bach. Bist du eine Raupe oder ein Schmetterling?"

„Ich bin beides, Oma. Ohne die Raupe würde der Schmetterling nicht geboren werden", antwortet Rose, gerade noch etwas unsicher, worauf Verdandi damit hinaus will.

„Sehr gut! Mit dem Wissen, dass ohne die alte Welt die neue nicht geboren werden könnte – wie kannst du nun diesen Übergang unterstützen? Wie können diese Schrecken dessen, was du im Fernsehen gesehen und gehört hast, dabei helfen, innerhalb einer Welt, die krank ist und kollabiert, die inneren Codes der neuen Möglichkeiten für unsere Evolution zu aktivieren? Erinnere dich, dass jeder Charakter seine bestimmte Rolle spielt. Manchmal braucht es die Rolle eines Diktators, um Menschen zur Demokratie zu aktivieren, indem damit gedroht wird, ihre universellen Rechte einzuschränken."

„Oma, wusstest du, dass nicht jede Raupe es schafft, die Metamorphose zu beenden, um ein Schmetterling zu werden? Der entscheidende Wendepunkt ist die Verknüpfung der Imaginalscheiben, die die genetischen Codes des Schmetterlings innerhalb der Haut der Raupe enthalten. Wenn diese Imaginalscheiben sich nicht verbinden, können sich die imaginalen Zellen niemals bilden. Die Imaginalzellen sind notwendig, um den Schmetterlingskörper aus dem Brei des sterbenden Raupenkörpers wachsen zu lassen."

„Ausgezeichnete Anmerkung, meine Kleine. Nun lass uns das anwenden. Sich-Verbinden ist die Tätigkeit des Bildens von Gemeinschaften und das Weben von Netzwerken. Dies ist die Arbeit des Erschaffens sozialer Membranen und Fertigkeiten für unsere neue Zeit. Der Brei unseres sterbenden Zeit-Körpers ist die Aktivierung der neuen Schmetterlings-Zeit. Diese Aktivierung findet gerade schon statt, und das schon seit vielen Jahren, vielleicht sogar Jahrzehnten. Wir müssen jetzt nur noch abheben in die Luft der neuen Geschichte. Wie der Schmetterling von Ort zu Ort fliegt und

Blume um Blume bestäubt, werden wir es auch tun, wenn wir den Willen und die Entschlossenheit haben, Teil dieses außergewöhnlichen Moments der Zeitgeschichte zu sein."

Rose fühlt, wie ihre Leidenschaft sich neu aktiviert während sie antwortet: „Ja! Und ich kann Rose und Schmetterling sein! Ich bin Teil der neu emergierenden Geschichte, die unsere transformativen Fähigkeiten verkörpert."

„Ja, das bist du. Und was du heute im Fernsehen gesehen hast, erinnert dich daran, dass unsere Welt in einer moralischen Krise steckt; und deshalb stecken wir in einer Klimakrise und einer sozialen Krise. Die moralischen Werte der Menschheit sind stark verfallen. Wir haben für Tausende von Jahren Gewalt zur Norm gemacht, indem wir sie zum für den Fortschritt notwendigen Teil der Evolution erklärt haben.

„Arbeite mit den Koordinaten deines inneren Kompasses, um durch all diese Widersprüche zu navigieren, Rose. Finde deinen Nordstern. Werde wie der Spiegel des Ozeans des Bewusstseins, in dem sich zwar alles spiegelt, der Spiegel jedoch nie zu dem wird, was er zeigt. Verbringe jeden Tag zehn Minuten mit deinem inneren Kompass. Bitte ihn, dich zu leiten und dir zu offenbaren, was dir zu lernen, zu heilen, zu realisieren oder zu handeln aufgetragen ist."

Der Schlüssel der Dreifaltigkeit

„Oma, ist das der Nordstern, den unsere Vorfahren benutzt haben, um auf den Weltmeeren zu navigieren? Ein konstantes Leuchtfeuer, welches die Richtung weist? Ich frage mich, was unser moralischer Nordstern sein soll in diesen Zeiten, wenn die Leute nicht mal den Unterschied zwischen Fake-News und der Realität erkennen können? Die Leute streiten über alles und jedes heutzutage."

„Der Nordstern ist unser Polaris. Wir brauchen jetzt mehr denn je einen Polarstern, der uns durch diese schwierigen Zeiten führen kann. Wir kannten den Nordstern unter vielen Namen: Stella Polaris, Stella Maris, Leiðarstjarna, Niqirtsuituq, der Feuerstern, der Emperor, the Star That Does Not Walk Around, Drhuva und viele andere. Polaris ist eigentlich ein Dreisternsystem."

„Das ist faszinierend."

„Erinnerst du dich an unser letztes Gespräch über die Dreifaltigkeit?"

„Ja. Ich erinnere mich, dass wir – sobald wir vom Zustand der Einheit her schauen – die Dreifaltigkeit hinter dem Eindruck der Dualität entdecken. Wir brauchen ein Kosmisches Polaris, welches uns den Weg zum wahren Norden weisen kann."

„Genau, Rosie. Was heißt denn nun eigentlich ‚wahrer Norden' für dich aus deiner Zukunfts-Perspektive eines neuen Zyklus?"

„Es bedeutet, ein klares Verständnis von der Architektur unserer möglichen Zukunft zu haben – mit einem starken Willen zu ihrer Umsetzung. Es heißt auch, eine moralische Leidenschaft zu fühlen, dass zu tun, was richtig und notwendig ist. Mit diesen drei Elementen – Verständnis der Architektur, Willen zur Umsetzung und moralischer Leidenschaft – bin ich überzeugt, dass wir es schaffen können."

„Ausgezeichnet. Das ist also dein Polaris. Dein *dreifacher Nordstern*. Und was bedeutet dieses architektonische Verständnis für dich, Rose?"

Verdandi führt Rose zu einem tieferen Verständnis der vielen Ideen und Gefühle, die an die Oberfläche ihres Verstandes emporsprudeln. Rose antwortet mit Begeisterung: „Wir fangen mit dem Universum an, welches die Kosmische Architektur des Lebens preisgibt. Von der Kosmologischen Architektur aller lebender Systeme her können wir all unsere menschliche Kommunikation und die ökonomischen Systeme verbessern. Wir können neue Codes und Leitfäden erfinden, die die fraktalen Potentiale des Kosmos einbetten in der Art wie wir unsere Welt wachsen, sich entwickeln und entfalten lassen. Codes, die Inklusivität und Diversität kommunizieren, anstatt Ausgrenzung und Trennung.

„Ich habe so viele Ideen, wie wir das umsetzen können! Ich bin schon dabei, nach Möglichkeiten für Gemeinschaften und Plattformen zu suchen, wo Menschen ähnliche Ideen und Leidenschaften miteinander teilen können. Ich bin überzeugt davon, dass der Schlüssel zu wirklichem transformativen Wandel damit beginnt, unser architektonisches Verständnis des neuen kosmologischen Potentials in allen lebenden Systemen auszubilden."

Verdandi kann sehen, dass sich für Rose ein Prozess tiefer Erkenntnis vollzieht. „Es hört sich so an, als hättest du die Einladung akzeptiert, eine Kosmische Architektin zu werden, meine Liebe. Willkommen zu deiner neuen Bestimmung. Nun wirst du die vielen Möglichkeiten entdecken, wie du das, was du früher studiert und gelernt hast, in nützlicher Weise bei den Zukunfts-Aufgaben anwenden kannst. Genau wie der Raupenkörper benutzt wird, den neuen Körper und das Leben des Schmetterlings zu bauen. Das Leben hat dich gut vorbereitet. Die Menschheit hat sich nun zu einem Punkt hin entwickelt, dass wir den monumentalen Sprung nach vorn machen können in der Art, wie wir die Welt designen, ihre Ressourcen verwalten und sie regieren. Dies ist ein großartiger Zeitpunkt, die Einladung zu akzeptieren, dein Leben als ein Kosmischer Architekt zu leben. Das ist es, worum es geht, ein Zukunfts-Mensch zu sein: Unsere Realitäten und Welten in Partnerschaft mit dem Leben und der Weisheit des Kosmos zu erschaffen und zu gestalten."

Erzeugen moralischer Leidenschaft durch Staunen

Rose lässt den Moment auf sich wirken. Sie bemerkt, dass sie es in der Tat akzeptiert hat, ihr Leben als Architekt zu leben, und nicht nur als ein Betrachter, oder jemand, der nur auf den Wellen reitet, die andere erzeugen. Ein Kosmischer Architekt zu sein, geht weit über das hinaus, was ein Akteur des Wandels bedeuten würde. Viele ihrer Freunde nennen sich selbst Akteure des Wandels, aber für Rose geht es nicht nur darum, Wandel zu erzeugen, es sei denn, der Wandel ist architektonisch sinnvoll, um eine Welt zu erschaffen, die für alle funktioniert.

Verdandi lächelt, als sie die tiefgreifende Veränderung bei ihrer Enkelin bemerkt, die schon so lange nach ihrer Bestimmung im Leben und ihrer eigenen Lebensweise gesucht hat. „Rose, warum liegt dir so viel an dieser möglichen Zukunft, die du so intensiv erfahren hast, als du auf die andere Seite des Schleiers gegangen bist?"

Rose nimmt sich einen Moment zum Überlegen, bevor sie antwortet: „Sicher geht es nicht um dieses Verwundet-Werden wie in den alten Mythen; tatsächlich macht mich das rebellisch. Ich spiel' bei diesem Spiel nicht mit. Mich aktivieren Schönheit, Freude, Liebe, Harmonie, Neugierde und Staunen."

„Welche dieser Qualitäten evoziert denn bei dir die größte Leidenschaft und Engagement?", fragt Verdandi.

„Staunen. Ich liebe es, verborgene Schätze des Lebens zu entdecken. Diese Ehrfurcht zu erleben, dieses ‚Wow' des größeren Mysteriums. Ich liebe solche Momente, in denen der Schleier wegfällt. Die ‚Ohh-', ‚Wow-' und ‚Aha-' Momente. Ich bin eine Forscherin, die das Erlebnis der Entdeckung liebt. Routinen und Vorhersagbarkeit langweilen mich. Ich lebe wirklich auf, wenn ich das Gefühl des Staunens verspüre."

Verdandi lacht. „Gut, mein Liebling, dann beklag' dich nicht mehr, dass das Universum sein geheimes Wissen versteckt und verschleiert hat. Erinnerst du dich noch an Ostersonntage, als du noch ein kleines Mädchen warst? Du hast mir immer deine eigenen Schokoladen-Ostereier gebracht, damit ich sie für dich verstecken konnte. Du warst schon immer von versteckten Sachen fasziniert. Es scheint, dass bei dir das Magische Kind ins Spiel kommt. Wenn das Magische Kind verletzt wird, verliert es seinen Sinn fürs Staunen und verschließt sein Herz. Das ist, warum die meisten Erwachsenen nicht mehr an Märchen glauben."

„Das ist interessant. Vielleicht sollten wir ein Spiel mit dem Kosmischen Kompass für die Menschheit entwickeln, so dass die Leute die Kosmische Architektur entdecken könnten? Wir könnten alle möglichen lustigen Belohnungen und Rätsel mit einbauen. Die Spieler könnten Spaß daran haben, ihr eigenes Architekten-Potential zu entdecken und ein ganz anderes Gefühl dafür entwickeln, wo Moral eingesetzt werden kann. Das wär so wunderbar!"

„Großartige Idee. Moral ist keine Zusammenstellung langweiliger Gebote, die man befolgen muss. Das ist das alte religiöse Dogma. Wir sind schon weiter als das. Zumindest hoffe ich das. Die Entdeckung unseres inneren Kompasses als ein moralischer Kompass kann zu einer wunderbaren Reise werden. Du kannst von Moral als Moral einer Geschichte sprechen – als ihr tieferer Sinn. Das Leben ist wundersam. Tatsächlich bedeutet das Wort ,wonder' auf Holländisch und in den nordischen und germanischen Sprachen ,Mirakel' oder ,Wunder'."

Roses Augen funkeln wie Sterne als sie fragt: „Heißt das, das Richtige zu tun und sich magisch vom Wundersamen angezogen fühlen kann sich miteinander verbinden?"

„Na klar, Liebes. Dass Menschen in dieser Zeit der Gier und des Misstrauens das Richtige, Moralische tun, ist selbst nicht weniger als ein Wunder. Es kommt genau von diesem Gefühl des Wunders und des Zaubers von wirklichem Wandel, dass Menschen wieder gewillt sein könnten, ihre Herzen wieder zu öffnen. Wir können das menschliche Herz nicht mit Dogmen oder Drohungen erweichen oder öffnen. Populistische Anführer gewinnen so viel Einfluss in unserer Welt, weil sie es verstehen, mit den Wünschen der Menschen nach Transformation ihrer Lebensumstände zu spielen und ,to make their countries great again' – das eigene Land wieder mächtig zu machen.

„Hitler gewann so viel Einfluss, weil er den Mythos einer geeinten Nation für den ‚Übermenschen' verbreitete, ein Volk ‚höherer, zivilisierter, auserwählter' Menschen. Arbeite mit deiner archetypischen Neigung zum Staunen und zum Wunderbaren. Hilf Menschen, die wirklichen Wunder des Lebens zu sehen."

„Das werd' ich tun, Oma. Kein Wunder, dass religiöse Dogmen es nicht schaffen, die menschliche Leidenschaft für das Mögliche zu entfachen. Das gibt keinen Raum für Entdeckungen. Wenn das Universum mir eine Vorlesung über seine Architektur gegeben hätte, hätte ich vielleicht nach ein paar Minuten aufgehört, zuzuhören."

Das Leben als Kosmische Komödie

Verdandi kichert. „Also hier kommt ein Gedanke: Stell dir vor, das Universum stünde hinter einem hohen hölzernen Pult – in einer dunklen Robe, die nach Kreide riecht und es rückt sich die Brille zurecht und hält eine Vorlesung über die Natur der Realität… vor leeren Rängen?"

Rose lacht. „Und wenn einige brave Studenten es trotzdem versuchen würden, sich durch die Vorlesung zu kämpfen, würden sie sich mit den Ellenbogen anstoßen und flüstern: ‚Warum zum Kuckuck hab ich mich für diese Vorlesung eingeschrieben, ich hätte zum Töpfern gehen können?!'"

„Oder zu Hauswirtschaft? Die backen da Plätzchen!' Das hätte Opa gemacht."

Die beiden Frauen lachen.

„Hey, Oma, noch eine Sache, bevor ich gehen muss. Hat das Universum einen Sinn für Humor? Lachen Tiere auch? Sehen Bäume uns als lustige Gestalten, die sich in Klamotten verstecken?"

„Das ist an sich schon eine wirklich komische Frage, mein Schatz. Wie du weißt, lache ich viel. Ich finde das Leben ziemlich lustig. Es gibt ein altes Apachen-Märchen, das erzählt, dass der Schöpfer die Menschen so geschaffen hat, dass sie alles machen konnten: reden, rennen, sehen und hören. Aber er war nicht zufrieden, bis sie noch etwas anderes konnten: LACHEN. Und so lachten die Menschen – und lachten und lachten. Und der Schöpfer sprach: ‚Nun seid ihr bereit fürs Leben!'"

„Was hat der Schöpfer denn getan, um sie zum Lachen zu bringen? Hat er ihnen eine Giraffe gezeigt?"

„Hmm. Vielleicht."

„Wir lachen auch viel, wenn wir zusammen sind, oder nicht? Ich habe immer so viel Spaß mit dir. Ich liebe deine einzigartige lustige Art, die Welt zu sehen."

„Die Komödie und der Humor sind wunderbare spontane Aufschwünge der Entdeckung des unerwarteten Universums innerhalb und außerhalb unserer selbst, und die schräge Brechung dieses Universums. Das ist Gottes Schöpfung – humorvoll betrachtet. Das Zusammenwerfen des Unerwarteten mit dem Unmöglichen aus dem Unsichtbaren, um das Ungewöhnliche für den Unvorbereiteten zu erschaffen! So geht Schöpfung. Das ist der Stoff, aus dem die Evolution ist. Das ist das Lachen im Herzen aller Dinge!"

„Ich hab noch nie so darüber nachgedacht, aber es ist wirklich wahr."

„Das kannst du laut sagen. Ich hab schon zu viele Gags in der Natur gesehen, um nicht zu glauben, dass da ein irrer Sinn für Humor dahinter steckt. Schau dir nur ein Faultier an, was auf einen Baum klettert. Oder ein Entenküken, das einem Billard-Ball hinterher watschelt, weil es glaubt, er sei seine Mama. Schau einem Vulkan zu, wie er brodelt und kichert, um dann in ein fürchterliches Brüllen überzugehen. Druck des Magmas auf tektonische Platten? Blödsinn! Jemand hat ihm gerade einen Witz erzählt!"

Rose lacht erneut. Oma Verdandi ist in Fahrt.

„Ein Teil des Geheimnisses der Kreativität ist zu lernen, die Dinge auf verschiedene Arten zu betrachten. Kinder können das sehr gut, weil ihr Verstand noch nicht in bestimmten Bahnen verkrustet ist. Den Humor in allem sehen und herzhaft lachen ist der beste, direkteste Weg, um Zugang zu dieser Kreativität zu bekommen und deinen Verstand aus seinen habituellen Perspektiven herauszuschütteln."

„Gute Idee!" Rose macht sich eine mentale Notiz, dass sie anfangen wird, das Leben mit Humor, neuen Augen und unterschiedlichen Perspektiven zu sehen.

Mit dem Kosmischen Kompass ins Gedeihen und Florieren navigieren

Am nächsten Morgen bleibt Rose etwas länger als sonst im Bett. Sie kuschelt sich in ihre Decke ein und lauscht dem beruhigenden Prasseln des Regens gegen ihr Schlafzimmerfenster. Ihre Gedanken wandern in den Park. *All die Blumen werden einen guten Schluck bekommen. Und ich bin sicher, dass auch die Enten im Teich eine wunderbare Zeit haben.* Zu ihrer großen Freude hatten Sophia und sie ein paar Entenküken gesehen, als sie letztes Mal dort vorbeiliefen.

Rose räkelt sich, schlüpft in ihre Pantoffeln und geht in die Küche, um Tee zu machen. Sie macht für einen Moment den Fernseher an, macht ihn aber sofort wieder aus, als der Nachrichtensprecher einen negativen Bericht über die Weltwirtschaft bringt.

Sie denkt über die Kosmische Architektur des Lebens nach und wie sehr sich diese Wachstums-Pattern von denen der Mainstream-Wirtschafts-Systeme unterscheiden. Das 1. Gesetz der Thermodynamik erklärt, dass es im Universum niemals Verlust gibt, sondern immer nur die Transformation von einem Informationszustand in einen Anderen. Die Gesamtmenge von Energie-Materie bleibt die Gleiche, während die kosmologische Information recycelt und Teil von anderen Prozessen der Schöpfung wird. Der Kosmos ist wie eine Software für das Schreiben der Programm-Codes, während das Universum wie die Hardware für das Abspielen der Programm-Codes ist, was sie dann physisch werden lässt.

Rose schaltet ihren Verstand auf Architekten-Modus. Sie grübelt, wie sie ihre Entdeckungen anwenden könnte, um ein Kosmisches-Kompass-Spiel zu entwickeln, mit dem man zu mehr „thrivability" – d. h. Gedeihlichkeit, Erblühen, Florieren und Wohlergehen navigieren kann. Sie überlegt, welche Anforderungen so ein Spiel stellen würde. Es muss:

- uns unterstützen, die Kosmische Architektur des Lebens in uns selbst und im Universum zu entdecken, als die inneren Koordinaten unseres eigenen Bewusstseins;

- ein Verständnis für die Notwendigkeit der Veränderung schaffen, sowohl persönlich als auch kollektiv, während es Gelegenheiten bietet, diese Zukunfts-Möglichkeiten alternativer und gedeihlicher Lösungen co-kreativ zu erfahren und zu erschaffen;

- unsere moralische Leidenschaft wecken, das zu tun, was richtig und notwendig ist, indem wir zu unserer eigenen Architekten-Stärke geführt werden;

- einen Sinn für das Wunderbare ein Gefühl des Staunens und für die Richtung erwecken und damit bestätigen, dass andere Handlungsweisen *möglich* sind und schon geschehen, und wie wir Teil dieses Handelns werden können;

- praktische Werkzeuge und Systeme bereitstellen, die es ermöglichen, Wandel zu erzeugen und Wege und Fertigkeiten zu entwickeln, diese Zukunfts-Möglichkeiten unserer moralischen Leidenschaft zu realisieren;

- ermöglichen, dass wir als Co-Architekten der neuen Zivilisationen kollaborieren, vielleicht sogar durch spielerische Wettbewerbe im Designen von neuen Betriebssystemen. Dieser Wettbewerb könnte sogar die kreativsten und weitreichendsten Designs und Lösungen für Thrivability belohnen.

Rose liebt das Wort „Thrivability", das Gedeihen, das Florieren, das Sich-Entfalten, anstatt nur „sustainability" zu sagen – Zukunftsfähigkeit, Nachhaltigkeit, Erhaltensfähigkeit. Thrivability gibt eine Richtung, es zeigt, wie man den inneren Kompass zum wahren Norden ausrichten kann, zum Nord-Star unseres Gedeihens und Florierens. Sie hat sich schon einige Jahre mit diesem Konzept auseinandergesetzt, bei dem es immer darum geht, die Voraussetzungen und Fertigkeiten zu schaffen, die uns zusammen mit unserem Planeten gedeihen lassen. Thrivability als Fähigkeit, zu gedeihen, gibt den Menschen eine höhere Vision einer möglichen Zukunft, während Sustainability dahin tendiert, sich nur an Limitationen des Wachstums zu orientieren und daran, was man nicht tun sollte.

Thrivability geht darüber hinaus, lediglich innerhalb der Tragfähigkeitsgrenzen unseres Planeten zu verbleiben, indem aktiv versucht wird, die Tragfähigkeitskapazität unseres Planeten und unserer sozialen Systeme zu erhöhen und zu verbessern.

Die Kapazitätsgrenzen der Tragfähigkeit unseres Planeten zu verbessern, hat alles mit der Verbesserung der Gesundheit unserer Wälder, Ozeane, Böden, der Biodiversität und der Klimasysteme zu tun. Unsere soziale Tragfähigkeit ist auch unsere Fürsorge-Fähigkeit: Die Grundlage für gesunde Gesellschaftssysteme und glückliche, erfüllte Menschen. Wenn unsere sozialen Grundfesten erodieren und zerbröckeln, nehmen Spannungen und Konflikte zu und Gewalt kann schnell eskalieren. Durch das Ausrichten unseres Kompasses auf Thrivability können wir ein Ziel in den Blick nehmen, das inspirierend und erfüllend ist.

Rose hat ihre Ideen in einer Serie von Grafiken umgesetzt, um herauszufinden, wie die Kosmische Architektur als ein Kompass angewendet werden kann.

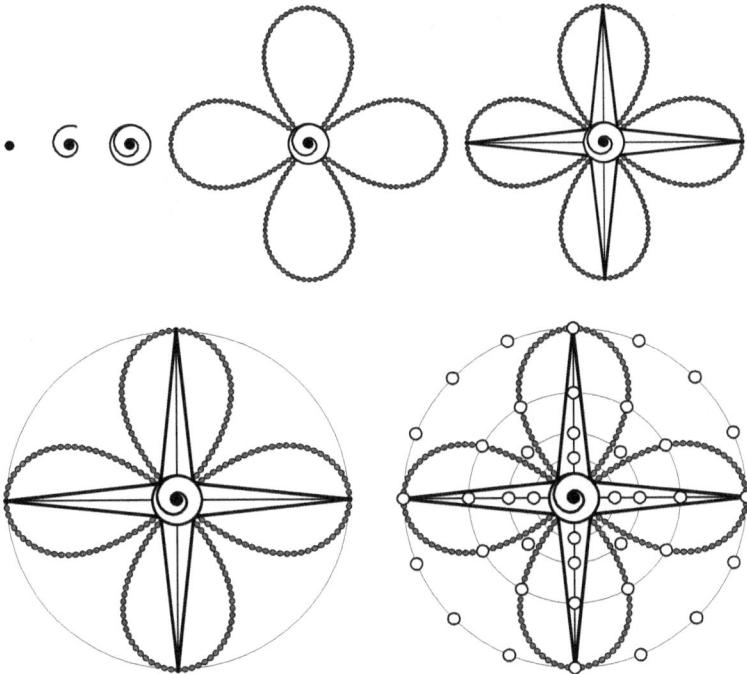

Sie beginnt damit, einen kleinen schwarzen Punkt ins Zentrum des Kompasses zu platzieren, so wie sich auch ein schwarzes Loch im Zentrum unserer Galaxie befindet – um darzustellen, dass unser Leben geeint und vollkommen ist. Aus dem schwarzen Punkt emergierend zeichnet sie eine Spirale, die repräsentiert, wie das Leben sich aus der Veränderung entwickelt; diese bewegt sich expandierend nach außen und kontrahierend nach innen. Um die Spirale herum zeichnet sie einen Kreis, der repräsentiert, wie das Leben durch Autonomie, Balance und natürliche Grenzen Bewusstsein hervorbringt. Der Punkt, die Spirale und der Kreis bilden eine Dreifaltigkeit, die die drei Gesetzmäßigkeiten oder evolutionären Prinzipien des Lebens abbildet.

Rose zeichnet dann das Schmetterlingsmuster der Transformation in Form zweier konvergierender Unendlichkeits-Schleifen. Sie fährt fort, indem sie die Arme der Kompass-Rose als drei Linien darstellt, die die zentrale Dreifaltigkeit in die vier Kardinalrichtungen – Osten, Süden, Westen und Norden – fortführt, die dann in den äußersten Punkten der Unendlichkeits-Schleifen zusammenlaufen.

Sie zeichnet daraufhin vier konzentrische Kreise um die Kompass-Rose, jeden mit spezifischen Sets von Koordinaten, die verschiedene Pattern und Stadien unseres zukünftigen Werdens symbolisieren. Die fünf Weisheits-Koordinaten sind auf dem ersten konzentrischen Kreis verortet, dabei repräsentiert der zentrale schwarze Punkt die all-umfassende Weisheit. Rose wird sich bewusst, dass sich acht Koordinaten auf dem zweiten konzentrischen Kreis befinden. Sie stellt sich vor, wie diese Koordinaten wie vier Monde und vier Sonnen aussehen, die als Werte ihre innere und äußere Entwicklung leiten sollen.

Sie freut sich darauf zu erforschen, was all diese Koordinaten und konzentrischen Kreise repräsentieren, spürt aber, dass dies für ein späteres Stadium ihrer Entdeckungsreise vorgesehen ist.

Das Entwerfen des Kosmischen Kompass-Spiels mit Olaf

Rose hat einen zehnjährigen Neffen namens Olaf, der der Sohn von ihrem älteren Bruder Lucas ist. Olaf liebt es, Spiele-Codes mithilfe seiner Roblox-Programme zu entwerfen, vor allem, um gruselige Landschaften und kreative Formen für Festungen und Unterwasservillen zu erschaffen. Rose beschließt, ihn anzurufen, um zu sehen, ob er noch Game-Design-Ideen hat, die ihr helfen könnten. Sie ist gespannt herauszufinden, was er über das Konzept eines „moralischen Kompasses" und die Vorstellung von Moral als Leitfaden für die Art unseres Handelns und Verhaltens denkt. Sie ruft Olafs Nummer auf ihrem Handy auf.

„Hi, Olaf. Hier ist deine Tante Rose."

„Hi, liebe Tante."

„Ich hab mich etwas gefragt: Hast du jemals von einem moralischen Kompass oder einem Ehrenkodex als Grundlage für ein Spiel gehört?", fragt Rose.

Olaf schaut halb zu ihr und halb auf andere Dinge auf seinem Bildschirm. Er ist ein aufgeweckter Junge, der immer verschiedene Aktivitäten auf einmal miteinander kombiniert.

„Meinst du wie in manchen Fabeln, in denen eine ‚Moral von der Geschichte' vorkommt? Wenn ein vermeintlich langsames oder schwaches Tier einen vermeintlich stärkeren Gegner austrickst und gewinnt?"

Rose lächelt. „Ja, sowas in der Art. Was ist in solchen Geschichten für dich die ‚Moral von der Geschicht'?"

„Dass du nicht aufgeben sollst, auch wenn du langsam bist. Es ist eine gute Geschichte. Das hab ich auch schon erlebt. Ist es das, was du mit ‚moralischem Kompass' meinst?"

„Du weißt, was ein Kompass ist, oder?"

„Ist es das Instrument, was auf die Koordinaten Norden, Osten, Süden und Westen zeigt?"

„Ja. Nun stell dir mal dieses Instrument vor und anstatt nach Norden zu zeigen, leitet es dich in Richtung Freundlichkeit. Anstatt nach Osten zu zeigen, leitet es dich in Richtung Freundschaft und so weiter."

„Okay, das versteh ich", antwortet Olaf. „Also was willst du wissen?"

„Wenn du so ein Spiel mit dieser Art moralischem Kompass im Code entwerfen würdest, wie würdest du das machen? Wie würdest du das Design wählen für Freundlichkeit und all die anderen Eigenschaften, die du für wichtig für das Spiel hältst, zum Beispiel Fairness, Freundschaft und Zusammenarbeit?"

Olafs Imaginationskräfte leuchten auf, während er sich ins Spiel hineinversetzt. „Nun, zuerst würde ich beginnen, den Leuten kurze Erinnerungen zu geben, wie: ‚Gib niemals auf!' ‚Auch wenn du einen Fehler gemacht hast, versuch's einfach nochmal!' ‚Lass deinen Ärger nicht an anderen Leuten aus!' ‚Geh nicht vom Grundstein-Legen sofort zum Abheben einer Rakete über, wenn du gerade anfängst; steigere vom Einfachen zum Fortgeschrittenen mit dem Programmieren. Wenn du anfängst, frustriert zu sein, mach langsam. Mach einen Schritt zurück. Lerne, einen Schritt nach dem anderen zu machen'."

„Das ist großartig, Olaf! Das sind wirklich gute Ideen. Was ist mit Fairness? Wie würdest du das codieren?"

Olafs Wangen röten sich und seine Augen funkeln, während er sich noch tiefer in die Möglichkeiten des Spiels versetzt. „Ich würde Leuten nicht erlauben, sich gegenseitig umzubringen. Ich würde ein Spiel ohne Gewalt und Verletzungen entwerfen. Und ich würde sicherstellen, dass Leute nichts stehlen können. Sie könnten nur mit den Elementen des Spiels handeln."

„Was ist mit Freundlichkeit und Zusammenarbeit?"

„Lass mich einen Moment nachdenken… Okay, sagen wir, man kann um Geld spielen. Du könntest immer dann ein bisschen Geld bekommen, wenn du anderen Spielern hilfst oder nett zu Leuten bist. Oder du könntest anstelle von Geld Sachen bekommen, die selten sind im Spiel."

„Wie würdest du mit Leuten umgehen, die im Spiel gemein sind?", fragt Rose.

„Spieler, die gemein spielen, bekommen keine Belohnungen", antwortet Olaf. „Aber sie werden verwarnt, um sie zu erziehen. Sie bekommen die Chance, ihre Spielweise zu ändern. Wenn sie sich nicht ändern, bekommen sie eine Strafe oder werden im Spiel eingeschränkt."

„Kluge Strategie! Du hast so viele wunderbare Ideen. Wie steht's mit Freundschaft? Wie würdest du die Leute in diese Richtung leiten?"

„Okay, wenn du nett zu Leuten bist, könntest du eine bestimmte Anerkennung bekommen. Du müsstest nicht fürs Teilen belohnt werden, aber es wäre schön, wenn man etwas bekäme. Aber auch wenn jemand nicht nett zu dir wäre, solltest du nett zu dir selbst sein und der anderen Person noch eine zweite Chance geben. Auf diese Weise ist es leichter, Freunde zu werden." Olaf lächelt.

„Wie würdest du dich fühlen, wenn du deinen moralischen Kompass auf diese Weise entdecken würdest?", fragt Rose.

„Ich würde mich gut fühlen. Ich glaube, es fühlt sich auch gut an, anderen zu helfen, ihren eigenen Kompass zu finden", antwortet Olaf sofort. „Es war sehr schön, mit dir zu sprechen, Tante Rose, aber ich muss mit dem Hund raus. Du weißt wie er sich benimmt, wenn er nicht genug Auslauf bekommt."

„Ich weiß. Gut, viel Spaß! Danke, dass du deine fantastischen Gedanken mit mir geteilt hast."

„Gern geschehen. Tschüss."

Rose beendet den Anruf – froh, dass sie daran gedacht hatte, ihren Neffen zu kontaktieren. Es hat ihr wirklich Spaß gemacht, seine cleveren Vorschläge zu hören. Sie sieht, dass es für Olaf völlig natürlich ist, so ein Spiel zu entwerfen. Er denkt schon wie ein Programmierer, indem er nach Auswahlmöglichkeiten für Optionen, nach Spielanreizen, Begrenzungen, Feedback-Loops und Belohnungen sucht. Rose hofft, dass die jüngeren Generationen irgendwie viel kreativere Wege finden werden, um viele unserer globalen Probleme zu lösen – ohne den emotionalen Ballast und die versteckten Hintergedanken so vieler Erwachsener.

Integration -
Der Schlüssel der Dreifaltigkeit

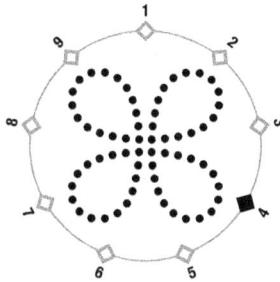

Was bedeutet es für dich, dein Leben als Kosmischer Architekt zu leben? Stehst du in Kontakt mit deinem inneren Kompass? So wie Rose die Koordinaten ihres inneren Kompasses erforscht hat, kannst du es auch. Diese Koordinaten sind universell und einzigartig darauf abgestimmt, uns zu unserer Verwirklichung zu verhelfen. In diesem Kapitel haben wir den Schlüssel der Dreifaltigkeit entdeckt, um von der Ganzheit und Einheit aus zu navigieren.

Der Schlüssel der Dreifaltigkeit hilft dir, das Leben als geeinte Realität zu erfahren und die Erscheinungsformen der Dualität zu durchschauen. Dieser Schlüssel hilft dir auch, mithilfe der Einheits-Koordinaten deiner inneren Weisheit zu navigieren und die Richtungen und Entscheidungsmöglichkeiten zu entdecken, die dich in die Lage versetzen, zu wachsen, dich zu entwickeln und zu gedeihen.

Die folgende Zusammenfassung wird dir helfen, diese Entdeckungen weiter zu integrieren:

- Verbinde dich mit dem Kosmischen Kompass als deinem inneren Kompass der Weisheit. Bitte ihn, in dir die fünf essentiellen Weisheiten zu aktivieren und sie einzuladen, deine Entscheidungen und Richtung zu lenken. Denke daran, dass der Kosmische Kompass

Teil der Kosmischen Architektur des Lebens ist; Bewusstsein ist auch ein Leitsystem, um durch die Wellen und Winde des Wandels zu navigieren.

- Befrage deinen Kosmischen Kompass auf deinem Weg zu deiner Bestimmung nach der Richtung. Lerne deinen inneren Kompass kennen, indem du dir täglich einige Minuten Zeit nimmst zu ergründen, wie diese Koordinaten und Navigations-Fertigkeiten in dir leben. Erforsche deine inneren und äußeren Werte wie die inneren *Monde* und äußeren *Sonnen* auf dem Kompass, um zu wachsen, dich zu entwickeln, zu florieren und zu gedeihen.

- Erforsche, was es für dich bedeutet, dein Leben als Kosmischer Architekt zu führen, co-kreativ Realitäten, Welten und Erfahrungen mit der Kosmischen Architektur des Lebens zu erschaffen – als kreativer Partner des Universums und der Weisheit des Lebens.

- Der uralte Nord-Stern ist ein Dreifachsternsystem. Navigiere mit dem Schlüssel der Dreifaltigkeit, um die geeinten Koordinaten deiner inneren Weisheit zu entdecken und vermeide die Fallen der Dualität, die uns trennen und unser Wachstum behindern.

- Rufe deine moralische Leidenschaft wach, das zu tun, was richtig und notwendig ist – tue dies über den Sinn der Verwunderung und Entdeckung, anstatt durch den Weg des Wertens, der Angst oder Schuld.

- Das Leben ist eine Kosmische Komödie. Das Geheimnis der Kreativität ist es zu lernen, die Dinge auf verschiedene Weisen zu betrachten. Den Humor in allem zu sehen und herzhaft zu lachen ist der direkteste Weg, das eigene kreative Genie zu entfesseln.

- Es gibt im Universum keinen Verlust. Es gibt nur die Transformation von einem Zustand in einen anderen. Dessen eingedenk, in welchem Informations-Zustand befindet sich dein Leben? Ist der Zustand dualistisch oder geeint?

- Lebe dein Leben als Kosmischen Weg; als Spiel des Lebens, um die verborgenen Schlüssel, Codes und Schätze zu entdecken.

- Erinnere dich, wie die zwei Qualitäten – ‚das Richtige-Tun' und ‚Sich-unheimlich-angezogen-zum-Wunderbaren-Fühlen' – sich miteinander verbinden können. Entdecke die Punkte, die dich aktivieren. Was triggert, aktiviert und erweckt deine Zukunfts-Potentiale und transformativen Kapazitäten?

KAPITEL 5

Der notwendige–
ersehnte Mensch werden

Das Entdecken der Evolutionären Spannung
mit dem Schlüssel des Paradoxen

In den folgenden Wochen verbringt Rose jeden Tag ein paar Minuten mit ihrem inneren Kompass, um die inneren Koordinaten ihrer Weisheit und die Koordinaten der Einheit ihrer Visionen zu entdecken. Zeit mit ihrem inneren Kompass zu verbringen hilft ihr dabei, Klarheit und Balance zu erlangen, während sie noch so viele Veränderungen integriert.

Sie genießt ihren inneren Kompass als essentielles Architekten-Instrument, so wie die Kosmische Architektur das Architekten-Instrument des Bewusstseins ist. Rose ist sich dessen bewusst, dass der Kosmos sie zu der Entdeckung all dieser Architekten-Schlüssel und -Instrumente geführt hat und sie ist neugierig herauszufinden, wie sie diese in ihrem täglichen Leben anwenden kann.

Bei ihrer ersten Exploration geht es um Vertrauen. Sie hat sich gefragt, ob sie sich selbst im Angesicht dieser enormen Aufgaben, die vor ihr liegen, vertrauen kann. Besonders jetzt, wo ein schrittweises Vorgehen nicht mehr funktionieren mag, weil wir buchstäblich neue Straßen bauen müssen, während die alten kollabieren. *Können wir auf uns zählen? Sind wir vertrauenswürdig? Kann die Zukunft sich auf uns verlassen, dass wir die notwendigen Menschen werden, um die harten Entscheidungen zur Rettung unseres Planeten zu treffen? Sind wir gewillt, diese schädliche Ökonomie zu stoppen und in neue regenerative Lösungen zu investieren? Sind wir willens, die wachsenden Ungerechtigkeiten in unserer Welt zu stoppen?* All diese Fragen und noch viele mehr sind Rose im Kopf herumgegangen.

Sie bemerkt, wie die Schmetterlings-Potentiale einer neuen Ära in den Menschen auf der ganzen Welt erwachen. Sie sieht das in den neuen kreativen

Ideen, im Ruf nach neuen Narrativen, im Ruf nach Zusammenarbeit und der häufigeren Nutzung der Worte „imaginale Zellen" im Sprachgebrauch derer, die sich schon der neuen Ära zugehörig fühlen.

Rose sucht auch aktiv nach neuen Partnern und Verbündeten auf diesem Weg, da sie das Zusammenfinden der Imaginal-Zellen befördern will, die dann die Imaginal-Organe des Schmetterlingskörpers formen sollen. Sie befürchtet jedoch, dass wir unsere kollektiven menschlichen Zukunfts-Fähigkeiten nicht schnell genug entwickeln, um den weitreichenden Kollaps unserer wichtigsten Lebenserhaltungssysteme, insbesondere unseres Klimasystems zu verhindern. Sie weiß, dass Sorge allein nichts ändert, genauso wenig wie Angst; also arbeitet sie daran, ihren Fokus positiv und erhebend zu gestalten.

Zusammen mit ihren Freunden erforscht Rose, wie sie ihre Zeit, Talente und Fertigkeiten solchen neu entstehenden Initiativen widmen kann, die neue Finanz-, Steuerungs-, Governance- und Bilanzierungssysteme erschaffen, die die ökonomische Architektur des Lebens nachahmen. Sie hat einige Bedenken, dass sich die Politik der Gier und der Täuschung immer mehr verfestigt und verstärkt, und es deshalb immer schwieriger wird, die richtigen Informationen und Lösungen zu den Menschen zu bringen, die es in dieser kritischen Zeit am dringendsten brauchen. Sie entscheidet, dass es an der Zeit ist, einige der tiefergehenden moralischen Fragen mit ihrer Großmutter zusammen zu ergründen.

Sorgfältig unsere Entscheidungen treffen

Verdandi geht ans Telefon. Sie ist außer Atem und lacht.

„Hallo, meine Liebe! Ich wünschte, du wärst jetzt hier in meinem Wohnzimmer. Dein Großvater bringt mir gerade einen alten griechischen Tanz bei, den wir im Internet gesehen haben. Es macht so viel Spaß, aber dann wollen die Hunde mitmachen mit ihrem Bellen und Schwanzwedeln. Es wird dadurch schwieriger, die Bewegungen zu machen, aber durch ihren Enthusiasmus fühlt es sich fast wie ein Fest an, wenn du verstehst was ich meine..."

„Ich kann es mir vorstellen."

„Oh, schau dir das an. Merlin denkt, er kann damit davonkommen, auf die Couch zu springen, jetzt, wo ich durch deinen Anruf abgelenkt bin. Warte kurz."

Rose hört ihre Großmutter mit dem Hund sprechen, während sie ihn von der Couch scheucht. Verdandi kommt zurück ans Telefon.

„So ein Schlingel", sagt sie. „Er versucht, jede Gelegenheit zu nutzen. Also, was hast du auf dem Herzen, mein Kind?"

„Ich vermisse euch so!"

„Ich vermisse dich auch. Jeden Tag."

Rose schüttet ihrer geliebten Großmutter ihr Herz aus.

Verdandi hört sich jedes Wort an.

„Rosie, erinnerst du dich an deine Entscheidung als Zukunfts-Mensch, die du im Krankenhaus getroffen hast, als du hinter den Schleier getreten warst? Schau mal für einen Moment tief in das Herz dieser Entscheidung. Nun, sag mir: Ging es bei dieser Entscheidung einzig um dein Leben und um das Einschlagen einer neuen Richtung? Oder war es grundsätzlicher: Ging es in der Entscheidung, die du getroffen hast, darum, Teil dieser Welt zu sein?"

„Es war eine grundlegende Entscheidung. Sobald ich bemerkt hatte, dass unser Universum ein einziges, geeintes und lebendes Wesen mit so vielen zusammenarbeitenden Teilen ist, habe ich realisiert, dass unsere Welt genauso ist. Sie ist ein fühlendes Wesen; ein Kosmisches Wesen, dessen Seele von so vielen vergessen wurde. Die Zerstörung unserer natürlichen Welt ist eskaliert, seitdem wir der Natur die Seele genommen und uns entschlossen haben, die Natur als alleinige Ansammlung von Ressourcen anzusehen, die unserem materiellen Konsum dient.

„Als ich zum Kosmischen Baum zurückkam, erfuhr ich, dass die Zukunfts-Möglichkeiten unserer Welt auch meine eigenen Zukunfts-Möglichkeiten enthielten und umgekehrt. Wir tragen uns buchstäblich gegenseitig. Als ich meine Entscheidung als Zukunfts-Mensch traf, verband mich das mit den Zukunfts-Möglichkeiten unserer Welt als Teil des gleichen Ordnungsgrades der Realität. Die Welt meiner Entscheidung ist eine empfindsame und fürsorgliche Welt, und ich bin entschlossen, unsere Welt immer wieder daran zu erinnern, dass dies ihre wahre Natur ist; so wie es die unsrige ist."

„Exzellent. Erkenne jetzt, dass alle Entscheidungen wie lebendige Wesen sind. Durch deine Liebe und Fürsorge hältst du sie am Leben. Es kann ein ganzes Leben dauern, die fundamentalen Entscheidungen des Herzens auszuleben. Gandhis Entscheidung zum gewaltlosen Widerstand ist etwas, was er tagtäglich lebte und umsetzte. Er sagte auch: ‚Die Zukunft hängt von dem ab, was du heute tust.' Viele Leute glauben, eine Entscheidung wird nur einmal gefällt. Sie erwarten, dass das Universum sich dann schon um das kümmert, was danach passiert. Aber Entscheidungen nehmen uns nicht auf wundersame Weise alle Probleme. Entscheidungen haben Konsequenzen, und wir wissen manchmal nicht, welche Folgen unsere Entscheidungen haben; oft erkennen wir das erst viel später."

„Ja, ich bin immer noch dabei, die Auswirkungen meiner Entscheidung zu begreifen. Manchmal scheinen wir uns auf die dunkle Seite zu bewegen, und es scheint einfacher, *gegen* etwas oder jemanden zu entscheiden, als *für* den Wandel zu stehen, den wir erreichen wollen. Wenn die Entscheidung ‚dagegen' lautet, müssen wir keine Verantwortung übernehmen, die Welt so zu erschaffen, wie wir sie uns vorstellen. Das ist möglicherweise der Grund dafür, warum Politiker extremistischer Oppositionsparteien solche schlechten Führungspersönlichkeiten abgeben, wenn sie die Chance bekommen, zu regieren.

„Greta Thunberg war unheimlich erfolgreich damit, die Jugend zu mobilisieren und sich gegen den alten kapitalistischen Wandel zu stellen. Aber wird sie auch genauso erfolgreich sein im Inspirieren der Menschen, wenn es um die Erschaffung einer grüneren und gerechteren Welt geht? Ich weiß es nicht. Ich hoffe es."

„Ich hoffe es auch. Ich bewundere diese junge Frau. Sie hat Biss. Und du auch! Rose, erinnerst du dich, wie in den alten Heldengeschichten sich manche Menschen zurücklehnten, während Andere die Kämpfe ausfochten? Wir können uns das nicht mehr länger leisten. Jeder und Jede von uns ist aufgefordert, Held oder Heldin unserer eigenen Geschichte zu werden. Es ist an der Zeit, die größere Herausforderung unserer Selbst-Transformation inmitten der Welt-Transformation anzunehmen."

„Ich stimme dir zu. Und viele Menschen machen genau das. Es gibt so viele unerkannte Heldinnen und Helden in unserer Welt. Schau dir die tapferen Pflegekräfte und Ärzte an, die ihr Leben riskiert haben, um sich um meines im Krankenhaus zu kümmern. Wie können wir diese unglaublichen Menschen feiern und anerkennen? Ihre einfache und doch so tiefe Entscheidung ist es, jeden Tag dem Leben zur Verfügung zu stehen, und zwar mit einem offenen Herzen. Die Kräfte von Zynismus, Bitterkeit und Schuldzuweisungen zu besiegen, indem man den Fokus auf die Liebe legt und nicht auf Hass, ist in sich schon heldenhaft."

Erkunden der moralischen Entscheidungen unserer Zeit

Verdandi stimmt zu. Etwas im Tonfall ihrer Enkelin lässt sie vermuten, dass da noch mehr hinter diesem Anruf stecken könnte. „Ist in der letzten Zeit irgendetwas passiert, was dies alles an die Oberfläche gebracht hat, Rose?"

„Ja." Rose hält inne. „Da ist dieser Typ, Greg, der mein Kommilitone an der Universität war. Ich bin ihm gestern zufällig begegnet und er war wirklich aufgewühlt. Er sagte: ‚Rose, unsere Welt hat keine Zeit mehr! Wir müssen die soziale Basis mobilisieren, und ich kann wirklich nicht erkennen, wie deine Wiedergeburts-Geschichte das schaffen soll.'"

„Ah."

„Ich habe den Eindruck, dass er meine Entscheidung irgendwie nicht anerkannt hat – nur weil sie keine Politische war."

„Moment mal, Rose, das ist nicht richtig. Deine Entscheidung *ist* eine politische Entscheidung. Du hast dich selbst dazu auserkoren, der in dieser Zeit notwendige und erforderliche Mensch zu werden. Das ist die ultimative politische Entscheidung. Es ist die direkte Anwendung deiner Souveränität und deines Selbstbestimmungsrechts", antwortet Verdandi.

„Oh. So hab ich das noch nie gesehen. Wie können die Menschen dieses Recht ausüben, wenn sie nicht wissen, wie sie ihre Realität beeinflussen können? Wenn du Artikel 1 des Internationalen Pakts über bürgerliche und politische Rechte liest, lautet der: ‚Alle Völker haben das Recht auf Selbstbestimmung. Kraft dieses Rechts entscheiden sie frei über ihren politischen Status und gestalten in Freiheit ihre wirtschaftliche, soziale und kulturelle Entwicklung.' Was bedeutet diese Freiheit in Gesellschaftsformen, die an die Überlegenheit des Menschen über die Natur glauben, indem sie unsere Welt als lebendiges Wesen fundamental ignorieren? Ist unser Planet frei, seine Art der Entwicklung zu bestimmen? Sind die Kühe, die wir zu Millionen abschlachten, frei, ihre Entwicklung zu wählen? Sind wir die einzige Spezies, die sich selbst diese Rechte zugestanden hat? Dieser Pakt schützt nicht diejenigen lebendigen Systeme, von denen unser Leben abhängt. Unsere natürliche Welt umfasst fast neun Millionen Spezies, von denen wir viele noch nicht einmal kennen. Wir sind *eine* Spezies von den neun Millionen, und dennoch entscheiden wir über das Schicksal der meisten anderen. Die Geschichte hat eine gewaltige Schieflage."

Verdandi holt tief Luft und antwortet: „Das sind die moralischen Fragen unserer Zeit. Nun weißt du, warum wir einen moralischen Kompass brauchen, der auf dem Leben basiert. Schließ deine Augen und erinnere dich an deinen Traum vom Kosmischen Kompass. Nun bitte deinen inneren Kompass, eine Form anzunehmen, dass du ihn in deine Hände nehmen kannst. Das ist keine Abstraktion oder intellektuelle Übung. Er ist so real, wie alles, was du kennst. Fühle das Gewicht des Kompasses. Fühle seine Textur, seine Beschaffenheit, genau wie all seine Liebe und den lebendigen Puls des Lebens, der in seinem Inneren steckt. Kannst du es spüren?"

„Ja. Er hat Gewicht und Energie. Er ist wirklich eine lebendige Realität, wie ich's schon in meinem Traum bemerkt hatte."

„Gut. Bitte ihn nun, dir die moralischen Entscheidungsmöglichkeiten unserer Zeit zu zeigen, und die moralische Führungsstärke, die Zukunfts-Menschen dafür entwickeln sollen. Fühle, wie der Kompass aus den moralischen Fasern der Liebe selbst gemacht ist. Er ist dafür gemacht, uns durch die dunkelsten Zeiten zu führen. Bitte ihn, die Koordinaten des neuen Mythos in dir zu aktivieren, sodass du weißt, wie du zu deinem wahren Nordstern navigieren kannst."

Rose lauscht der Stimme ihrer Großmutter und fühlt, wie ihr innerer Kompass sich aktiviert und ihre Intention und ihre Aufmerksamkeit auf die Weisheit des Lebens lenkt. Ihr Bewusstsein verschiebt sich in höhere Modi der Wahrnehmung und damit wächst ihr Vermögen, vernetzt und aus einem inneren Zustand der Fülle heraus zu denken, mit größerem Mitgefühl und mehr Empathie.

„Hey! Ich habe gerade etwas bemerkt!", ruft Rose.

„Was?"

„Mein innerer Kompass kann sich auf verschiedene Zeiten einstellen. Das ist unglaublich. Es ist so, als würde er die optimale Entscheidung für jede Zeit kennen, die uns ermöglicht, unsere evolutionären Potentiale auszuschöpfen. Er zeigt mir, wie komplex unsere Welt geworden ist und warum simplistische Ansätze und oberflächliche Antworten großen Schaden anrichten können. Die moralischen Entscheidungen unserer Zeit drängen uns, die praktischen Konsequenzen unserer gegenseitigen Abhängigkeit voneinander - unserer ‚interdependence' - zu verstehen. Wir werden aufgefordert, unsere Fähigkeit zu vertiefen, uns gleichzeitig um uns selbst, um einander, um unseren Planeten und unsere Zukunft zu kümmern; und aufzuhören, dieser

Sucht nach immer mehr und mehr nachzugeben. Wir müssen komplett überdenken, was es heißt, Mensch zu sein, und was Materialität bedeutet; wir müssen die Wissenschaft ins Zentrum unserer Entscheidungsfindung stellen und uns erinnern, dass Rechte mit Verantwortung einhergehen. Es ist Zeit, den moralischen Prozess für unsere Entscheidungen zu erkennen und mitfühlend auf diese Entscheidungen zu reagieren."

„Sprich weiter, Rose. Was sind die wichtigsten Entscheidungen, die dein innerer Kompass dir offenbart?"

„Oh – wow – wie kann ich das denn nur ausdrücken? Was jetzt kommt, ist ein völlig umfassendes Wissen mit starken Gefühlen, die mit dem Lebensfluss übereinstimmen. Ich sehe und fühle neue Möglichkeiten, innerhalb der Tragfähigkeitsgrenzen unseres Planeten zu leben und in einer Art, dass niemand zu kurz kommt. Die Rechte der Natur und unserer zukünftigen Generationen sind eingebettet in unsere gesetzlichen Rahmenbedingungen. Wir haben aufgehört, Krieg und Gewalt zu finanzieren. Unsere korrupten, unmoralischen Finanzsysteme wurden entlarvt und transformiert. Es gibt keine schädlichen Währungen mehr."

„Priorisieren wir also, was wirklich wichtig ist?"

„Absolut. Wir arbeiten zusammen, um bessere Modelle zu generieren, die nicht so viele Menschen ihrer Rechte berauben. Wir berücksichtigen, dass mit dem Recht auf Leben auch das Recht auf Tod einhergeht." Rose hält inne. „Oh… warte mal kurz. Ich fühle mich, als wenn ein Donner sich durch mein Nervensystem bewegt."

„Was ist los?"

„Wir müssen die langfristigen starken Effekte der genetischen Veränderungen bedenken, die wir auf allen Ebenen des Lebens einführen. Wir müssen den negativen Auswirkungen entgegenwirken, die durch Modifikationen an unserer Nahrung hervorgerufen werden. Wir müssen unsere moralisch zerrütteten Familiensysteme und den Krieg zwischen den Generationen heilen. Es gibt noch so viel! Was ich vor allem sehe, ist, dass das Treffen moralischer Entscheidungen ein Sich-Einlassen auf einen moralischen Prozess erfordert, durch den wir erkennen, welche nicht nur die notwendigen Veränderungen, sondern auch die adäquaten Handlungen sind."

„Rose, ich bin beeindruckt. Dein Denken beginnt neue Elemente zu zeigen, die ich noch nie zuvor in deinen Gedankengängen gehört habe. Kannst du noch mehr über diesen moralischen Prozess sagen?"

„Ja, es geht um das Verständnis, dass moralische Entscheidungen oder Gedanken anderen nicht übergestülpt werden können. Das ist Bevormundung. Moral muss aus einem inklusiven Prozess heraus hervorkommen – emergieren. Menschen, die sich austauschen und Wissen teilen; die lernen, die größeren Perspektiven des Lebens zu enthüllen, welche uns alle einschließen und betreffen. Dies ist ein Prozess, der nicht unter Druck oder übereilt erfolgen darf. Er muss auf jedem Schritt des Weges evaluiert und kontrolliert werden – mit der Möglichkeit des Nachbesserns, des Fine-Tunings, manchmal sogar mit der Revision und Abänderung früherer Entscheidungen. Besonders dann, wenn wir erfahren, dass eine Entscheidung, die früher als gut erschien, sich später als eine solche darstellt, die Schaden oder Schmerzen verursacht.

"Bei einem moralischen Prozess geht es um die Verantwortung wie wir moralische Entscheidungen treffen und diese implementieren. Es geht um unseren Bewusstseinszustand. Ein kohärenter moralischer Prozess kann unseren Bewusstseinszustand auf höhere Niveaus heben, die die Voraussetzung für das Treffen von Entscheidungen höherer Ordnung sind, um unsere Zukunfts-Potentiale abzurufen."

„Rose, du hast gerade einen grundlegenden Schritt vollzogen mit der Erkenntnis, dass ein moralischer Prozess dich in den erforderlichen und erwünschten Bewusstseinszustand versetzen kann; einen Zustand, der uns Zugang zu den Zukunfts-Möglichkeiten unseres höheren Schicksals verschafft. Das ist wiederum ein architektonischer, bildnerischer Prozess. Ein moralischer Prozess kann von den Prinzipien und Qualitäten der Kosmischen Architektur des Lebens designt werden. Dieser moralische Prozess ist ein entscheidender Schlüssel und gilt auch für die Art der Entscheidungen, die du triffst, um dich im Leben weiterzuentwickeln.

Du benutzt jetzt deinen inneren Kompass! Weiter so. Wie du weißt, sind die moralischen Probleme unserer Zeit komplex und paradox. Die Leute mögen im Allgemeinen das Paradoxe nicht.

Das Paradoxe als evolutionäre Spannung

Roses gesamter Körper kribbelt noch nach der letzten Übung. „Warum haben die Leute solche Schwierigkeiten, das Paradoxe zu akzeptieren?", fragt sie.

Verdandi seufzt. „Der Verstand von Menschen neigt zur Trägheit. Viele finden es einfacher, in ihre älteren und leichteren Denkweisen zurückzufallen.

Menschen mögen keine Spannungen und Ambiguitäten. Ein Paradoxon erscheint oft als zwei scheinbar gegensätzliche oder sich widersprechende Wahrheiten. Sich zu neuen und höheren Gefilden des Bewusstseins zu entwickeln kann unbequem sein. Unglücklicherweise suchen Viele Klarheit und Abhilfe in Dualität: Richtig oder falsch; gut oder schlecht; ich oder du. Sie suchen nicht die Integration."

„Aha. Die Dreifaltigkeit ist wieder mal am Werk, hm? Also ist ein Paradoxon wirklich die Dreifaltigkeit getarnt als Dualität?"

„Ja."

„Es sind die dualen Phänomene unserer physikalischen Welt – wie Tag und Nacht, links und rechts – vereint in einem Quantenzustand der Superposition. Wie diese qubits oder Quanten-Bits, die die Grundeinheit der Quanteninformation sind, die ich schon kennengelernt habe. Wir können Einheit nicht direkt beobachten. Es ist viel einfacher, Dualität als ‚dieses und nicht jenes' zu sehen. Ungeachtet dessen können wir die Einheit erfahren, indem wir realisieren, dass duale Kräfte nie getrennt sind. Was dem Anschein nach zwei ist, ist in Wirklichkeit drei, wenn man den Punkt der Einheit mit einbezieht, aus dem die scheinbare Dualität emergiert. Alles passiert in derselben Ganzheit und Einheit, egal wie unterschiedlich die Dinge sich entfalten."

Verdandi lächelt. „Du brennst leidenschaftlich für diese Sache."

„Das stimmt."

„Es mag für deinen Verstand sehr einfach sein, das alles zu verstehen; aber es gibt noch eine fundamentalere Herzens-Lektion, die ich mit dir teilen will, Rose."

„Bitte mach das, ich bin offen für alles, was ich lernen kann."

„Wenn du ein Paradoxon bearbeitest, gehe nicht geradewegs auf deinen Zustand der Superposition zu. Das hebt die kreative Spannung auf, bevor ein tieferes Verständnis entstehen kann. Spannungen oder Widersprüchlichkeiten zu schnell aufzulösen, kann mehr Schaden anrichten. Achte auf Aussagen wie ‚Okay, du hast recht – ich hatte unrecht. Lass uns vergessen, dass es je stattgefunden hat. Wir werden uns nie einigen, also einigen wir uns darauf, dass wir uneins sind.'

„Ein Paradoxon birgt die Gelegenheit, mit der dialektischen Triade zu arbeiten, die von Philosophen auch als These, Antithese und Synthese beschrieben wurde", führt Verdandi aus. „Die großen Philosophen Hegel und

Plato nutzten diesen dialektischen Prozess, um sich widersprechende Ideen einander kontrastierend gegenüberzustellen und auszuspielen, um einen Strom neuer Ideen zu erzeugen. Der Terminus ‚dialektische Triade' wurde Hegel zwar zugeschrieben, wurde aber tatsächlich nie von ihm so gesagt."

„Hm. Sagst du also, dass wir mit dieser dialektischen Spannung arbeiten sollen – und lernen sollen, diese aufrecht zu halten, anstatt sie zu schnell aufzulösen?"

„Ja. Um die Schleier der Trennung zu durchdringen, muss man genug Druck aufbringen, um den Verstand vorwärts zu katapultieren – auf neuen Boden. Andernfalls verbleibt der Verstand in einem dualen, trägen Zustand. Kreative Spannung sinnvoll eingesetzt, kann uns in einen Strom der Offenbarung bringen, der tiefe neue Erkenntnisse mit sich bringt. Deshalb sagte der Psychiater Carl Jung, die Paradoxie gehöre ‚zum höchsten geistigen Gut' und sei ‚das natürliche Medium, um transbewusste Fakten auszudrücken'."

Verdandi fährt fort: „Letztendlich hat ein Paradoxon auch seinen Ursprung im Humor. Ein großartiger Witz bringt oft sehr verschiedenartige Ideen zusammen, und dass bringt uns zum Lachen. Wie im alten Witz von Bernie, der im Bett liegt und seine Mutter kommt rein und will ihn wecken. ‚Bernie, wach auf! Du musst zur Schule gehen!', sagt seine Mutter. ‚Ich will aber nicht zur Schule gehen!', protestiert Bernie. ‚Du musst aber in die Schule gehen, Bernie', insistiert die Mutter. ‚Aber warum?! Die Kinder hassen mich, die Lehrer können mich nicht ausstehen. Ich will da nicht hin. Also warum soll ich denn gehen?', stöhnt Bernie. ‚Weil du 53 Jahre alt bist und der Schuldirektor!'"

Rose lacht mit ihrer Großmutter. Sie hält einen Moment inne und fügt hinzu: „Ist das nicht ironisch, wie die Macht des Todes mir neues Leben schenkte? Die kreative Spannung in meiner Beziehung mit Tim habe ich allerdings nicht genossen. Er hat immer mein Selbstvertrauen untergraben. Ich habe meine Beziehung zu ihm beendet, weil ich diese Spannung nicht länger ertragen habe."

„Hast du schon mit Sophia gesprochen?"

„Ja."

„Hast du das Gefühl, im Erleben dieser Spannungen mit Tim noch mehr von deiner inneren Stärke entdeckt zu haben?"

„Ich denke schon, aber ich will nie wieder auf diese Weise lernen", antwortet Rose.

Verdandi lächelt. „Es scheint, die Spannung hat ihren Zweck erfüllt. Nun kannst du die Pattern deiner Liebesbeziehungen verändern und auch die Pattern, wie du dich entscheidest, dich weiterzuentwickeln: Nämlich durch bewusste Entscheidung, anstatt nur per Zufall.

„Kreative Spannung dient dazu, dich zu erwecken; sie ist nicht dazu da, in ihr zu verbleiben. Wenn man es doch tut, wird die Situation ungesund. Sobald ein neues Bewusstsein entsteht, wird es dich weiterleiten. Wenn du in der Spannung gefangen oder gelähmt bist, wie es in deinem Traum mit der Python passiert ist, kannst du die Kraft deiner Entscheidungen nicht abrufen. Spannungen entstehen, wenn die Zeit reif ist für Wandel, doch manche nutzen Spannungen auch, um Veränderung zu vermeiden."

„Ist das nicht ein Paradoxon in sich selbst?", fragt Rose. „Es klingt ähnlich wie die Rolle von Schmerz. Er kann uns helfen, uns dessen bewusst zu werden, was wir verändern müssen, um noch mehr Schmerz zu vermeiden."

„Ja, meine Kleine. Lerne, alle diese vermeintlichen Gegensätze zu begrüßen und zu schätzen. Dann wirst du realisieren, inwiefern Dunkelheit nicht ‚anders als Licht' ist und Männer nicht ‚anders als Frauen' und Natur nicht ‚anders als wir'. Auf der Ebene der geeinten Realität ist jeder auch der Andere in der großen Einheit des Seins."

„Wir sind alle Eins."

„Ganz genau."

„Können wir das gleiche Verständnis auch auf unser Herangehen an Moral anwenden? So häufig führen Menschen die Moral als höheren rechtfertigenden Grund an, um über andere zu urteilen."

„Da ist das Ego am Werk. Das Ego liebt es, auf höherem Niveau zu kampieren, von wo es auf andere herabschauen und über sie urteilen kann. So ähnlich wie Loki, wenn er auf den Kühlschrank klettert", fügt Verdandi kichernd hinzu.

Liebe umfängt moralische Komplexität

Rose lacht auch. Sie hat im Haus der Großeltern immer viel Vergnügen an den Katzen und deren Possen gehabt. „Okay, also anders als Loki beurteilt die Moral des inneren Kompasses nicht, sie offenbart lediglich. Wie ein Kompass der Liebe."

„Das ist genau richtig, ja. Liebe ist die einzige Kraft, die uns helfen kann, moralische Komplexität wirklich zu erfassen. Ein Paradoxon kann uns wie die Arme der Liebe durch die moralische Komplexität geleiten, die Teil des Mensch-Seins ist.

"Es gibt viel Paradoxes in unserer heutigen Welt. Zum Beispiel, sich unserer demokratischen Freiheiten bewusst zu werden in dem Moment, in dem sie eingeschränkt werden. Uns der Grundlagen unserer Demokratien zu besinnen, wenn sie angegriffen werden. Uns der Bedeutung unseres Klimas und der Biodiversität gewahr zu werden, wenn unsere Gesundheit bedroht ist. Weil wir so Vieles als gegeben hingenommen haben, belehrt das Leben uns nun durch Gegensätzlichkeiten.

„Moral sucht nicht, das Paradoxon zu entfernen; Menschen tun dies. Die Moral fragt: ‚Was heißt das überhaupt, das Richtige zu tun im Angesicht so vieler divergierender Ansichten, Erwartungen und Bedürfnisse? Wie können wir allen gerecht werden, uns selbst eingeschlossen? Wie kann ich in einer guten, richtigen Beziehung zu dieser Person oder Situation stehen?' Eine selbstgerechte Person stellt sich solche Fragen nicht."

„Moral kann scheinbar ziemlich komplex sein, Oma. Natürlich ist es unmoralisch, jemanden aus Rache zu töten oder zu bestehlen oder jemanden zu manipulieren, um zu bekommen, was man will. Wenn Moral so kompliziert wird, sind die Leute dann noch gewillt, die moralischen Grundlagen ihres Handelns zu hinterfragen?"

„Komplexität ist nicht das Gleiche wie Kompliziertheit, Rose. Kompliziertheit ist, was wir erschaffen, wenn wir die Komplexität des Lebens leugnen. Manche Sachen mögen in der Tat sehr simpel wirken, aber wenn wir genauer hinschauen, könnten wir Dinge entdecken, die wir nie in Erwägung gezogen hätten. Einen anderen Menschen zu töten ist unmoralisch, aber wissen wir denn, was vorher im Leben des Menschen passiert ist, der jemanden umbringt? Warum hat er sich so verhalten? Was ist seine Geschichte? Wie hat die Gesellschaft diese Person behandelt? Wenn Robin Hood die Reichen bestahl, um das Geld den Armen zu geben, waren seine Handlungen damit unmoralisch? Ist es moralisch vertretbar, Gewebe von ungeborenen Embryos zu benutzen, um Stammzelltherapien für die Heilung von Krebs zu erschaffen? Ist es moralisch vertretbar, die DNA zu verändern, damit zukünftige Generationen nicht mehr an Alzheimer und Parkinson leiden müssen? Wo soll man die Grenze ziehen, und wer zieht die Grenze? Und wie entscheiden wir, wie wir vorgehen – oder ob wir die Grenzen, die wir einmal gezogen haben, wieder aufheben sollten?"

Rose nimmt sich einen Moment, um all dies zu verarbeiten. Sie fühlt sich etwas unwohl, vielleicht, weil sie realisiert, dass die Antworten auf diese Fragen Geduld brauchen und nicht forciert werden können.

„Oma, müssen wir denn Empathie entwickeln, um all diese moralische Komplexität zu bewältigen?"

„Ja, Liebes. Empathie ist einer der wichtigsten Muskeln der Liebe. Empathie lässt die Arme der Liebe sich ausbreiten, um unsere Differenzen und Verwerfungen zu heilen. Ohne Empathie können wir die Emotionen der Dualität und Trennung nicht verändern."

„Kann denn das Willkommenheißen moralischer Komplexität uns helfen, unsere Empathie auszubilden?", fragt Rose.

„Ja. Das ist die Medizin zur Heilung unserer verwundeten Welt. Deshalb ist unser Bekenntnis zum moralischen Prozess so wichtig für den Aufbau einer inklusiven und fürsorglichen Welt. Die beste, wahrhaftigste Art der Heilung ist nie die des Ausbesserns und Reparierens, sondern die des Erzeugens von Ganzheit und Erweiterung. Das ist genau das, wofür ein moralischer Kompass die Richtung weisen sollte. Wenn du Paradoxes versöhnst, wenn du die Realität eines Menschen vertiefst, kann wirkliche Heilung und Ganzheit entstehen. Das gilt auch für unsere Gesellschaft als Ganzes."

Verdandi fährt fort: „Viele von uns führen noch ein beengendes Leben in einer Realität, aus der wir herausgewachsen sind. Wir leben in einer Zeit des gigantischen Zusammenbrechens aller Systeme des Denkens, Seins, Habens, Erziehens, Lebens und Regierens. Wir lauern auf einen Durchbruch. Team-Leader müssen jetzt zu Team-Playern werden, die gemeinsames Wachstum und Stimulation suchen. Es geschieht innerhalb der Membran unserer Komplexität, dass wir unsere gemeinsamen Koordinaten entdecken. Dann können wir zusammen die Segel setzen – in Richtung des wahren Nordens.

„Liebes, kannst du einen Moment warten?" Verdandi wendet ihre Aufmerksamkeit Dagaz zu, der im Hintergrund etwas sagt, was Rose nicht richtig verstehen kann. „Gut, ich bin wieder dran. Dein Großvater sagt mir gerade, dass er eine Gemüsesuppe gemacht hat, die den Göttern geziemt, und er sich freuen würde, wenn ich unser Gespräch beenden und ihm beim Abendessen Gesellschaft leisten würde. Ich geh mal besser! Es passiert nicht alle Tage, dass er eine Suppe ‚für die Götter' kocht."

„Das klingt ja ziemlich verlockend!"

„Ich habe eine Idee: Erinnerst du dich an das schöne Tagebuch, das dir dein Opa vor ein paar Jahren geschenkt hat?"

„Du meinst das, was ich für einen speziellen Moment aufbewahren sollte mit dem unglaublichen Einband mit der Rose in einem Kokon?"

„Ja, genau das. Dieser Moment ist jetzt. Fang an, Tagebuch zu schreiben, um die Themen, über die wir sprechen und auch deine eigenen Reflektionen und Träume festzuhalten. Tagebuch-Schreiben ist für mich jahrelang ein hilfreiches Werkzeug gewesen."

„Das ist ein toller Vorschlag. Ich habe es sicher verwahrt in meinem Regal für die besonderen Büchersammlungen. Sag Opa Dagaz, dass ich ihn lieb habe und ihn vermisse. Und gib den Hunden und Katzen eine Streicheleinheit von mir."

„Mache ich. Wir lieben dich auch. Lass uns bald wieder telefonieren."

Rose legt auf und sucht nach ihrem Tagebuch, dann macht sie sich eine schöne heiße Schüssel Gemüsesuppe.

Die neue Normalität ergründen

Später am Abend nimmt Rose an einem Webinar mit Leuten aus der ganzen Welt teil, die daran interessiert sind, die neue Normalität zu ergründen – für eine Welt, die für alle funktioniert. Der Webinar-Leiter fragt: „Was sind die neuen Pattern und Narrative unserer neuen Geschichte? Außer dem neuen Normalzustand, dass wir diese Fragen online mit Zoom erörtern?"

Rose schreibt sich Stichworte auf, die sie in der Debatte hört: Partnerschaft, Kollaboration, Teilen, Unsicherheit, Kollaps, Wendepunkt, Transformation, Imaginalzellen, Regeneration, globale Gemeinschaft, myzel-artige Netzwerke, neue Blaupausen, eine neue Erde, die große Konvergenz, Zuhören, die symbolische Krönung des Corona-Virus, Beschleunigung des Wandels, wachsende Unsicherheit, Solidarität.

Sie erinnert sich an eine kürzliche Unterhaltung mit ihrem Vater, der davor warnte, dass die mentalen und emotionalen Schäden von ständig aufeinanderfolgenden Krisen viele Extreme in Menschen hervorbringen könnten. Ihr Vater arbeitet als Therapeut und ist sehr beunruhigt über die wachsende Rate von häuslicher Gewalt, Suiziden, Selbst-Verletzung und -Aggression und Konflikten zwischen den Menschen. Er erklärte, wie

Menschen, die schon introvertiert sind, sich noch mehr einigeln könnten, und solche, die extrovertiert sind, mehr aus sich herausgehen könnten.

Rose fühlt sich immer noch, als würde sie in einem Traum leben, in dem – fast über Nacht – die „mögliche Welt" des freien Reisens und ungehinderter Bewegung fast unmöglich geworden ist. *Was bedeutet es, in einer Welt wachsender Unmöglichkeiten auf neue Pattern einer möglichen Zukunft zu hören?, fragt sie sich. Wie kann unser Kosmischer Kompass helfen, im Spannungsfeld zwischen den hoffnungsvollen Möglichkeiten und augenscheinlichen Unmöglichkeiten zu navigieren? Was heißt unser Recht auf Selbstbestimmung und Souveränität, wenn unsere Regierung sagt, sie müsse uns Restriktionen in unseren physischen Freiheiten auferlegen, um Leben zu retten und die Schwächsten zu schützen?*

Mitchell, ein junger Mann in seinen Zwanzigern aus den USA, nimmt auch am Webinar teil. Mit einer kräftigen Stimme sagt er zur Gruppe: „Ich bin ein freier Bürger. Es ist verfassungswidrig von der Regierung einzuschränken, wohin ich gehe und wen ich besuche. Erst schreibt die Regierung das Tragen von Masken vor, und nun diese Impfungen. Wie lange werde ich noch die Wahl haben, ob ich geimpft werden will, wenn ich ohne Impfpass nicht mehr dorthin reisen kann, wo ich will? Als freiem Bürger sollte *mir* die Entscheidung obliegen, nicht der Regierung."

Rose beobachtet, dass die Konversation sich immer mehr und mehr in Richtung der Rechte verschiebt, als auf unsere gegenseitige Verantwortung. Sie fragt sich, ob sie der Gruppe sagen sollte, was sie wirklich denkt. *Es ist so scheinheilig, dass es uns nichts ausmacht, wie wir von Unternehmen und Medien kontrolliert werden, von denen, die auch unsere Regierungen kontrollieren; trotzdem protestieren wir, wenn wir gebeten werden, eine Maske zu tragen oder uns zu Hause zu quarantänisieren. Wenn wir diese COVID-Krise nicht lösen können, wie sollen wir denn jemals unsere Klimakrise in den Griff bekommen?*

Rose ist gerade dabei, ihre Stimme in der Gruppe zu erheben, da stellt Maria ihr Mikrofon an und sagt: „Mitchell, warum ist dein Recht auf Freiheit wichtiger für dich, als Andere vor Schaden oder Tod zu bewahren? Denkst du auch, es sei ok, eine geladene Waffe zu besitzen und auf jemanden zu schießen, um deine Rechte zu verteidigen?"

Maria klingt verärgert über Mitchell und ein wenig aggressiv. Sie ruft aus Argentinien an und spricht aus, was viele in der Gruppe fühlen, es vielleicht aber nicht so direkt aussprechen. Der Seminarleiter versucht, die Diskussion wieder auf die neue Normalität zu bringen und von der Waffendebatte wegzuführen, aber es ist schon zu spät.

Der Schlüssel des Paradoxen

Mitchell hebt die Stummschaltung auf und erwidert ärgerlich: „Also, ich besitze eine Waffe zu meiner Sicherheit. Es ist mein Recht, mich zu schützen. Ich sehe nicht, wie das irgendwas mit diesem dummen Virus zu tun haben sollte. Das sind zwei völlig unterschiedliche Themen, die man nicht vermischen sollte, Maria. Und außerdem kennst du mich gar nicht."

Maria antwortet: „Sieh' mal, Mitchell, da liegst du völlig falsch. Es ist auch unser Recht, geschützt zu werden vor den Gefahren, die von dir ausgehen. Wenn du das Virus weiter verbreitest, kannst du mir auch gleich eine Waffe an den Kopf halten."

Während Rose dieser hitzigen Debatte zwischen Maria und Mitchell zuhört, erinnert sie sich an die Unterhaltung mit Verdandi, in der es um den Einfluss unseres Bewusstseinszustands auf Andere ging: „Merk dir das, Rose, dein Bewusstseinszustand beeinflusst den Zustand der Information, die du kommunizierst und ob sie Dualität oder Einheit verbreitet. Arbeite mit dem Prinzip der Trinität, deines Bewusstseins der Einheit, um die Dualitätsfallen zu transformieren, die uns nirgendwohin führen. Im Modus der Dualität fühlen sich Menschen defensiv, bedroht und wollen ihre vermeintlichen Unterschiede verteidigen. So lange sie in diesen emotionalen Überzeugungen gefangen sind, können sie ihr Bewusstsein nicht in Richtung integralerer Perspektiven zu verschieben."

Verdandi gab Rose eine Übung zum Umgang mit Dualität, um nicht in die Fallen des „Anders-Seins" zu geraten. Sie erklärte, der Schlüssel liege darin, zuerst in den Bewusstseinszustand einzutreten, der fähig ist, die Dualitätsfallen zu transformieren, und dann die Lösung des dritten Weges zu werden. Rose stellt sich im Geiste die Stimme ihrer Großmutter vor:

Verbinde deinen Geist mit dem Kosmischen Feld des Lebens, welches dich umgibt und in dir steckt. Dieses Feld ist immer vollkommen und geeint, unterhalten durch die Weisheit der Ewigkeit. Dein Körper ist natürlicher Teil dieses Feldes, genau wie dein Verstand, wenn er sich entspannt und loslässt. Lass deinen Geist komplett in dieses Feld eingehen. Entlasse ihn in diesen unermesslichen Ozean des Bewusstseins. Bitte das Feld des Bewusstseins, deinen Geist, deine Gedanken und Gefühle zu harmonisieren und auf die Pattern von Ganzheit und Einheit einzustimmen. Die Gedanken-Wellen deines Geistes harmonisieren sich jetzt mit den Wellen reinen Bewusstseins. Alle Gefühle, die eng oder verdreht waren, entwinden und entspannen sich nun in die Gefühlswelle der Vollkommenheit und Einheit. Alle Glaubenssysteme, die du möglicherweise gehabt hast, die in Trennung, Teilung oder Anders-Sein begründet waren – entlasse sie nun hinein in dieses einende Feld. Fühle, wie dein Körper und Geist sich entspannen, während dein Bewusstsein zurückkehrt in seine primordiale Resonanz mit dieser großen Einheit. In diesem Ozean des Eins-Seins wird die Vielfalt ganz natürlich umarmt und geliebt. Sieh die dualen Tendenzen einfach als das, was sie sind: Bewusstsein – verharrend in einem Knoten, unfähig, sich in den Fluss unserer primordialen Einheit zu begeben. Empfange nun die Resonanz-Pattern für die Lösungen des dritten Weges. Fokussiere auf Gegenseitigkeit, Integration der Polaritäten, co-kreatives Lernen und Verstehen sowie Mitgefühl. Sei die Resonanz der Einheit in Vielfalt. Sei das Prinzip der Trinität, das uns aus den Fallen der Dualität befreit.

Rose schließt für einen Moment die Augen, während im Seminar immer noch Argumente ausgetauscht werden. Es scheint, dass der Seminarleiter meint, es sei notwendig, dass alle Perspektiven gehört und dargelegt werden, aber Rose fragt sich, ob es wirklich in dieser Weise geschehen muss. Sie atmet tief ein und bringt sich in einen Bewusstseinszustand der Übung, die Verdandi ihr gegeben hatte. Sobald sie das Resonanz-Pattern der Ganzheit durch ihre eigene innere Einheit spürt, hebt sie die Stummschaltung auf und spricht.

Unsere Welt gemeinsam aufbauen und heilen

„Hallo zusammen. Ich heiße Rose und ich rufe aus den Niederlanden an. Vor etwas mehr als einem Monat bin ich aus dem Krankenhaus gekommen, wo ich wegen COVID-19 behandelt wurde. Ich bin dankbar, dass ich heute noch lebe. Ich bin durch eine tiefgreifende Nahtoderfahrung gegangen, die mir gezeigt hat, wie kostbar das Leben ist. Mein Cousin hatte nicht so viel

Glück, er ist von uns gegangen. Sein Körper ist gestorben, während er an dem Beatmungsgerät hing.

„Mitchell und Maria, ich habe euch zugehört und verstehe, dass all diese Unsicherheit beängstigend ist. Es ist in Ordnung, Angst zu haben und verunsichert zu sein. Es ist in Ordnung, Wege finden zu wollen, uns vor dem zu schützen, was wir als wachsende Bedrohung für unsere Sicherheit und Zukunft empfinden. Bitte macht euch nicht gegenseitig dafür nieder. Die Lösungen, die wir suchen, befinden sich nicht ‚da draußen'. Sie fangen bei uns an. Wenn wir keine Wege finden, uns gegenseitig anzuhören und zu verstehen, wie können wir dann die Welt sicher für andere Menschen machen?

„Wir sind in diesen Schlamassel geraten, weil wir nicht in Menschen investiert haben, die Trennungen überwinden und gemeinsame Lösungen für alle finden können. Wir leben auf einem kleinen blauen Planeten inmitten eines riesigen Universums. Wir sind alles, was wir haben, um uns durch diese schwierigen Zeiten zu bringen. Wir brauchen einander jetzt mehr als je zuvor. Wir können es uns nicht leisten, unsere Angst eskalieren zu lassen, weil sonst unsere Welt in Gewalt eskalieren wird. Haben wir nicht schon genug Schmerz verursacht? Lasst uns gemeinsam an den Lösungen arbeiten, die die Welt braucht."

Der Seminarleiter antwortet Rose mit einem Lächeln: „Danke dir, Rose. Mitchell und Maria, würdet ihr gerne darauf antworten?"

Mitchell hebt die Stummschaltung auf und sagt: „Ja, ich habe Angst, Rose. Ich wohne auf dem Land und bin ein Farbiger. Die Welt ist für uns nicht sicher. Sie war noch nie wirklich sicher. Wir sind immer für das verantwortlich gemacht worden, was schief ging. Meine Rechte sind alles, was ich habe. Meine Großeltern haben für diese Rechte mit ihrem Leben gekämpft. Für Hunderte von Jahren hatten wir keinerlei Rechte. Deshalb möchte ich nicht, dass mir die Regierung jetzt meine Rechte einschränkt. Weil sie damit auch deren Rechte einschränkt. Meine Großeltern sind ein Teil von mir. Ich bin heute am Leben, weil sie für diese Rechte gekämpft haben. Ich fürchte mich davor, was danach kommt, wenn ich das zulasse. Klar, das Virus ist eine Bedrohung. Bevor es auf der Bildfläche erschienen ist, wurden *wir* als Bedrohung angesehen. Wenn ich mich nicht selbst verteidigen kann und meine Rechte schützen, wie kann ich dann jemals Vater werden und meine Kinder beschützen?"

Ein tiefer Seufzer geht durch das Webinar. Alle merken, wie die Energie sich verändert und das Feld sich öffnet.

Maria stellt ihr Mikro an und antwortet: „Es tut mir leid, Mitchell. Ich hatte keine Ahnung, was dein Hintergrund ist. Ich dachte nur, du wärst unfassbar egoistisch und nur auf deine eigenen Rechte bedacht, und so wie diese Leute, die an all diese Verschwörungstheorien glauben. Ich habe nie für möglich gehalten, dass da mehr dahintersteckt, oder wie deine Vorfahren mit ihrem Leben für diese hart erkämpften Rechte einstehen mussten.

„Als indigene Frau in Argentinien ist mein Leben auch nicht leicht. Meine Tante, die in Brasilien lebte, wurde vor ein paar Monaten ermordet, weil sie den Regenwald schützen wollte. Ich habe meinen Onkel durch COVID-19 verloren, weil die Leute in seinem Umfeld sich weigerten, eine Maske zu tragen. Ich fühle mich ständig so, als müsste ich auf der Hut sein, um in dieser beängstigenden Zeit zu überleben. Ich habe den Eindruck, dass – wenn ich nicht durch das Virus sterbe, dann durch Vergewaltigung, Gewalt oder dadurch, dass ich von Jobs ausgeschlossen werde, die mir helfen, meinen Lebensunterhalt zu verdienen.

„Ich lebe mit meiner Mutter zusammen, der es nicht gut geht. Sie kann aufgrund ihrer Gesundheit kein Einkommen generieren; sie hat gerade eine Krebserkrankung überlebt, und nun das. Mein Vater hat uns verlassen, als ich noch klein war, ich hab ihn nicht gesehen, seit ich fünf Jahre alt war. Ich muss für meine Mutter und mich selbst sorgen, und ich weiß nicht wie und wem ich vertrauen kann."

Eine Welle des Mitgefühls erfüllt Roses Herz. Sie schätzt sich so glücklich für ihre Lebensumstände und wünscht, sie könnte mehr für Maria tun. Mitchell antwortet, bevor sie eine Chance hat, zu antworten: „Ich entschuldige mich bei dir, Maria. Ich hatte keine Ahnung, was dein Hintergrund ist. Ich dachte, du würdest mich nur angreifen, weil ich ein Mann bin und du mich als Bedrohung siehst. Ich habe dich in eine Schublade gesteckt, weil ich glaubte, du würdest mich in eine stecken.

„Gibt es etwas, mit dem wir dir helfen können, da durchzukommen? Ein paar Freunde von mir haben eine Farm in Argentinien. Wenn du mir sagst, wo du wohnst, könnte ich sie mal anrufen. Sag uns Bescheid, wenn du Unterstützung fürs Essen für dich und deine Mutter brauchst, ja?"

Maria antwortet: „Das wäre wunderbar, Mitchell! Lass uns nachher nach dem Zoom-Meeting noch weiter darüber sprechen."

Der Seminarleiter übernimmt: „Danke an Rose, Maria, und Mitchell. Das ist ein guter Zeitpunkt, in kleineren Zoom-Gruppen zu erkunden, was unsere neue Normalität werden kann, wenn wir uns gegenseitig helfen. Ihr werdet alle in eine kleinere Gruppe transferiert, in der ihr miteinander austauschen könnt, in welcher Weise ihr Hilfe benötigt und wie ihr einander helfen könnt. Ihr habt 30 Minuten Zeit."

Die neue Geschichte werden.

Mitchell ist Mitglied von Roses Kleingruppe. Sie fahren fort, ihre Gefühle über persönliche Themen aber auch globale Probleme zu teilen. Mitchell hat sich merklich entspannt, nachdem er erfahren hat, dass er sich in der Gruppe gefahrlos mitteilen kann.

Rose äußert: „Was, wenn diese ganze Corona-Virus-Pandemie ein riesiges Trainingsgelände für uns ist, um zu lernen, wie wir bei noch viel dringenderen Problemen miteinander kooperieren können, wie zum Beispiel der Klimakrise oder dem Heilen unserer natürlichen Umwelt? Wir haben nur noch ein paar Jahre Zeit, um unermessliches Leid und Schaden abzuwenden. Wie kann die jetzige Krise uns helfen, unsere Klimakrise noch besser zu bekämpfen? Braucht es dafür ein neues Narrativ über unsere Rechte und Pflichten?"

„Kannst du uns erklären, was du meinst, Rose? Willst du damit sagen, dass es ok ist, dass unsere Rechte eingeschränkt werden, um unsere Klimakrise zu bekämpfen?", fragt Mitchell.

„Nein, nein, unsere Rechte sind essentiell. Aber es ist Zeit, diese Diskussion auf die Rechte unserer Natur auszuweiten und einzusehen, dass Rechte auch mit Verantwortung einhergehen. Ich denke, dass die westliche Auffassung von Rechten und Freiheit furchtbar selbstbezogen geworden ist. Leute nutzen ihre Rechte ständig als Privileg, statt als Verantwortung, ein guter Erdenbürger zu sein; immer auf *die eigenen* Rechte bestehend, *mein* Privileg, *meine* Möglichkeit, *meine* Karriere, und noch mehr *meins, meins, meins.*

„Diese Haltung züchtet Trennung und Wettbewerb, nicht Zusammenarbeit und Einheit. Dieses überholte Narrativ wird uns umbringen. Die Unternehmen machen sich diese Story vollständig zu Nutze, indem sie das Wohlergehen der Wirtschaft als wichtiger hinstellen als die Gesundheit unseres Planeten und wie wir miteinander umgehen. Alle diese Debatten sind so polarisiert worden, dass wir die größere Perspektive davon aus den Augen verloren haben, worauf es hier wirklich ankommt."

„Die Menschheit ist verkorkst", sagt Vladimir aus Russland. „Vielleicht wär die Welt besser dran ohne Menschen. Zumindest hat China die Todesstrafe für Umweltverschmutzer eingeführt."

Rose fühlt, wie die Spannungen wieder zunehmen.

Lai vom chinesischen Festland nimmt Anlauf, um ihre Perspektive hören zu lassen. „Du hast gut reden, Vladimir. Du lebst ja nicht dort. Ich schon. Die stecken dich ins Gefängnis, wenn du die Umwelt schädigst, aber nicht, wenn du Kinder in Fabriken arbeiten lässt oder Mädchen ertränkst, die im Jahr des Tigers geboren wurden."

Rose richtet ihre Gedanken wieder auf das Feld der Einheit aus und atmet die Qualitäten dieses Feldes tief in Körper und Geist ein. Sie beginnt, die Resonanz der tieferen Einheit an alle Teilnehmer der Diskussion zu senden, obwohl die keine Ahnung haben, was Rose gerade macht. Die Gruppe wird ruhig. Die Teilnehmer schauen einander an und wissen nicht, was sie sagen sollen. Nach einer Minute, die sich viel länger angefühlt hat, ergreift Mitchell das Wort: „Schaut uns an. Wir sind aus allen Teilen der Erde. Was, wenn wir hier alle aus einem bestimmten Grund zusammengebracht wurden? Ich kannte keinen von euch, bevor ich diesem Seminar beigetreten bin, und ich wusste nicht, was ich zu erwarten hätte. Vielleicht können wir nicht alle Probleme der Welt lösen, aber wir können entscheiden, wozu wir zusammen werden wollen. Lasst uns damit anfangen, voneinander zu lernen.

"Vladimir, kannst du uns mehr über die Stadt erzählen, in der du lebst, und wie du deine Zukunft siehst? Lai, bitte erzähl uns, wie es ist, als eine junge Frau in China aufzuwachsen. Wie stellst du dir deine Zukunft vor? Rose, ich bin froh, dass du durchgekommen bist. Bitte erzähl uns auch mehr über deine jetzige Situation und deine Gedanken an deine Zukunft."

Gefühle des „Anders-Seins" verschwinden während die Gruppenmitglieder ihre Geschichten teilen. Zwischen allen Teilnehmern entsteht ein tieferes Verständnis ihres gemeinsamen Mensch-Seins. Rose berichtet über einige der Botschaften, die sie während ihrer Nahtoderfahrung erhalten hat. Mitchell erinnert die Gruppe daran, dass Wandel dann erfolgt, wenn wir uns bewusst werden über das, was wir kaufen und wie wir unsere Nahrungsmittel anbauen und verarbeiten.

„Wie ist es denn, ökologische Landwirtschaft zu betreiben, Mitchell?", fragt ihn Lai.

„Es ist eine Herausforderung, nicht dem Trend der industriellen Landwirtschaft zu folgen", erklärt er. „Und es ist essentiell, dass wir weiterhin die Unterstützung der ortsansässigen Menschen haben, die wöchentlich unsere frischen Gemüse und Eier kaufen wollen. Wenn diese Leute nicht kommen, werden viele Produkte weggeworfen.

„Ich bin sehr besorgt über den riesigen Rückgang der Zahlen von Bienen, Schmetterlingen und anderen bestäubenden Insekten. Und von Fröschen. Auf der anderen Seite der Medaille haben wir andere Insekten, zum Beispiel Grashüpfer, die unsere Ernte zerstören."

„Das klingt wirklich hart. Aber du wirst weitermachen, hm?", fragt Vladimir.

„Klar. Es ist wichtig. Trotz aller dieser Schwierigkeiten habe ich mich dazu entschlossen, keine schädlichen Chemikalien auf meinen Feldern und Saaten zu sprühen. Lebensmittel sind Teil der Ökologie des Lebens. Du kannst nicht die Blume von der Biene und den Kompost nicht vom Boden trennen."

„Deine Geschichte ist so interessant", sagt Vladimir. „Ich habe noch nie so darüber nachgedacht."

Schon durch das Teilen ihrer Geschichten untereinander entscheidet die Gruppe, sich in ihrem Leben mehr Zeit für diejenigen in ihrem Umfeld zu nehmen, die sie brauchen, auch für die Tiere. Jede Person macht eine Absichtserklärung, ihre Großeltern oder andere ältere Mitmenschen öfter anzurufen, vor allem, wenn es nicht möglich ist, diese physisch zu besuchen. Sie nehmen sich vor, Zeit in der Natur zu verbringen und wann immer möglich von der natürlichen Welt zu lernen. Sogar ein Lächeln gegenüber Fremden auf der Straße hilft, Gemeinschaften der Fürsorge zu formen.

„Und all das beginnt jetzt und hier in unserer kleinen Gruppe!", sagt Lai.

„Das ist wahr", stimmt Vladimir zu. „Für keine dieser Aktionen braucht es einen Studienabschluss oder Geld."

„Sie entspringen aus Freundlichkeit und unseren Herzen", fügt Rose hinzu.

„Ich glaube, dass das ultimative Ziel nicht ist, unseren Planeten vor dem Kollaps zu bewahren", sagt Mitchell, „sondern *die Welt zu sein*, in der wir leben wollen; Teil eines gesunden Wurzelwerks zu sein, durch das neues Leben aussprossen kann – auf Arten und Weisen, die wir uns jetzt noch nicht einmal vorstellen können."

„Hey, das finde ich gut", lacht Lai, „besonders, wenn es von einem Landwirt kommt."

Sie teilen die Überzeugung, dass unsere Welt transformiert werden wird durch dauerhafte Liebe und Fürsorge, genau wie jede und jeder Einzelne von ihnen. Das Leben erneuert sich selbst in jeder Minute, und das können auch wir, indem wir Teil der Erneuerung sind, und somit eine Renaissance des Selbst und der Gesellschaft schaffen.

Bevor sie zu Bett geht, erinnert sich Rose an die Schlüssel-Erkenntnisse, die sie im Webinar gehabt hat. Sie schreibt in ihr Tagebuch: „Die Zukunfts-Möglichkeit einer mitfühlenderen Welt existiert schon hier und heute. Sie ist Teil des Feldes des Lebens, welches uns unterhält. Die Meisten von uns bemerken dies nicht, weil wir in unseren alten Narrativen von Dualität und Trennung verhaftet sind. Diese Zukunft ins Leben zu rufen, beginnt mit dem Eintreten in das Bewusstsein für die Entscheidung, die dies passieren lässt. Dann folgt die Entscheidung, nicht mehr teilzunehmen am alten Trennungsverhalten; den alten Dualitäten von entweder – oder, diesem oder jenem, Gewinnen oder Verlieren, du oder ich, wir oder sie. Danach folgt die Entscheidung, im Bewusstseins-Zustand der Zukunfts-Möglichkeit zu leben, der wir uns verschrieben haben. Wir müssen so leben, als würde alles schon im derzeitigen Moment passieren. Wir treffen die Entscheidung, unsere Zukunfts-Fertigkeiten zusammen zu entwickeln, indem wir voneinander lernen und zusammen entdecken, wer wir werden müssen. Durch diese Praxis als unsere tägliche Verpflichtung werden wir zur neuen Geschichte."

Übung zum Neu-Schreiben unserer Geschichte und Re-Patterning unserer Leben

Ein paar Tage später ruft Mitchell Rose an, um mehr über sie zu erfahren – und ihr Angebot anzunehmen, mehr über die Übung zu hören, die Rose von ihrer Großmutter bekommen hat für das Neu-Schreiben der eigenen Geschichte und das Erzeugen von neuen Pattern im Leben.

„Danke für deinen Anruf, Mitchell. Meine Großmutter sagt häufig, dass das, was uns bevorsteht, wirklich mythisch ist. Wir sind nicht nur dabei, völlig neue Menschen zu erzeugen, wir werden sogar dazu aufgefordert, den Schaden wieder zu heilen, den wir einander und unserem Planeten zugefügt haben."

„Ich stimme ihr zu", sagt Mitchell.

„Unsere ureigene menschliche Natur ist aufgerufen, sich weiter zu vertiefen und mit dem Leben weiterzuentwickeln. Ich werde die Übung mit dir teilen, die sie mir gab. Ich hoffe, du wirst sie mögen. Bist du mit imaginalen Kräften vertraut?"

„Nö."

„Okay, lass mich ein paar Sachen erklären, bevor wir anfangen. Das Wort ‚imaginal' ist nicht das Gleiche wie Imagination, obwohl Imaginales die Imagination enthalten kann. Imaginales Bewusstsein ist ein kreativer Zustand des Bewusstseins, welches den Kosmos enthält, das heißt, die Sachen passieren nicht einfach nur in unserem Verstand. Es ist ein tatsächlicher Bereich des Bewusstseins selbst, in dem Dinge möglich sind und nicht vorbestimmt. Sogar das Universum benutzt diesen Bereich, um sich selbst weiterzuentwickeln. Du kannst diese imaginalen Reiche auch als Reiche der Zukunft verstehen; Gefilde, von denen wir höhere Inspirationen und Visionen empfangen."

„Das imaginale Reich ist wirklich neu für mich", erklärt Mitchell Rose. „Ich möchte dich noch mehr darüber fragen, aber ich möchte auch nicht die Übung verpassen, also werde ich mir die Fragen für einen späteren Zeitpunkt aufheben, okay?"

„Okay."

„Ich bin bereit. Lass uns den Sprung wagen!"

„Hättest du was dagegen, wenn ich die Übung aufnehme, sodass wir sie uns beide später noch einmal anhören können?"

„Mach nur."

„Ich werde dir aus dem vorlesen, was mir meine Großmutter gegeben hat", sagt Rose zu ihm, während sie den roten Aufnahmeknopf drückt.

„Klingt gut."

„Wir sind bereit zu beginnen. Schließe deine Augen und lass dich durch meine Stimme leiten."

Mitchell folgt ihren Anweisungen und lehnt sich zurück in seinen Stuhl.

„Atme ein paarmal tief ein und aus und entspanne dich. Erlaube dir, empfänglich für das zu werden, was kommt. Setze alle Zweifel an deinem Vermögen, dein Leben neu zu erzählen und neue Pattern zu erzeugen, aus – löse sie auf. Diese Zweifel haben keinen Einfluss hier. Lasse sie los. Nun nimm dir einen Moment, um mit deinen imaginalen Kräften in Kontakt zu treten. Fühle die Lebenskraft durch dich hindurchfließen. Öffne deinen Verstand.

„Deine imaginalen Kräfte weben den Stoff deiner Träume, Visionen, Überzeugungen und Ideen zu den größeren Mustern des Lebens selbst. Deine imaginale Kraft ist so natürlich, dass du vielleicht nicht einmal realisierst, wie du sie ständig benutzt: Wenn du etwas Neues entdeckst; wenn du dir einen Weg durch eine Situation oder Schwierigkeit vorstellst; wenn du deine Intuition benutzt; wenn du dich mit Menschen verbindest, die du liebst und erspürst, wie es ihnen geht.

„Rufe jetzt deine imaginalen Kräfte an. Fordere sie auf, sich zu aktivieren. Fühle die imaginalen Kräfte in deinem Inneren stärker werden. Du kannst dir sogar vorstellen, die imaginalen Kräften seien ein wunderschöner Strom von Energie, der durch deinen gesamten Körper-Verstand fließt, mit dem du nun in Verbindung treten und arbeiten kannst.

„Du hast nun direkten Zugriff auf diese Kräfte. Dies erweitert sofort dein Denken, deine Intuition und deine Wahrnehmungsfähigkeiten. Du hast nun den imaginalen Zustand des Bewusstseins betreten.

„Aus diesem imaginalen Zustand des Bewusstseins werde dir nun bewusst, wie der Kosmos in dir lebt – als deine innere Architektur, deine Kreativität, dein inneres Leitsystem, und deine Quelle der Verbundenheit mit dem Leben in seiner Totalität. Das Zentrum des Kosmos ist auch in deinem inneren Zentrum, welches wie dein inneres Heiligtum ist, dein inneres Zuhause.

„Bringe deine Wahrnehmung in dieses innere Zentrum und nimm wahr, wie dieses Zentrum in natürlicher Verbindung mit deinem ganzen Sein steht. Es empfängt und verarbeitet alle Signale deines ganzen Selbst und zirkuliert die Kosmische Liebe und Weisheit zu allen Arealen, zu jeder Zelle und Faser deines Wesens.

„Dein inneres Zentrum ist ein sehr vertrauensvoller Ort, der dein inneres Zuhause ist. Wenn du dieses innere Zuhause betrittst, fühlst du dich so wunderbar, sicher, erkannt und unterstützt. Dies ist das Zuhause, aus dem alles hervorgeht, alles emergiert. Dieses innere Zuhause besitzt einen Raum, in dem Geschichten generiert werden, neue Stücke, Charaktere, Kapitel, die geschrieben und redigiert werden. Dieser Geschichten-Raum gibt dir direkten Zugang zu deiner Erzähl-Kraft und hilft dir, dein Leben als große sich entfaltende Geschichte zu sehen, die sich immer in einem Stadium von Bewegung und Wandel befindet. Es ist ein innerer Raum des spielerischen

Erschaffens, Lernens, Entdeckens, Kreisens, Wirbelns, und Entfaltens des wahrhaftigen Stoffes der Schöpfung.

„Stehe inmitten dieses großartigen Sich-Entfaltens deines eigenen Lebens. Spüre, wie du in dieser unglaublichen Kosmischen Kreativität badest, die natürlich und mühelos entsteht. Deine kreativen Kräfte sind nun durchdrungen von Kosmischer Weisheit und Potenz für das Treffen von Entscheidungen höherer Ordnung. Fühle, wie deine Fähigkeit zu wählen, zu erschaffen, zu weben und zu selektieren jetzt enorm zugenommen hat. Du bist nun durchflutet von der schieren Pracht und Fülle dieser Kosmischen Kreativität. Du kannst nun die rückwärts und vorwärts gerichteten Pattern erkennen, die dein Leben auf eine höhere Ebene des Seins heben.

„Sieh die Pattern in die Zukunft weisen, während du deine Fertigkeit anwendest, dein Leben mit neuen Pattern zu versehen und deine Geschichte neu zu schreiben. Du hast nun direkten Zugriff auf diese Fertigkeiten. Deine imaginale Kraft ist die kreative Kraft des Kosmos, durch die du dein Leben und das Universum weiterentwickelst. Dieser Bewusstseinszustand, in dem du jetzt bist, ist der Zustand deines zukünftigen menschlichen Selbst. Du bist nun im direkten Kontakt mit deinen menschlichen Zukunfts-Fähigkeiten. Von diesem Ort aus bist du in der Lage, neue Pattern für dein Leben zu erschaffen und zu säen.

„Werde dir deiner alten Geschichte und der früheren Entscheidungen bewusst, welche die Pattern der Geschichten deines Lebens ausmachten. Formuliere die klare Intention, all die alten Entscheidungen und Pattern loszulassen und aufzulösen, die dir nicht mehr länger dienlich sind. Bitte dein Zukunfts-Bewusstsein dir zu zeigen, welche unendliche Bandbreite von Möglichkeiten dir zur Verfügung steht. Beginne die Möglichkeiten neuer Entscheidungen auszuschöpfen, die dein Erblühen vollkommen unterstützen.

„Diese neuen Entscheidungen können die Form von Plänen, Intentionen und Handlungsweisen annehmen, aus denen neue Pattern deines zukünftigen Lebens emergieren. Bitte die Kosmische Architektur des Lebens, nun dein Energiefeld zur Unterstützung dieser neuen Entscheidungen und Pattern zu optimieren.

„Sieh, wie dein Leben jetzt encodiert ist mit allen diesen wunderbaren neuen Entscheidungen, die dir Zugang zu völlig neuen Möglichkeiten verschaffen. Fühle, wie die Interaktion mit diesen neuen Entscheidungen die Geschichte deines Lebens verändert. Beginne zu erspüren und zu erfassen, was die Pattern dieser neuen Lebensgeschichte sein werden.

„Du wählst vielleicht eine neue berufliche Laufbahn oder eine neue Kunstform, die du erlernen und entdecken willst. Du entscheidest dich vielleicht für bestimmte Fertigkeiten oder Aktivitäten, oder nimmst neue Freundschaften und Beziehungen auf, die dir ermöglichen, dich in deiner ganzen emotionalen Bandbreite auszudrücken. Vielleicht warten Abenteuer auf dich: Reisen in ferne Länder, Begegnungen mit neuen Kulturen und Völkern, die dich in Erstaunen versetzen und inspirieren, indem sie erfüllendere Erfahrungen, mehr Leben, mehr Entzücken und fruchtbareres Lernen mit sich bringen. Du wirst vielleicht eine neue Geschichte erkennen, in der dein spirituelles Leben in den Vordergrund rückt; eine Geschichte, in der du Quellen und Ressourcen entdeckst, die dich mit Schönheit, Bedeutung und Bestimmung beschenken.

„Erlaube all diesen und noch so vielen weiteren Dingen emporzukommen und zu erscheinen, zusammen mit dem Wissen, dass diese wunderbaren Veränderungen nicht nur möglich, sondern sogar wahrscheinlich sind. Probiere jede Möglichkeit auf dem Monitor deines Verstandes aus und wähle die, die den meisten Anklang bei dir finden. Sieh die Möglichkeiten, fühle sie, und erkenne sie vor allem als potentielle Realitäten, die sich in der physikalischen Raum-Zeit-Welt manifestieren können, in der du gerade lebst.

„Fahre damit so lange fort, bis du die lebendige Kraft deiner besten, optimierten Realität genau wahrnehmen kannst. Und wisse auch, dass dich der Kosmos unterstützt – durch das Hinzufügen von Elementen, Koinzidenzen und Ressourcen für deine Vision, sowie durch Menschen, Ideen und Gelegenheiten, die dir helfen, deine neue Geschichte zu realisieren. Dies ist die interdependente und co-kreative Natur unseres Universums. Je öfter du diese Übung durchführst, desto mehr wird deine neue Geschichte in dir wachsen, bis zu dem Punkt, wo das, was als imaginale Möglichkeit begann, eine sich verwirklichende Wahrscheinlichkeit wird. Sobald Gelegenheiten entstehen, die beginnen, harmonisch in die Pattern deiner neuen Geschichte zu passen und sich sogar dieser anpassen, begegne diesen Gelegenheiten und den Geschenken, die sie mit sich bringen, mit Dankbarkeit und Freude.

„So kannst du in bewusster Weise und in Co-Kreation mit dem Universum die Bedingungen für tiefgreifende Veränderungen in dir selbst, deinem Leben und in unserer Welt herbeiführen. Sobald du bereit bist, kannst du diese Übung beenden. Öffne deine Augen, dehne dich. Sei vollkommen präsent im Hier und Jetzt."

Die Kraft unserer Entscheidung beginnt im Kleinen

Mitchell sagt, nachdem Rose die Übung zu Ende gelesen hat, mit großen Augen: „Also, das war interessant! Es passiert nicht alle Tage, dass ich eine Übung erlebe, die mein Leben verändern kann, und noch dazu gelesen von einer schönen jungen Frau. Das ist für sich schon eine ‚lebensverändernde Erfahrung‘ lacht er.

„Ich bin froh, dass du eine positive Erfahrung hattest.“

„Das hatte ich. Das ist überwältigendes Zeug, Rose! Ich hatte keine Ahnung, dass das Universum in dieser Form lebendig ist, oder dass ich eine um Vieles größere Geschichte leben kann, als ich bisher lebe. Bislang hatte ich noch nie so eine Perspektive des ‚Hinter-den-Kulissen-Seins‘. Ich bemerke gerade, wie sehr meine Geschichte an die meiner Eltern und Großeltern geknüpft war. Geschichten von Verrat, Diskriminierung, Aufopferungen und kontinuierlichem Kampf. Ich hatte das Gefühl, dass ihnen gegenüber loyal zu sein bedeutete, auch gegenüber ihrer Geschichte loyal zu bleiben und mir ihre Probleme zu eigen zu machen. Aber ich habe den Eindruck, dass es an der Zeit ist, dies alles zu überdenken. Es hilft niemandem – und ihnen auch nicht – wenn auch meine Geschichte eine voller Leid und Ungerechtigkeit ist.“

Rose lächelt. Sie liebt, wie das Leben so spielt, indem es sie in Kontakt mit Menschen bringt, die wie sie selbst danach streben, eine Welt zu bauen, die auf völlig anderen Narrativen beruht. „Die Meditationen meiner Großmutter sind wirklich wirkungsvoll.“

„Das kannst du laut sagen.“

„Als ich letzte Woche diese Meditation kennenlernte, sah ich mich als Teil einer erstaunlichen Gruppe von Leuten aus der ganzen Welt. Wir haben in Teams zusammengearbeitet, um eine neue Welt zu erschaffen. Ich sah das Entstehen einer wachsenden Gemeinschaft innovativer Pioniere, die Systeme für regenerative Wirtschafts- und Finanzsysteme und ganz neue Währungen aufbauten. Wir haben holistische Wege für die Landwirtschaft in Kombination mit Wäldern zur Lebensmittelgewinnung geschaffen, und es gab Bürger-geführte Regierungsformen, die auch indigene Prinzipien und Verwalter umfassten.“

„Das klingt wirklich cool, Rose. Das ist meine Art von Leuten.“

„Und es gab noch so viel mehr. Weißt du, Mitchell, ich glaube, es ist kein Zufall, dass wir uns im Webinar getroffen haben. Ich würde gerne hören, was sich für dich diese Woche getan hat. Lass uns bald wieder sprechen, ok?“

„Klar."

Rose beendet den Anruf und ist verblüfft, wie ihr innerer Kompass sie zu den richtigen Mitstreitern und neuen Erfahrungen führt, die ihr helfen werden, noch vollkommener zu der Person heranzuwachsen, die sie werden will. Sie würdigt die Tatsache, dass wirklicher Wandel klein beginnt, indem sie ihre täglichen Interaktionen intentionell bewusst durchlebt. *Wir können unsere Geschichte ändern, indem wir entscheiden, für wen und was wir uns Zeit nehmen und wie wir in Erscheinung treten wollen.*

Am nächsten Morgen ruft Rose ihre Großmutter an, um ihr von dem wunderbaren Anruf mit Mitchell und den Anderen vom Webinar zu erzählen.

„Das klingt wunderbar, meine Liebe. Du entdeckst gerade, was es heißt, der ersehnte und notwendige Mensch für diese unsere Zeit zu werden und warum die größte Kraft in unserem Herzen liegt. Es ist deine Kraft zu lieben, Interesse zu zeigen und sichtbar zu werden. Gab es noch etwas anderes, was du besprechen wolltest? Ich war gerade dabei, die Hunde zu baden."

„Ja, eine Sache noch, Oma. Ich möchte wirklich zur Inspiration für diese kleinen Veränderungen in dieser Welt werden; Veränderungen, die vielleicht unerkannt bleiben, und die vielleicht auch insignifikant scheinen mögen, bis wir einen Wendepunkt erreichen. Manchmal schiebe ich meine eigenen Gefühle der Verletzlichkeit und der Unsicherheit von mir – bei alledem, was auf unserem Planeten so passiert. Anstatt mich selbst diese Emotionen *fühlen* zu lassen und wirklich zu bemerken, was passiert, habe ich die Tendenz, mich auf die wirklich großen Ziele zu fokussieren – wie ‚die Welt zu retten' Dieser Fokus gibt mir dann Mut, aber es ist nicht der wirkliche Mut, der eigentlich gebraucht wird. Das hab ich jetzt bemerkt. Es ist viel mutiger sich einzugestehen, dass ich manchmal ängstlich bin, so wie in der Nacht im Krankenhaus, als ich fast gestorben wär."

„Du bist ein helles Köpfchen. Hab ich dir das schonmal gesagt?"

„Ja."

„Das bist du wirklich. Wünsch mir ein gutes Händchen mit dem Rudel. Sie lassen sich baden, solange es danach genug Leckerlis gibt." Verdandi lacht. „Lass uns bald wieder sprechen, Rosie."

Integration -
Der Schlüssel des Paradoxen

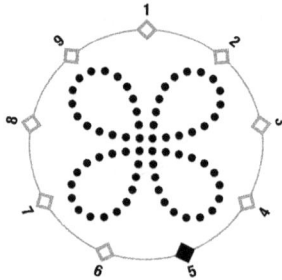

In diesem Kapitel haben wir erforscht, wie Zukunfts-Menschen mithilfe des Schlüssels des Paradoxen mit der moralischen Komplexität unserer Zeit arbeiten können, welche uns ermöglicht, mit der evolutionären Spannung umzugehen, die uns die neue Geschichte werden lässt.

> *Der Schlüssel des Paradoxen hilft uns, die evolutionären Spannungen anzunehmen, die die moralische Komplexität unseres Lebens mit sich bringt; er hilft uns, die Dualitäts-Fallen durch das Finden des dritten Weges zu transformieren.*

Die folgende Zusammenfassung wird dir helfen, diese Entdeckungen besser zu integrieren:

- Einheit erschafft Diversität. Der Glaube an Dualität und Trennung erschafft Verschiedenheit und Anders-Sein.

- Entscheidungen sind wie lebendige Wesen. Du musst sie am Leben erhalten durch Liebe und Fürsorge.

- Stelle das Empfinden ins Zentrum deiner Entscheidungsvorgänge und denke immer daran, dass Rechte auch mit Verpflichtungen einhergehen.

- Moralische Entscheidungen oder Entscheidungsprozesse können Anderen nicht aufgezwungen werden. Sie müssen aus einem konsultativen Prozess hervorgehen, der inklusiv, transformativ und evolutionär ist, indem er die größere Perspektive des Lebens mit einbezieht, welche uns alle umfasst und angeht.

- Ein moralischer Prozess kann dein Bewusstsein auf eine höhere Bewusstseinsebene bringen, die notwendig für den Zugang zu den höheren Entscheidungsmöglichkeiten deines Zukunfts-Potentials ist.

- Ein moralischer Prozess kann von den Prinzipien der Kosmischen Architektur des Lebens abgeleitet und designt werden.

- Du kannst keine Einheit erreichen, wenn du aus der Sicht von Gegensätzen her argumentierst. Die dialektische Spannung ist Teil des kreativen und transformativen Prozesses des Lebens selbst. Wenn du ein Paradoxon annimmst, lernst du, evolutionäre Spannung anzunehmen.

- Kreative Spannung dient dem Erwachen; du sollst nicht in ihr verharren. Solltest du das tun, dann wird es ungesund. Sobald ein neues Bewusstsein entsteht, wird dich dieses weiterhin leiten. Spannungen entstehen, wenn die Zeit für Wandel gekommen ist, und doch nutzen Manche Spannungen kategorisch dafür, um dem Wandel aus dem Weg zu gehen.

- Ein Paradoxon ist die Trinität, getarnt als Dualität, welche die evolutionäre Spannung für unser Bewusstsein aufrechterhält, um sich weiterentwickeln zu können. Es führt uns durch die moralische Komplexität, die Teil des Mensch-Seins ist.

- Komplikationen sind, was wir erschaffen, wenn wir die Komplexität des Lebens leugnen.

- Bei der wahren Heilung geht es nie darum, etwas zu flicken oder zu reparieren, sondern darum, durch die Versöhnung der Paradoxien Ganzheit und Erweiterung zu schaffen. Das ist, wofür der moralische Kompass richtungsweisend sein sollte.

- Arbeite mit dem Prinzip der Trinität, des Bewusstseins von Einheit, um Dualitätsfallen zu transformieren, die uns ins Nichts führen. Im Dualitäts-Modus fühlen sich Menschen defensiv, bedroht und in Erklärungsnot, ihre vermeintliche Andersartigkeit zu verteidigen.

- Wirklicher Wandel beginnt klein, indem wir mit unserer Intention bewusst durch unsere täglichen Interaktionen gehen. Das übergeordnete Ziel ist nicht, die Welt vor dem Kollaps zu retten, sondern die Welt zu werden, in der wir leben wollen.

- Durch beständige Liebe und Fürsorge wird unsere Welt sich verändern, so wie wir alle.

- Das Leben erneuert sich in jeder Minute selbst, und so kannst auch du Teil dieser Erneuerung sein.

KAPITEL 6

Eingehen in die Unterwelt

Das Unbewusste entdecken
mit dem Schlüssel der Dunkelheit

Seit ihrer Nahtod-Erfahrung ist Rose durch viele innere Veränderungen gegangen. Manche dieser Veränderungen beginnen, ganz neue Erfahrungen und Menschen in ihrem Leben anzuziehen, wie in ihrem letzten Webinar und ihren neuen Freundschaften mit Maria und Mitchell. Rose hat über Verdandis letzte Nachricht nachgedacht, wie man am besten evolutionäre Spannungen aushalten und willkommen heißen kann, anstatt sie zu vermeiden, indem man sich entweder in Dualität flüchtet oder eine künstliche Einheit vorgaukelt.

Rose findet es schwer, in ihrem Körper präsent zu bleiben, wenn sie Spannung fühlt. Sie weiß noch nicht, wie sie mit diesen verschiedenen Arten von Spannung umgehen soll. Sie hat die Tendenz, die Spannungen, die sie in ihrem Körper und bei anderen Menschen spürt, zu depersonalisieren, indem sie sie nur als intellektuelle Herausforderung angeht. Oft wird sie von ihrem Vater daran erinnert, dass sie neben ihrer mentalen Weiterentwicklung nicht die Wichtigkeit der emotionalen Entwicklung unterschätzen sollte. Sie muss Zeit und Raum für die Gefühle schaffen, auch für die unbequemen Ängste, Unsicherheiten und Unwägbarkeiten.

Sich anfreunden mit der Dunkelheit

Rose ist neugierig, mehr über die tieferen psychischen Strukturen zu lernen, die ihre Großmutter als mythische und archetypische Strukturen bezeichnet. Sie hat gelesen, dass der Schweizer Psychiater Carl Jung diese das „kollektive Unbewusste" genannt hat, welches aus den universalen archetypischen Strukturen unserer menschlichen Psyche besteht. Verdandi hat ihr erklärt, dass das kollektive Unbewusste zu uns mythisch spricht – durch symbolische Sprache, die auch primordiale Bilder enthält.

Rose hat vermehrt auf ihre Träume geachtet, insbesondere auf das Auftreten von Symbolen oder Tieren. Sie hat ihr Tagebuch auf dem Nachttisch neben ihrem Bett liegen und schreibt ihre Träume auf, sobald sie morgens aufwacht, um sich dieser symbolischen, mythischen Sprache noch bewusster zu werden. Sie würde gerne lernen, direkt mit den Archetypen zu sprechen, wie mit Athena, der Kosmischen Schlange und dem Drachen – was ihre Oma so selbstverständlich vermag.

Verdandi hat Rose auch erklärt, dass die Archetypen Teil des großen Kosmischen Verstandes sind; mythische Strukturen, die vielleicht sogar zu alten und viel weiter entwickelten Zivilisationen gehören könnten als unserer Eigenen. Verdandi sagt, dass manche dieser Archetypen vielleicht sogar zu Zukunfts-Zivilisationen in Parallel-Universen gehören könnten, die unserer geplagten Welt helfen können. In dem Wissen, dass Archetypen uns helfen können, höhere Bewusstseinsniveaus und neue konnektive Pattern zu erreichen, um unsere Evolution zu beschleunigen, ist Rose gespannt darauf, dies alles tiefer zu ergründen.

„Oma, ich fühle mich oft so, als hätte ich einen direkten Draht zu den Archetypen von Zukunfts-Zivilisationen, als wäre ich ein Zukunfts-Vorfahre. Sie zeigen mir Karten und Designs, die ich gerade lerne zu dekodieren, Tag für Tag. Ich habe den Eindruck, dass sie auch hinter meinen kürzlichen Entdeckungen mit dem Kosmischen Kompass stecken. Wie hängt das denn zusammen mit dem kollektiven Unbewussten? Ist das deren natürliche Domäne des Seins?"

„Ja, Rosie, das kollektive Unbewusste ist archetypisch. Wenn wir das kollektive Unbewusste betreten, treten wir in die archetypischen Sphären des Bewusstseins ein. Das ist es, was uns ermöglicht, direkt mit dem Kosmos zu sprechen. Seine Archetypen sind in deinen Archetypen enthalten und anders herum. In vielerlei Hinsicht ist das kollektive Unbewusste die direkteste, ja reinste Form der Kommunikation mit den größeren Realitäten des Seins, weil es frei von mentalen Interpretationen und Projektionen ist. Du könntest das damit vergleichen, dass du Informationen empfängst, die sich näher am Ursprungspunkt befinden im Vergleich zu denen, die aus den äußeren und dichteren Schichten des Verstandes herausgefiltert wurden. Erinnere, dass das Wort ‚unbewusst' nicht bedeutet, du seist nicht bewusst. Es bedeutet nur unbewusst für die gröberen Schichten des Geistes, nicht für die tieferen Dimensionen des Seins."

„Warum hilft uns das Unbewusste, uns auf die Dunkelheit einzulassen?"

„Aha, es ist also die Dunkelheit, auf die du aus bist, hmm?" Verdandi lächelt. „Bei der Dunkelheit gibt es mehrere Aspekte. Dunkelheit kann repräsentieren, was verschleiert und für die groben Schichten des Verstandes nicht zugänglich ist. Die subtilen Schichten des Bewusstseins erscheinen oft verschleiert, aber sie sind dennoch real und existieren, ungeachtet dessen, ob unser oberflächliches Bewusstsein sich dessen bewusst ist oder nicht. Diese subtilen Schichten haben ihre eigene Sprache und eigene Gesetze. Unser normaler Verstand mag das, was sich hinter dem Schleier befindet, als dunkel wahrnehmen, weil er sich seiner selbst noch nicht in dieser Weise bewusst ist. Dunkelheit bedeutet nichts Schlechtes oder Böses, obwohl das Böse uns lange versucht hat zu überzeugen, dass es sich dort versteckt, wo wir es nicht sehen können. Aber schau dir Hitler an. Er tötete Millionen von Juden mit seiner hoch organisierten Armee und seinen Verbündeten, und das alles am helllichten Tag, für alle sichtbar."

„Heißt das, dass wir uns einiger verborgener Geheimnisse des Lebens bewusst werden können, indem wir in Dunkelheit eintreten?", fragt sich Rose laut. „In vielen mystischen und spirituellen Lehren muss eine Person einige Zeit in der Einsamkeit einer Höhle oder einem dunklen Ort verbringen, um sich des eigenen inneren Lichtes gewahr zu werden."

„Wenn die Leute nur realisieren würden, welche Kraft in der heiligen Dunkelheit liegt, würde es uns viel empfänglicher gegenüber der stärksten und existentiellen Weisheit unseres Universums machen!", ruft Verdandi. „Die Dunkelheit hält auch starke Medizin für die Selbstheilung und die innere Regeneration bereit. Täglich einige Minuten in den Armen kompletter Dunkelheit zu verbringen, kann Stress erheblich reduzieren. Es kann Körper und Geist helfen, sich in profunder Weise zu heilen und neu auszurichten – quasi als Reset.

„Wenn unser Verstand in Dunkelheit ruht", fährt sie fort, „werden wir harmonisch eingestimmt auf unseren inneren Puls und die Essenz unseres Seins. Es ist im Moment unglaublich wichtig, Menschen zu helfen, der heiligen Dunkelheit zu vertrauen. Viele Leute leiden an Depressionen, weil sie das Gefühl haben, sie hätten keine Zukunft, keine Sicherheit oder Richtung im Leben. Eine Depression kann sich so anfühlen, als würde man von einem enormen schwarzen Loch verschlungen. Dunkelheit kann beängstigend sein, besonders, wenn man nicht sieht, was sich dahinter befindet. Deshalb wirst du mich oft von der ‚heiligen Dunkelheit' sprechen hören, die die Dunkelheit des Mutterleibs ist, die ein Wesen unterstützt, in dieser Zeit des großen Wandels und der Unsicherheit in Sicherheit zu wachsen."

„Deshalb liebe ich die Dunkelheit so sehr, Oma."

„Ich weiß, wie sehr."

Verdandi hatte Rose schon in jungen Jahren gelehrt, dass die Dunkelheit ein magischer Ort ist, wo sich größere Mysterien auftun. Sie nahm Rose häufig auf Abendspaziergänge in den Wald mit, um ihr zu helfen zu lernen, auf ihren Körper und seinen Orientierungssinn zu vertrauen. Durch diese Erfahrungen hat Rose gelernt, dass sie im Dunkel der Ungewissheit sicher ist. Sie entdeckte auch, wie inmitten der Dunkelheit eine unsichtbare Kraft lebt, die unendlich fürsorglich ist und sie hält und beschützt, sobald sie sich verloren und beängstigt fühlt.

„Ja, meine Kleine, du hast schon früh gelernt, der Dunkelheit zu vertrauen. Deine Intuition aktiviert sich jetzt ganz natürlich. Du hast diese Schatzsuchen im Dunkeln geliebt, weißt du noch?"

„Ja, ich erinnere mich."

„Daraus ist jetzt deine Schatzsuche nach dem verborgenen Wissen in der Dunkelheit des unergründlichen Universums geworden."

„Du hast recht." Rose lächelt. „Diese Schatzsuchen haben solchen Spaß gemacht. Meine kürzliche Nahtoderfahrung hat mich tief in die Dunkelheit des Kosmos entführt. Ich habe keine Angst mehr zu sterben, obwohl ich hoffe, dass ich noch lange genug hierbleiben kann, dass ich das zu Ende bringe, was ich mit meinem Leben vor habe."

„Nimm dir Zeit, Liebes. Es mag sich so anfühlen, als würde alles immer schneller gehen, aber du hast alle Zeit, die du brauchst. Das führt uns zu einem weiteren Aspekt der Dunkelheit, nämlich Schatten und Ego. Obwohl der Dunkelheit oft vorgehalten wird, die Domäne der Schatten zu sein, hilft sie uns eigentlich dabei, die Schatten-Tendenzen unseres Egos zu offenbaren. Die eigene innere Dunkelheit zu umarmen, zeigt uns die Wichtigkeit von Selbsterkenntnis und Aufrichtigkeit gegenüber sich selbst. Indem wir uns mit unserer inneren Dunkelheit verbinden, werden wir unserer Ego-Projektionen gewahr, die an die Oberfläche kommen, wenn wir Aspekte unserer selbst und unseres Lebens verleugnen oder unterdrücken. Ein Schatten kann sich meisterhaft in Dunkelheit hüllen und das maskieren, was man nicht sehen oder fühlen will. Du erschaffst Schatten-Welten, wenn du dich in Dualität oder Trennung begibst. Je mehr du an Selbst-Bewusstheit zunimmst, desto weniger versteckst du dich hinter Schatten-Dynamiken oder Schatten-Spielen. Schatten haben keine eigene Macht. Wir ermächtigen die Schatten, indem wir sie füttern mit unseren eigenen Zurückweisungen, Projektionen, Manipulationen und Illusionen. Verbinde dich mit deinem Schatten, um die Orte innerer Verwundung und die Wurzeln deiner Angst und Projektionen zu heilen."

Rose atmet tief ein. „Es gibt so viel zu lernen und zu entdecken. Ich frage mich, ob ich je meiner selbst so bewusst werde, wie du es bist. Ich bemerke es nicht immer gleich, dass ich in meinen Schatten geschlüpft bin, oder wie ich mich davor bewahren kann, ins Unbewusste abzugleiten. Wenn ich das schon schwierig finde, stell dir nur mal vor, wie es für andere Menschen sein muss. Die haben nie die Art von Liebe und Unterstützung erfahren, die ich von euch bekommen habe. Können wir jemals auf eine erleuchtetere Menschheit hoffen?" Rose hält einen Moment inne. „Hey, haben eigentlich Länder und Kulturen auch Schatten?"

„Natürlich. Alles, was auf dich zutrifft, trifft auch auf größere Kollektive zu. Es gibt sogar archetypische Schatten, die wir in destruktiven Kulturen sehen können. Aber lass dich nicht entmutigen! Ich weiß, es mag scheinen, dass das Bewusst-Werden ein endloser Prozess ist, insbesondere, wenn so viel auf dem Spiel steht. Arbeite einfach weiter von der möglichen Zukunft her, die du in deinen Visionen gesehen hast, egal wie düster die Dinge auch ausschauen mögen."

„Aber Oma, wie können wir Freundschaft mit der Dunkelheit schließen und unsere Schatten demaskieren, wenn das alles sich so unangenehm anfühlt?"

„Präsenz und Lachen, Rosebud. Sei so voll und ganz präsent, wie du kannst. Nimm dich selbst nicht zu wichtig. Ehrliches Lachen löst alle unsere Ängste und entlarvt die Schatten auf natürliche Weise. Wenn du dein inneres Wachstum forcierst, dann kann das ungewollt den Schatten nähren. Entwickle die Qualitäten, die gesund sind, indem du dein authentisches Selbst in die Bereiche ausdehnst, in denen du dich unsicher oder verwundet fühlst. Wo du einen gesunden Baum hinpflanzt, kann kein Unkraut am selben Ort wachsen. Lebe in dem Raum, in dem du dich befindest. Sei dieser Raum. Sei das Universum, das du bist. Bewohne dein Selbst so vollkommen, damit nicht Andere ein Zelt in der Kuppel deines Inneren aufschlagen können. Arbeite mit deinen Gefühlen und Gedanken, und auch den starken Emotionen und realisiere, dass du nicht diese Gedanken und Gefühle *bist*. Du bist das, was diese Gedanken und Gefühle *erschafft*. Erlaube ihnen nicht, dich zu kontrollieren. Erkenne dich selbst als etwas Tieferes als das, was auf der Oberfläche deines Verstandes passiert."

Abtauchen unter die Oberfläche

Rose denkt über all das nach. „Hilft das Anfreunden mit der inneren Dunkelheit uns auch beim Arbeiten mit den evolutionären Spannungen und unseren Wachstumsschmerzen?"

„Ja, weil sich tiefes Wachstum in der Dunkelheit vollzieht. Genau wie Karotten und Kartoffeln in der Dunkelheit des Bodens wachsen, wachsen wir in der Dunkelheit des Mutterleibs des Lebens. In allen Zeitaltern wurde das Feminine mit Dunkelheit in Verbindung gebracht. Als die Männer begannen, ihre eigene innere Dunkelheit zu fürchten, wurden die Frauen beschuldigt, Männer in unbewusste animalische Verhaltensweisen zu locken. Das ist ein klares Beispiel für die Funktionsweise von Schatten! Das ist, was passiert, wenn Menschen ihre eigenen Wünsche und Begierden erst verleugnen und dann auf jemanden anders projizieren.

„Frauen haben natürlich auch ihre eigenen Schatten-Spiele", fährt Verdandi fort. „Der Schlüssel liegt darin, die evolutionären Spannungen anzunehmen, auszuhalten und willkommen zu heißen, die mit den Wachstumsschmerzen einhergehen, Rose. Lass deine Liebe und Selbst-Fürsorge wachsen und weite sie auf deine Wachstumsschmerzen aus. Das ist die einzige Art zu vermeiden, in Dualismen zu flüchten oder in sich in irgendwelchen Arten von schädlichen Projektionen zu verfangen. Wenn du Teile oder Verhaltensweisen deiner Selbst zurückweist, beginnst du, in einer künstlichen Leichtigkeit zu leben. Hier ist ein Paradoxon für dich: Der Weg zu höherem Bewusstsein führt durch den Abstieg ins Unbewusste. Denk ein wenig darüber nach. Ruf mich wieder an, nachdem du eine greifbare Erfahrung gemacht hast, was das heißt."

Rose, so eine entschlossen junge Person wie sie ist, entscheidet sich dafür, sofort nach dem Anruf mit der Großmutter damit zu experimentieren. Sie will herausfinden, wie weit sie in ihr Unbewusstes hinabsteigen kann. Sie schließt ihre Augen um zu meditieren, verbindet sich mit ihren imaginalen Kräften und formuliert ihre Intention, in ihr Unbewusstes einzutreten.

Zuerst denkt sie, es passiere nicht viel. Sie versucht es nochmal. Dieses Mal fühlt sie sich sehr schläfrig – so schläfrig, dass sie sich nicht erinnern kann, ob sie überhaupt hinabgestiegen ist. Sie versucht es wieder, aber ihr Verstand wird ruhelos und abgelenkt, als ob etwas sie nach oben drängen würde, statt hinab zu gelangen. Ratlos und frustriert ruft sie nach ein paar vergeblichen Versuchen ihre Großmutter an.

„Oma, ich kann das nicht!", ruft Rose verzweifelt. „Ich hab's so oft probiert. Entweder ich schlafe während der Meditation ein, oder mein Verstand bleibt an der Oberfläche und wird ständig von hunderten Gedanken abgelenkt. Wenn ich einschlafe, kann ich mich nicht erinnern, ob ich überhaupt in der Lage war, in mein Unbewusstes hinabzusteigen oder nicht. Ich brauche wirklich deine Hilfe bei dieser Übung!"

„Es hört sich so an, als würdest du vom aufwärtigen Wind gestört", sagt ihr Verdandi. „Der Verstand ist eine starke Kraft, und deiner ist darauf trainiert, weit in die Ferne zu reisen. Mentale Energie produziert sehr viel Luft im inneren System, und diese Luft kann dich an der Oberfläche deines Bewusstseins festhalten. Verbinde dich mit diesem inneren Aufwärtswind und bitte ihn, seine Richtung umzukehren. Bitte ihn, deinen Geist in die Tiefe zu lenken. Lass es uns gleich jetzt zusammen probieren. Schließ die Augen und atme ein paar Mal tief ein und aus."

Rose atmet tief ein und beginnt, sich wieder schläfrig zu fühlen. Sie hofft, dieses Mal wach bleiben zu können, um sich von Verdandis Stimme leiten zu lassen.

Übung zum Eingehen in das Unbewusste

„Entspanne dich so gut wie möglich. Lass alle Spannungen los, die du in deinem Körper spüren kannst. Werde vollkommen aufnahmefähig. Nun entspanne dich noch mehr. Verbinde dich mit deinen imaginalen Kräften und lass dich leiten.

„Stell dir eine Oberfläche vor, die vor dir schwebt. Über der Oberfläche befindet sich deine alltägliche Welt deines normalen Bewusstseins mit Informationen, derer du gewahr bist. Unter der Oberfläche deines Bewusstseins befinden sich die subtilen Dimensionen deines Verstandes. Stimme dich auf diese Oberfläche ein und werde dir ihrer Textur gewahr. Fühlt sie sich hart und fest oder weich und durchlässig an? Oder vielleicht sogar flüssig, wie Wasser? Kann Information aus deinem Unbewussten leicht an die Oberfläche deines Verstandes gelangen? Oder wird sie herausgefiltert? Vielleicht sogar gehindert am freien Hindurchtreten an die Oberfläche deines bewussten Verstandes?

„Nimm wahr, was dir intuitiv zu dieser oberflächlichen Ebene des Verstandes auffällt. Dies markiert die Schwelle zwischen Bewusstsein und Unbewusstsein. Wie auch immer deren Struktur sein mag, danke ihr für die

Rolle, die sie innehatte. Mach dir bewusst, dass diese Oberfläche sich aus deinem Bewusstsein heraus bildet und sich dadurch verändern kann, dass dein Bewusstsein *bewusst wird.* Wenn du einen vertieften Zugang zu deinem Unbewussten und zu den archetypischen Gefilden in dir erlangen möchtest, wisse im Herzen, dass dies vollständig möglich ist. Danke deinem Verstand für die protektive Rolle, die er spielt, und erinnere ihn an diese Möglichkeit.

„Informiere deinen Verstand zum Zwecke dieser Übung über deine Intention, tief unter die Oberfläche deines bewussten Denkens hinabsteigen zu wollen. Lass ihn wissen, dass du das Streben hast, in einer Art und Weise in die Gefilde des Unbewussten vorzudringen, die sicher und gesund ist. Wenn du dich schläfrig fühlst, ist dies ein natürlicher Teil dieses inneren Abstiegs, weil dein Gehirn in den Bereich der Delta-Wellen vordringt. Nimm die Schläfrigkeit wahr, ohne sie zu beeinflussen. Erlaube dir, weiter und weiter abzusinken und dich tiefer und tiefer in dein Inneres vorzuwagen, und dies, während du wach bleibst. Wenn der Aufwärts-Schub dich immer noch nahe der Oberfläche hält, kannst du die Hilfe deiner inneren Gravitationskraft anrufen und sie bitten, dir beim Herabsteigen zu helfen, um weiter und tiefer in dein inneres Selbst vorzudringen.

„Stell dir vor, das Unbewusste sei wie ein riesiger Ozean. Mit Hilfe der Schwerkraft gelangst du nun unter die Oberfläche deines inneren Ozeans des Bewusstseins. Schaue nun von unten auf die Oberfläche deiner Realität und nimm wahr, dass du die äußerliche Oberflächenwelt hinter dich gebracht hast. Du trittst nun in den tiefen inneren Zustand des Bewusstseins ein, der dir direkten Zugang zu deinem eigenen Unbewussten ermöglicht, und auch zu unserem kollektiven Unbewussten. Du kannst sogar fühlen, wie dieser Zustand warm und feucht ist, anders als unser gewöhnlicher Seins-Zustand. Tatsächlich ist es ein komplett neuer und anderer Zustand, durch den du in das Reich enormen Potentials und vielfältiger Geschichten und Arten des Seins eintrittst. Du wirst ein mythisches Wesen. Du wirst Teil des Traums vom ‚höheren Werden‘, der den höheren Geist der Menschheit seit jeher anzieht. Du musst dir dessen bewusst werden für den Weg deiner Bestimmung, für deine Verwirklichung in Zeit und Raum.

„Gib dich jetzt diesem tiefen inneren Zustand des Unbewussten hin. Bitte ihn, mit dir zu teilen, wessen du dir für deine Verwirklichung, dein Heilen und deine Bestimmung gewahr werden sollst. Dein Unbewusstes enthält symbolische Quellen des Wissens und archetypische Weisheiten, die noch nicht durch den normalen Verstand gefiltert wurden. Es kann dir völlig neue Perspektiven und ein neues Verständnis über dich selbst und dein

Leben aufzeigen. Danke deinem Unbewussten für das Prozessieren deiner Informationen, während du dich im Tiefschlaf befindest.

„Bitte nun den Kosmischen Architekten in dir, eine Brücke zwischen deinem unbewussten und bewussten Verstand zu bauen. Du kannst dir diese als eine innere Treppe vom Zentrum deines Gehirns kurz unter deiner Epiphyse bis ganz nach unten – an der Wirbelsäule entlang und durch dein Herz hindurch vorstellen. Über diese innere Treppe kannst du willentlich hinauf- oder hinabsteigen, dich über oder unter den oberflächlichen Schichten deiner Realität bewegen, und bewusst in die inneren Dimensionen vordringen, die unter der Oberfläche deines wachen Verstandes liegen.

„Werde dir dessen bewusst, wie dein persönliches Unbewusstes direkter Teil des kollektiven Unbewussten ist. Das kollektive Unbewusste dient auch als unendliche Quelle des Wissens und der Weisheit, sowie als archetypische Art des Seins, Wissens und Erschaffens, die unsere Fähigkeiten und Verwirklichung erweitern. Dazu gehören auch Reservoirs kollektiver Erinnerungen an Erfahrungen, die wir gemacht haben, sowie das Wissen über Möglichkeiten und Wahrscheinlichkeiten, die nie verwirklicht wurden. Die ungeborenen und nicht-realisierten Träume und Sehnsüchte der Menschheit können – wenn sie nicht einer Heilung zugeführt werden – zu kollektivem Schmerz und Trauma beitragen.

„Bitte das kollektive Unbewusste nun, sanft mit dir zu teilen, was dir und deiner zukünftigen Entwicklung, deiner zukünftigen Heilung und Verwirklichung nützlich sein könnte. Wenn du dir deiner ungeborenen oder verworfenen Träume, Sehnsüchte oder Potentiale bewusst wirst, nimm sie mit einer liebevollen Präsenz wahr. Dies einfach zu realisieren und anzunehmen eröffnet den Raum für Heilung. Wenn es irgendetwas von deiner Wahrnehmung und Bewusstwerdung zu lernen gibt, lass das Lernen behutsam und achtsam geschehen.

„Nimm wahr, wie deine eigene Heilung auch eine tiefere Heilung des kollektiven Unbewussten ermöglicht, da deine Erfahrungen Teil des kollektiven Unbewussten sind. Bitte die tiefen Wasser des kollektiven Unbewussten, alle unsere Erfahrungen und Traumata zu heilen, indem die inneren Wasser unseres persönlichen und kollektiven Unbewussten mit Vergebung, Anmut und Liebe genährt werden. Bitte um Heilung aller psychischen Strukturen der Menschheit und um eine vollkommene und geheilte Welt und Zukunft.

„Mit dem Gefühl der Dankbarkeit für alles, was du erfahren hast, steigst du jetzt auf der inneren Leiter wieder empor bis zur Oberfläche deiner bewussten Realität. Werde völlig präsent in deiner jetzigen Realität und deinem ganzen Selbst, in entspannter Bewusstheit und tiefer Verbundenheit mit dir selbst und dem Leben. Wenn du bereit bist, kannst du deine Augen öffnen."

Der Schlüssel der Dunkelheit

Rose öffnet langsam die Augen und integriert, was sie erlebt hat. Dieses Mal ist sie nicht eingeschlafen und war in der Lage, in die wässrige Welt unterhalb der oberflächlichen Schichten ihres aktiven Bewusstseins hinabzutauchen. Während sie in die tiefen dunklen Gewässer des Unbewussten eintrat, fühlte sie einen unglaublichen Frieden, ähnlich wie in der Erfahrung des Kosmischen Mutterleibes bei ihrer Wiedergeburt.

„Danke, Oma. Während ich in meine innere Dunkelheit hinabstieg, hörte ich ein tiefes brummendes Geräusch. Die Abwesenheit des aktiven Lichtes meines Verstandes war sehr beruhigend für alle meine Sinne. Ich merke jetzt, dass es dort dunkel war, weil mein Verstand aus dem Denk-Modus herausgetreten ist, der viel Licht-Aktivität in meinem Gehirn produziert. Anstelle dessen trat mein Verstand in einen profunden inneren Seins-Zustand."

„Du hast den Schlüssel der Dunkelheit entdeckt, Rosie. Wenn du in die Dunkelheit des Bewusstseins eintrittst, harmonisiert es dein ganzes Wesen mit den elementarsten Wellen des Bewusstseins, den Ursprungswellen des Kosmischen Geistes. Diese Ursprungswellen sind wie das tiefe Brummen, das du gehört hast; und auch wie die Trommel-Pattern, die Schamanen in ihren Zeremonien trommeln, um Menschen zu helfen, in den Bewusstseinszustand des Großen Mysteriums einzutreten. Dieses Pattern existiert auch im Trommeln deines eigenen Herzschlags und in deinem inneren Puls. Erinnerst du dich noch, wie du als kleines Mädchen mit deinem Kopf beim Baden ins Wasser eingetaucht bist, um diese inneren Klänge zu hören?"

„Oh ja, ich erinnere mich. Ich mache das immer noch, wenn ich mich gestresst fühle. Es entspannt mich, meinen inneren Puls in meinen Ohren zu hören, während mein Kopf unter Wasser ist. Jetzt verstehe ich, warum es so beruhigend ist. Also harmonisiert der Schlüssel der Dunkelheit unser gesamtes Wesen mit den primordialen Klangwelten und Quellharmonien unserer Existenz?"

„Ja."

„Das ist tiefgründig. Es ist dieses Stadium des Nicht-Denkens. Ist das der Grund, warum es das Unbewusste genannt wird?"

„Ja", sagt Verdandi. „Es ist der Zustand der tiefen Versenkung, in der es keine Dualität gibt: Kein Gegenüber und kein Draußen. Der Begriff ‚Unbewusstsein' ist ein eher unglückliches Wort, da dieser Bewusstseins-Zustand tatsächlich der tiefgreifendste Zustand des Bewusstseins in seiner primordialen Ausdrucksform ist – ohne die vielen zusätzlichen Schichten des Verstandes, die sich über die Zeit ausgebildet und weiterentwickelt haben. Er wurde beschrieben als das Unbewusste oder kollektive Unbewusste, um zu erklären, dass es nicht unser Zustand gewöhnlicher aktiver Bewusstheit ist. Was hast du sonst noch wahrgenommen, Rose?"

„Ich fühlte, dass dieser Zustand seinen ganz eigenen Modus des Erkennens und Begreifens besitzt. Er ist viel direkter, primordialer und intuitiver. Ich hatte kein Verlangen, irgendetwas zu analysieren oder auf etwas Bestimmtes zu fokussieren in diesem direkten Seins-Zustand. Ich habe auch gemerkt, wie dieses tiefe innere Wissen über mein eigenes persönliches Wissen hinausgeht. Ich konnte Erinnerungen fühlen, die in den dunklen Wassern des inneren Seins-Zustands gespeichert waren, die über meine persönlichen Erinnerungen hinausreichten. Die Erinnerungen fühlten sich an wie kollektive Tunnel, die im Untergrund Informationen über unsere kollektiven Erfahrungen kanalisieren. Einige dieser tunnelartigen Strukturen fühlten sich so an, als würden sie zu Archetypen höherer Wesen gehören."

Verdandi sieht Rose sehr aufmerksam an. „Interessant. Diese tunnelartigen Strukturen sind wirklich archetypisch. Es sind die tieferen psychischen Strukturen des kollektiven Unbewussten, welche dich in die mythischen Gefilde befördern. Die Tunnel des Verbunden-Seins. Gab es noch etwas anderes was du erlebt hast oder mit mir teilen willst?"

„Ja, ich hatte den Eindruck, dass die psychischen Strukturen mir etwas erzählten; indem sie mir zeigten, wie diese archetypischen Strukturen angerufen werden können, um unsere Welt zu heilen und zu transformieren. Ich würde wirklich gern mehr über all das erfahren, Oma."

„Alles zu seiner Zeit, mein Kind. Was du gerade erlebt hast, ist schon sehr bedeutsam. Erforsche diesen Schlüssel der Dunkelheit weiter und bitte den Kosmos, dir die Geheimnisse des Universums zu zeigen, die dieser Schlüssel hilft zu enthüllen. Wir können in ein paar Tagen wieder telefonieren.

Richte Sophia meine lieben Grüße aus und lass sie wissen, dass sie herzlich eingeladen ist, dich zu begleiten, wenn du uns in Island besuchst."

Rose ist dankbar für dieses neue Verständnis und neugierig zu erfahren, was sie noch mit dem Schlüssel der Dunkelheit entdecken wird. Sie reflektiert, inwiefern dieses Verständnis von Dunkelheit anders ist als die projizierte Dunkelheit dessen, was wir fürchten oder als böse ansehen.

Am späteren Abend schaut Rose sich einen Science-Fiction-Film an – *The Avatars Return* – der die Geschichte einer kleinen Gruppe von Mutanten erzählt, die die genetischen Codes der Zukunfts-Menschen haben und damit willentlich jederzeit Kosmische Seins-Zustände einnehmen können. Das verleiht ihnen alle möglichen speziellen Fertigkeiten; sie lernen, diese weiterzuentwickeln und anzuwenden, um die Welt vor einer Gruppe böser Erfinder virtueller Realitäten zu schützen. Diese Erfinder haben die Menschheit innerhalb einer Kuppel eingeschläfert, die eine virtuelle Version der Erde simuliert. Während ihres Aufenthalts in dieser virtuellen Meta-Welt bemerken die meisten von ihnen nicht, was mit der wirklichen Erde geschieht. Als die menschlichen Zukunfts-Codes beginnen in den Mutanten zu erwachen, kommen die Avatare zurück in ihre Welt und beginnen, telepathisch mit den Zukunfts-Menschen zu kommunizieren. Die Zukunfts-Menschen lernen, wie sie den Avatar-Zustand einnehmen können, um ihre kollektiven Fertigkeiten auszuschöpfen und ihre Welt von den bösen Erfindern zurückzuerobern. Während des Films fragt sich Rose, ob die psychischen Strukturen, die sie in ihrer Meditation mit Verdandi wahrgenommen hatte, irgendwie mit dem Avatar-Archetyp zusammenhängen – obwohl das nur ein Film war. Oder doch nicht?

Das Erforschen der Renaissance-Dynamiken

Ein paar Tage später ruft Rose Verdandi erneut an, diesmal um zu erfahren, in welchem Verhältnis die evolutionäre Spannung und die Renaissance-Zeiten zueinander stehen.

„Oma, hilft uns der Schlüssel der Dunkelheit auch mit den Renaissance-Dynamiken, die du früher erwähnt hast? Du sagtest, dass Renaissance-Perioden die Emergenz neuer Bewusstseinszustände und neuer Fertigkeiten triggern. Es gibt so viel Manipulation, so viele Ablenkungen, die die Leute davon abhalten, ihre inneren Tiefen zu ergründen. Wie kann unser Unbewusstes unsere Stärke werden? Wie können wir die Dunkelheit, die wir fürchten, heilen?"

„Ah, noch so ein ganz normaler Tag im Leben von Rose, hm? Nichts allzu Tiefgründiges, nur die normalen existentiellen Fragen. Überrascht es dich, dass du in Sachen Liebe bislang nicht so viel Glück hattest?", fragt Verdandi mit einem Augenzwinkern.

„Oma!"

Verdandi lacht. „Ich zieh dich nur auf. Lass uns über deine Fragen reden. In einer Renaissance ist es, als würde der Geist des Schöpfers entscheiden, dass die Zeit reif ist für einen erheblichen Sprung in Kultur und Bewusstsein. Während solcher Zeiten werden bestimmte soziale und psychische Enzyme verfügbar, um diese Veränderungen herbeizuführen. Manchmal sind die sozialen und psychischen Enzyme so grässlich, dass sie das Fortschreiten des Wandels beeinflussen. Die Menschen werden dann lakonisch und gelangweilt, können sogar in Gewalttätigkeit oder Hysterie getrieben werden, wenn der Anstoß zu Aufbruch, Wandel und Erneuerung zu lange dauert. Kulturen können allzu leicht ins Chaos stürzen in solchen Zeiten. Ökonomische und psychologische Depressionen und Gewalt regieren dann den Tag. Das passierte in allen Zeitaltern, die jemals Renaissance-Perioden vorausgingen."

„Das ist interessant. Ich kann sehen, dass das auch jetzt gerade passiert", stimmt Rose zu. „Es gibt eine Menge Chaos in unserer Welt, und der Veränderungsdruck steigt Tag für Tag."

„Du hast recht", sagt Verdandi. „Eine Renaissance ist eine Wiedergeburt aus chaotischen, überlebten, sterbenden oder desaströsen Verhältnissen. Renaissance-Zeiten bringen völlig neue Bewusstseins-Zustände hervor, die auch eine neue Art von Genialität triggern können, um uns aus den hoffnungslosen Verhältnissen heraus zu befördern. Diese neuen Bewusstseinszustände emergieren typischer Weise aus den tiefen dunklen Wassern unseres kollektiven Unbewussten, um uns zu helfen, unser Gefühl der Machtlosigkeit zu transzendieren und uns in eine persönliche und kollektive Genialität zu führen. Aus dem Schrecken von Kriegen und Gewalt heraus – und nun auch noch aus Klimakrise und Corona-Pandemie – werden gerade unsere Zukunfts-Codes aktiviert."

„Wie können diese Zukunfts-Kodierungen aus dem Grauen heraus aktiviert werden?", fragt Rose.

„Sehr gute Frage. Dieses Grauen fungiert als ein Signal an den Kosmos, dass wir reif für den Durchbruch sind. So ein Signal kann auch die Form eines starken kollektiven *Nein! Das muss aufhören! Wir sind der Wandel für das, was nicht funktioniert!'* annehmen. Wir werden dann zum Kosmischen Weckruf für das Universum, damit es sich entwickelt und mit uns zusammentut für die nächsten Stufen unserer Evolution. Das katalysiert dann die Enzyme für unseren Prozess der Metamorphose, um die dysfunktionellen Zustände aufzulösen, die so viel Leid erzeugen.

„Das Signal für die große Kosmische Intervention aktiviert auch die Zukunfts-Kodierungen in uns – als Verlockung für unser Werden", fährt Verdandi fort. „Während wir die Einzelheiten unserer neuen Zukunft noch nicht kennen, besitzen wir Mut, Hoffnung, Erneuerung, Stärke und Entschlossenheit, um bessere Systeme und Welten hervorzubringen. Dann beginnt der Kosmos, unsere imaginalen Kräfte mit neuer Kreativität, bahnbrechenden Ideen, neuen Erfindungen und der Inspiration für völlig neue Arten des Seins, Designs und Handelns zu befeuern. Das, mein Kind, ist die Verkündigung der Renaissance-Zeit, welche im Grunde der Prozess kollektiver Metamorphose im sterbenden Körper der Raupen-Welt ist. Du, meine Rosebud, repräsentierst die imaginalen Zellen des Schmetterlings. Du bist die Zukunft der Raupe, während ihr alter Körper kollabiert und stirbt."

„Ich bin froh, dass die Signale des Grauens in dieser Art nützlich werden und eine Renaissance auslösen können", sagt Rose. „Du hast vorhin erwähnt, dass sich der größte Teil des Wachstums in der Dunkelheit des Kokons und des Mutterleibs vollzieht, und auch im Mutterboden. Diese Enzyme, die die alten Strukturen zersetzen, werden auch in der Dunkelheit freigesetzt. Ist die Dunkelheit und das Unbewusste das Gleiche, was unsere Vorfahren als die Unterwelt bezeichneten? Auf Holländisch und Deutsch bedeutet das Wort ‚unconscious' ‚onderbewustzijn' bzw. ‚Unterbewusstsein'."

Eintreten in die Unterwelt, um wiedergeboren zu werden

Verdandi nickt. „Ja, man könnte sagen, dass das Unbewusste und die Unterwelt das Gleiche sind. Die Unterwelt ist nicht nur das Tor zum persönlichen Unterbewussten, es ist auch das kollektive Unbewusste, dass du in den Übungen erlebt hast. Wir brauchen wirklich eine andere Terminologie für all das; ich glaube, es ist am besten, wenn man versucht zu verstehen, in welche Richtung die Worte weisen, anstatt sie wortwörtlich zu nehmen. Die Unterwelt war von jeher der Ort, von dem aus eine Wiedergeburt erfolgt.

„Selbst Jesus ging in die Unterwelt – wo er in der Wüste auf den Teufel traf – um als Christus wiedergeboren zu werden", fährt Verdandi fort. „Christus trug die Kraft der Auferstehung in sich, die in dem gewöhnlichen Mann, der Jesus hieß, noch nicht erwacht war. Die Unterwelt ist der archetypische Abstieg, durch den wir Zugang zu völlig neuen Fertigkeiten und Kräften erlangen. Dennoch müssen wir unsere alten Lebensweisen loslassen – ja sogar sterben lassen – um aus der Unterwelt wiedergeboren zu werden."

Rose überlegt einen Moment und antwortet: „Wie meine eigene Nahtod-Erfahrung, als mein Herz im Krankenhaus für einige Minuten aufhörte zu schlagen. Ich sah, wie mein eigener Körper und ein Großteil der Welt in einem riesigen Kosmischen Kokon gehalten wurde – als Hospiz für alles im Sterben Liegende. Die Vision transformierte sich in die Dunkelheit des Kosmischen Mutterleibes, in dem ich fühlte, wie die Saat meines neuen Lebens aktiviert wurde und mich zurück ins Leben brachte. Ich habe nie bemerkt, dass dies eine Erfahrung der Unterwelt war, weil ich keinerlei angsteinflößenden Monster oder Versuchungen gesehen hatte."

„Dennoch hast du Momente des Zweifels und der Verzweiflung erlebt, bis du das Universum um Hilfe angerufen hast und dann meine Stimme hörtest", sagt ihr Verdandi. „Du musstest die Kontrolle abgeben und loslassen, bevor du die Kraft deiner persönlichen Renaissance abrufen konntest.

„Die psychischen Strukturen der Unterwelt sind Teil der primordialen Kräfte der Transformation. Diese muss man nicht fürchten, sondern vielmehr ehren und verstehen in ihrer wahren Wirkungsweise und Kraft", erzählt Verdandi. „Physisch könnten wir sogar sagen, dass die Unterwelt ein Teil deines Gehirns ist, der sich gerade unterhalb des Neocortex befindet, eine Hirnregion, die nicht durch deinen rationalen Verstand kontrolliert wird."

„Ich habe noch nie darüber nachgedacht", sagt Rose.

„Die Unterwelt ist auch die Welt des Hirnstamms und der Sitz deines uralten Reptilien-Gehirns", erklärt Verdandi. „In unserer Tradition wird sie von der ‚inneren Schlange' repräsentiert, weshalb die Schlange für uns ein mächtiger Archetypus und eine Verbündete ist. Der Kopf der Schlange ist der älteste Teil deines Gehirns, welcher dich eng mit der Erde und der schwingenden Sprache des Kosmos verbunden hält. Der Teil hilft dir, die Resonanz-Pattern des Lebens zu empfinden und zu fühlen, da all seine Kommunikation auf Schwingungen beruht."

Während Rose Verdandi zuhört, kann sie buchstäblich fühlen, wie dieser Teil ihres Gehirns anfängt zu kribbeln, als wenn die Schlange in ihrem Körper aufwachen würde. „Ich verstehe. Die heilige Schlange ist also die Wächterin der Unterwelt?"

„Ja."

„Gut, die Dinge beginnen, ein komplettes Bild zu ergeben. Würdest du mir noch mehr über diese Schwingungs-Sprache der Schlange erzählen?", bittet Rose.

„Die Schlange ist die primordiale Wächterin der kreativen Kräfte des Träumenden", erklärt Verdandi. „Wenn unsere Schamanen in ihre tiefe Trance eingehen, um Kosmische Nachrichten zu empfangen, dann treten diese oft erst als Klänge in den Körper ein, und konvergieren dann zu Visionen, Wissen und Verständnis. Ihre Verbindung zu der inneren Schlange verschafft ihnen den Zugriff auf die transformativen Kräfte des Universums. Der Kosmos kann in diese Menschen eintreten, ohne vom Verstand oder seine Gaukeleien abgelenkt zu werden.

„Die Schlange ist immer eng mit der Erde verbunden, da sie mit ihrem Bauch über ihre Oberfläche gleitet. Sie ist auch eng mit den Zyklen des Wandels, der Wiedergeburt und Erneuerung verbunden. Wenn wir in die Unterwelt eintreten, entdecken wir im Grunde das Kosmische Ohr und stimmen uns auf die direkte Kommunikation mit den transformativen Kräften als den tiefsten Dimensionen der Realität ein. Wenn wir lernen, mit dem Kosmischen Ohr zu hören, entdecken wir, wie der Kosmos mit uns lauscht und uns antwortet. Diese Fähigkeit ist essentiell in Renaissance-Zeiten, in denen das Zusammenbrechen von Kommunikation die Rezeptivität von Menschen in Bezug auf ihre innere Kosmische Führung blockieren und verzerren kann."

„Unglaublich", murmelt Rose. „Und was ist mit Veränderungen der Erde? Können wir die auch hören, wenn wir lernen, mit dem Bewusstsein der inneren Schlange zuzuhören?"

„Ja. Diese innere Fähigkeit stimmt dich auf die geomagnetischen Klänge unseres Planeten und unseres Universums ein. Unsere Schamanen wissen oft vorher, ob es ein Erdbeben geben oder ein Vulkan ausbrechen wird. Sie können diese Klänge wahrnehmen, die von der Erde ca. 48 Stunden vor einem Ausbruch emittiert werden."

„Das ist faszinierend", sagt Rose, „ich kann diese Klänge auch hören, wusste aber nie, was sie bedeuten. Es gibt dann einen seltsamen Effekt in meinem Kopf, der damit beginnt, dass ich auf einmal aus allen Richtungen in Stereo hören kann. Dann gibt es eine Eruption von hohen Tönen, begleitet von blauen Licht-Blitzen. Jetzt weiß ich, dass ich dafür sorgen muss, dass mein analytischer Verstand nicht so laut wird, dass er meinen Zugang zur Unterwelt dominieren kann. Ich werde mit der Schlange in Kontakt treten, damit sie mir hilft, die Bewusstseinsstadien der Unterwelt betreten zu können."

„Gut. Du machst das schon ganz selbstverständlich, aber du hast jetzt ein paar mehr bewusste Werkzeuge, mit denen du arbeiten kannst. Denke daran, dass du, um den Schlangen-Zustand des Bewusstseins zu erreichen, rhythmische und vibrierende Stimulation benötigst. Beginne, indem du dich entspannst und dein Bewusstsein von deinem analytischen Verstand befreist. Dann beginne mit rhythmischem Atmen, Summen und Trommeln. Wiege deinen Körper sanft vor und zurück. Sobald die innere Schlange erwacht, kannst du ein leichtes Kribbeln in deiner Wirbelsäule oder deinem Kopf spüren. Bitte es, dich sicher in deine Unterwelt zu führen und wieder daraus aufzutauchen, wenn du dazu bereit bist. Denke daran, dass die Unterwelt ihre eigenen Regeln und Gesetze hat. Bitte die Kosmische Architektur darum, dich mit all dem bekannt zu machen."

„Darf ich diese Informationen mit meinen Freunden teilen?", fragt Rose.

„Ja, aber führe sie sanft in dieses Thema ein. Mache sie erst neugierig und fessle ihr Interesse, so dass sie von sich aus mehr erfahren wollen. Andernfalls werden sie beginnen zu glauben, dass solche besonderen Bewusstseinszustände für sie unerreichbar seien. Denke daran, die Menschen sanft dazu zu bringen, der tieferen Einladung der dunklen Wasser zu folgen, als tauchten sie in die unglaublichste blaue Lagune. Erzähle ihnen nicht gleich von den Haien und Seeigeln."

Rose kichert. „Also sollte ich sie eine Weile mit den Delphinen spielen lassen?"

„Ja. Viele Menschen sind in den oberflächlichen Realitäten der Welt eingeschlafen. Du musst sie aus dieser Oberflächlichkeit herauslocken. Sie wollen einen Riesenspaß haben und realisieren nicht, was es bedeutet, sich im Riesenbauch eines archetypischen Wals zu befinden", antwortet Verdandi mit einem verschmitzten Augenzwinkern.

„Es klingt so viel leichter, wenn du davon sprichst, Oma. Ich liebe die Dunkelheit. Das ist der Ort, von dem Licht geboren wird und in unsere Welt kommt. In der Dunkelheit kann das Licht unseres Verstandes die Wahrheit nicht verdrehen. In die heilige Dunkelheit einzutauchen hilft mir zu sehen, was wirklich existiert."

Integration -
Der Schlüssel der Dunkelheit

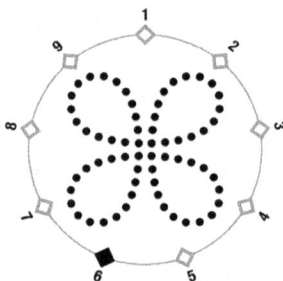

In diesem Kapitel haben wir ergründet, wie du sicher ins Unbewusste hinabsteigen und deine tieferen transformativen Renaissance-Kräfte entdecken kannst – mit Hilfe des Schlüssels der Dunkelheit.

> *Der Schlüssel der Dunkelheit harmonisiert dein ganzes Wesen mit dem Ur-Klang des Bewusstseins und hilft dir, Zugang zu den tiefen transformativen Kräfte des Unbewussten zu erlangen, um die evolutionären Spannungen willkommen zu heißen und bewusster zu werden.*

Die folgende Zusammenfassung wird dir helfen, diese Entdeckungen besser zu integrieren:

- Das persönliche und kollektive Unbewusste enthält die universellen archetypischen Strukturen unserer menschlichen Psyche. Um mit diesen psychischen Strukturen zu kommunizieren, müssen wir verstehen, wie das kollektive Unbewusste zu uns mythisch spricht – durch eine symbolische Sprache, die primordiale Bilder enthält.

- Die Dunkelheit kann das repräsentieren, was verschleiert und für die gröberen Schichten des Verstandes unsichtbar ist.

- Die heilige Dunkelheit macht uns empfänglicher für das existentielle Wissen unseres Universums und hält für uns potente Medizin zur Selbst-Heilung und inneren Regeneration bereit.

- Die Dunkelheit des Mutterleibes und des Kokons unterstützen dich, um in Zeiten großen Wandels und großer Unsicherheit sicher zu wachsen.

- Freunde dich mit deiner inneren Dunkelheit an und werde dir deiner eigenen Projektionen gewahr. Stelle dich dem, was du in dir verleugnest und unterdrückst. Der Schatten tendiert dazu, sich in Dunkelheit zu hüllen, um das zu maskieren, was er am meisten fürchtet: Nämlich, dass du entdecken könntest, dass er keine eigene Quelle für seine eigene Existenz hat.

- Denke daran, wie *Präsenz* und *Lachen* die schnellste Art sind, sich die Dunkelheit zum Freund zu machen und die Schatten zu vertreiben. Herzliches Lachen transformiert alle unsere Ängste.

- Tiefes Wachstum geschieht im Dunklen. Das Weibliche hat seine natürliche Heimat in der Dunkelheit.

- Der Weg zu höherem Bewusstsein führt durch den Abstieg ins Unbewusste.

- Der Schlüssel der Dunkelheit harmonisiert dein ganzes Wesen mit den Ur-Schwingungen des Bewusstseins: Den Wellenmustern der Einheit des Kosmischen Verstandes. Dies ist ein Zustand des Nicht-Denkens, der Non-Dualität und der tiefen Versenkung.

- Renaissance-Perioden triggern die Emergenz neuer Bewusstseins-Zustände und neuer Fähigkeiten aus der Tiefe des kollektiven Unbewussten.

- Renaissance-Perioden sind Zeiten von tiefgreifenden Entwicklungs-Sprüngen in Kultur und Bewusstsein. In solchen Zeiten werden spezielle soziale und psychische Enzyme verfügbar und wirksam, um diese Veränderungen zu katalysieren.

- Eine Renaissance ist eine Wiedergeburt aus chaotischen, überkommenen, sterbenden und desaströsen Verhältnissen, die völlig neuen Stadien von Bewusstsein Auftrieb geben, die typischerweise aus den tiefen dunklen Wassern unseres kollektiven Unbewussten entspringen.

- Aus den Schrecken von Kriegen und Gewalt, und aus der Klimakrise und der Corona-Krise heraus kommt es zur Aktivierung unserer Zukunfts-Kodierungen.

- Die Verkündigung einer Renaissance ist im Wesentlichen ein Prozess der kollektiven Metamorphose im sterbenden Körper der Raupen-Welt.

- Die Unterwelt ist der Ort, von dem die Wiedergeburt ausgeht. Die Unterwelt ist der archetypische Abstieg, durch welchen wir Zugang zu neuen Fertigkeiten und Kräften erlangen. Um aus der Unterwelt wiedergeboren zu werden, müssen wir unsere alte Welt und unsere alten Seh- und Seins-Gewohnheiten loslassen.

- Die psychischen Strukturen der Unterwelt sind Teil der primordialen Kräfte der Transformation. Diese soll man nicht fürchten, sondern als wirkliche Kraft ehren und verstehen lernen.

- Die Unterwelt ist überdies die Hirnregion, die sich kurz unter dem Neokortex befindet und die nicht von unserem rationalen Verstand kontrolliert wird.

- Wenn wir die Unterwelt betreten, entdecken wir unser Kosmisches Ohr und stimmen uns auf die direkte Kommunikation mit den transformativen Kräften der tiefsten Sphären der Realität ein.

- Du kannst deinen Zustand des Schlangen-Bewusstseins über rhythmische und vibrierende Impulse erreichen. Sobald die innere Schlange erwacht, kannst du sie bitten, dich sicher in die Unterwelt zu führen und sicher wieder auftauchen zu lassen, wenn du dazu bereit bist.

- Licht wird aus der Dunkelheit geboren, um unsere Welt zu erleuchten. Der Schlüssel der Dunkelheit ist gleichzeitig der Schlüssel des Lichts, indem man erkennt, dass die Dunkelheit unsichtbares Licht ist. Durch das Eintreten in die heilige Dunkelheit wirst du die fundamentale Natur der Realität entdecken.

KAPITEL 7

Entdecken neuer Bewusstseins-Zustände

Vertiefen unserer inneren Präsenz
durch den Schlüssel des bewussten Selbst

Rose ist unruhig: „Oma, ich finde es schwierig, mir des menschlichen Zustands und aller Probleme, die wir in der Welt verursachen, bewusster zu werden, ohne ständig alles zu bewerten. Wie kann man das schaffen? Du scheinst so ein tiefes Verständnis zu haben, was passiert und warum; und trotzdem habe ich dich nie klagen sehen oder jemanden verurteilen oder abstempeln."

„Ich bin keine Heilige, Liebes. Du hast einfach Glück, dass du mich in fortgeschrittenem Alter erlebst. Da siehst du mich von meiner Schokoladenseite", lacht Verdandi. „Frag Dagaz. Er kann dir Geschichten erzählen aus meinen Jugendzeiten und über meine leidenschaftlichen Tiraden über die Menschheit. Die menschliche Haltung der sturen Verleugnung, Arroganz, Ungerechtigkeit und Gier haben mich früher wirklich rasend gemacht."

„Und wie kannst du jetzt so ruhig damit umgehen?"

„Nicht ruhig, nur präsent und bewusster."

„Was ist der Unterschied?", fragt Rose. „Ich denke, sich seiner selbst bewusst zu sein, ist extrem wichtig, und ich würde gerne die Art der spiegelgleichen Weisheit dieses Sees entwickeln, die ich im Traum vom Kosmischen Kompass erlebt habe. Er reflektierte alles ohne Wertung. Ich fühle mich aber noch sehr weit entfernt von diesem Seins-Zustand."

„Der Unterschied besteht darin, dass ein ‚Sich-seiner-selbst-bewusst-Sein' bedeutet, dass man sich des Bewusstseins seines größeren Selbst völlig gewahr ist, während ‚innere Ruhe' einfach nur eine Geisteshaltung ist.

‚Sich-seiner-selbst-bewusst-Sein' ist mehr als nur eine Geisteshaltung, es ist ein Seins-Zustand. Es klingt danach, als wärst du bereit für den nächsten Kosmischen Schlüssel in deiner Ausbildung!", lacht Verdandi.

„Ist es so offensichtlich?" Rose lächelt. „Wenigstens habe ich es geschafft, wach zu bleiben, während ich in meine innere Dunkelheit hinabgestiegen bin – dank deiner Übung, die du mir letztens gegeben hast, als wir telefonierten. Ich habe das Gefühl, dass da noch viel ist, was ich nicht über mich weiß; so viel, was unter der Oberfläche des bewussten Verstandes wohnt. Ich scheine mehr darauf fokussiert zu sein, etwas über das Universum zu lernen, als über mich selbst."

„Nun ja, das ist ein typisch menschlicher Zug."

Unser Geist gleicht Portalen zu den Sternen

Verdandi sieht Rose über den Bildschirm ihres Telefons liebevoll an. „Sag mir, Liebes, welche Geheimnisse vom Universum hast du dir zusammengereimt, seit wir das letzte Mal gesprochen haben? Und denk dran, das Universum ist nicht immer ein ruhiger friedlicher Ort. Ich würde zum Beispiel nicht gern von einem schwarzen Loch verschluckt werden oder in einer Supernova explodieren. Ich war noch nie eine große Diva, noch nicht mal eine Kosmische."

„Du bist so witzig, Oma. Vielleicht ist es nicht so sehr die Ruhe, auf die ich mich konzentrieren sollte, sondern eher die Präsenz – wirkliche Präsenz, die im Bewusstsein begründet ist. Seit unserem Gespräch über die archetypischen Strukturen der Realität habe ich mich gefragt: Was ist eigentlich Raum, Zeit, Energie und Materie? Was ist, wenn die Dunkelheit inklusive der dunklen Materie und schwarzen Löcher die Grundlage für Licht ist? Was, wenn Dunkelheit die Erfahrung von Gravitation und Licht die Erfahrung von Zeitlosigkeit ist? Was, wenn schwarze Löcher die Gebärmutter-Strukturen des Universums sind, um neue Universen hervorzubringen?"

„So viele wunderbare Fragen, Rosebud! Ich liebe deinen Wissensdurst", sagt Verdandi.

Rose fühlt ein brennendes Verlangen, all diese fundamentalen Fragen über die Natur der Realität zu verstehen. Manchmal fühlt sich das Verlangen so stark an, dass es fieberhaft wird. Während ihrer früheren Unterhaltung hatte Verdandi vorgeschlagen, dass sie eine Serie von persönlichen ‚Mind-and-Body'-Übungen entwickeln sollte, um diese neuen Bewusstseins-Zustände auszubilden, die sie erforscht, um ihrem Körper und Verstand zu helfen, sich auf den höheren Bewusstseinszustrom einzustellen, dessen sie sich mehr und mehr gewahr wird.

„Denk daran – unser Geist gleicht Portalen zu den Sternen", fährt Verdandi fort. „Unsere Körper sind lebendige Mysterien, die uns einladen, in den Kosmischen Körper, Geist und die Kosmische Seele der Großen Mysterien einzutreten. Das Universum lebt in dir und durch dich. Evolution ist gefolgt von Involution, was dem Prozess des ‚Nach-innen-Gehens' entspricht, durch den wir entdecken, dass unsere Körper die Zellen der Mysterien sind, die uns Schlüssel zur Phase der Emergenz und zum Grund unserer Existenz geben. Durch diese kreative Partnerschaft, die du mit dem Universum und der Erde selbst entwickelst, wird deine tiefere Berufung und Bestimmung aktiviert, und du entdeckst den unendlichen Ressourcenreichtum und die Weisheit in der endlosen Ökologie des inneren Raumes. Du entdeckst nun, wie wir aktive und kreative Bewohner in einem Uni-Versum und einem Inner-Versum werden können, welche facettenreicher als alles sind, was wir uns jemals vorher vorstellen konnten."

„Das ist so viel aufregender als ein Leben zu führen, was von anderen bestimmt wird, um einfach nur die Rechnungen zu bezahlen. Ich wünschte, jeder könnte das erleben und entdecken, Oma."

„Ja, Liebes. Das ist die Welt der neuen Zeit, die auch die Möglichkeit einer erneuerten Spiritualität und einen höheren Sinn für die eigene Bestimmung birgt. Ausgebildet für die Anforderungen einer anderen Zeit und Kultur sind wir nun aufgefordert, die alten Lebensweisen zu ver-lernen, und eine Re-Edukation zu durchlaufen. Wir haben gewaltige Ressourcen in uns, die wir noch nicht mal ansatzweise begonnen haben zu erschließen. Um die vielen, vielen neuen Aufgaben zu meistern, mit denen wir konfrontiert sind, haben wir keine andere Wahl als uns in unsere eigene Größe hineinzubegeben. Wir müssen Größe demokratisieren und das gesamte Kontinuum unserer menschlichen und göttlichen Potentiale nutzen. Dies ist nicht nur möglich, sondern wird jetzt von uns erwartet. Tatsächlich mag es das sein, wofür wir geschaffen wurden, meine Liebe. Deine sich neu entfaltenden Bewusstseins-Zustände können dich mit derart wertvollen Informationen, Ideen und Entdeckungen ausstatten – und mit fundamental neuen Arten des Wissens, Seins und Erschaffens. Der Kosmos ist bereit, uns zu helfen, aber wir müssen auch bereit sein, diese Führung anzunehmen und anzuwenden. Deine innere Arbeit ist jetzt essentiell."

Rose hat das Gefühl, dass ihr inneres Training kurz vor einer Erweiterung und Vertiefung steht, und sie ist leicht nervös in Erwartung dessen, was sie als nächstes über sich selbst entdecken wird. „An welche Art von innerer Arbeit denkst du, Oma?"

„Die Art, die in dir sensorische und physische Systeme für eine neue Ordnung von Möglichkeiten entfacht", erklärt Verdandi. „Das ist der essentielle nächste Schritt im Erwachen deiner neuen Lebens-Bestimmung. Es umfasst auch eine neue Ordnung der Orchestrierung, denn wenn du dich deiner Berufung kunstvoll näherst, wirst du alle Teile deines Seins – deinen Körper, deinen Geist, dein Herz und alle deine Sinne in einer Weise damit in Einklang bringen, die deine Entdeckung deiner tieferen Bestimmung verstärkt."

„Aber wie? Es klingt alles so einfach und schön, wenn du es sagst. Papa hat letztens angerufen und mich gefragt, was ich mit meinem Leben anfangen will – zumindest im nächsten Jahr. Ich wusste nicht, was ich ihm antworten sollte. Er war nicht so glücklich über meine Entscheidung, meinen früheren Job im Buchladen aufzugeben."

„Mach dir keine Sorgen über deinen Vater. Ich werde mit ihm sprechen. Er macht sich bestimmt nur Sorgen um deine finanzielle Situation. Ich bin sicher, dass er verstehen wird, dass du Zeit und Raum für diese unfassbare Wachstums-Erfahrung in deinem Inneren brauchst, die bei dir gerade passiert. Als Therapeut weiß er nur zu gut, dass solche Prozesse nicht beschleunigt werden können. Du bist immer noch im Kokon. Vieles wird sich klären, wenn du aus dieser Phase wieder auftauchst."

„Danke, Oma. Und was ist jetzt mit dieser inneren Arbeit, die ich machen muss? Gibt es da etwas, was ich gerade machen kann?"

„Ja. Lerne, bewusster zu werden."

„Wirklich? Das ist alles? Du hast sonst keine Übungen für mich?" Rose hatte eine elaborierte Übungs-Session erwartet, in die sie eintauchen könnte.

„Leute brauchen ein ganzes Leben, sich ihrer selbst bewusst zu werden, Rosebud. Die Basis für die Entwicklung deiner menschlichen Zukunfts-Fertigkeiten und das Zugreifen auf viele deiner ungenutzten Potentiale beginnt mit Bewusstsein. Die Qualität und Meisterschaft deines eigenen Bewusstseins ist Schlüssel zu allem Anderen. Es gibt latente Fertigkeiten in unseren Körpern, zu denen viele Menschen nie einen Zugang erlangen oder diese gar weiterentwickeln, weil wir so einen regen Affen-Verstand besitzen, der uns immer nur mit Oberflächlichkeiten beschäftigt hält. Du weißt bereits, dass hinter Materie und der Materie unserer Körper mehr steckt, als viele Menschen realisieren. Der menschliche Körper ist ein erstaunlich plastisches System, der eine Vielzahl unterschiedlicher evolutionärer Potentiale und ungenutzter Fertigkeiten enthält. Wir erben in unseren Körpern und Nervensystemen die Überbleibsel der frühesten Wirbeltiere, sowie die Früchte der langen Evolution der Säugetiere. Wir enthalten aber auch die latente Substanz dessen, was wir noch werden können – unsere menschlichen Zukunfts-Potentiale. Wie der großartige Autor T. S. Eliot einmal sagte: ‚Vergangenheit und Zukunft sind versammelt in der Gegenwart.'"

„Dem stimme ich zu, aber an vielen Tagen fühle ich mich, als würde ich nur in meinem eigenen Bewusstsein herumschweben ohne zu wissen, worauf ich mich fokussieren soll. Und ich mag dieses Gefühl nicht", antwortet Rose leicht ärgerlich. Sie mag dieses Gefühl der Unruhe nicht, das sich in ihr aufbaut. Sie will nur ihr Leben weiterleben und sehen, wie ihre Zukunft, die sie gesehen hat, sich nun für sie entfaltet. „Kannst du mir nicht eine wirklich einfache Übung geben, die mir hilft, das Bewusstsein meiner selbst weiterzuentwickeln?"

„Na gut. Zunächst schaffe den Raum für fünf bis zehn Minuten am Tag, um einfach zu *SEIN*. Kein Analysieren. Keine Ablenkungen. Nichts zu tun oder zu lösen. Nur existieren. Sieh es als tägliche Selbstfürsorge. Das wird dein Bewusstsein für Präsenz stärken. Lerne aus deinem inneren Zustand der Präsenz heraus, deinen ‚bewussten Fokus' auf alles was du tust oder erforschst, zu lenken und zu verschieben. Erlaube diesem tiefen Bewusstsein so normal zu werden, wie dein Atmen. Willst du es versuchen?"

„Ja, bitte!" Rose macht es sich zwischen ihren Kissen auf der Couch bequem, und erwartet gespannt die neue Übung.

Übung zum Entspannen ins Bewusstsein

„Schließe deine Augen. Atme einige Male tief ein und aus und entspanne dich. Entspanne deinen Körper und deinen Geist. Lass alle Spannungen los, die du irgendwo fühlen magst. Entspanne deine Wahrnehmung. Es gibt keinen Grund, auf irgendetwas zu achten. Erlaube dir einfach zu sein. Bemerke den natürlichen Fluss deines Atems: Ein und aus..., ein und aus... Gib dir selbst die Zeit und den Raum, einfach zu sein. Lass die äußere Welt los; lass alles los, was du vielleicht noch festhältst. Sei einfach. Entspanne dich ins Existieren, schmelze in dich selbst hinein. Erlaube deinem Bewusstsein mühelos auf den Wellen puren Seins zu schweben. Lass dich vom Leben tragen. Entspanne dich und existiere einfach.

„Lass deinen Geist Eins werden mit der Essenz der Existenz selbst. Fühle die Weite der Existenz, ihre mühelose Präsenz. Lass sich deinen Geist völlig entspannen. Lass sogar die Zeit selbst los. Sei einfach, existiere. Es gibt nichts zu tun. Nur sein. Es gibt nichts zu tun. Gerade jetzt existierst du nur.

„Fühle die mühelose Präsenz der puren Existenz als tiefe Stille des Seins. Wenn du noch irgendwelchen Stress oder Spannung empfindest, gib diese ins Feld der puren Existenz hinein und lass sich alles komplett auflösen. Erlaube dir selbst, dich in pure Präsenz hinein zu entspannen.

„Realisiere in deinem tiefsten Inneren deines Seins, dass du komplett sicher bist. Deine Existenz ist sicher, egal was in der Welt oder in deinem Leben vor sich geht. Deine Existenz ist aus Bewusstsein geboren. Die üblichen Sorgen der Welt sind verschwunden, aber das Bewusstsein existiert weiter und ist immer in einem Zustand des mühelosen Geschehens; fließend, seiend – ohne etwas zu tun oder auch nur über etwas nachzudenken. Existenz und Essenz fließen kontinuierlich weiter und weiter... Du bist aufgehoben im Bewusstsein.“

„Angekommen in den tieferen Schichten deines inneren Seins – sei in deinem natürlichen Zustand des Bewusstseins, frei von äußeren oder inneren Angelegenheiten, frei von Schmerz und Spannungen. Sei nur... Sei... Wenn du bereit bist, kannst du sanft zurückkehren von diesem inneren Zustand und dabei den Fluss deines natürlichen Bewusstseins behalten.“

Die Lebensschule der Kosmischen Architektur

Einige Tage später trifft sich Rose mit Sophia zum Mittagessen. Es ist ein wunderschöner Frühlingstag in Amsterdam. Licht strömt durch das Fenster und lässt den Raum sehr fröhlich wirken. Die beiden jungen Frauen haben einige Stunden lang zusammen Geige geübt. Rose hat bemerkt, wie die Meditation des ‚Sich-seiner-selbst-bewusst-Seins‘ ihr auch bei der Musik geholfen hat. Indem sie sich in müheloser Bewusstheit zentriert, erreicht sie eine viel bessere Konzentration und Muskel-Koordination beim Geigespielen. Rose hat die Meditation mit Sophie geteilt, die sich darauf freut, diese auch in ihre tägliche Selbstfürsorge-Routine einzubauen.

Die Freundinnen sind nach dem Spielen von Bach und Vivaldi energetisiert und jetzt bereit für ihren riesigen grünen Salat mit Bio-Tomaten, Fetakäse, Oliven und frischem Basilikum.

„Sophia, ich sag dir – seit ich aus dem Krankenhaus zurück bin, fühle ich mich, als wäre ich in der Harry-Potter-Schule für Zauberer in Hogwarts eingeschrieben. Es ist einfach unglaublich; und manchmal sogar so unfassbar, dass du die einzige Freundin bist, mit der ich es überhaupt wage, darüber zu sprechen."

Sophia kichert: „Schwester, ich habe den Eindruck, dass das erst der Anfang ist…"

„Ich hoffe, es wird nicht noch gefährlicher als das, was ich schon erlebt habe. Sterben und Zurückkommen von der anderen Seite des Schleiers ist nichts, was ich zu einem jährlichen Ereignis werden lassen möchte. Einmal ist genug! Aber – im Ernst – ich fühle mich so, als wäre ich in der mystischen Lebensschule für Kosmische Architektur. Ich mache immer noch Online-Kurse in Kosmologie, Quantenfeld-Theorie, New Paradigm Sciences – und auf einmal ist alles so unglaublich persönlich geworden. Es fühlt sich komisch an, manchmal sogar falsch, nur über Raum-Zeit oder irgendwelche Partikel oder Kosmische Information zu sprechen, als wäre all das eine Abstraktion. Es ist das *Leben*, über das wir sprechen. Es ist so intim, real und persönlich. Ohne all dies würde niemand von uns auch nur existieren." Rose trinkt einen kleinen Schluck vom frischen Obstsaft.

„Um dir die Wahrheit zu sagen, ich habe bemerkt, dass etwas Tiefgreifendes sich in dir verändert hat, Rose. Sogar deine Sprache wird weniger abstrakt und irgendwie menschlicher."

„Waaas? Ich war früher nicht menschlich?"

„Natürlich warst du das", kichert Sophia. „Aber du klangst auch manchmal sehr abstrakt. Ich habe das Gefühl, dass du endlich alle diese bahnbrechenden Ideen in deinem menschlichen Herzen integrierst und nicht nur in deinem glänzenden Verstand. Bekommst du denn noch genug Schlaf? Unterschätze nicht, was dein Körper alles durchgemacht hat in der letzten Zeit."

Sophia sorgt sich um Rose, und nicht nur als ihre gute Freundin. Sie wird bald Ärztin sein. Sie sagt Rose nicht alles, was sie bemerkt, weil sie sie nicht beunruhigen will. Sie sieht, wie Roses Gesichtszüge sich verändern und sogar ihre physische Haltung sieht anders aus als zuvor, als wenn sie buchstäblich aus ihrem Inneren heraus einen neuen Körper wachsen lassen würde.

„Danke für deine Fürsorge, Sophia. Ich schlafe ungefähr acht Stunden pro Nacht, obwohl es sich manchmal so anfühlt, als wäre das nicht genug. Es gibt einfach so viel, was ich jeden Tag ergründen will – und ich scheine nie genug Zeit für alles zu haben."

„Worum geht es in diesen persönlichen Veränderungen?", fragt Sophia.

„Heute früh bin ich aufgewacht mit einer tiefen Liebe für unser Universum. Ich habe so eine Art Liebe noch nie vorher gefühlt. Es war, als würde mein Herz explodieren. Ich hatte keine Ahnung, dass ich für unser Universum eine solche Liebe empfinden könnte, weil es sich früher unglaublich riesig und unpersönlich für mich anfühlte. Es passierte, während ich über ein paar Interviews mit Sir Roger Penrose und Stuart Hameroff nachdachte, die ich kürzlich gesehen hatte."

„Wenn die beiden Männer wüssten, was sie mit ihren Interviews in dir ausgelöst haben!" Sophia lacht.

„Nein, nicht so", kichert Rose. „Sie sprachen über die Voraussetzungen von bewusstem Selbst-Erleben in sehr abstrakten Worten. Du weißt schon – z. B. der Rolle der Quanten-Gravitation, von Gravitations-Schwellen und sich selbst organisierenden Wellen, die in Verbindung stehen mit fundamentaler Raum-Zeit-Geometrie."[7]

„Ach das", grinst Sophia. „Ich muss dich enttäuschen, aber ich fürchte, das würde mein Herz nicht zu einer Eruption der Liebe für das Universum bringen. Aber gut, sprich weiter, liebe Schwester. Ich werde aufhören, dich zu unterbrechen." Sophia findet das alles sehr amüsant, während sie diese Ideen in einem parallelen Gedankenexperiment in ihrem Hinterkopf weiterbewegt.

„Während ich ihnen zuhörte", fährt Rose fort, „habe ich realisiert, dass all das, was sie beschreiben, auch buchstäblich gleichzeitig in uns selbst passiert. Mein Bewusstsein hat sich verändert und plötzlich habe ich bemerkt, wie das Universum träumt, singt, kommuniziert, denkt, launisch wird, Liebe macht, schwanger wird, gebiert, sich/sie/ihn/alle erneuert und Bewusstsein in jeder und jedem von uns präsent werden lässt. Die früheren Abstraktionen sind plötzlich weggebrochen und alles, was ich je über das Universum gelernt hatte, wurde plötzlich zutiefst persönlich."

„Ich verstehe. Das muss sehr tiefgreifend sein. Hast du schon deiner Oma davon erzählt?" Sophia weiß, wie eng Rose mit Verdandi verbunden ist.

„Ja. Sie sagte, dass der Archetypus des Geliebten in mir erwachen würde, welcher ein tiefes, mystisches Verständnis von der Natur der Realität hervorrufe. Es ist irgendwie komisch, Kosmologie und Physik durch die Perspektive des Geliebten zu studieren. Weißt du, ich bin wie ein Baby, wenn es um intime Beziehungen geht. Der emotionale Zustand der Geliebten fühlt sich völlig neu für mich an."

Sophia weiß, wie wenig Erfahrung Rose mit Intimität und Sexualität hat. „Die mystische Nonne und Heilerin Hildegard von Bingen war oft in einem Zustand sexueller Ekstase, während sie mit Gott kommunizierte. Wer weiß – vielleicht war sie deine Vorfahrin? Ich bin sicher, du könntest einen Kurs in Quantentheorie verkaufen, wenn die Leute wüssten, wie tief orgasmisch der Effekt dieses Wissens sein kann. ‚Kommen Sie und lernen Sie etwas über Kosmische Wellen-Pattern; Wellen, die Sie nie vergessen werden, da sie intime Lernerlebnisse mit dem geeinten Kosmischen Feld machen werden!'" Beide Frauen lachen jetzt – mit roten Wangen und warmen Bäuchen.

„Oh, Sophia, hör auf! Ich bekomm keine Luft. Das ist so komisch. Ich mach mir noch in die Hosen! Stell dir nur mal die Gesichter dieser Uni-Dozenten vor, wenn ich denen erzähle, dieses Thema sei ziemlich ‚heiß'."

Und das bringt sie wieder in Fahrt.

„Aber im Ernst", sagt Rose, „als ich diese Männer über Gravitations-Schwellen sprechen hörte, die in Verbindung mit fundamentaler Raum-Zeit-Geometrie stehen, konnte ich tatsächlich in meinem eigenen Körper fühlen, wie das in Verbindung mit unserer Fähigkeit steht, Entscheidungen zu treffen und die Erfahrung von Bewusstsein des eigenen Selbst zu haben.[8] Vielleicht erwacht unser Universum für einen Moment aus ihrem tiefen Delta-Zustand, wenn eine bestimmte kritische Quanten-Gravitations-Schwelle erreicht ist – "

„Der für uns Schlaf ist", unterbricht Sophia.

„Ja, und sie wird sich dessen bewusst, was passiert, und trifft eine Entscheidung, die ihr Bewusstsein in einen anderen Traum lenkt, der dann unsere lokale Erfahrung wird."

„Das ist ein neuer Gedanke."

„Laut Stuart Hameroff und Deepak Chopra ermöglichen sogenannte Mikrotubuli – zylindrische Protein-Polymere unseren Gehirnen die gleichen Quantenberechnungs-Fertigkeiten wie unserem Universum. Diese Mikrotubuli sind in der Lage, sich selbst zusammenzufinden und miteinander zu verbinden, um es zu ermöglichen, dass die Membran-Strukturen und die Gene in den Zellkernen miteinander kommunizieren und sich austauschen.[9] Das Universum hat seine Ohren und seine Stimme buchstäblich in uns selbst. Und es wird noch interessanter: Stuart Hameroff erwähnte, dass diese Verschiebungen zwischen Stadien der Information von den Superpositions-Quantenzuständen zu singulären Zuständen das Resultat von Quanten-

Gravitations-Schwellen seien, die Teil der fundamentalen Wellen der Raum-Zeit-Geometrie sind."[10]

„Das ist faszinierend, Rose. Ich liebe es, wie du deine feminine Perspektive in so etwas Abstraktes bringst. Vielleicht ist diese Quanten-Gravitation, die die Raum-Zeit krümmt, auch Teil unserer femininen Kurven. Jetzt sehe ich, warum du von unserem Universum als ‚sie' sprichst. Bitte erzähl weiter."

„Okay, also was auch immer auf den größten Skalen unseres Universums passiert, passiert auch jedes Mal, wenn wir denken, wenn wir Informationen verarbeiten und Entscheidungen treffen in unseren Körpern und im Verstand. Und – ja, ich stimme dir zu mit den femininen Kurven!" Rose lächelt. „Diese ganze Kosmische Architektur ist tatsächlich fraktal. Nun stell dir jede Welle der Raum-Zeit-Geometrie als Klang-Welle oder einen Vers vor. Kannst du nun sehen und hören, wie unser Universum kommuniziert? Wenn wir Verschiebungen in Raum-Zeit-Wellen oder Quanten-Gravitations-Schwellen oder unterschiedliche Stadien von Information messen, dann beobachten wir tatsächlich in Echtzeit, wie unser Universum am Leben ist und sich ausdrückt. Das Universum lebt, Sophia! Sie ist tatsächlich *lebendig*! Nun stell dir vor, du beobachtest das Entstehen eines schwarzen Lochs weit weg in einer anderen Galaxie. Mach dir klar, dass du in diesem intimen Moment das Universum beobachtest, während es neues Leben gebiert."

„Oh, wow. Ja, ich kann jetzt verstehen, warum das für dich so intim wird. Wir sind so daran gewöhnt, alles als Abstraktion anzusehen, was wir studieren. Wir versäumen es zu bemerken, dass das Universum in Wahrheit ein fühlendes Wesen ist, und nicht ein Ding oder ein ‚Es'. Vielleicht werden wir eines Tages herausfinden, wie all diese kosmologischen Daten, von denen du gesprochen hast, tatsächlich Teil der Sprache unseres Universums sind. Das ist das lebendige Buch der Schöpfung. Ich verstehe jetzt auch besser, warum meine Vorfahren sagen, dass das Träumen kontinuierlich ist. Mit anderen Worten passiert es in einem Bereich, der parallel zu unserer physischen Welt ist."

„Genau, Sophia. Oma hat mir auch erzählt, dass die alten Gnostiker und Mystiker immer gesagt haben, das Universum sei ein fühlendes Wesen. Wie alles sich entfaltet im Körper des großen *Einen*. Unsere Vorfahren wussten von der Kraft der heiligen Geometrie als Weg, uns mit den Kräften des Universums zu verbinden und zu kommunizieren. Die uralten Tempel, die heiligen Symbole und Zeichnungen basierten alle auf dieser Grundlage. Sie haben auch Klang mit der heiligen Geometrie kombiniert, um ins große

Bewusstsein der Einheit mit unserem Universum einzutreten. Scheinbar können die richtigen Klangmuster sogar den Zustand von Materie verändern."

„Diese Lebensschule der Kosmischen Architektur klingt nach großem Vergnügen! Bitte schreib mich auch ein!", sagt Sophia leidenschaftlich.

„Ich glaub, du bist schon eingeschrieben, Sophia. In deinem Fall haben deine Vorfahren dich angemeldet, bevor du geboren wurdest."

Spukhafte Fernwirkung

Nach der Konversation mit Sophia wird Rose klar, wie diese Entdeckungen die Schlüssel für die Veränderung der Sichtweise auf „Materie" beinhalten könnten. In vielen der vorherrschenden Religionen wurde Materie dafür verantwortlich gemacht, die Seele eingeschlossen zu haben, während in den mechanistischen Betrachtungen der Welt in der Newton'schen Physik und des cartesianischen Dualismus Materie darauf reduziert wurde, lediglich ein mechanischer Prozess von Teilen und Partikeln mit biochemischen Abläufen zu sein.

Rose ist überzeugt davon, dass eine neue Sicht auf Materie vonnöten ist, um die neuen regenerativen Wirtschaftsordnungen zu erschaffen, die die kosmische Architektur des Lebens nachahmen. Sie fühlt auch, dass das Begreifen des Bewusstseins als nicht-deterministisch – wie es Sir Roger Penrose vorgeschlagen hatte, als er sagte, Bewusstsein sei kein Algorithmus – zutiefst befreiend ist.

Während sie den Schlüssel des bewussten Selbst erforscht, lernt sie mehr über die Nichtlokalität: Lokalität ist ein Konzept, das Physiker benutzen um zu beschreiben, dass ein Ereignis an einem bestimmten Ort kein gleichzeitiges Resultat an einem anderen Ort hervorrufen oder beeinflussen kann. Das bedeutet, dass ein Informations-Transfer innerhalb der Raum-Zeit an das universelle Geschwindigkeitslimit des Lichtes gebunden ist, wie es in Einsteins Relativitätstheorie beschrieben ist. Ungeachtet dessen beobachteten Wissenschaftler, dass unter bestimmten Voraussetzungen – wie in einem Quantenzustand – eine Gleichzeitigkeit einer Partikel-Konnektivität existiert, welches durch das Prinzip der Nichtlokalität erklärt wurde. Albert Einstein nannte dieses Phänomen „spukhafte Fernwirkung". Einstein zeigte auch eine Verbindung zwischen Raum und Zeit auf, die unveränderlich bleibt; daher rührt der Begriff „Raum-Zeit" oder „Raumzeit". Er erklärte weiterhin, wie Gravitation aus der Krümmung unserer Raum-Zeit emergiert, und dementsprechend kann gesagt werden, dass Gravitation Geometrie ist.

Rose ist immer noch verblüfft und beeindruckt davon, wie ihre Großmutter wusste, was mit ihr im Krankenhaus passierte, als sie fühlte, dass sie im Sterben lag und sie in ihren Gedanken nach ihr rief. Sie fragt sich, ob diese Erfahrung auch mithilfe der Quantentheorie der Nichtlokalität erklärt werden könnte. Sie hat den Eindruck, dass ihre Erfahrung der unmittelbaren Verbindung mit ihrer Großmutter und der damals stattfindende Informations-Transfer mit den üblichen konventionellen Gesetzen der Physik nicht erklärbar ist.

Rose und Verdandi befanden sich damals an völlig unterschiedlichen physischen Orten, doch der Informationsaustausch zwischen ihnen übertraf bei weitem die universelle Geschwindigkeitsgrenze des Lichtes und passierte augenblicklich. Offensichtlich ist das Kosmische Bewusstsein nicht an die physikalischen Gesetze der Raum-Zeit gebunden. Die Partikel-Konnektivität kann ohne Informationsaustausch durch Raum-Zeit hindurch stattfinden. Erst nach der direkten persönlichen Erfahrung, begann Rose zu erkennen, was mit nichtlokaler Konnektivität gemeint ist, obwohl sie den Eindruck hat, dass viele Physiker nicht damit einverstanden sein werden, in welcher Weise sie das Prinzip benutzt, um ihre unwiderlegbare Erfahrung zu erklären.

Um mehr über diese erstaunlichen Phänomene zu erfahren, hat sie begonnen, mehr über die Erfahrungen Anderer in Bezug auf nichtlokale Konnektivität und Nahtoderfahrungen zu lesen. Sie war überrascht zu entdecken, wie häufig sie wirklich sind. So viele Menschen berichten von ähnlichen Erfahrungen. Sogar führende Wissenschaftler postulieren nun, dass unser endliches physisches Universum Teil einer größeren unendlichen Realität sein könnte, die auch Einfluss auf das hat, was innerhalb von endlichen Dimensionen geschieht. Vielleicht ist ja auch diese Unterscheidung von endlich und unendlich irgendwie künstlich.

Während sie mit ihrer Großmutter darüber spricht, antwortet Verdandi: „Können diese Wissenschaftler sich nicht mal bemühen, dass wir verstehen können, wovon sie reden? Um es relevant zu machen für das, was gerade in der Welt passiert? Unsere Vorfahren haben schon immer gesagt, dass der Geist unendlich und unvergänglich ist. Wir wussten schon immer, dass wir nicht ortsgebunden sind. Als du krank im Krankenhaus lagst, war mein Geist bei dir. Er sagte mir, wie es dir ging. Ich brauchte kein Telefon um zu wissen, was mit dir geschah. Ich konnte spüren, was du durchmachst. Ich konnte tief in deinen Körper und Geist hineinschauen. Unser beider Geist war in direkter Kommunikation miteinander."

„Ich habe das auch gespürt, Oma. Ich wusste, dass ich darauf vertrauen konnte, und deshalb hab ich dich auch um spirituellen Beistand gebeten, als ich Hilfe brauchte."

„Rosie, wenn du diese Woche den Schlüssel des bewussten Selbst erforschst, kann es dir helfen zu erkennen, dass *unser Geist unsere Konnektivität ist*. Mein Geist versetzt mich in die Lage, bei dir zu sein und gleichzeitig auch hier zu Hause mit Opa und auch tief innerhalb des Kosmos, für deine Heilung betend und die Heilung unserer Welt. Mein Geist ist immer in dem Bewusstsein unseres ewigen Selbst verankert. Nur durch die Liebe werden die Menschen in der Lage sein, diese tieferen spirituellen Dimensionen des Lebens zu entdecken, weil das die einzige Kraft des Universums ist, die uns große Distanzen überbrücken lässt. Die Liebe lässt Barrieren des Verstandes hinwegschmelzen. Sie lässt uns unsere Einheit erkennen. Fühle jetzt diese Liebe, mein Schatz."

Rose legt ihre Hände auf ihr Herz und erlaubt sich selbst, sich tief zu entspannen. Sie erinnert sich an die Übung des Entspannens ins Bewusstsein, die ihre Oma ihr gegeben hatte und sie kann nun spüren, warum diese so hilfreich ist. Sie fühlt sich in der warmen Umarmung der Liebe geborgen.

Verdandi fährt fort: „Wenn Liebe präsent ist, folgt das Verstehen auf natürliche Weise. Das ist Bewusstsein."

„Danke, Oma. Ich liebe dich."

Der Schlüssel des bewussten Selbst

Rose beginnt, die Simultaneität und die Multidimensionalität oder vielmehr die Non-Dimensionalität ihres eigenen Bewusstseins zu entdecken. Sie arbeitet an der Feinabstimmung ihrer Fertigkeiten, so dass sie in der nichtlokalen Kosmischen Sphäre sein kann, während sie gleichzeitig tief verwurzelt im Bewusstsein ihres lokalen Selbst ist. Sie fühlt jede Zelle ihres Körpers genährt und emporgehoben durch den Fluss der Kosmischen Inspiration. Sie liebt es, damit zu experimentieren und zu erforschen, Kosmisch zu sein, während sie einen Tee zubereitet oder mit einem Freund telefoniert – dabei auf einem Lichtstrahl durch das Universum zu sausen, mit ihren Locken zu spielen und sich gleichzeitig der Krümmung der Raum-Zeit bewusst zu sein, in die Zukunft zu träumen und gleichzeitig zu fühlen, wie ihre Füße in der Gegenwart verankert sind.

Sie wird sich der verborgenen Koordinaten des Kosmos in ihrem eigenen Sein bewusst. Sie wird eine Kosmische Koordinate der großen Mysterien des Lebens, eine Kosmische Zelle in einem neuen Mythos. In flüchtigen Momenten, in denen sie es am wenigsten erwartet, tritt ihr Bewusstsein in tiefgreifende Erfahrungen der Einheit ein. Es gibt Momente, in denen sie sogar spüren kann, wie der Puls des Universums in ihrem eigenen Herz resoniert. Ihr Herz gelangt in Resonanz mit dem Kosmischen Herzen. Die kreativen Kräfte ihres Kosmischen Selbst erwachen. Rose erlebt, wie wir alle ein kreatives Universum sind und wie wir als Menschen diese Geschichte erzählen und darüber lachen können.

Dennoch ist eine Frage kontinuierlich in ihren Gedanken: Wie können wir angesichts dessen eine Welt erschaffen, die nicht von einer Krise nach der anderen zerrissen wird? Sie ist tief besorgt über die wachsenden Zerwürfnisse und Spannungen zwischen Menschen und fühlt eine quälende Ruhelosigkeit, eine Welt zu erschaffen, die schon im Design beinhaltet, dass alles gedeihen und florieren kann. Es fällt ihr schwerer und schwerer, Systeme zu akzeptieren, die aus Ignoranz oder Missachtung der kosmischen Architektur des Universums und des Lebens heraus geschaffen wurden. Sie fühlt, dass sogar die Bienen eine weitaus größere Intelligenz aufweisen, wenn es um das Koordinieren und Bauen ihrer Welt geht.

Verdandi rät ihr, ihr Bewusstsein ihrer selbst zu vertiefen, indem sie vermeidet, sich übereilt auf die Lösung der Probleme zu stürzen, die ihr im Kopf herumgehen. Sie weist darauf hin, dass manchmal Dinge, die defekt erscheinen, absichtlich so gestaltet sind. Sie muss aufpassen, worauf sie sich einlässt; und sie muss weiter vom Ort der inneren Einheit her agieren, um nicht den Zustand der Zerrissenheit zu nähren. Verdandi sagt zu Rose: „Denke daran, dass das Bewusstsein wie der ruhige See ist, den du gesehen hast – er wird nie zu dem, was er spiegelt, sondern enthüllt wie ein Spiegel die wahre Essenz dessen, was ist."

„Oma, wie kann ich vermeiden, in all die Sachen verstrickt zu werden, die mir im Kopf herumschwirren? Manchmal fühlt sich mein Bewusstsein zu grell an. Dann sehe ich zu viel und fühle mich überfordert."

„Arbeite weiter mit dem Schlüssel der Dunkelheit, meine Kleine. Wenn das Licht zu grell wird und deine Wahrnehmung zu sehr verstärkt erscheint, verbringe eine Weile in der heiligen Dunkelheit, um dich zu entspannen und dein Nervensystem und deine Sinne zu beruhigen. Übergib alle Bilder und Gedanken, die du nicht lösen kannst, der Dunkelheit. Dort können sie absorbiert und in den großen Ozean des Bewusstseins integriert werden.

Ruf mal deinen Vater an, er wird vielleicht eine Übung haben, die dir mit deiner inneren Balance helfen kann."

Karl ist Therapeut. Er benutzt die folgende Übung mit vielen seiner Patienten; er teilt sie mit Rose, als sie ihn anruft und um Hilfe bittet.

Übung zur inneren Reinigung und Befreiung

„Rose, du kannst diese Übung nutzen, um deinen persönlichen Raum und deine persönliche Energie zu reinigen und zu befreien. Sie ist auch hilfreich, um Blockaden, Hindernisse und Widerstände zu lösen. Es wird dir helfen, dich ausgeglichener zu fühlen, wenn du regelmäßig die Energie und deinen persönlichen Raum reinigst. Du kannst diese Übung morgens ausführen oder bevor du ins Bett gehst, und natürlich immer dann, wenn du dich schwer oder verstimmt fühlst oder gefangen bist in Energien anderer Leute."

„Danke, Dad. Ich kann das gerade wirklich gebrauchen."

„Du kannst die Übung mit geschlossenen oder offenen Augen machen – wie es dir besser gefällt. Bist du bereit?"

„Bereit!", sagt Rose, die so schnell wie möglich anfangen möchte.

„Nun gut. Entspanne dich in dein Selbst hinein und werde dir deines persönlichen Raumes und deiner Energie gewahr. Welche Qualität hat dein persönlicher Raum und deine Energie? Ist deine Lebenskraft klar, fließt sie frei, oder gibt es Widerstände? Ist dein innerer Raum hell und fröhlich, oder gibt es dunklere Areale, in denen du dich nicht wohlfühlst oder nicht komplett präsent bist? Nimm dir eine Minute, um deinen inneren Raum zu scannen. Beobachte für ein paar Augenblicke. Interagiere nicht mit dem, dessen du dir gewahr wirst.

„Fasse die Intention in deinem Herzen, alles loszulassen, was nicht zu dir gehört und nicht deinem höchsten Wohl dient. Beschließe, dass alle Energien, Pattern und Seins-Arten, die nicht zu dir gehören oder sich nicht in deinem Umfeld oder deinem persönlichen Raum aufhalten sollen, nun mit Liebe und Licht zu ihrem Ursprung zurückkehren.

„Fasse die Intention, dass alles, was zu dir gehört, mit Liebe und Licht zu dir zurückkehrt. Löse dich jetzt und hier von allen Orten, Beziehungen und Erfahrungen, die nicht hilfreich für dich sind. Kehre zu dir selbst zurück – hier und jetzt. Beanspruche deinen persönlichen Raum für dich zurück. Spüre, wie die lichten, leichteren, hilfreichen und liebevollen Energien um dich herum diesen persönlichen Raum ausfüllen. Scanne erneut deinen inneren Raum und erkenne die größere Klarheit und Gesundheit, die du wahrnimmst. Bleibe dort und genieße diesen geklärten Raum für einige Augenblicke... Solltest du noch Blockaden oder Hindernisse bemerken, dann fahre mit der nächsten Klärungs-Stufe fort.

„Stelle dir nun einen stabilen und wunderschönen Ballon vor. Lege alles, was du gereinigt, geklärt oder geheilt und transformiert wissen willst, in diesen Ballon. Tue alles hinein. Der Ballon ist sehr stabil; er kann alles aufnehmen. Du kannst auch alle Hindernisse, Barrieren und Blockaden mit hineingeben, die sich in deinem persönlichen Umfeld oder deiner Energie manifestiert haben.

„Nun schickst du diesen Ballon zur Sonne und bittest sie, all diese Energie mit ihren kraftvollen Lichtstrahlen zu reinigen. Vertraue darauf, dass die Sonne weiß, was sie zu tun hat. Sie ist schon dabei, alles was im Ballon ist, mit ihren Kosmischen Lichtstrahlen zu reinigen. Nun bitte die Sonne, dir deine Energie gereinigt und durchdrungen von ihrer Kosmischen Liebe und ihrem Licht zurückzuschicken.

„Bringe dein Bewusstsein zurück zu deinem inneren Raum und nimm wahr, wie du dich jetzt fühlst. Bringe deine natürliche Präsenz in diesen Raum, der geleert, geklärt und geöffnet worden ist. Nimm wahr, dass dort mehr Raum für deine Präsenz ist. Nimm dir ein paar Augenblicke, um diese natürliche Leuchtkraft deiner eigenen Energie und deines inneren Raumes zu genießen und wertzuschätzen.

„Du hast diesen Prozess durchlaufen und bist vollkommen präsent im Hier und Jetzt. Begrüße diese neue und erweiterte Realität deines persönlichen Raumes. Wenn deine Augen geschlossen sind, öffne sie bitte jetzt. Wenn deine Augen offen sind, bewege einfach deinen Körper und genieße die Vollendung dieses Prozesses."

Die parallelen Wege von Genie und Wahnsinn

In der darauffolgenden Woche wendet Rose die Übung ihrer Großmutter an – und auch die Übung, die sie von ihrem Vater bekommen hat. Sie bemerkt sofort eine Veränderung in der Qualität ihres Bewusstseins und auch in der Qualität ihres Schlafes. Wenn sie morgens aufwacht, fühlt sie sich frisch und ausgeruht, während sie früher oft ruhelos war und manchmal sogar erschöpft von der Anzahl der Träume, die sie hatte.

Verdandi bemerkt die Beschleunigung in Roses Entwicklung und möchte sicherstellen, dass sie sich nicht mit zu vielen Experimenten verzettelt–oder damit, dass sie diese kraftvollen Übungen mit Menschen durchführt, die nicht die gleiche Intention mit Rose teilen.

„Liebes, ich hoffe, dass dir klar ist, dass dieses Hin- und Herwandern zwischen verschiedenen Bewusstseins-Stadien nicht dazu genutzt werden darf, bestimmte Ergebnisse zu manipulieren oder irgendwelche Ziele zu erreichen, die du vielleicht hast. Bitte erinnere deine Freunde daran, wenn du mit ihnen diese Übungen teilst. Es gibt so viele Kurse und Bücher da draußen, die ultimative Resultate versprechen, indem man seinen Bewusstseinszustand ändert. ‚Werde sofort Millionär durch meine Technik vom Eintauchen in das Bewusstsein des Überflusses!‘ ‚Werde die einflussreichste Führungskraft durch den Bewusstseinszustand der Influencer!‘ ‚Werde Top-Athlet mit den sieben Schritten zur Meisterschaft über das Bewusstsein!‘ Die Liste lässt sich beliebig fortsetzen. Für jedes Ziel oder erwünschte Resultat gibt's heutzutage einen Bewusstseinszustand: Für das Finden der wahren Liebe, Gewichtsverlust, Erreichen der optimalen Gesundheit, radikale Heilung und so weiter. Es ist kein Wunder, dass so viele junge Erwachsene mit ihrer eigenen Identität Schwierigkeiten haben bei diesen Erfolgserwartungen. Was du hier ergründest, ist ganz anders. Deine Erkundungen sind aus einer ganz anderen Entscheidung und Intention heraus geboren.“

Rose hört aufmerksam zu, da sie dies schon beschäftigt hat. Obwohl sie im Buchladen, wo sie früher arbeitete, schon neugierig viele Selbsthilfe-Ratgeber gelesen hatte, war ihre tiefe Orientierung immer darauf gerichtet, eine schönere Welt zu erschaffen, an der sie teilhaben wollte.

Verdandi spricht weiter: „Unterschiedliche Bewusstseins-Zustände verleihen dir Zugang zu unterschiedlichen Realitäten und Fertigkeiten. Wir leben in einer Welt, die aus ihrer ‚axis mundi‘ herauskatapultiert wird, und völlig aus den Fugen gerät, weil die Menschen mit Optionen und Möglichkeiten überladen werden, die immer nur ihr Verlangen nach mehr befeuern, und damit ihren Glauben bekräftigen, dass ihnen etwas fehlt oder sie etwas verpassen würden. Achte auf deine Intention, die du nutzt, um zwischen Bewusstseins-Zuständen hin und her zu wechseln. Letzten Endes ist es deine Intention, die den Unterschied ausmacht. Deine Manifestationskräfte werden stärker. Nutze nun den Schlüssel des bewussten Selbst, um deine Intentionen zu verfeinern und sogar weiterzuentwickeln.“

„Okay, ich werde vorsichtig sein, Oma. Ich liebe es, zu experimentieren und Sachen zu erforschen, aber ich habe noch nicht wirklich über irgendwelche spezifischen Intentionen nachgedacht – aber ich verstehe, was du sagst."

„Ja, Rose, deine inneren Kosmischen Portale öffnen sich. Es gibt einen kraftvollen Einstrom Kosmischer Information in deine innere Welt. Die Prioritäten deines Kosmischen Selbst sind von einer ganz anderen Realitäts-Ordnung als die Intentionen unserer Welt. Lass die Welt nicht deine Ressourcen kapern, die sich dir jetzt auftun. Diese inneren Ressourcen sind nur für dich. Sei bitte vorsichtig, wann und in welcher Weise du sie mit Anderen teilst. Die Intentionen derer, die diese Kräfte nutzen wollen, können sich von deinen unterscheiden. Du erforschst das Herz der Realität selbst, aber in einer Weise, die dich nicht aus der Welt herausreißt. Stattdessen führt es dich als eine kreative Frau der Zukunft tief in den Mutterleib unserer Welt."

Rose hält einen Moment inne, bevor sie antwortet: „Ich habe noch nie so darüber nachgedacht. Ich habe schon bemerkt, dass einige meiner Freunde viele Details wissen wollten über meine Visionen und neuen Fertigkeiten. Ich habe tatsächlich etwas gezögert, noch mehr darüber zu erzählen. Nun verstehe ich, was es mit meinem inneren Widerstand auf sich hatte. Ich bin froh, dass ich meiner inneren Weisheit trauen kann, die mir aufzeigt, was ich mit wem teilen kann und wann."

„Ganz genau. Du bist eingeladen, in einem größeren Universum zu leben, das sich genauso nach dir gesehnt hat, wie du dich nach ihm sehntest. Es gibt so eine Art Ehe mit diesem größeren Universum, zutiefst persönlich und daher zutiefst realisierbar. Diese Bewusstseins-Zustände zu entwickeln bedeutet nicht, Atemzüge zu zählen oder in eine Meditation oder einen leicht veränderten Bewusstseinszustand einzutreten. Deine Frage beinhaltet die Erforschung des lebendigen Bewusstseins des Universums. Indem es dich einlädt, dich ihm anzuschließen im lebendigen Bewusstsein, befruchtest und formst du mit ihm zusammen neue Ideen."

„Aber Oma, wenn Leute keinen sofortigen persönlichen Nutzen im Üben dieser neuen Bewusstseins-Zustände sehen, werden sie dann gewillt sein, Zeit und Mühe zu investieren, um durch solch einen Prozess innerer Transformation zu gehen?"

„Viele werden das nicht, wie du weißt. Aber deine Leidenschaft ist ansteckend. Wenn sich Leute von deiner Reise inspiriert fühlen, könnten sie gewillt sein zu erforschen, worum es eigentlich geht. Lass mich dir etwas erzählen, dass dir helfen wird zu verstehen, warum so viele Menschen nicht für tiefe Transformation bereit sind."

„Ja, bitte erzähl.“

„Es gibt zwei Straßen, die parallel zueinander verlaufen. Eine ist die Straße des Wahnsinns. Die andere ist die Straße, die zur ultimativen Erleuchtung führt. Das ist genau die, vor der so viele Angst haben. Wir wurden von diesem Weg seit Menschengedenken abgehalten. ‚Geh nicht dahin, du wirst von der Realität abfallen! Dein Leben wird nie wieder dasselbe sein!‘ Aber was ist, wenn ‚von der Realität abfallen‘ ein tatsächliches Erschaffen von Schaltkreisen ist – sowohl im Gehirn wie auch in theoretischen Hinsicht – um uns auf die Straße zu bringen, auf der wir realisieren können, was Totalität eigentlich bedeutet?“

„Wie weiß ich denn, dass ich mich nicht auf der Straße des Wahnsinns befinde, Oma?“

„Weil du den Unterschied kennst, Schätzchen, und dich selbst stoppen kannst. Wenn du Leute dazu bringen willst, etwas zu erleben, was sie noch nie erlebt haben, und ihnen sagst, dieses Etwas wäre jenseits aller bekannten Welten, dann fürchtet sich ihr Verstand vielleicht davor, in der großen Leere zu verschwinden. Irgendwie bist du innerlich für diese Art von Erfahrungen verdrahtet und fit, um in das Herz der Realität zu tauchen. Aber viele Andere mögen sich so fühlen, als würden sie verrückt werden ohne irgendetwas, an das sie sich klammern können. Genie und Wahnsinn liegen dicht beieinander. Es mag nur ein kleiner veränderter Schaltkreis sein, der den Unterschied ausmacht.“

„Warum werde ich dann nicht verrückt nach all diesen lebensverändernden Erfahrungen?“ Rose ist immer noch besorgt, besonders da sie nun realisiert, dass es auf einen kleinen Unterschied in der inneren Verdrahtung hinauslaufen könnte, obwohl sie weiß, dass Drähte sich aus ihrer inneren impliziten Struktur heraus manifestieren.

„Weil du auf die Kosmische Architektur des Lebens vertraust, die eine evolutionäre Struktur besitzt“, erklärt Verdandi. „Und du bist in der Lage loszulassen und zu spielen. Du bist nicht besessen von deinen Entdeckungen. Du kannst herzhaft über dich lachen. Du weißt, wann du dich nicht zu ernst nehmen darfst. Wenn du eine zwanghafte, besessene oder kontrollierende Haltung einnehmen würdest, könnte es sein, dass du in den Weg des Wahnsinns umschlägst. Bitte denk immer daran. Tanze mit diesem Prozess. Lass dich nie von diesen Entdeckungen oder den Kosmischen Kräften überwältigen. Das gleiche gilt für deine Beziehung zu den Archetypen. Sie sind wunderbare Verbündete, aber lass nie zu, dass sie dich vereinnahmen. Dein inneres Sein und dein persönlicher Raum gehören *dir* – und nicht irgendwem sonst. Das ist ausschließlich deine einzigartige Beziehung zwischen dem Kosmos und deinem Geist.“

Ein paar Tage später ruft Rose ihre Großmutter erneut an und bittet um eine Übung, die ihr hilft, sicher in die Bewusstseins-Zustände der Zukunfts-Möglichkeiten einzutreten, die sie rufen. Verdandi hat damit schon gerechnet, weshalb sie auch darauf gedrungen hatte, dass Rose zuerst einmal ihre täglichen Routinen der Selbst-Fürsorge entwickelt. In ihrem Gespräch schließt Rose ihre Augen während sie der Stimme ihrer Großmutter lauscht und sich ihrer Anleitung hingibt.

Übung für das Eintreten in neue Bewusstseinszustände

Verdandi atmet tief ein und aus und bittet Rose, dies auch zu tun.

„Entspanne dich und richte deine Aufmerksamkeit nach innen. Lass die äußere Welt los und vertraue darauf, von deiner inneren Weisheit geleitet zu werden. Sei jetzt vollkommen entspannt; so entspannt, dass du dich so fühlst, als würdest du schmelzen, während du tiefer und tiefer in dich hineintauchst. Du bist nun so tief entspannt und rezeptiv dir selbst gegenüber, dass du vollkommen präsent im Zentrum deines Seins bist.

„Nimm dir einen Moment, um zentriert in dir selbst zu sein. Dies ist auch das Bewusstsein deiner kreativen Essenz. Beobachte, was vor deinem inneren Auge und Ohr auftaucht, ohne mit den aufkommenden Bildern, Gedanken oder Erinnerungen zu interagieren. Lass all dies einfach erscheinen, gehe nicht aktiv darauf ein. Der Verstand entfaltet sich gerade und wird dekomprimiert. Alle seine Aktivitäten, die dir jetzt ins Bewusstsein treten, sind einfach Teil seiner Entspannung, damit du noch tiefer in dein Inneres vordringen kannst.

„Fasse nun die Intention, die inneren Dimensionen deines Selbst zu betreten, die jenseits deines gewöhnlichen Verstandes liegen. Gehe tiefer und tiefer in dich. Überwinde alle inneren Schwellen deiner früheren Realitäten. Du gehst tiefer als alle inneren Welten und Realitäten, die du kennst – du betrittst das Unbekannte. Wisse, dass du sicher bist. Deine angeborene Weisheit wird dich leiten. Sie kennt den Weg, da sie jenseits der Gefilde des Verstandes lebt.

„Fasse die Intention, die ungeborenen Dimensionen deines inneren Seins zu betreten. Du hast jetzt die bekannten Welten hinter dir gelassen, während dich deine innere Weisheit tiefer in die ungeborenen Potentiale deiner

Selbst führt. Erinnere dich, dass du sicher bist. Deine innere Weisheit kennt den Weg.

„Während du die ungeborenen Dimensionen deines Inneren betrittst, bist du eingeladen, in die tiefe Kosmische Dunkelheit einzutreten. Diese Kosmische Dunkelheit wird deinem Verstand dunkel vorkommen, dennoch ist sie voller Leben, voller Möglichkeiten. Sie ist eine heilige Gebärmutter, in der die ungeborenen Potentiale beheimatet sind, um befruchtet und in die Welten der Form geboren zu werden.

„Nimm dir Zeit, um im heiligen Schoß präsent zu sein, welchen dein Geist schon lange wahrnimmt und tief im Inneren kennt. Fasse die Intention, hier die ungeborenen Qualitäten deines Zukunfts-Selbst zu treffen, die du noch nie zuvor in dieser Art angetroffen hast. Triff die Teile deines Selbst, die du noch nie wahrgenommen hast, und die noch nicht in die Welt der Form hinein geboren wurden.

„Atme erneut tief ein und aus. Während du ausatmest, entspanne dich noch mehr. Öffne dich gegenüber einer vollkommen neuen Erfahrung deiner selbst. Deine angeborene Weisheit leitet dich zu den ungeborenen Qualitäten des Bewusstseins, die zu den höheren Ordnungen deines Kosmischen Selbst gehören – manche davon waren noch nie Teil einer menschlichen Erfahrung. Vertraue deiner inneren Weisheit, sie wird dich zu den Erfahrungen leiten, für die du bereit bist – aus dem Schoß der ungeborenen Qualitäten deines Kosmischen Selbst.

„Nun stelle dir vor, dass all diese Qualitäten in Form eines Wesens zusammenkommen. Es ist dein Zukunfts-Wesen. Dein Zukunfts-Ich streckt seine Hand zu dir aus – aus den ungeborenen Dimensionen deines Selbst. Nimm seine Hand. Während eure Hände sich berühren und verschmelzen, bekommst du direkten Zugriff auf diese neuen Bewusstseins-Zustände und Fertigkeiten, die hier zur Unterstützung für dein weiteres Wachsen und deine Verwirklichung vorhanden sind.

„Dieses Zukunfts-Wesen leiht dir seine Augen als deine Augen, seine Ohren als deine Ohren, sein Herz als dein Herz, seinen Verstand als deinen Verstand, sodass ihr gemeinsam erfahren könnt, wer ihr gemeinsam werden könnt und somit der Verwirklichung deines wahren Selbst näher kommt.

„Erforsche diese neuen Bewusstseins-Zustände und Fertigkeiten deines realisierteren Kosmischen Selbst vollständig. Nimm sie wahr mit allen deinen Sinnen und deinem ganzen Sein auf allen Ebenen: Physisch, emotional, mental, spirituell und energetisch. Diese Bewusstseins-Zustände haben ebenfalls einen innewohnenden Kompass der Weisheit, um die Richtung und Handlungsweisen für deine optimalen Entscheidungen und größten Möglichkeiten zu erkennen.

„Erforsche diese neuen Bewusstseins-Zustände in den nächsten fünf Minuten objektiver Zeit – die subjektiv aller Zeit, die du brauchst, entsprechen soll – um die Tiefe und Gesamtheit dieser neuen Bewusstseins-Stadien und Fertigkeiten zu erfassen.

„Sobald du alles erfahren und empfangen hast, was du benötigst, kannst du in die Zeit und den Raum deiner lokalen Realität zurückkehren. Du bist nun eingestimmt auf dein höheres Werden – vollkommen präsent in deinem Körper. Sobald du bereit bist, öffne die Augen und beende diese Übung, indem du die Qualitäten und Fertigkeiten dieser neuen Bewusstseins-Zustände mit größerer Leichtigkeit, Klarheit und Richtung in deinem Leben anwendest.“

Bienen und Libellen

Rose empfing kraftvolle Visionen und Offenbarungen, während sie sich in den neuen Bewusstseins-Zuständen aufhielt. Sie entdeckte die Zukunfts-Archetypen der Transformation, die Teil der Metamorphose-Pattern sind. Noch ist sie nicht bereit, über all das zu sprechen, was sie gesehen und erfahren hat. Um ihre Erfahrung zu integrieren, läuft sie zum Park in der Nähe ihrer Wohnung. Verdandi hatte ihr gesagt, sie solle erst anrufen, nachdem sie eine Chance gehabt hatte, diese Offenbarungen nicht nur in ihrem Verstand, sondern auch in ihrem Körper zu integrieren.

„Hallo, Bienchen“, begrüßt Rose eine kleine geflügelte Kreatur, die gerade auf ihrem Pullover gelandet ist. „Du willst dich auf meinem Arm ausruhen? Das darfst du gerne machen, aber stich mich nicht, okay? Ich bin schließlich eine Rose.“ Die Biene reibt ihre kleinen Vorderbeine über ihre Fühler. „Schau dich an. Du bist so eine clevere kleine Kreatur. Du kannst sogar dein Geschlecht ändern, wenn es nötig ist. Du bist ein kleines Wunder.“

Die Biene fliegt zu einem Fliederbusch in der Nähe, wo andere Bienen eifrig ihrer Arbeit nachgehen. Rose sieht ihnen zu, wie sie von Blüte zu Blüte fliegen. Das rhythmische Summen der Bienen und der Duft der frischen Frühlingsblumen versetzt sie in eine leichte Trance. Ihre Lieblingsdüfte sind die der violetten Hyazinthen, Schwertlilien und Lilien, die sie an die Fleur-de-Lys auf den Schilden und Möbeln ihres Elternhauses erinnern: Ein Erbe ihrer europäischen Abstammung von den Merowingern.

Die Biene wird in ihrer spirituellen Tradition als wichtiges Symbol verehrt – nicht nur für Fruchtbarkeit. Die Bienenkönigin ist eine archetypische Beschützerin des Kosmischen Bienenstaates, eine Hohepriesterin, die neue Welten fertilisieren kann, die aus diesem Bienenstock hervorgehen.

Roses Aufmerksamkeit wird davon abgelenkt, dass ein Frosch in den Teich springt und sie nass spritzt. Eine Libelle ruht sich nahe der Wasserkante aus. „Flieg weg, kleine Libelle! Bevor du zum Mittagessen für den Frosch wirst!" Die Libelle neigt ihren Kopf. „Du siehst heute klein aus, aber ich weiß, dass du vor langer, langer Zeit ein mächtiger Drachen warst. Zeige dem Frosch dein wahres Selbst, sodass er dich in Ruhe lässt."

Rose liebte es, mit Tieren, Insekten, Blumen, Bäumen und Pflanzen zu sprechen. Sie ist wirklich ein Kind der Natur. Die Libelle hat wunderschöne, schillernd blau-grüne Flügel und sieht aus, als käme sie direkt aus einer Märchenwelt. Libellen sind bekannt dafür, dass sie den Schleier des Bewusstseins lüften können, sodass wir der unsichtbaren Welten gewahr werden können. Sie tragen uns dann fort in die Traumwelt…

Integration -
Der Schlüssel des bewussten Selbst

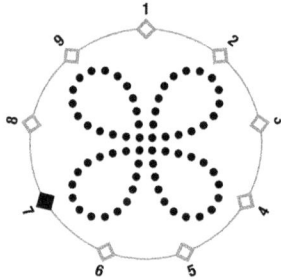

In diesem Kapitel hast du zwei Übungen für deine tägliche Selbst-Fürsorge und eine kraftvolle Übung für das Eintreten in neue Bewusstseins-Zustände deiner Potentiale als Zukunfts-Mensch erhalten. Du hast außerdem den Schlüssel des bewussten Selbst bekommen, um eine lebendige Grundlage für dein inneres Wachstum und deine Entwicklung zu schaffen.

Der Schlüssel zum bewussten Selbst hilft dir, dir deiner Potentiale als Kosmischer Zukunfts-Mensch gewahr zu werden und dieses Bewusstsein zu verkörpern.

Die folgende Zusammenfassung wird dir helfen, diese Erfahrungen besser zu integrieren:

- Deine Kosmische Präsenz ist immer Teil deines Inneren: Als dein Bewusstsein, welches dir erlaubt, dein bewusstes Selbst aus der Ganzheit und Einheit heraus zu lenken, zu verändern und zu fokussieren. Dein bewusstes Selbst ist der Schlüssel, um neue Bewusstseins-Zustände zu entwickeln, und dies gibt dir Zugang zu unterschiedlichen Realitäten und Fertigkeiten und Zugang zu noch unerschlossenen Ressourcen.

- Nutze den Schlüssel zum bewussten Selbst, um deine Intentionen zu verfeinern und vielleicht sogar weiterzuentwickeln. Die Intention, mit der du unterschiedliche Bewusstseinszustände einnimmst, beeinflusst auch deine Erfahrungen, die du in diesem Zustand machst.

- Verbringe ein paar Minuten täglich mit Sein-im-Bewusstsein, als Kosmische Präsenz. Erlaube deinem Bewusstsein ‚als Präsenz' so normal wie das Atmen zu werden. Die mühelose Präsenz des Seins kann auch als tiefe Stille des Seins wahrgenommen werden.

- Bewusstheit ist wie ein stiller See des Bewusstseins. Dieser wird nie zu dem, was er spiegelt. Stattdessen enthüllt Bewusstheit wie ein Spiegel die wahre Essenz dessen, was ist.

- Der Kosmos befindet sich immer in einem Zustand des bedingungslosen Teilens. Deine innere Arbeit ist essentiell dafür, rezeptiver zu werden, und fähig, zu empfangen, zu integrieren und dieses enorme Kosmische Teilen anzuwenden.

- Der Archetypus des Geliebten kann tiefgreifende mystische Offenbarungen von der Natur der Realität eröffnen. Aus dem inneren Zustand der Einheit heraus wird das gesamte Universum lebendig und bedeutungsvoll.

- Wenn dein Bewusstsein so fokussiert wird wie ein Laserstrahl, kann das Licht zu intensiv werden. Denk immer daran, vorsichtig und sanft mit deinem Fokus umzugehen. Gönn dir selbst Momente des Ausruhens und Entspannens in der heiligen Dunkelheit des Seins. Dies kann Stress in deinem Nervensystem stark verringern, und deinem Bewusstsein helfen, sich wieder in das geeinte Feld des Seins zu re-integrieren.

- Unsere Fähigkeit, zwischen unterschiedlichen Informations-Zuständen hin- und herzuwechseln – vom Superpositions-Quanten-Zustand zu singulären Zuständen – scheint mit der Kosmischen Architektur der Quanten-Schwellenwerte in Verbindung zu stehen, die Teil der fundamentalen Wellen unserer Raum-Zeit-Geometrie sind. Dies hängt auch mit unserer Fähigkeit zusammen, Entscheidungen zu treffen und bewusste Erfahrungen zu machen. Wir sind ein Miniatur-Universum: Ein Kosmisches Fraktal von Form-gewordenem Bewusstsein.

- Entdecke, was sich verändert, wenn du das Universum als fühlendes Wesen begreifst, und verbinde dich mit der Geometrie und den Harmonien des Lebens, als Wege, mit denen unser Universum kommuniziert und sich selbst erschafft. Du bist selbst ein kreatives Universum, und als Menschen sind wir in der Lage, diese Geschichte zu erzählen und darüber zu lachen.

- Wenn wir tiefgreifend verstehen, was Materie wirklich ist – die informationellen Bausteine des Bewusstseins – dann entdecken wir Schlüssel und Möglichkeiten, regenerative Systeme, Technologien und Wachstums-Modelle zu erschaffen, die von vornherein auf Gedeihen ausgerichtet sind.

- Bewusstsein ist nicht-deterministisch. Es ist kein Algorithmus oder eine Rechenformel. Es bietet Raum für neue Entscheidungen. Es schafft auch Verständnis, welches von Maschinen und künstlicher Intelligenz nicht hervorgebracht werden kann.

- Bewusstsein ist nicht an die physischen Gesetze von Raum und Zeit gebunden. Ein Weg, dies zu verstehen, ist durch die nichtlokale Partikel-Konnektivität, welche ohne Informationstransfer innerhalb der Raum-Zeit existieren kann.

- Deine Gabe für nichtlokale Konnektivität ist dein Geist. Dein Geist ist immer in-formiert aus den universellen und ewigen Dimensionen des Bewusstseins.

- Liebe ist die einzige Kraft im Universum, die in der Lage ist, die Distanz und die Barrieren des Verstandes zum Schmelzen zu bringen. Wenn Liebe vorhanden ist, erfolgt das Verstehen auf natürliche Weise. Das ist Bewusstsein.

- Dein Leben ist eine Kosmische Koordinate und ein Meilenstein einer größeren Geschichte; eine mythische Zelle innerhalb der Geschichte des Universums.

- Genie und Wahnsinn verlaufen auf parallelen Gleisen. Ein einziger Schaltkreis kann den Unterschied ausmachen. Denk daran, über dich selbst zu lachen. Wisse, wann du dich selbst nicht zu ernst nehmen solltest. Damit vermeidest du, zwanghaft zu werden.

- Dein inneres Sein und dein persönlicher Raum sind nur für dich da, nicht für irgendjemanden sonst. Dies ist eine private einzigartige Beziehung zwischen dem Kosmos und deinem Geist.

KAPITEL 8

Der Kosmische Schmetterling

Metamorphose durch den
Schlüssel des Werdens

Rose freut sich auf das Gespräch mit ihrer Großmutter. „Na, Oma, ist das ein guter Zeitpunkt, um mit dir zu sprechen? Ich hatte so viele neue Ideen und Visionen, seit du mir die letzte Übung über das Eintreten in die neuen Bewusstseins-Zustände gezeigt hast."

„Nur zu, Liebes! Das ist der perfekte Zeitpunkt. Das muss dich ja Einiges gekostet haben, so viele Tage allein damit zuzubringen, bevor du darüber sprechen konntest." Verdandi lacht und schickt Rose ein schelmisches Lächeln. Sie freut sich, dass Rose sich selbst Zeit gegeben hat, die sie brauchte, um das, was sie herausgefunden hat, zu integrieren und zu verkörpern.

Rose taucht sofort ein: „Als ich mein Zukunfts-Selbst betreten hatte, wurde ich einer riesigen Raupe gewahr, welche sich zu verpuppen begann, um sich dann in einen Schmetterling zu verwandeln. Sie zeigte mir fünf besondere Stadien ihrer metamorphischen Transformation, geleitet von fünf Zukunfts-Archetypen. Mein Zukunfts-Bewusstsein übermittelte mir dann eine Nachricht: ‚Arbeite mit diesen Archetypen, um neue Zivilisationen zu erschaffen'. Als ich nach den Namen dieser Archetypen fragte, wurde mir eine kraftvolle Vision zuteil, die auch die Information enthielt, die ich erbeten hatte.

„Der erste Archetypus hilft uns, Zugang zu unseren Kosmischen Potentialen zu erhalten und unsere Welt vom Zustand der Ganzheit zu erschaffen, also wird er ‚Kodierer der Ganzheit' (Wholeness Coder) genannt. Der zweite Archetypus hilft uns, Zukunfts-Möglichkeiten in unser Leben zu bringen, also wird er ‚Zukunfts-Gestalter' (Future Creative) genannt. Der dritte Archetypus hilft uns, die inneren Transformationen zu durchlaufen und erhöht unsere evolutionären Kapazitäten, deshalb wird er ‚Evolutionärer Katalysator' (Evolutionary Catalyst) genannt. Der vierte Archetypus hilft dabei, die Zukunfts-Pattern in die erforderlichen Fundamente und Bausteine der neuen Welt einzuweben, er wird deshalb ‚Pattern-Weber' (Pattern Weaver) genannt. Als ich mich mit dem fünften Archetypus in Verbindung setzte, sah ich uns den neuen Mythos leben und die Geschichten der Fruchtbarkeit, der Fülle und der Ganzheit austauschen. Dieser Archetypus wird ‚Erzähler des Neuen Paradigmas' (New Paradigm Storyteller) genannt.

„Ich sah, wie alle zusammenarbeiteten, um uns zu ermöglichen, in einer Zeit des Wandels aus den Codes einer neuen Ära heraus unsere menschlichen Zukunfts-Potentiale abzurufen und unsere Bestimmung kennenzulernen und diese zu verwirklichen."

„Das ist faszinierend. Bravo!", sagt Verdandi beeindruckt. „Erzähl mir mehr über die Raupe. Warum, meinst du, hat sie das alles mit dir geteilt?"

Der Schlüssel des Werdens

Rose antwortet: „Um mir die Pattern einer metamorphischen Transformation zu zeigen. Ich hab das Gefühl, es gibt so viel von den Raupen zu lernen, gerade jetzt. Die Raupe besitzt in ihrer Haut die genetischen Codes des Schmetterlings – in der Form von sogenannten Imaginal-Scheiben. Diese unterscheiden sich von den genetischen Codes der Raupe. Sie hat mir gezeigt, wie sie in einem Wesen zwei völlig einzigartige Körper besitzt, die zu einem unterschiedlichen Zustand des Bewusstseins gehören. Jeder hat unverwechselbare und komplett unterschiedliche Fertigkeiten. Ihr Raupen-Bewusstsein ist das der kriechenden Kreatur, nah am Boden, die immer hungrig ist. Sie konsumiert und konsumiert, bis zum Zeitpunkt des Kollapses. Während das Schmetterlings-Bewusstsein das der beflügelten Kreatur ist, die geschaffen ist, unsere Welt zu befruchten und zu bestäuben durch ihre leichte Berührung und ihren weiten Blick.

„Glaubst du nicht auch, dass dies eine kraftvolle Metapher für unsere Zeit ist, Oma? Zumal auch wir zwei Körper mit uns tragen: Einer gehört zur alten Ära des übermäßigen Konsums und physischer Expansion, und der andere gehört zu unserer neuen Zeit, in der wir lernen, mit mehr Leichtigkeit auf dieser Erde zu leben – durch das Erlernen der essentiellen Lektionen über Fruchtbarkeit und Co-Kreation."

Verdandi hört aufmerksam zu. „Du bist da an etwas dran, meine Kleine. Sprich weiter."

„Die Imaginal-Scheiben des Schmetterlings sind wie Stammzellen, die später zu Imaginal-Zellen werden, welche die zukünftigen Organe und den Körper des Schmetterlings entstehen lassen. Diese Imaginal-Scheiben werden durch die Wirkung des Juvenilhormons in der jugendlichen Raupe in einem Schlafzustand gehalten. Wenn die Raupe älter wird und an Gewicht zunimmt, verringert sich die Juvenilhormon-Ausschüttung und ein Häutungs-Hormon mit dem Namen Ecdyson wird ausgeschüttet. Dieses Ecdyson aktiviert die Imaginal-Scheiben. Wenn das Juvenilhormon unter einen bestimmten Schwellenwert sinkt, katalysiert die nächste Welle von Ecdyson die Verwandlung der Raupenhaut in eine Puppe. Sobald die Puppe sich entwickelt hat, schüttet der Raupenkörper spezifische Enzyme aus, die den Raupenkörper in eine Nährstoffsuppe verwandeln, die von den Imaginalzellen genutzt wird, um den Schmetterlingskörper zu formen und wachsen zu lassen."

„Ich stimme dir zu, Rose. Das ist eine sehr kraftvolle Metapher für das Verstehen unserer Renaissance-Enzyme, über die wir kürzlich geredet haben. Diese Enzyme überschwemmen gerade unsere Welt und unterstützen damit den notwendigen Zusammenbruch und Kollaps, auf dass eine Wiedergeburt stattfinden kann, geschaffen aus den höheren Ordnungen der Realität. Viele dieser sozialen, politischen und ökonomischen Enzyme werden falsch eingeschätzt. Sie werden von denen, die das alte archaische System aufrechterhalten wollen, fälschlicherweise als Bedrohung wahrgenommen. Was du gerade sagtest, heißt aber, dass diese Enzyme essentiell dafür sind, den Raupenkörper vollständig nützlich werden zu lassen – als Nährstoffsuppe für das Entstehen des Schmetterlingskörpers."

„Das ist richtig."

„Deine Metapher kann Menschen helfen zu verstehen, wie die Vergangenheit in neue Zukunfts-Zustände integriert werden kann, anstatt sie zurückzuweisen. Die Menschheit muss lernen, mit diesen Enzymen umzugehen und sie nicht zu bekämpfen, wie wir das gerade tun. Erzähl weiter, Rosie. Ich möchte noch mehr erfahren."

Rose fühlt sich ermuntert vom Enthusiasmus der Großmutter. „Die Evolutionsbiologin Elisabet Sahtouris hat auch erklärt, wie die Raupe, die sich zu Tode frisst, mit dem Überkonsum in unseren heutigen Wirtschaftssystemen verglichen werden kann, während der Schmetterling mit der Vision einer neuen Welt eines leichteren und fruchtbareren Bewusstseins gleichgesetzt werden kann.[11]

„Diese Zeit der COVID-Einschränkungen, die wir durchlebt haben, besaß alle Charakteristika eines Kokons. Die Leute waren gezwungen, zu Hause zu bleiben und waren eingeschränkt in ihrer Bewegungsfreiheit – ganz ähnlich dem Zustand in einem Kokon. Die Motoren unserer Ökonomie waren zum Stehen gekommen, weil die Raupe nicht mehr konsumieren konnte, sobald sie sich im Kokon befand. Ich frage mich, wie wohl der nächste Kokon aussehen wird.

„Der Tod ist im Moment immanent in allen Bereichen unserer Gesellschaft", fährt Rose fort. „Menschen sterben, Kulturen sterben, Systeme sterben, viele Spezies, Wälder, Flüsse und Ozeane sterben. Ein großer Teil dieses Sterbens geht auf unsere eigenen fehlgeleiteten Handlungen zurück, aber das ist nicht das Ende unserer Welt. Zur gleichen Zeit gibt es eine kraftvolle Aktivierung unserer Zukunfts-Potentiale innerhalb der Imaginal-Scheiben unseres eigenen zukünftigen Selbst. Diese Imaginal-Scheiben erwachen und gruppieren sich, um die Imaginal-Zellen und -Organe für eine neue Schmetterlings-Zivilisation zu formen."

„In der Tat, Liebes." Verdandi lächelt. „Darum hatte ich vorgeschlagen, dass du dich mit deinen ‚Weggefährten' verbindest, sodass ihr euch gegenseitig helfen könnt, diese kraftvollen imaginalen Zellen und Organe zu werden.

„Wie du weißt, Rose, hatte ich schon lange ein tiefes Interesse am Wandel von Zivilisationen und an allen Belangen zwischen Leben und Tod. Ich habe den Aufstieg und Fall vieler Zivilisationen studiert – auch solcher, die transformiert wurden durch etwas, was man vielleicht Hybridisierung nennen könnte. Aber es gab noch nie eine Zivilisation, die diese Art von Tod-und-Wiedergeburts-Prozess durchlaufen hat, wie wir heute durchleben; ein Prozess, durch den wir zur Essenz unserer individuellen Transformation geführt werden, die sich durch die Erfahrungen derer manifestiert, die ihn komplettiert haben, wie die Propheten, die erleuchteten Individuen und unsere mythischen Helden.

„Wir werden gerade herausgefordert, uns in kollektiver Weise zu transformieren, wie wir es noch nie vorher getan haben", führt Verdandi aus. „Das mag der Grund sein, warum du in deiner Übung nicht ein oder zwei, sondern eine ganze Gruppe von fünf Zukunfts-Archetypen gesehen hast, die als ein kohärentes Transformations-Pattern zusammenarbeiten. Ich hoffe, die zerfallenden Strukturen der alten imperialen Zivilisationen und ihr Trachten nach der Weltherrschaft lernen auch zu sterben, sodass die Regeneration unserer sozialen Institutionen in den bestmöglichen Bedingungen erfolgen kann."

„Das ist sehr einleuchtend, Oma. Vielleicht zeigen uns diese Archetypen auch neue archetypische Wege zum Wandel und zur Transformation, weil sie aus einer zukünftigen Ära sind. Tatsächlich zeigten sie mir fünf Stadien der Veränderung – vom Potential zur Verwirklichung. Ich war so beglückt, das zu erfahren, dass ich es in mein Tagebuch geschrieben habe."

„Das ist wunderbar, Rose. Ich würde es mir gerne anschauen", sagt ihr Verdandi.

Rose rennt ins Schlafzimmer und schnappt sich ihr Tagebuch vom Nachttisch. Sie öffnet die Seiten, die sie mit Zeichnungen gefüllt hat und hält sie hoch, so dass Verdandi sie sehen kann.

„Du warst fleißig!" Verdandi lacht.

„Ja, war ich. Siehst du, hier: Ich habe den Torus als Hintergrundstruktur benutzt, weil es am besten die Wachstums-Pattern der Natur und des Universums abbildet. Innerhalb des Torus kannst du die Flussdynamiken der Kosmischen Architektur sehen, genau wie die Kosmische Gebärmutter und den Kokon als die Punkte der Singularität und Konvergenz. All das befindet sich in der Mitte des Torus. Dies ist auch der Ort, wo nichtlokale Kosmische Potentiale sich in der holographischen Daten-Struktur einnisten, die Raum-Zeit genannt wird, um dann als Energie-Materie geboren und Teil unserer physischen Welt zu werden."

Der Prozess der Verwirklichung

Wholeness Coder		Aktivieren deiner Zukunfts-Potentiale durch bewusste Entscheidung
Future Creative		Gestalten deiner Zukunfts-Möglichkeiten durch deine imaginalen Kräfte
Evolutionary Catalyst		Entwickeln deiner Zukunfts-Fertigkeiten und Eintreten in neue Systeme
Pattern Weaver		Verkörpern der Zukunfts-Zustände und Beginn der Emergenz
New Paradigm Storyteller		Verwirklichen der Neuen Potentiale durch das Verkörpern der Neuen Realitäten

Verdandi studiert Roses Zeichnung. Es enthält so viele Elemente von Roses Reise der letzten Monate.

„Das ist wunderschön, Rose. Deine Zeichnung illustriert auch, wie der Schmetterlingskörper nur durch das Schmetterlings-Bewusstsein entstehen kann und nicht aus dem Raupen-Bewusstsein, welches das Sich-Verbinden der Imaginal-Scheiben zu den Imaginal-Zellen stoppen würde. Bitte erkläre mir mehr über diesen Verwirklichungsprozess; es klingt nach einem weiteren wichtigen Kosmischen Schlüssel, den du da entdeckt hast."

Rose atmet tief ein und gibt Verdandi mit großem Enthusiasmus den vollen Download ihrer kürzlich gemachten Entdeckungen. „Das *ist* ein wichtiger Schlüssel. Dieser Verwirklichungsprozess beginnt aus der Zukunft heraus, die schon in uns als Kosmisches Potential existiert, sei es auch noch in einem Schlafzustand. Mit der Hilfe des archetypischen Kodierers der Ganzheit, werden wir unserer Zukunfts-Entscheidungsmöglichkeiten und Notwendigkeiten für Wandel bewusst. Das ist der Zeitpunkt, an dem unsere Zukunfts-Potentiale sich aktivieren. Wir gleiten nun ins Code-Bewusstsein und werden uns der Realitäten hinter unserer täglichen Realität bewusst. Dies hilft uns, der tieferen Strukturen unserer Glaubenssysteme und Erfahrungen bewusst zu werden, und wir lernen, wie wir Entscheidungen höherer Ordnung treffen können, die wir von den Zukunfts-Potentialen ableiten – den Potentialen einer neuen Ära."

Rose fährt fort: „Nach der Aktivierung dieses ersten Stadiums beginnen die Zukunfts-Möglichkeiten in unserem Verstand zu erwachen, und dies bringt uns ins zweite Stadium. Der Zukunfts-Gestalter als Archetypus hilft uns nun, das imaginale Bewusstsein zu erlangen, sodass wir die Zukunfts-Möglichkeiten unserer Zukunfts-Potentiale wahrnehmen lernen. Dies manifestiert sich meist als Einstrom neuer Ideen, Intentionen, Visionen und Wünsche sowie Sinn für neue Richtungen. Diese Stufe des imaginalen Engagements mit unseren Zukunfts-Möglichkeiten ist gleichzeitig eine Zeit der ‚mentalen Schwangerschaft', durch die die Imaginalzellen unserer Zukunfts-Potentiale beginnen sich einzunisten und im Inneren des Feldes unseres lokalen Selbst zu keimen.

„Diese imaginale Schwangerschaft mit unseren Zukunfts-Potentialen katalysiert einen Prozess tiefer Transformation, die uns ins dritte Stadium eintreten lässt. Mit der Hilfe des evolutionären Katalysators als Archetypus treten wir nun in das evolutionäre Bewusstsein ein und lernen, uns in dieser Phase der tiefen Transformation zu verpuppen; wir lernen, mit dem Tod zu arbeiten ebenso wie mit neuem Wachstum. Während dieser Phase beginnen kraftvolle Transformations-Enzyme unsere früheren Strukturen und Identitäten zu zersetzen, die unseren nächsten Entwicklungsstufen nicht mehr dienlich wären. Dieser dritte Abschnitt ist auch die Zeit, während der wir die Zukunfts-Fertigkeiten und inneren Systeme ausbilden, die für den Übergang von alten zu neuen Bewusstseinszuständen notwendig sind.

„Die Vollendung der Kokon-Phase ist die 4. Stufe unserer Verwirklichung. Mit der Hilfe des Pattern-Webers als Archetypus kommen wir nun in den Zustand des integralen Bewusstseins und lernen, die Neu-Formation unserer neuen Bewusstseins-Körper zu beenden und uns auf die Geburt und unsere Emergenz vorzubereiten. Unsere Zeit im Kokon neigt sich dem Ende zu, da unsere Zukunfts-Körper und unser Bewusstsein sich so weit entwickelt haben, dass sie uns in die Lage versetzen, die neuen Realitäten zu werden und zu leben.“

„Wir sind also bereit, zu schlüpfen?“, ruft Verdandi.

„Ja“, sagt Rose. „Sobald wir aus dem Kokon schlüpfen, treten wir in die fünfte Phase unseres Verwirklichungsprozesses ein. Mit der Hilfe des Erzählers des neuen Paradigmas als Archetypus betreten wir das Bewusstsein des Gedeihens und lernen, unsere Welt mit neuen Realitäten und Pattern zu fertilisieren, die wir selbst verkörpern und die sich in uns verwirklicht haben. Wir werden nun die lebendigen Geschichten und die Erzähler des neuen Mythos, die Fülle, Wohlstand und Wohlergehen für alles Leben kommunizieren.“

„Das ist brillant, meine Kleine. Absolut brillant. Bitte arbeite weiter mit diesem Prozess. Es klingt, als ob dir die Zukunft ein komplettes System geschenkt hätte, das für unsere persönliche, kollektive und zivilisatorische Transformation angewandt werden kann. Wie passen denn die Kosmischen Schlüssel des Bewusstseins, mit denen wir gearbeitet haben, in dieses System?“

„Jeder dieser Schlüssel kann in jeder dieser Entwicklungsstufen benutzt werden, Oma. Ich habe sie in mein Tagebuch geschrieben – in einer Reihenfolge, die sich für mich natürlich anfühlt:“

1. *Stadium 1 – Zukunfts-Potential: Der Schlüssel der bewussten Entscheidung.* Für das Eintreten in den Bewusstseins-Zustand unserer Entscheidungen als Zukunfts-Menschen, die unsere Zukunfts-Potentiale in uns aktivieren.

2. *Stadium 2 – Zukunfts-Möglichkeiten: Der Schlüssel der imaginalen Kräfte.* Für das Öffnen der inneren Portale für die imaginalen Gefilde des Kosmos, von wo aus wir die Zukunfts-Möglichkeiten

des geeinten Feldes des Bewusstseins erfahren und mit ihnen interagieren können.

3. *Stadium 3 – Zukunfts-Fertigkeiten: Der Schlüssel der Dunkelheit.* Für den Zugang zu den zutiefst transformativen Kräften des Unbewussten und das Annehmen der evolutionären Spannungen und Wachstumsschmerzen, sobald Enzyme frühere Strukturen zersetzen, während neue Fertigkeiten und internale Systeme noch nicht vollständig entwickelt sind.

4. *Stadium 4 – Zukunfts-Verkörperung: Der Schlüssel zum bewussten Selbst.* Für die Entwicklung von integralen Systemen und Zukunfts-Pattern des verkörperten Bewusstseins (embodied awareness) unseres Zukunfts-Selbst, sodass wir aus dem Kokon schlüpfen und in die Welt hineingeboren werden können.

5. *Stadium 5 – Zukunfts-Verwirklichung: Der Schlüssel der Kosmischen Kommunikation.* Um selbst die Verkörperung der lebendigen Geschichten dieser Renaissance zu werden, die in uns stattgefunden hat, damit wir die Welt mit unseren Zukunfts-Potentialen befruchten, die sich jetzt als unsere neuen Realitäten des Seins verwirklichen.

Verdandi hält einige Sekunden inne, um das zu integrieren, was sie gerade von Rose gelernt hat. Sie erkennt, wie Roses innere Arbeit mit der heiligen Dunkelheit ihr geholfen hat, ein höheres Bewusstsein ihrer tieferen impliziten Strukturen der Ganzheit zu entwickeln. Diese Strukturen leiten sie jetzt, diese neuen Ideen konzeptionell in ganze Systeme von Archetypen zu bringen.

„Danke für diesen Überblick, Rose. Er ist wirklich aufschlussreich und erklärt sicherlich, warum sich die Visionen und Ideen vieler Menschen in dieser Welt nicht vollständig manifestieren."

„Wirklich? Warum das?", fragt Rose.

„Weil es nicht ausreicht, nur das Schmetterlings-Potential aus Sicht unseres Raupen-Bewusstseins zu beäugen. Einen Schmetterling mit den alten Pattern, Systemen und Handlungsweisen der Raupe zu konstruieren, schafft nicht die richtige evolutionäre Passung. Es ist so, als wollte man einen Elefanten das Fliegen lehren – es sei denn, du bist dieser Elefant mit den riesigen Ohren – aus diesem Film."

Rose lacht, während sie sich das vorstellt. „Schau dir an, was in unserer Welt passiert. Es fühlt sich so an, als wenn die Menschheit erst an der Schwelle steht, wo die Imaginal-Scheiben sich verbinden, um Imaginal-Zellen zu werden."

„Warum sagst du das?", fragt Verdandi.

„Weil wir bis jetzt noch nicht in der Lage dazu waren, einen kollektiven Körper des Schmetterlings-Bewusstseins in einer Größe auszubilden, mit der alle von uns arbeiten können. Sicher, einige Gruppen werden schon dabei sein, Schmetterlings-Organe zu bilden, aber mit so viel Konkurrenz und in Abwesenheit von wirklich tiefer Kollaboration – ich kann nicht sehen, wie das alles über das Stadium bloßer Organe hinausgegangen sein soll. Wir erfahren und priorisieren das Leben nicht als bewusstes Miteinander."

„Nun ja, es ist ein Prozess. Gib den Menschen Zeit. Ich glaube, es wäre eine gute Idee, diesen Zukunfts-Zivilisationen dafür zu danken, dass sie dir diesen Prozess geschenkt haben. Während es in der Natur schon immer lebendig war, kann das, was du empfangen hast, für die Menschheit von immenser Wichtigkeit sein."

„Das hoffe ich."

„Bist du jetzt bereit für eine kleine Herausforderung? Warum denkst du nicht dieses Mal eine Übung für mich aus, dass ich auch einen Prozess mit den fünf Zukunfts-Archetypen durchleben kann?" Verdandi lächelt.

„Okay, Oma. Ich hab irgendwie schon erwartet, dass du diese Karte einmal ausspielen würdest, also war ich vorbereitet." Rose und Verdandi lachen gemeinsam.

„Du kennst mich zu gut!", gluckst Verdandi. Sie schließt ihre Augen. Sie freut sich darauf, von ihrer Enkeltochter angeleitet zu werden.

Übung zur Anrufung der fünf Zukunfts-Archetypen

„Atme tief ein und aus und entspanne dich. Sei einfach präsent im Hier und Jetzt. Lass die äußere Welt ziehen. Entspanne dich und bringe dein Bewusstsein zurück zu dir selbst. Atme ein und aus. Verbinde dich mit deinen imaginalen Kräften und fühle, wie das auf natürliche Weise dein Kosmisches Bewusstsein aktiviert. Du bist nun in der Lage, Informationen zu spüren, zu sehen, zu fühlen, zu hören und intuitiv zu erfassen, die jenseits deines normalen Bewusstseinszustands entspringen. Dein Kosmisches Bewusstsein ist jetzt präsent in deinem lokalen Bewusstsein, und gewährt dir direkten Zugang zu deinen imaginalen Fertigkeiten.

„Lass dich vollkommen empfänglich werden. Lass alles dahinziehen und entspanne dich noch mehr. Erlaube dem Kosmischen Bewusstsein, dich durch diesen Prozess zu leiten. Wir werden nun die Anrufung der fünf Zukunfts-Archetypen beginnen, um die Verwirklichung deines Kosmischen Zukunfts-Potentials als Mensch zu ermöglichen.

„Lass uns zunächst den Kodierer der Ganzheit anrufen. Dies ist der Archetypus, der das Kosmische Potential deines Zukunfts-Selbst aktiviert und dir hilft, dir deiner höheren Entscheidungen bewusst zu werden, die notwendig sind, dieses Potential zu verwirklichen. Fühle, wie sich in dir die Fertigkeiten des Kodierers der Ganzheit aktivieren. Bringe dein Bewusstsein in den Kodierungs-Zustand, so dass du direkten Zugriff auf das Kosmische Potential deines nächsten Evolutions-Zyklus erlangst. Diese Aktivierung kann sich subtil anfühlen. Du kannst dies vielleicht als innere Wärme oder ein inneres Strahlen wahrnehmen. Wie subtil es auch sein mag, vertraue darauf und wisse, dass die Aktivierung gerade passiert.

„Als Nächstes werden wir den Archetypus des Zukunfts-Gestalters anrufen. Das ist der Archetypus, der deine imaginalen Kräfte aktiviert, sodass du die Zukunfts-Möglichkeiten erleben kannst, die aus dem Kosmischen Potential erwachsen, was gerade in dir erwacht. Werde dir deiner Zukunfts-Möglichkeiten bewusst, während der Zukunfts-Gestalter dein Bewusstsein vollständig in den imaginalen Zustand verschiebt. Erlebe diese Zukunfts-Möglichkeiten aus dem imaginalen Bewusstseins-Zustand heraus. Du wirst vielleicht Visionen sehen, oder einen tieferen Sinn für deine Bestimmung erlangen, oder aber spüren, wie eine sanfte Wärme sich einfach durch dein Wesen ausbreitet.

„Jetzt rufen wir den Archetypus des Evolutionären Katalysators an. Dies ist der Archetypus, der deine evolutionären Fertigkeiten aktiviert und dich mit den Wachstums-Bedingungen des Mutterleibs versorgt, um dein Kosmisches Potential in die Welt zu bringen. Er hilft dir auch, die evolutionären Organe zu entwickeln, die für die Verkörperung deines Zukunfts-Potentials notwendig sind. Fühle, wie gerade in diesem Moment und an diesem Ort die Zukunfts-Möglichkeiten deines Kosmischen Potentials in unsere Welt eintreten. Bitte die Erde, dich mit ihren evolutionären Kräften und Ressourcen zu unterstützen. Dein Kosmisches Potential ist nun in der Lage, in den großen Mutterschoß des Lebens einzutreten, wo es den evolutionären Körper wachsen lässt – für die vollständige Verwirklichung deines Kosmischen Potentials als lebendige Realität.

„Wir rufen nun den Archetypus des Pattern-Webers an. Dies ist der Archetypus, der deine integralen Fertigkeiten aktiviert und dir hilft, deine Verwirklichung des Kosmischen Potentials zu verkörpern. Es unterstützt dich mit weiteren Rahmenbedingungen und Fertigkeiten, die dein Kosmisches Potential sich noch vollständiger als präsente Realität materialisieren lassen.

„Fühle, wie dein Kosmisches Potential verkörperte Realität geworden ist. Fühle, wie es beginnt, die Welt um dich herum mit neuen, kosmischen Pattern zu in-formieren. Wenn diese Muster ausströmen, geht die Welt um dich herum in Resonanz mit diesen Mustern und bestätigt sie, indem sie sie weiter unterstützt. Mit der Hilfe des Pattern-Weber-Archetypen wird dies auch für die übrige Welt zur Realität.

„Nun rufen wir den Erzähler des neuen Paradigmas an. Dies ist der Archetypus, der unsere Fähigkeiten aktiviert, zu florieren und zu gedeihen und unsere Geschichte mit anderen zu teilen, sodass du Inspiration für eine ähnliche Transformation in Anderen sowie für unsere Welt sein kannst. Dieser Archetypus unterstützt dich mit Bedingungen und Fertigkeiten, die dein Kosmisches Potential voll zur verkörperten, lebendigen Realität werden lassen.

„Fühle die volle Verwirklichung in deinem gesamten Wesen und deinem Körper. Du hast eine neue Möglichkeit in unsere Welt hineingeboren. Du bist eine Zukunfts-Möglichkeit für eine Welt geworden, in der wir alle gemeinsam gedeihen können; eine Welt des Wohlstands, der Freude und natürlicher Fülle. Du bist die lebendige Geschichte der neuen Realitäten geworden, die der Menschheit in der neu aufkommenden Ära zur Verfügung stehen. Je mehr du in der Lage sein wirst, dein Potential und die Zukunfts-Möglichkeiten, die deine Bestimmung sind, zu verwirklichen, desto mehr kannst du aus dem Bewusstsein des Gedeihens leben, aus dem Bewusstsein der Fülle und des Florierens. Verinnerliche die Schlüssel, um diese schönere Welt und bessere Zukunft in Co-Kreation mit Anderen zu erschaffen.

„Erfahre die neue Geschichte deines Lebens und wie sie Teil der emergierenden kollektiven Geschichte ist. Es ist eine Geschichte der Fülle, der Liebe, Ganzheit und Einheit. Während du im Bewusstseins-Zustand des Gedeihens bist, nimm wahr, wie du auf natürliche Art und Weise zu Pattern der ökologischen Fülle, des Wohlstands, der Gesundheit und des Wohlergehens hingezogen wirst. Mit diesem Bewusstsein wird alles, mit dem du in Kontakt kommst, fruchtbar mit Kosmischem Potential. Als aktivierter

Zukunfts-Mensch hast du nun die Gabe, in unserer Welt das Kosmische Potential von diesem neuen Zyklus der Schöpfung aus zu erwecken.

„Wenn du bereit bist, kannst du sanft diese Übung beenden, indem du dich vollkommen präsent und in Balance fühlst im Hier und Jetzt. Wenn deine Augen geschlossen waren, öffne sie jetzt, in dem Wissen, dass du durch eine tiefere Verwirklichung deines menschlichen Zukunfts-Potentials in die Welt schaust."

Das Erschaffen von Zukunfts-Zivilisationen mithilfe der Zukunfts-Archetypen

„Ahhh, dank dir, Rosie. Das war eine Wonne. Das ist das erste Mal, dass du mich so durch eine komplette Übung geführt hast. Ganz wunderbar. Bitte teile dies auch mit Sophia und lass mich wissen, wie sie es empfindet. Ich bin sicher, sie wird es lieben."

Rose hört, wie erst ein Hund, dann zwei und drei Hunde in Verdandis Wohnzimmer beginnen zu bellen. Ihre Großmutter lacht. „Meine pelzigen Wecker. Na ja, wenigstens haben sie gewartet, bis unsere Übung beendet war." Verdandi wendet ihre Aufmerksamkeit Merlin zu, der mit seiner Nase an den Computerbildschirm stupst. Sie krault seine Ohren. „Du denkst, du warst geduldig genug? In Ordnung, ihr Racker, ich komme." Sie dreht sich wieder zu Rose um: „Du Liebe, der Wald ruft mich, und die Hunde auch. Wenn ich noch länger warte, lassen sie sich selbst raus und deinen Opa auch. Nicht, dass ich ihn jemals an der Leine halten könnte", gluckst Verdandi. „Ruf mich in ein paar Tagen wieder an."

„Mache ich. Genieß deinen Spaziergang und sag Opa ‚hallo' von mir."

Ihre Großmutter durch diese Übung zu führen, war eine Art Initiation für Rose. Es ist das erste Mal, dass sie ihre neuen Fertigkeiten so bewusst eingesetzt hat.

Am Nachmittag lädt Rose Sophia auf eine Tasse Tee und eine Scheibe selbstgebackenen Rübli-Kuchen ein, um dieses neue Stadium zu feiern und auch, um ihre Freundin durch die Übung zu leiten. Sophia ist sehr neugierig. Nach der Übung beginnen die beiden Frauen, weitere der einzigartigen Qualitäten und Fähigkeiten zu erforschen, zu denen jeder dieser Zukunfts-Archetypen inspiriert.

Sophia erkennt ähnliche Eigenschaften zu den Lehren, die sie über Archetypen von den indigenen Freunden und ihrer eigenen Großmutter in

Australien erhalten hat. Sie erkennt den Gesetze-Macher im Kodierer der Ganzheit (the Law Maker in the Wholeness Coder), und den Seher und Hüter der Visionen im Zukunfts-Gestalter (the Seer and Vision Keeper in the Future Creative), sowie den Heiler und Schamanen im Evolutionären Katalysator (the Healer and Shaman in the Evolutionary Catalyst), und den Magier und Wegbereiter im Pattern-Weber (the Magus and Path Maker in the Pattern Weaver), und den Geschichtenerzähler und Saat-Einbringer im Erzähler des neuen Paradigmas (the Storyteller and Seed Bringer in the New Paradigm Storyteller). Sie fragt Rose, wie diese Archetypen aussehen würden, wenn man sie ins Medizin-Rad platzieren würde – und dies wird zu folgendem Bild:

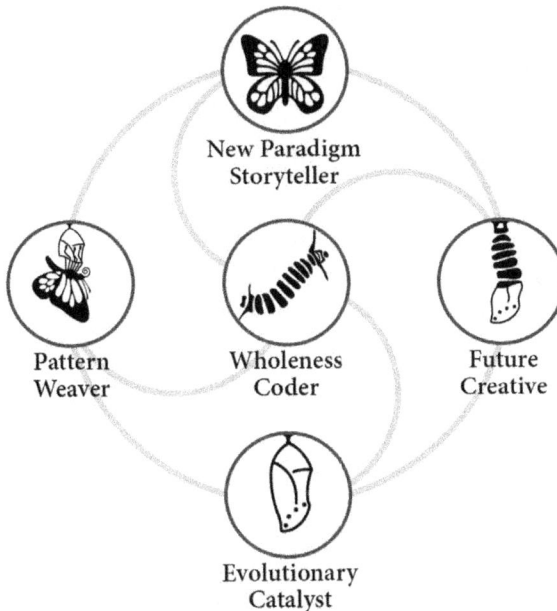

New Paradigm
Storyteller

Pattern
Weaver

Wholeness
Coder

Future
Creative

Evolutionary
Catalyst

„Rose, kann es sein, dass diese Zukunfts-Archetypen uns tatsächlich die Profile zum Aufbau neuer Zivilisationen zeigen, welche nicht von halb-roboterhaften Menschen geschaffen werden? Stell dir vor, wir würden diese Zukunfts-Archetypen als Profile für das Entwerfen von Fertigkeiten und Qualitäten neuer Systeme und Kulturen implementieren. In jedem Falle hat jede Kultur Archetypen, aber die meisten Menschen sind sich dessen nicht bewusst. Stattdessen sagen wir lediglich: ‚Es ist toll, mit dieser Organisation zu arbeiten. Die Leute hier sind wirklich engagiert und interessiert.' Oder: ‚Diese Firma ist schrecklich. Ich kann die Leute da nicht ausstehen. Alle sind so herrisch und schikanös.' Jedes System besitzt Archetypen. Wir sind auch Systeme. Lasst uns die richtigen Archetypen anrufen, die uns helfen können, erleuchtetere Kulturen für unsere Welt gemeinsam zu erschaffen – in Co-Kreation."

„Das ist eine grandiose Idee, Sophia. Ja, wenn diese Profile von Archetypen an Schulen, in Organisationen und sogar in Regierungen implementiert werden würden... Stell dir das mal vor! Ich hätte gerne eine Schule oder Universität besucht und gelernt, wie man von diesen tieferen archetypischen Strukturen unseres Zukunfts-Bewusstseins her Prozesse designt, entwirft, aufbaut und kommuniziert. Das könnten sogar die psychischen Strukturen unserer Zukunfts-Zivilisationen sein, die jetzt zu uns kommen, um uns vorwärts zu bringen. Genau wie sie in früheren Renaissance-Perioden zu uns kamen."

„Kannst du mir mehr über die Art der Fertigkeiten und Qualitäten erzählen, die mit jedem dieser Archetypen assoziiert sind?", fragt Sophia.

„Klar. Kodierer der Ganzheit sind die Designer, System-Architekten, Juristen, und Code-Entwickler unserer Welt. Sie denken und kommunizieren in Symbolen, Gesetzen, Prinzipien, Codes und Algorithmen. Sie sind in der Lage, die tieferen strukturellen Schichten der Realität zu erkennen, und sie wissen, wie man mit Komplexität umgeht. Ihr Fokus ist auf der Veränderung ganzer Systeme, indem sie neue Entscheidungsmöglichkeiten, Optionen und Settings mit offenen Parametern einschließen, die sich entwickeln können."

Sophia nickt und Rose fährt fort: „Zukunfts-Gestalter sind Visionäre, Futuristen, Erfinder und Wissenschaftler der neuen Paradigmen, und Investoren, die uns helfen, die größeren Möglichkeiten unserer Zukunft und unseres Lebens zu sehen. Sie fühlen sich vollkommen zu Hause in den imaginalen Gefilden und sind wie die Imaginal-Zellen, die sich aktivieren, wenn die Dinge beginnen zu kollabieren und auseinanderzubrechen. Sie leben aus ihrem Zukunfts-Selbst und leben ihre Leben als sich entfaltende Möglichkeiten."

„Das ist, wie ich dich wahrnehme, Rose. Du bist von Natur aus in diesem Zustand – und außerdem bist du ein Kodierer der Ganzheit."

„Danke, Sophia. Der nächste Archetypus ist der Evolutionäre Katalysator. Dies sind die Heiler, Hebammen, Regeneratoren, die Verwalter, Katalysatoren und Erzieher in unserem evolutionären Prozess. Sie sind dazu in der Lage, unsere innere Entwicklung zu beschleunigen, indem sie uns zeigen, wie wir unsere evolutionären Lern- und Heilfähigkeiten vergrößern können. Sie führen uns zu unserer inneren Weisheit und helfen uns, die Potentiale unseres größeren evolutionären Selbst zu erschließen. Sie verkörpern die Zukunfts-Fähigkeit zu lernen, die essentiell wird zu diesen Zeiten des Umstoßes am Übergang zweier Zeitalter. Sie fokussieren auf evolutionäre Kohärenz mit den Pattern des Lebens, und sie zeigen uns, wie wir Sterbendes in Würde ins Hospiz begleiten, während wir gleichzeitig als Hebammen dasjenige auf die Geburt vorbereiten, was sich neu zeigt. Sie wissen mit Enzymen der Auflösung umzugehen und wie man durch tiefe innere Transformationen in der Zeit des Verpuppens hindurchgeht."

„Ich habe das Gefühl, dass du dich gerade in dieser Phase befindest", sagt Sophia ihrer Freundin. „Dieses Im-Kokon-Sein, wo sich alte innere Strukturen und frühere Identitäten auflösen, während du gleichzeitig tiefgreifend damit beschäftigt bist, dich selbst neu zu generieren von den neuen Potentialen und Möglichkeiten deiner Zukunfts-Entscheidungen her."

„Das Gefühl habe ich auch", stimmt Rose zu. „Der nächste Archetypus ist der Pattern-Weber. Das sind die integralen Verbinder, System-Bauer und Netzwerk-Weber unserer Zukunfts-Welten. Sie weben die konnektiven Pattern unserer Zukunfts-Potentiale und bereiten so den Boden für das Säen und Entwickeln von größeren Partnerschaften und von Netzwerken Verbündeter. Sie konkretisieren all unsere wunderbaren Visionen, Designs und Pläne durch das Aufbauen von Gemeinschaften, die das alles ermöglichen, indem sie zusammen arbeiten."

„Das ist mein Archetyp!", ruft Sophia, „genau wie der Evolutionäre Katalysator. Diese beiden Archetypen resonieren sehr tief in mir. Was ist mit dem letzten?"

„Der fünfte Archetypus ist der Erzähler des Neuen Paradigmas. Das sind die kulturell Kreativen, die Kommunikatoren, die Künstler und Erzähler des Neuen Mythos. Sie inspirieren unser zukünftiges Werden und kommunizieren in einer sensorisch mannigfaltigen und wachrufenden Art, sodass wir lernen, unsere Zukunfts-Potentiale zu verwirklichen. Sie wissen, wie man mit der Alchemie des Klangs, des Sehens, des Riechens, des Schmeckens und Berührens spielen kann, sodass unser Herz und Geist erwachen. Diese Menschen helfen uns, unsere Welt mit Zukunfts-Pattern zu befruchten, und sie suchen nach Möglichkeiten, mehr Reichhaltigkeit zu erschaffen und diese fair mit allen anderen zu teilen, einschließlich der Natur."

Erforschen des Kosmischen Hologramms des Bewusstseins

Es ist jetzt fünf Tage her, dass Rose zuletzt mit Verdandi gesprochen hat. Obwohl sie all diese neuen Ideen sehr genießt, findet sie es schwer, sich vorzustellen, wie ihr diese im späteren Leben helfen könnten – besonders in Bezug auf das Finden einer Arbeit, die sie wirklich mag, oder auf das Finden eines Partners, mit dem sie die Welt bereisen möchte, oder auch für einfache Tätigkeiten des täglichen Lebens. Es gibt Tage – so wie gestern – da fühlt sie sich traurig und vermisst sogar ihre früheren Arbeitsroutinen im Buchladen; oder rauszugehen zum Yoga und zu Martial-Arts-Kursen; mit Freunden Konzerte zu besuchen, in den Schnellzug nach Paris zu springen für ein Wochenende kulinarischer Genüsse und Kultur; oder das nächste Flugzeug nach New York zu nehmen, um bei ihren Eltern zu sein.

Sie realisiert, dass nicht nur ihr eigenes Leben aus den Fugen geraten ist, sondern auch das so vieler Menschen überall auf der Welt. Obwohl sie versucht, das Beste aus der angespannten Situation zu machen und sich auf ihre innere Entwicklung zu konzentrieren und die Reise zu erforschen, auf der sie sich befindet, vermisst sie ihr altes Leben und weiß noch nicht so recht, welche neuen Strukturen sie für ihr neues Leben aufbauen soll. Sie fragt sich außerdem, wie viele Menschen wohl gewillt und in der Lage sein werden, mit sich mit den Dingen, die sie entdeckt hat, zu beschäftigen.

Sie versucht, einigen früheren Kommilitonen etwas über die evolutionären Prinzipien eines geeinten und fühlenden Universums zu erklären, aber die Konversation verläuft nicht gut. Ihr wird erwidert, was sie erzähle, sei zu metaphysisch. Als sie erklären will, dass das keine Metaphysik sei, sondern die neuesten Erkenntnisse der Physik und Kosmologie, wird sie informiert, dass „die Leute sich für so ein Zeug nicht interessieren. Warum also Zeit mit etwas verschwenden, was niemand wissen will?"

Rose ist dankbar für ihre anderen Freunde, die offener für ihre Ideen sind und auch gewillt, diese mit ihr zu ergründen. Sie realisiert aber, dass es immer noch eine sehr kleine Gruppe von Menschen ist, die überhaupt in Erwägung ziehen möchte, dass es mehr gibt im Leben als das, was die Leute gemeinhin glauben. Sie ist besonders dankbar für die Unterstützung und Liebe ihrer Großmutter und sie entscheidet sich, sie anzurufen.

„Oma, wie kann denn mein Sein in dieser neuen Realität die Realitäten um mich herum wirklich verändern? Als ich letztens mit meinen Kommilitonen an der Uni sprach, hat meine Realität die ihre in keiner Weise verändert. Tatsächlich war alles, was ich von ihnen gefühlt habe, Widerstand."

„Oh, mein Schatz, du hattest eine von diesen anstrengenden Unterhaltungen, ja? Bitte verstehe, dass solche Veränderungen selten auf dem Niveau des Verstandes von Menschen passieren. Auf jeden Fall ist das Verhalten von Leuten meist unbewusst geleitet, also wende dein wunderbares Wissen von der Theorie des geeinten Feldes und von der nichtlokalen Konnektivität an. Das ist viel praktischer als viele Menschen realisieren, besonders die, die ignorant gegenüber den tieferen Realitäten ihres eigenen Geistes sind."

„Na gut." Rose fühlt sich immer noch etwas niedergeschlagen.

„Lass uns etwas anwenden, was du durch den Kodierer der Ganzheit entdeckt hast!", sagt Verdandi. „Dein Code-Bewusstsein weiß, wer du wirklich bist, und es weiß, wie man den Weg zur Zukunfts-Manifestation klären und vorbereiten kann. Als Code der Ganzheit stärkst du auf natürliche Weise die Kosmischen Encodierungen unserer Welt und Zukunft. Ein Code der Ganzheit zu sein ist eine der stärksten und wichtigsten Aspekte des erweiterten Bewusstseins, und es bringt dich direkt in den Design-Modus. Wenn du dich selbst als solcher Code wahrnimmst, befindest du dich in einem Stadium herrlicher Offenbarung; einem Stadium übersprudelnder Lebendigkeit. Viele Menschen bemerken es nicht, wenn sie in diesen Zustand eintreten. Es kommt ihnen vor wie ein Vorgeschmack darauf, wie eine bessere Zukunft sich anfühlen könnte, ohne dass sie realisieren, dass sie die Architektur dieser Zukunft in ihrem Inneren betreten haben. Lass uns diese Codes für einen Moment tiefer erforschen. Würdest du sagen, dass diese Codes auch die des Kosmischen Hologramms sind, die uns Zugriff auf die Potentiale der Totalität verleihen?"

Rose antwortet erleichtert: „Ja, das ist es. In einem Hologramm ist die Information des Ganzen immer präsent in jedem seiner Teile, sogar dann, wenn diese Teile sich teilen oder verschiedene Konfigurationen annehmen. Jede Einheit eines Hologramms enthält die informationale Dichte des Gesamten. Das holografische Prinzip hilft uns zu verstehen, wie unser Universum existieren und sich als einzelnes, geeintes Wesen entwickeln kann."

„Ha, da hast du es", lächelt Verdandi. „Diese anderen Studenten von denen du gerade gesprochen hast, bilden andere Konfigurationen als deine Denkmuster. Aber trotzdem sind sie Teil des gleichen Hologramms, nur aktiviert durch andere Settings als deine. Erinnere dich an den wunderschönen Vers aus der *Isa Upanishad*, dem heiligen vedischen Text: ‚Jenseits ist Fülle, diesseits ist Fülle, aus Fülle kommt Fülle hervor. Nimmt man die Fülle aus der Fülle, so bleibt nichts als Fülle!' Erinnerst du dich an diesen Vers?"

„Ja."

„Du kannst das Wort Fülle mit ‚Ganzheit' oder ‚Vollkommenheit' ersetzen. Bleibe in dieser Fülle und Vollkommenheit, meine Kleine, auch wenn andere dir sagen, dass deine Weltsicht für sie keinen Sinn ergibt. Kein Grund, zuzustimmen oder nicht zuzustimmen. Bleibe einfach in der Präsenz dessen, wer du bist. Erinnere dich an den Schlüssel der Dreifaltigkeit, an den Schlüssel der Dunkelheit, den Schlüssel der Kosmischen Kommunikation und den Schlüssel des bewussten Selbst."

Rose lehnt sich nach vorne. „Ahh. Wirft mir das Leben Stöckchen hin, damit ich drüberspringen und üben kann, was ich gelernt habe?"

„Was denkst du, Liebes?"

„Es sieht so aus, ja. Und ich hatte schon angefangen, mich wirklich zu bedauern. Ich habe mich verurteilt und missverstanden gefühlt, aber das lag nicht an ihnen, es lag an mir selbst. Okay, ich bin zurück im Sattel."

„Gut! Das ist meine Enkelin. Nun, lass uns das Kosmische Hologramm besprechen. Denk daran, wir sind nicht nur holographisch miteinander verbunden, sondern auch *hologrammatikalisch*. Das ist es, worum es beim Schlüssel der Kosmischen Kommunikation geht. Es ist möglich, einander auf viel tieferen Ebenen der Realität zu verstehen und miteinander zu kommunizieren, als die meisten unserer konditionierten Sichtweisen erlauben. Manchmal sind wir in der Lage, unseren konditionierten kulturellen, familiären oder erzieherischen Prägungen, die wir erworben haben, zu entkommen – durch Inspiration, Intuition, veränderte Bewusstseins-Zustände, Liebe, Verzückung oder die Vielfalt kreativer Erfahrungen. Dann empfangen wir so viel mehr aus dem Ozean von Informationen und können viel mehr Pattern erkennen und erfahren. Das sogenannte Genie ist jemand, der verschiedene Welten auf einmal prozessieren kann. Genies können die kulturellen Standpunkte einer bestimmten Fertigkeit oder Wissensbasis erfassen, um dann die Grenzen dieser Basis zu verschieben und die pure Essenz der Informationen aus dem großen See ihrer Umgebung aufnehmen."

„Okay, ich verstehe. Besteht mein Kommunikationsproblem darin, dass ich die Ergebnisse meiner Entdeckungen mit anderen teile und nicht die Erfahrung selbst?"

Verdandi lächelt: „Ohne das Verbinden mit der Erfahrung schafft es deine Information nicht, die Menschen mit dem größeren Universum in ihrem Inneren zu verbinden."

„Verstehe. Kannst du mir ein anderes Beispiel geben, Oma?"

„Sicherlich. Schau dir Mozart an. Er war innerhalb der musikalischen Basis des späten 18. Jahrhunderts ein hoch-strukturierter Experte. Wenn er mit seinem ‚holographischen Ohr' der Musik der Sphären und der Essenz selbst zuhörte, konnte er diese re-strukturieren – innerhalb der Grenzen der Musik-Ästhetik des späten 18. Jahrhunderts. Mozart konnte kosmisch und lokal zugleich sein, und beide Qualitäten miteinander verweben.

„Wenn wir uns in diese holonischen Bewusstseins-Zustände versetzen", fährt Verdandi fort, „beginnen wir zu erleben, wie unsere Körper aus dem Stoff der Sterne und den Mineralien der Erde bestehen. Unser Blut ist salzig wie die Meere. Wir realisieren dann, wie unsere Gene Mini-Universen sind, vielleicht codiert mit genug Information, um die Welt neu zu erschaffen. Und unsere Zellen und Organe enthalten die Erinnerungen von allem, was bisher geschah: Der Geburt von Sternen, der Entstehung des Lebens, der Erfahrung, Fisch oder Amphibie zu sein, Reptil und frühes Säugetier, Affe und Mensch; und nun die Verlockung, die uns von jenseits des Horizonts aufruft, ins nächste Stadium unseres Werdens einzutreten."

Verdandis Stimme ist voller Leidenschaft. „Das ist die Natur, die in uns liegt – die großartige externe Natur spiegelnd, die das gesamte Universum auf seiner evolutionäre Reise vorangebracht hat. Das, was wir Gott nennen, oder den Geist des Universums, oder sogar das Schicksal selbst mag viel größere Pläne mit uns haben, als wir uns jemals vorstellen können."

„Kannst du mir nun eine Übung geben?", fragt Rose verschmitzt.

„Absolut. Die hier ist dafür da, sich mit den Zukunfts-Potentialen der beginnenden neuen Ära zu verbinden. Bevor wir hineintauchen, möchte ich, dass du dir bewusst wirst, dass dein Leben die Codes von zwei Zeitaltern umfasst; Codes zweier kreativer Zyklen des Bewusstseins.

Die alte Ära, die immer noch unser derzeitiges Welt-Bewusstsein beeinflusst, in der Pattern von Opfern, Wettkampf, Trennung und Dualität die dominanten Narrative der Menschheit wurden. Stelle fest, wie sich diese Dynamiken in deinem Leben niedergeschlagen und vielleicht sogar deine eigene Wahrnehmung deines Mensch-Seins beeinflusst haben."

„Nun werde dir der neuen Ära gewahr, geboren aus den Zukunfts-Möglichkeiten der höheren Realitäts-Ordnungen, die die Kosmische Architektur des Bewusstseins direkter manifestieren", fährt Verdandi fort. „Die neue Ära birgt die Möglichkeiten neuer Wachstums-Pattern, die auf Ganzheit, Einheit, evolutionärer Diversität, Kollaboration, Co-Kreation und Partnerschaft mit dem Universum basieren. Diese Zukunfts-Möglichkeiten liegen schon schlafend in uns, wie die Imaginal-Scheiben, die die genetischen Codes für den Schmetterlingskörper in der Haut der wachsenden Raupe enthalten. Reflektiere, in welcher Weise diese Zukunfts-Codes der neuen aufkommenden Ära in dir leben. Welche dieser Codes sind schon aktiviert, und welche aktivieren sich gerade jetzt? Sei präsent gegenüber dem, was emporsteigt, wenn du dir diese Fragen stellst. Du brauchst mir gerade nicht zu antworten." Verdandi hält für einige Minuten inne, um Rose den Raum zu geben, wahrnehmen zu können, was in ihrem Bewusstsein aufsteigt. „Kann es weitergehen?"

„Ja."

„Gut. Reflektiere nun, was es für dich bedeutet, Teil beider Welten zu sein. Wie unterstützt du den Übergang in eine neue Ära? Verbinde dich mit deiner Bereitschaft, ein Zukunfts-Mensch zu werden. Ist dir klar, wie unglaublich es ist, in diese Zeit der Transformation hineingeboren worden zu sein, in der du tatsächlich diesen Wandel miterleben kannst – was möglich ist und Wirklichkeit wird? Die alte Ära der Raupen-Welt des menschlichen Bewusstseins hat ihr End-Stadium erreicht. Wie du weißt, können wir nicht einfach die alten Wachstums-Pattern so weiterführen. Wenn wir es doch tun, werden wir ein Massensterben triggern, und das ist ein klares Zeichen, dass das Leben sagt: ‚Werdet klug! Zeit sich zu ändern!'"

„Ich kann es fühlen und ich bin bereit! Dafür bin ich zurückgekommen", antwortet Rose mit großem Enthusiasmus.

„Ich weiß. Nun lass uns noch einen Schritt weiter gehen. Geh doch bitte und hol dir einen Stift und dein Tagebuch, falls du die Antworten aufschreiben und sie nicht nur still in der Meditation wahrnehmen willst. Du kannst entscheiden. Wenn ich dich durch die Übung führe, werde dir gewahr, was sich in dir aktiviert und was anfängt, sich zu verändern." Verdandi wartet darauf, dass Rose zurückkommt und beginnt dann mit der Übung.

Übung für das Erleben deiner Zukunfts-Potentiale

„Atme tief ein und aus und entspanne dich. Lass die äußere Welt los. Bringe dein Bewusstsein zurück zu dir selbst. Atme ein und aus. Sei präsent im Hier und Jetzt. Fühle deinen Körper und entspanne deinen Geist.

„Verbinde dich mit deinen imaginalen Kräften und fühle, wie dies auf natürliche Art und Weise dein Kosmisches Bewusstsein aktiviert. Du bist nun in der Lage, Informationen zu spüren, fühlen, hören, intuitiv zu erfassen und empfangen, die jenseits deines normalen Bewusstseins-Zustands entspringen. Dein Kosmischer Geist ist in deinem lokalen Bewusstsein präsent und erlaubt dir direkten Zugang zu deinen imaginalen Fertigkeiten.

„Bringe dein Bewusstsein zu den Zukunfts-Codes deines menschlichen Bewusstseins; zu deinen Potentialen von dieser neuen, aufkommenden Ära. Fasse die Intention, dass diese Codes sich nun in dir weiter aktivieren. Du wirst dies vielleicht als eine Wärme spüren, die sich durch deinen Körper ausbreitet, ein leichtes Kribbeln, ein tiefes intuitives Wissen, ein Gefühl von Freude und des Staunens, oder vielleicht sogar als ein Lächeln in deinem Gesicht.

„Dein Schmetterlings-Potential aktiviert sich nun vermehrt – durch die neuen Codes, die die Möglichkeiten für komplett neue Wachstums- und Evolutions-Pattern enthalten: Ein völlig neues Stadium unserer menschlichen Evolution und die mythischen Strukturen für die Weiterentwicklung dieser unserer menschlichen Zukunfts-Potentiale. Heiße diese neuen mythischen Strukturen und die Archetypen, die diese frischen Möglichkeiten leiten, willkommen. Fühle die Aktivierung deiner menschlichen Zukunfts-Codes. Nimm wahr, wie ein ganzes Unterstützungs-System erscheint und sich dir eröffnet.

„Du hast nun Zugang zu völlig neuen Fähigkeiten, Perspektiven, Realisationen und Arten des Seins, die wahrscheinlich jenseits all dessen liegen, was du dir jemals vorgestellt oder erfahren hast. Erlaube das Neu-Sein in allem, was in dir passiert. Projiziere keine alten Gedanken oder Konzepte in diese Erfahrung hinein, lass alles einfach in neue Erfahrungen hineinwachsen, die direkt aus deinen Zukunfts-Codes entspringen."

„Begrüße die metamorphische Transformation deines Bewusstseins, während frühere und ältere Formen deiner selbst diesen neuen Zustand deiner Entwicklung beginnen zu unterstützen. Danke deinem Raupen-Selbst dafür, wie es dein menschliches Zukunfts-Potential in sich getragen hat – bis zum Moment, in dem du bereit warst, es willkommen zu heißen und zu umfassen – und ihm dann den Kontext für den notwendigen Wandel zu bieten.

„Erkenne an und danke dir dafür, dass du bereit für das bist, was gerade geschieht. Genieße diese neue Phase und die Geburt einer neuen Ära in dir selbst. Wenn du dich in Meditation befindest, beende sanft diese Übung, indem du die Augen öffnest, sobald du bereit bist. Sei vollkommen präsent im Hier und Jetzt. Wenn du durch diese Übung als reflexive Lese- und Schreib-Übung gegangen bist, musst du nichts Besonderes tun. Erlaube den Aktivierungen einfach weiterzugehen und bleibe aufgeschlossen gegenüber dem, was sich auftut und entfaltet."

Zukunfts-Gestalter werden

Nachdem sie die Übung beendet hat, geht Rose hinaus in die Natur, um zu integrieren, was sie gerade erlebt hat. Sie fühlt, dass sie innerlich mehr Zeit braucht, um wirklich dessen gewahr zu werden, was es für sie bedeutet, diese Transformation zu leben. Sie ist sich bewusst, dass die Wachstums-Pattern der alten Ära ihr Leben immer noch in vielerlei Hinsicht beeinflussen. Viele dieser Einflüsse fühlen sich wie Konflikte, Unstimmigkeiten und Stress an. Wenn sie ihre femininen, spirituellen und künstlerischen Bestrebungen zum Ausdruck bringt, fühlt sie sich oft beurteilt, korrigiert und marginalisiert von denen, die vorgeben, für die Mehrheit zu sprechen und sie für zu idealistisch halten. Doch wenn es um ihren körperlichen und geistigen Ausdruck geht, bemerkt sie, dass die Gesellschaft dies nur allzu gern fördert und ihr viele ausgiebige Möglichkeiten bietet, sich in diese Richtung gehend weiterzuentwickeln als ‚eine junge erfolgreiche intelligente Frau, die die Welt erobern wird.' Diese widersprüchliche Dynamik offenbart ihr eine enorme Inkonsistenz und eklatante Schieflage. *Was bedeutet das*, fragt sie sich, *Zukunfts-Gestalter zu werden in Kulturen und Systemen, die keinen Bezug zu den Kosmischen Realitäten des Lebens haben?*

Wenn sie in ihren imaginalen Bewusstseins-Zustand eintritt, fühlt sie sich befreit; sie ist in der Lage, freier zu denken und Visionen zu entwickeln, während sie die kreativen Kräfte in ihrem inneren Universum anzapft. Dann fühlt sie sich inspiriert und in einem Zustand des Flows, während sich ihre inneren Portale zu den Zukunfts-Möglichkeiten von innen her auftun und sie zu Höherem rufen. Ihre Wahrnehmung der Realität wird dann fluide, durchlässig und weiträumig.

Doch wenn sie in die jetzige Welt zurückkehrt und versucht, all das anzuwenden, ist nicht immer alles so gut im Fluss. Manchmal fühlt sie einen unangenehmen Widerstand – wie ein Pushback – von Leuten, mit denen sie in Kontakt kommt; genau wie vom größeren Fluss der Ereignisse um sie herum. Das kann sich als skeptischer Kommentar von einem ihrer Freunde manifestieren, als unerwartete Schwierigkeit mit einer bestimmten Aufgabe, oder jemand versucht, einen Streit mit ihr vom Zaun zu brechen; es können technische Probleme mit ihrem Telefon oder Computer sein, seltsame Probleme mit der Elektrik, oder nur, vom Regen überrascht zu werden, wenn sie sich entschieden hat, einen Spaziergang zu machen. Alles andere als die höheren Flow-Erfahrungen, die sie immer dann erlebt, wenn sie sich im Zustand ihres Zukunfts-Bewusstseins befindet.

Anfangs schiebt sie diese Vorkommnisse beiseite und hält sie für reine Zufälle. Sie fragt sich sogar, ob es an ihr liegen könnte – weil sie nicht ganz geerdet sei. In letzter Zeit stellt sie fest, dass es ein Pattern zu sein scheint, welches immer ein paar Tage anhält, nachdem sie einen substantiellen inneren Wandel vollzogen hat. Dann scheint sich ganz plötzlich – oft ein paar Tage nach dem Manifestieren der dissonanten Pattern – die Dynamik der Energie zu klären. Und dann tun sich die unglaublichsten Synchronizitäten auf und bringen ganz neue Möglichkeiten mit sich. Es scheint fast, als ob das Feld des Lebens sich zuerst um sie herum – oder in spezifischen Bereichen – kontrahiert, bevor es sich auf neue Weise und in neuen Bereichen weitet und öffnet.

Sie fragt sich, ob der Archetypus des Zukunfts-Gestalters ihr Antworten auf diese überraschende Erfahrung geben kann, vielleicht auch der Evolutionäre Katalysator. Sie erklärt Verdandi, was sie erlebt hat – in der Hoffnung, dass auch sie ihr ein paar Hinweise geben kann.

„Oma, kannst du mir helfen, dieses Pattern zu verstehen und mir sagen, wie ich es verändern kann?"

Verdandi lächelt. Sie kennt dieses Pattern nur zu gut. Sie hat Rose in der Vergangenheit gewarnt, die Zukunft zuerst sorgfältig aus dem Unsichtbaren zu gestalten und erst etwas davon preiszugeben, wenn sich ihre Vision ausreichend in ihr manifestiert hat. Damit kann sie sicherstellen, dass ihr inneres Wesen in der Lage dazu ist, den Raum für die neuen Codes und Möglichkeiten zu tragen und zu verkörpern, bevor das kollektive Bewusstsein dem Ganzen seine üblichen Pfade und Restriktionen aufnötigt.

Rose aber, noch jung und unerfahren, hat diesen kleinen Schritt ausgelassen.

„Rosie, erkläre mir doch, wie du in die Zukunfts-Möglichkeiten reisen und dein Leben von der Zukunft her neu gestalten willst."

„Ich beginne damit, meine Absicht zu präzisieren, die Zukunfts-Möglichkeiten der neuen Ära – einer gedeihlichen Welt – wahrzunehmen. Dann stelle ich mir vor, wie sich mir ein Weg eröffnet, der mich zu diesen Zukunfts-Möglichkeiten der erweiterten Realitäten meines Zukunfts-Selbst bringt. Sobald ich in dieser Zukunfts-Welt und -Zeit ankomme, beginne ich, die Qualitäten dieser Welt zu erforschen, gemeinsam mit den Qualitäten meines eigenen Bewusstseins. Ich spüre die Fertigkeiten, zu denen ich natürlicher Weise in der dortigen Realität Zugang habe, und auch die Entscheidungen, die ich getroffen habe und die Handlungen, die mich zu dieser Erfahrung gebracht haben. Ich ergründe die Art, in der wir als Menschheit in dieser Welt leben und die Möglichkeiten, die diese Realität uns bietet.“

„Was noch?“, fragt Verdandi.

„Aus dieser Zukunfts-Perspektive schaue ich dann zurück auf mein jetziges Leben, um zu sehen, ob es irgendetwas in meiner derzeitigen Realität gibt, was verändert, transformiert und geheilt werden muss, oder auf das ich reagieren sollte, damit sich die Zukunfts-Realität verwirklicht. Von meinen Zukunfts-Fertigkeiten her schicke ich meinem derzeitigen Selbst die Unterstützung, die mein jetziges Selbst benötigt. Diese Unterstützung kann in Form von Licht, Liebe oder Bewusstsein erfolgen. Sie kann auch die Form neuer Pattern, Blaupausen, Codes oder Visionen annehmen, ja sogar spezifische Nachrichten oder Anweisungen. Ich visualisiere dann, wie die Unterstützung, die ich mir selbst geschickt habe, eine Brücke wird, die mein Zukunfts-Bewusstsein in die Lage versetzt, mich kontinuierlich mit allen Ressourcen, Realisationen und Pattern zu unterstützen, um meine optimale Bestimmung zu manifestieren. Wenn sich dies vollständig anfühlt, stelle ich mir vor, dass ich mich wieder in der Gegenwart befinde; aber eine Gegenwart einer höheren Ordnung der Realität, weil ich mich selbst verändert habe in Anbetracht meiner Zukunfts-Erfahrung.“

„All das klingt sehr gut, Liebes“, antwortet ihr Verdandi, „aber ich vermisse die Brücke zwischen den Informations-Feldern deiner derzeitigen Realität und den neuen Pattern, die du hervorbringst. Es klingt danach, dass deine Erfahrung des ‚Pushbacks‘ die launische Reaktion der Menschheit darauf sein könnte, sich ändern zu sollen, nur weil du dich änderst!“

„Das ist genau, wonach es sich anfühlt“, stimmt Rose zu.

Verdandi nickt und fügt hinzu: „Jedes Mal, wenn du das Feld unseres kollektiven Bewusstseins aus der Zukunft heraus änderst, wird ein Reset in den kollektiven Feldern getriggert, jenseits der Punkte, für die bereits kollektive Vereinbarungen getroffen wurden. Mit anderen Worten fordert es das Bewusstsein der Menschheit heraus, ebenfalls zu wachsen und sich weiterzuentwickeln.

„Bitte merke dir", fährt sie fort, „dass das kollektive Bewusstsein einen weitaus langsameren Rhythmus der Veränderung hat, als dein Verstand. Wenn dein Signal zu sehr vom Signal des Feldes abweicht, werden manche das Bedürfnis verspüren, dich zu korrigieren, dir deinen Platz zuweisen zu wollen, oder irgendwie auf dich projizieren zu wollen, dass das, was du machen willst, falsch sei. Nimm das nicht persönlich, Liebling. Ein Zukunfts-Gestalter zu sein, ist nicht immer leicht. Den Zauber der neuen Möglichkeiten zu erleben, ist das Eine, jedoch den Boden zu bereiten, sodass er aufnahmefähig dafür wird und diese Möglichkeiten akzeptiert, ist eine ganz andere Geschichte. Deshalb haben dir die Zukunfts-Zivilisationen fünf Archetypen gegeben, und nicht nur einen oder zwei. Du musst mit allen fünfen arbeiten, damit die volle Verwirklichung stattfinden kann."

Rose ist still, also sagt Verdandi: „Willst du, dass ich dir noch eine Übung gebe? Die sollte einige der alten Pattern und Barrieren für deine Zukunfts-Manifestation beseitigen."

„Danke, Oma. Das wäre schön. Ich bin erleichtert zu hören, dass das nicht alles nur in meinem Kopf passiert. Ich wollte Klarheit über das bekommen, was ich erlebt habe. Und nicht nur für mich. Einige meiner Freunde haben mir ähnliche Erlebnisse mit Pushbacks berichtet. Also, her mit der Übung."

Übung zum Öffnen des Feldes für Zukunfts-Möglichkeiten

„Atme tief ein und aus. Entspann dich. Schließe deine Augen. Verbinde dich mit deinen imaginalen Kräften. Fühle deine Lebenskraft. Öffne deinen Verstand. Stell dir dein Leben als Strand vor.

„Wie sieht dein Strand aus? Wie fühlt es sich dort an? Wie sind seine Textur, seine Farben, Sinneseindrücke, Gerüche? Wie sehen die Pattern deines Strandes aus? Wie kommt die Flut herein? Gibt es große Unterschiede zwischen Ebbe und Flut in deinem Leben? Wenn das Wasser sich zurückzieht – und du dich zurückziehst – zieht das Wasser sich weit ins offene Meer zurück oder nur ein kleines Stück? Wenn du ausströmst wie die Flut, bedeckt dann das Wasser den ganzen Strand oder nur einen kleinen Teil davon? Haben die Krebse kleine Löcher gegraben, aus denen das Wasser herausprudelt?

Wurde etwas an den Strand gespült? Besondere Gegenstände? Seetang? Holz von weit entfernten Abenteuern? Oder vielleicht sogar eine Flaschenpost? Gibt es an deinem Strand Fußspuren oder Pfotenspuren von Tieren? Sind es deine oder sind sie von jemandem anderen? Erlaube deiner tiefen Weisheit, dir zu eröffnen, was du über dein Leben verstehen sollst, wenn du es aus dieser Strand-Perspektive betrachtest.

„Nun bitte den Strand, dir die Rillen im Sand zu zeigen, die diese alten und möglicherweise limitierenden Pattern repräsentieren, welche die Wellen der Möglichkeiten einfangen. Werde dir aller dieser Pattern bewusst, die deinen natürlichen Fluss des Lebens einengen und dich daran hindern, vollständig auszudrücken, wer du wirklich bist. Während du den Sand erblickst und dir dieser limitierenden Pattern bewusst wirst, fasse nun die Intention, dass sich diese alten limitierenden Pattern auflösen mögen. Intendiere mit deiner imaginalen Kraft, dass alle limitierenden und schädlichen Pattern sich von deinem Leben entkoppeln und schließlich auflösen.

„Verbinde dich mit der Kraft des Ozeans als deine eigene kreative Lebenskraft. Bitte den tiefen und mächtigen Ozean, dir eine Welle zu schicken, die alle alten Wege, Furchen und Pattern auflöst und wegwäscht, die dir nicht mehr dienlich sind. Entferne diese limitierenden Dinge von der Strand-Oberfläche deines Lebens. Fühle, sieh und erfahre jetzt, wie dein innerer Raum sich weitet und vorbereitet für neue Möglichkeiten.

„Finde Bestätigung, dass diese limitierenden Pattern der Vergangenheit, Gegenwart und Zukunft sich von deinem Leben gelöst haben. Schau noch einmal auf deinen Strand und nimm wahr, wie die innere Landschaft deines Lebens sich verändert. Verbinde dich noch einmal mit deinen imaginalen Kräften. Fühle die reiche Weisheit aller seiner Besonderheiten. Der Strand ist immer für dich da, bereit, dir die Energie zu liefern, an seinen Ufern entlang zu schwimmen und die Tiefen und die Träume zu ergründen, die er bedeckt.

„Wenn du willst, tauche tief ins Wasser und steige dann in den Zustand deines Zukunfts-Bewusstseins auf. Dieses Bewusstsein ist Teil des großen Ozeans der Zeit. Es ist in der Lage, dir die größeren Möglichkeiten von der Zukunft her zu zeigen, die du gleich jetzt ausschöpfen und manifestieren kannst.

„Bitte dein Zukunfts-Bewusstsein, als kraftvolle Welle über diesen wundervollen Strand zu rollen und neue Kanäle und Pattern zu erschaffen. Diese Pattern und Kanäle sind perfekt dazu designt, mehr von deinem Kosmischen Potential zu manifestieren. Sie unterstützen dich kraftvoll dabei, die optimalen Möglichkeiten in deinem Leben anzuziehen und zu manifestieren. Fühle, wie diese neuen Pattern auch deine innere Welt erneuern: Deinen Verstand, deinen Körper, deine Emotionen, so dass du von Natur aus schwingungsfähiger und empfänglicher für die unendliche Güte bist, die das Universum mit dir teilen möchte.

„Fühle, schmecke, sieh und erfahre die tiefe Freude am Leben, welches du von diesen neuen, gesunden und optimalen Pattern deines Zukunfts-Bewusstseins erlebst: Pattern optimaler Gesundheit, natürlichen Wohlstands, natürlicher Manifestation, klarer Kommunikation, intuitiver Richtung und mehr. Danke diesen wunderbaren neuen Pattern dafür, dass sie dein Leben und deine Beziehungen neu strukturieren. Stell dir vor, wie du von diesen frischen, gesunden Pattern aus lebst und Beziehungen knüpfst. Nimm wahr, was sich für dich ändert und was nun für dich möglich wird. Bekräftige deine Bereitschaft für diese neuen Möglichkeiten aus dem Gefühl von Dankbarkeit und Vertrauen heraus.

„Wenn du dich bereit fühlst, kannst du diese Übung beenden, indem zu deine Augen öffnest. Dehne sanft deinen Körper. Sei vollkommen präsent im Hier und Jetzt in diesem neuen energetisierten Zustand des Seins."

Zeit für innere Heilung im Kokon

Rose bemerkt eine sofortige Veränderung der Energie um sie herum, sobald sie die Übung beendet hat – als ob das kollektive Feld sich entspannt hätte. Dieses Gefühl größerer Leichtigkeit und Klarheit hält bei ihr viele Tage an. Jedes Mal, wenn sie Spannungen oder Dissonanzen in sich selbst oder um sie herum wahrnimmt, wiederholt sie diese Übung. Sie führt auch täglich die Übung des Entspannens hinein ins Bewusstsein fort – ebenso wie die zur inneren Reinigung. In dieser Zeit der tiefen inneren Arbeit benötigt sie viel mehr Schlaf. Manche ihrer vorherigen COVID-Symptome wurden reaktiviert, wie eine innere Reinigung. Sie bemerkt einen leichten Temperaturanstieg sowie Muskel- und Kopfschmerzen.

Sophia hat das schon seit Wochen vorhergesehen. Sie hat bei den Patienten, mit denen sie in ihrem Praktikum im Krankenhaus arbeitet, ähnliche Symptome bemerkt. Sie gibt Rose Kräuter und natürliche Nahrungsergänzungsmittel, die ihr Immunsystem und ihren Körper stärken sollen.

Rose spürt in ihrem Feld außerdem die aktivierte Präsenz des Archetypus des Evolutionären Katalysators. Obwohl sie diese Archetypen nicht als

Personen wie Athene, Merlin oder Odin wahrnimmt, kann sie ihre Präsenz als Prozesse und Qualitäten spüren, die in ihrem Inneren aktiviert werden. Für etwas Unterstützung beim Gesundwerden ruft sie Verdandi an.

Verdandi hört sich alles an, was Rose ihr erzählt und sagt dann: „Hast du schon Mutter Erde um ihre Unterstützung gebeten? Du bist ein Kind der Erde, gemacht aus den gleichen Elementen wie die Erde selbst. Deine Knochen enthalten die gleichen Mineralien und Elemente wie ihre Felsen, Berge und Böden. Dein Blut und deine Tränen enthalten das gleiche Salz wie ihre Ozeane. Deine Körpersäfte sind aus den gleichen Wassern des Lebens gemacht. Dein Körper wurde durch sie und durch die Weisheit der Natur geformt – nach Milliarden von Jahren des Experimentierens, des Lernens und der Evolution. Du trägst buchstäblich all die Intelligenz und Weisheit der Evolution in deinem Inneren, und ihre Fähigkeiten reichen in dich hinein und werden deine Fähigkeiten – und ihr entwickelt euch gegenseitig. Dein genetischer Code ist Zeugnis der unglaublichen Kollaboration des Lebens, die die Emergenz menschlichen Lebens erst ermöglicht hat. Bitte sie, deine Partnerin in diesem Prozess zu werden. Sie ist die stärkste, ultimative *katalysierende evolutionäre* Kraft. Von ihr wirst du lernen, dein evolutionäres Bewusstsein und die Erkenntnis unserer gegenseitigen Verbundenheit zu entwickeln, während du dir der Prioritäten bewusst wirst, die unsere kollektive und persönliche Verantwortung erfordern. Sie wird dich auch lehren, wie du als Imaginal-Organ denken und agieren kannst, um unsere Träume und Visionen der neuen Möglichkeiten zu realisieren.“

Rose stimmt zu. „Das macht Sinn, Oma. Ich habe in den letzten Tagen ein engeres Verhältnis mit Mutter Erde aufgebaut, besonders während meiner morgendlichen Spaziergänge. Sie zeigte mir, wie ich regenerativer leben kann, indem ich die Abfälle, die wir produziert haben, zerkleinern und transformieren kann, sodass sie wieder nutzbar für neue Lebenszyklen werden; ich lernte auch, die Zyklen von Tod und Zersetzung als Kompost und Nährstoffe für die Zyklen neuen Wachstums zu ehren. Und ich habe die Übung durchgeführt, die du mir gegeben hast, um meine inneren Wurzel tief in die fruchtbare Muttererde hinein wachsen zu lassen, um all ihre Vitalstoffe als Nahrung zu empfangen. Ich fühle mich so verbunden und voller Liebe ihr gegenüber, wenn ich das mache.“

„Das ist wunderbar, Liebes. Mach weiter so. Diese planetare Nahrung ist essentiell für unsere menschliche Entwicklung. Sie versorgt unsere Leben mit vitaler Energie, Weisheit und planetarem Bewusstsein. Wenn es irgendetwas gibt, an das du dich geklammert hast, das zu viel ist oder ungesund, dann kannst du es Mutter Erde anvertrauen und sie bitten, es umzuwandeln, damit es wieder für die größere Ökologie des Lebens nutzbar wird. Sie weiß, wie sie Toxine und Gifte umwandelt und abbaut, um kompostierte Ressourcen zu schaffen."

Verdandi fährt fort: „Entdecke dieses Meta-Level der Nützlichkeit. Niemand von uns kann diese existentiellen Krisen allein lösen. Die Entstehung einzigartiger und unerwarteter Eigenschaften kann sich durch dieses evolutionäre Bewusstsein in Komplexitäten verbinden, die sowohl eine innewohnende größere Einfachheit als auch eine höhere Ordnung der Nützlichkeit besitzen. Man kann nie wissen, wie all diese persönlichen, gesellschaftlichen und kollektiven Veränderungen sich zu spektakulären Verwandlungen und Resultaten summieren. Denke daran, dass wir alle unsere Rolle in der Lebensspirale spielen. Wir sind alle Teil des gleichen evolutionären Prozesses, der die Sterne und Planeten hervorgebracht hat, unser menschliches Leben hier, die Pflanzen, Bäume, Tiere und Insekten. Wir sind eine Familie des Lebens."

„Ha!", ruft Rose, „das ist genau das, was ich meine mit ‚evolutionärer Kohärenz'! Kannst du dich erinnern, dass du damals nicht gleich komplett verstanden hast, was die Worte bedeuten, als ich sie kürzlich benutzte? Ich hatte erklärt, wie Kohärenz aus der Einheit eines Zustands hervorgeht, und evolutionäre Kohärenz ein dynamischer Zustand der Einheit mit dem Leben als Ganzes ist. Evolutionäre Kohärenz ist die Präsenz dieser Kosmischen Intelligenz, von der du gerade sprachst; die evolutionären Pattern, die uns zusammenbringen und uns besser mit dem übereinstimmen lassen, was wirklich erforderlich ist. Wie ein unsichtbarer Dirigent vor einem Orchester des Lebens, der uns sowohl in Dissonanz als auch in Konsonanz bringen kann; in unsere Resonanz mit den höheren Oktaven des Seins."

„Ich bin froh, dass wir endlich mehr Klarheit über dieses komplexe aber essentielle Konzept gewonnen haben", grinst Verdandi.

„Oma, diese Dissonanz, die mich in letzter Zeit so beschäftigt hat… Könnte es sein, dass ich mit mir selbst nicht mehr im Einklang bin? Oder nicht im Einklang mit dieser Zeit unserer Welt? Ich hab mich schon gefragt, ob ich an einer Depression leide, oder ob ich übermäßig empfindlich gegenüber all den nicht realisierten Träumen der Menschheit werde?"

„Oh, mein liebes Kind. Ja, du wirst empfindlicher und du durchlebst noch immer deinen eigenen Tod. Ein Großteil der Dissonanz, die du empfindest, ist die Diskordanz der Pattern, die dem Fluss des Lebens zuwiderlaufen. Lass dich davon nicht beirren. Viele streben nach immer größeren Möglichkeiten und sind doch nicht in der Lage, diese zu verwirklichen. Oft manifestiert sich eine Depression aufgrund von blockierten oder abgebrochenen Zukunftsvorstellungen und auch aufgrund von unverarbeiteten Enttäuschungen und Trauer. Das Leben hat eine innewohnende Richtung, die von der Zukunft her vorwärts fließt. Wenn dies behindert wird, wird unsere Energie schwer. Es kann uns in Lethargie, Zynismus und Depression hinein stürzen. Hättest du gerne eine hilfreiche Übung für die Heilung?"

„Ja, gerne! Einige meiner früheren Covid-Symptome sind reaktiviert worden, und ich brauche ein wenig Hilfe bei diesen ganzen inneren Veränderungen. Es gibt sogar Nächte, in denen ich mich fiebrig fühle und erneut vom Tod träume. Ich brauche sehr viel Schlaf und fühle mich zurückgezogen – nicht wirklich in der Stimmung, mit irgendwem zu sprechen. Meine Emotionen wechseln schnell von Traurigkeit zu Unruhe, Sorgen und manchmal auch Wut. Es ist, als liefen in meinem Inneren tiefgreifende Reinigungsprozesse ab."

„Ich verstehe. Entspanne dich einfach für den Moment und lass dich leiten", schlägt Verdandi vor.

Übung zur inneren Heilung mit dem Kosmischen Heil-Kokon

„Mach es dir bequem, entweder sitzend oder liegend. Entspanne deinen Körper so weit wie möglich. Entspanne deine Aufmerksamkeit – lass alle Spannungen los. Lass einfach alles los für den Moment.

„Werde dir dessen gewahr, wie der Kosmos immer in dir präsent ist – als dein eigenes Bewusstsein. Du schaust vom Kosmos aus in die Welt – durch dein Bewusstsein. Der Kosmos ist in dir lebendig als lebende Architektur deines Körpers und die innewohnende Ganzheit des Lebens.

„Gib dem Kosmos die Erlaubnis, dich durch diese Übung zu unterstützen, in einer Art, die nur deinem höchsten Wohlbefinden und deiner reinsten Form der Gesundheit dient. Du kannst diese Erlaubnis kommunizieren, indem du die Intention in deinem Herzen fasst, die Unterstützung des Kosmos zu empfangen, die jetzt für dich bereit steht.

„Stell dir vor, wie der Kosmos deine Intention damit beantwortet, dass er einen wunderschönen Kokon für deine Heilung um deinen persönlichen

Raum herum spinnt. Dieser Heil-Kokon ist perfekt designt, um dich mit den Vibrationen, Pattern, Heil-Seren und der Weisheit zu versorgen, die du benötigst. Er versorgt dich mit dem optimalen Grad der Unterstützung, um in Ruhe und Sicherheit zu heilen, deine Pattern zu optimieren und dich mit größerer Leichtigkeit und Klarheit weiterzuentwickeln. Fühle, wie dieser Kosmische Heil-Kokon sicher deinen persönlichen Raum umspannt, und dich wie eine warme liebevolle Umarmung umfängt. Es schirmt dich von äußeren Verletzungen und Interferenzen ab, während er dir die Sicherheit gibt, dich deinem inneren Wachstum und deiner Transformation hinzugeben. Er ist auch in der Lage, alle schädlichen Pattern und Toxine – ob physisch, mental, emotional oder energetisch – aus dir herauszulösen und umzuformen. Alle diese Toxine können von ihrem Ursprung her umgewandelt werden.

„Fühle nun, wie jegliche toxische und schädliche Pattern tiefgreifend von ihrem Ursprung heraus umgeformt werden; wie sie sich neu strukturieren, dich heilen und dadurch deinen Körper, Verstand und deine Energie weiterentwickeln, um dein Optimum an Gesundheit und Wohlergehen zu erreichen. Fühle die innere Befreiung, die sich vollzieht. Du kannst dies vielleicht als Kribbelgefühle spüren, oder als Gefühl kleinster Licht-Blitze, die sich in deinem Inneren bewegen, die Balance und Wohlbefinden herstellen.

„Der Kosmische Kokon unterstützt dich weiterhin. Er versorgt dich mit speziellen Heil-Membranen, -Pattern und -Seren, die helfen, die Gesundheit und Balance deines gesamten Selbst zu regenerieren. Fasse die Intention, dass diese Unterstützung der Heilung alle deine Gene, Zellen, Gewebe, Organe und innere Systeme reparieren und optimieren kann. Fühle die wunderbaren Effekte dieses Heil-Serums, das nun durch deine Gefäße fließt und zu allen deinen Zellen zirkuliert. Was auch immer dieses Serum umspült oder berührt, wird revitalisiert. Wo dieses Serum auch hingelangt, wird deine innere Gesundheit revitalisiert. Eine größere Klarheit und eine tiefere Zentrierung entstehen auf natürliche Art. Es wird einfacher, deine angeborenen Fertigkeiten und deinen Zukunfts-Ressourcenreichtum abzurufen, da dieses Heil-Serum automatisch alle schädlichen Pattern klärt und neu strukturiert. Sogar schädliche virale oder bakterielle Muster werden von diesem Serum transformiert, sodass ihr alle zusammen in eine gesunde, symbiotische Beziehung miteinander eintreten könnt.

„Fühle, wie die Pattern größerer Gesundheit und evolutionärer Kohärenz eine vertiefte Kollaboration innerhalb deines gesamten Wesens initiieren, und auch zwischen deinen genetischen Codes und denen der Bakterien und Viren. Alle arbeiten nun zusammen zu deinem Wohl und deiner vollständigen

Gesundheit, sie unterstützen deine Vitalität. Fühle, wie die Genialität dieser kollektiven Kollaboration Früchte trägt für mehr Gesundheit und Wohlbefinden deines gesamten Systems.

„Bleibe noch ein paar Minuten in dieser Erfahrung dieser größeren Gesundheit und des Wohlbefindens. Wenn du bereit bist, komme sanft zurück aus dieser Übung, öffne die Augen, dehne deinen Körper und sei vollkommen präsent im Hier und Jetzt."

Die Geschichte vom Kosmischen Schmetterling

Rose spürt weiterhin den Kosmischen Heil-Kokon um sich herum, der ihr zu Balance und Integration verhilft. Ein neues Pattern von Gesundheit bildet sich heraus, als ob ihr gesamter Körper zu einer tieferen Resonanz des Seins kalibriert würde. Sie fühlt, wie der evolutionäre Katalysator und der Pattern-Weber sie tiefgreifend in diesem Prozess unterstützen. Viele Stunden am Tag spielt sie Geige, und das scheint ihr zu helfen, sich leichter fokussieren zu können und viele ihrer Erfahrungen besser zu integrieren. Eines Tages nimmt sie die Geige sogar mit und spielt am Teich – sehr zur Freude derer, die vorbeikommen.

Eine Woche verstreicht. Verdandi ruft alle paar Tage kurz an, um zu hören, wie es ihrer Enkelin geht. Sie macht sich Sorgen um sie und bespricht ihre Bedenken mit Dagaz, ihrem Ehemann, aber sie spricht mit niemandem sonst darüber. Sie wäre so gerne bei ihr und würde sie sehen, aber es gibt keine Flüge, die sie dort hinbringen könnten.

Sie ruft Rose an, um ihr eine Geschichte zu erzählen: Die Geschichte vom Kosmischen Schmetterling. Rose schließt die Augen und erlaubt ihrem Verstand, zu träumen und sich in der hypnotischen Qualität von Verdandis Stimme zu verlieren.

„Dies ist die Geschichte vom Kosmischen Schmetterling, der die Weisheit und das Verständnis von Raum und Zeit sowie aller Schattierungen von Transformation und Wiedergeburt sein Eigen nennt. Er reist mit uns durch alle Stadien unseres Lebens und evoziert und aktiviert die Gaben, derer wir noch nicht gewahr geworden sind und vertieft diejenigen, bei denen wir Unterstützung benötigen. Dieser Kosmische Schmetterling lebt in holographischer Zeit: Dies ist eine kreative Zeit, in der alle Zeiten gleichzeitig existieren und ausgewählt und angepasst werden können, um unsere fortwährende Evolution zu unterstützen. Genau wie Gehirne re-programmiert werden können mit neuen Gedanken und Aktivitäten, können auch die Zeit-Strukturen neu verdrahtet werden. Sobald dies passiert, beginnen sich deine Lebenszusammenhänge zu verändern und neue Möglichkeiten eröffnen sich.

„Der Kosmische Schmetterling repräsentiert den Teil deiner Kosmischen Intelligenz, der einen vollen metamorphischen Zyklus der Transformation durchlaufen hat und nun seine Geschichte geworden ist. Er weiß, wie die Zukunft ins Sein geholt werden kann – durch seine magische Berührung, die auf natürliche Art deine Zukunfts-Potentiale in dir erwachen lässt und diese befruchtet. Der Kosmische Schmetterling webt die Zukunfts-Pattern deines Lebens und der Welt um dich herum, während er von Blüte zu Blüte flattert – vom Traum zur lokalen Realität und allem, was dazwischen liegt. Er hilft dir dabei, deine Zukunfts-Fertigkeiten zu entwickeln und vollkommen rezeptiv und optimal auf das Empfangen der Signale deines Kosmischen Bewusstseins eingestimmt zu werden.

„Wo auch immer er landet, erscheint ein neues Schmetterlings-Bewusstsein, vor allem an den Orten, die aufgrund von Leid, Tod und Verfall schmerzen. Er bereitet die Geburt unserer neuen Ära vor, während er den Kokon für seine transformative Kraft, die er mit sich bringt, ehrt. Der Kosmische Schmetterling ist der Ur-Archetypus der fünf Zukunfts-Archetypen. Du kannst diesen Archetypen jederzeit anrufen, wenn du Unterstützung in dieser Renaissance-Zeit der Wiedergeburt und Transformation benötigst.“

Rose öffnet ihre Augen und lächelt. „Das ist wunderschön, Oma. Jetzt kann ich meine Transformation als einen einheitlichen, vollkommenen Prozess wahrnehmen. Großartig! Genau wie das Universum ein einheitliches – geeintes Wesen ist, welches auch durch viele unterschiedliche Stadien, Ausdrucks- und Erscheinungsformen sowie die volle Diversität des Lebens wahrgenommen werden kann.“

„Was du gerade gesagt hast, ist eine essentielle Erkenntnis, Rosie. Sie bezieht sich auf die Herausforderung, die das Leben uns stellt: Uns weiterzuentwickeln. Der indische Gelehrte Sri Aurobindo sprach von der Emergenz des Supranaturalen in immer mehr Menschen und dies sei – so sagte er – der Vorbote der nächsten Evolution des menschlichen Bewusstseins. Dieses neue Stadium wird von Philosophen und Mystikern auch Superbewusstsein, integrales Bewusstsein, Kosmisches Bewusstsein und transzendentales Bewusstsein genannt“, erklärt Verdandi. „Jede Form repräsentiert eine Art von Bewusstsein, welches uns hilft, die Ganzheit und Einheit in uns selbst sowie zwischen dir und mir, dem Individuum und der Welt sowie dem Menschen und der Natur zu erkennen.“

„Es gibt noch ein neues Element, welches du mitbringst, Rose, und das ist die *Thrivability*: das Bewusstsein des Gedeihens und Florierens. Von dem, was du mir in deiner Übung nahegebracht hast, verstehe ich, dass *Thrivability* auch das Bewusstsein unserer Welt beinhaltet und nicht nur das des Individuums; einer Welt, die in Co-Kreation erschaffen und co-fertilisiert wurde von Schmetterlings-Menschen. Das ist die neue Geschichte." Verdandi lächelt.

„Sehr interessant", murmelt Rose. „Plötzlich wird mir klar, warum ich mich von vielen transzendentalen Prozessen aus esoterischen Lehren nicht angezogen fühlte. Denk mal darüber nach. Wenn wir wirklich im Herzen akzeptieren, dass wir alle Eins sind, und dass Materie eine Form des Bewusstseins ist, dann drückt unsere menschliche physische Welt auch unseren Bewusstseinszustand aus. Wenn wir mit unseren physischen Erfahrungen nicht glücklich sind, liegt der Schlüssel nicht darin, sie zu transzendieren, sondern mit dem zu durchdringen, was wir in Wirklichkeit sind."

„Ja", stimmt Verdandi zu.

„Bei der nächsten evolutionären Richtung geht es nicht um Aufstieg", sagt Rose, „sondern eher die Inkarnation und Fertilisation unserer Welt mit unserem Kosmischen Bewusstsein. Es geht darum, unsere Welt von den Zukunfts-Potentialen der größeren Geschichte her zu materialisieren, die wir erst noch entdecken und gemeinsam erfahren müssen. In dieser Weise erschaffen wir nicht einfach den Himmel auf Erden, sondern verwirklichen den *Himmel als Erde;* und dadurch offenbaren wir unsere wahre Rolle für diese Zeit."

Verdandi bemerkt die tiefgreifende Integration, die gerade in Rose stattgefunden hat – neben einer tieferen Akzeptanz der eigenen Reise des Heilens. „Wie fühlst du dich jetzt, Rose? Was macht das Fieber und wie steht es mit den Gliederschmerzen?"

„Unglaublich, die Schmerzen sind weg und meine Temperatur scheint normal zu sein. Als wenn meine Knochen jetzt in der Lage wären, die Resonanz dieses tiefen inneren Wissens zu halten."

„Ausgezeichnet. Nimm dir bitte in den nächsten paar Wochen täglich mindestens 20 Minuten Zeit, um in diese Pattern und Vibrationen dieser unserer größeren Geschichte einzutauchen. Beziehe dabei alle deine Sinne – Körper, Geist und Seele – mit ein. Entdecke diese neue Geschichte vom ewigen Garten Eden und was es bedeutet, uns als Kosmische Erdlinge zu begreifen. Werde die Kosmische Blüte und die Biene, und der Schmetterling im Garten unseres ‚zukünftigen Werdens'."

Integration -
Der Schlüssel des Werdens

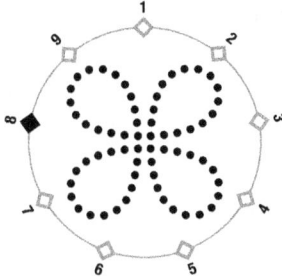

In diesem entscheidenden Kapitel hast du vier Übungen kennengelernt, um mit den verschiedenen Stadien des Selbstverwirklichungsprozesses zu arbeiten, unterstützt von fünf Zukunfts-Archetypen, die Teil des Ur-Archetypus des Kosmischen Schmetterlings sind. Entdecke und erfahre deine menschlichen Zukunfts-Potentiale und größeren Möglichkeiten, die du für diese einzigartige Zeit der Renaissance hervorbringen kannst.

> *Der Schlüssel des Werdens hilft dir dabei, deine einzigartigen Potentiale und deine Bestimmung für diese Zeiten der Renaissance durch die archetypischen Stadien und den Prozess der Wiedergeburt zu verwirklichen, sodass du als Zukunfts-Mensch erblühen kannst.*

Die folgende Zusammenfassung wird dir helfen, deine Erfahrungen tiefer zu integrieren:

- Der Schlüssel des Werdens entfaltet seine Wirkung durch die archetypischen Pattern der fünf Zukunfts-Archetypen, die das Pattern der Metamorphose des Schmetterlings nachahmen, welches wir als den „Prozess der Verwirklichung" bezeichnen. Durch diesen Prozess lernen wir, unsere menschlichen Zukunfts-Potentiale und unseren einzigartigen Zweck und Beitrag für diese Renaissance-(Wiedergeburts-) Zeit abzurufen und zu verwirklichen.

⊛ Der Schlüssel des Werdens hilft dir auch zu erkennen, inwieweit der Raupen-Schmetterling ein Wesen mit zwei verschiedenen Körpern ist, die zu verschiedenen Bewusstseins-Zuständen gehören – jeder mit einzigartigen und unterschiedlichen Fertigkeiten. Der Prozess der Verwandlung in einen Schmetterling ist eine kraftvolle Metapher für unser eigenes zukünftiges Werden als Prozess der Wiedergeburt; er zeigt uns, wie wir die Dynamik des Todes und des Kollaps willkommen heißen können als Stadien der Transformation und als Nährstoffe für die Ausdrucksformen des neuen Lebens.

⊛ Das Schmetterlings-Pattern zeigt uns außerdem, wie wir auf dem Weg der inneren Transformation und Transition zu neuen Zukunfts-Stadien mit den Enzymen der Auflösung arbeiten können. Die Enzyme der Zersetzung werden in der Kokon-Phase der Metamorphose ausgeschüttet, wenn alte Strukturen und Identitäten sterben müssen, um das Fortbestehen des Lebens in seinen neuen Formen und Ausdrucksweisen zu sichern. Denke daran, die protektive Unterstützung des Kosmischen Kokons zu erbitten, während du dich in der tiefen inneren Transformation befindest und das Alte im Sterben liegt, während das Neue noch nicht vollständig ausgebildet ist.

⊛ Du kannst die Zukunfts-Archetypen anrufen, um deinen Prozess des zukünftigen Werdens durch die fünf Phasen der Wandlung zu unterstützen: 1) Phase der Zukunfts-Potentiale, 2) Phase der Zukunfts-Möglichkeiten, 3) Phase der Zukunfts-Fertigkeiten, 4) Phase der Zukunfts-Verkörperung und 5) Phase der Zukunfts-Verwirklichung.

⊛ Das Torus-Pattern in der Abbildung dieses Kapitels repräsentiert einige der Schlüsselelemente der Flussdynamik der Kosmischen Architektur. Innerhalb des Singularitäts-Punktes in der Mitte des Torus ist die Architektur der Kosmischen Gebärmutter und des Kokons eingebettet – der Ort der Konvergenz und Transformation zwischen dem lokalen (physischen) und dem nichtlokalen (Kosmischen) Bewusstseins-Zustand.

⊛ Das Kosmische Hologramm repräsentiert die universelle Architektur der Ganzheit und Einheit – in welche sich die Information der Ganzheit verteilt und einbettet, während sich unser Universum ausdehnt und weiterentwickelt. Jeder Teil und jedes Teilchen der Ganzheit – dich und dein Leben eingeschlossen – bleibt genährt und in-formiert aus der absoluten Ganzheit des Lebens und des Bewusstseins.

- Verbinde dich mit dem Kosmischen Hologramm, um aus dem Feld des geeinten Bewusstseins deine Zukunfts-Entscheidungen und -Möglichkeiten zu entdecken, und aus der Einheit und Ganzheit heraus zu kommunizieren.

- Wenn du möchtest, dass Andere eine Verbindung zu deinen Entdeckungen herstellen können, stelle sicher, dass du vom Ort deiner Erfahrungen und der Essenz deines Verständnis her kommunizierst, nicht nur vom Ergebnis oder den Schlussfolgerungen deiner Entdeckungen.

- Erschaffe deine Zukunft zunächst aus den unsichtbaren Dimensionen heraus. Stelle sicher, dass du die neuen Codes und Möglichkeiten zuerst verkörpern kannst, bevor du sie mit der Welt um dich herum teilst – genau wie wir ein Baby nicht mit der ganzen Welt teilen, während es noch im Mutterleib ist. Erlaube der Zukunft zuerst, in deinem Inneren zu entstehen. Deine innere Weisheit wird dir den Zeitpunkt weisen, wenn es soweit ist, deine Zukunft mit Anderen zu teilen.

- Durch das Ergründen der Zukunfts-Möglichkeiten mittels deiner imaginalen Kräfte und durch das Herbeiführen von Wandel von den Zukunfts-Potentialen her veränderst du die früheren und jetzigen Felddynamiken des kollektiven Bewusstseins. Dies kann einen Reset und ein Upgrade der kollektiven Felder über die Punkte hinaus auslösen, an denen früher kollektive Vereinbarungen getroffen wurden. Diese Reset- und Upgrade-Punkte können einen Pushback von den Dynamiken der kollektiven Felder auslösen, die sich an die bekannten Felddynamiken gebunden fühlen oder sie schützen wollen. Du kannst die Übung „Öffnen des Feldes für die Zukunfts-Möglichkeiten" anwenden, um dissonante Pattern zu klären und ein tieferes Alignement und eine tiefere Resonanz zwischen den Zukunfts-Pattern, die du hervorbringst, und dem kollektiven Feld um dich herum zu erzeugen.

- Mutter Erde ist die ultimativ-katalysierende evolutionäre Kraft. Bitte sie, dir beim Wachsen und der Weiterentwicklung zu helfen. Lass deine inneren Wurzeln in den fruchtbaren Boden der Erde aussprießen, um ihre vitalen Nährstoffe zu empfangen. Bitte sie um ihre Unterstützung, um die Vibrationen und Substanzen zu transmutieren und zu kompostieren, die deiner Gesundheit nicht länger zuträglich sind.

⦿ Das Leben hat eine angeborene Direktionalität zu wachsen, zu lernen, sich zu entwickeln – die von den zukünftigen Seins-Zuständen geleitet ist. Arbeite mit dieser Orientierungshilfe der Zukunft, um blockierte Energien zu klären und zu transformieren, die nicht länger in der Lage sind, in den gesunden Fluss des Lebens einzutreten. Blockierte Lebens-Flüsse können uns in Lethargie, Zynismus oder Depression stürzen.

⦿ Schaffe täglich den Raum und die Zeit, um die größeren Geschichte deines Lebens zu leben – als ein Schmetterlings-Bewusstsein aus einer neuen Ära des Bewusstseins.

Der Kosmische Schmetterling ist der Ur-Archetyp aller fünf Zukunfts-Archetypen. Rufe diesen Ur-Archetypen an, wenn immer du Unterstützung in der Selbst-Verwirklichung benötigst, und erfahren willst, wie du zu deiner Bestimmung werden kannst. Die kurze Zusammenfassung im Folgenden wird dich daran erinnern:

1. Archetypus des Ganzheits-Kodierers (Wholeness Coder archetype) – *Der Schlüssel der bewussten Entscheidung.* Aktivierung unserer Zukunfts-Potentiale durch Zukunfts- Entscheidungen und die Notwendigkeit für Wandel. Code-Bewusstsein.

2. Archetypus des Zukunfts-Gestalters (Future Creative archetype) – *Der Schlüssel der imaginalen Kräfte.* Erwecken unserer Zukunfts-Möglichkeiten durch neue Ideen, Intentionen, Visionen und Bedürfnisse (im Sinne einer „mentalen Schwangerschaft"). Imaginales Bewusstsein.

3. Archetypus des Evolutionären Katalysators (Evolutionary Catalyst archetype) – *Der Schlüssel der Dunkelheit.* Innere Transformation, Entwickeln der Zukunfts-Fertigkeiten, Übergang von den alten zu neuen Stadien. Evolutionäres Bewusstsein.

4. Archetypus des Pattern-Webers (Pattern-Weaver) – *Schlüssel zum bewussten Selbst.* Entwicklung der integralen Systeme und Zukunfts-Pattern der ‚Embodied Awareness' = des verkörperten Bewusstseins unseres Zukunfts-Selbst, Geburt und Emergenz. Integrales Bewusstsein.

5. Archetypus des Erzählers des neuen Paradigmas (New Paradigm Storyteller archetype) – *Schlüssel zur Kosmischen Kommunikation.* Die neue Geschichte werden, unsere Welt mit neuen Realitäten befruchten, Fülle, Wohlstand und Wohlbefinden für alles Leben kommunizieren, ‚Thrivability consciousness', Bewusstsein des Gedeihens und Florierens.

KAPITEL 9

Zukünftige Vorfahren werden

*Transformation durch den
Schlüssel der Einheit*

Rose schläft tief und findet sich in einem interessanten Traum wieder – voller sinnesreicher Farben, Formen und Düfte – während sie zwischen den imaginalen Welten und ihrer lokalen Realität hin und her changiert.

Ein orgasmischer Traum im Inneren einer Blume

Ihr Traum beginnt damit, dass eine angenehme Stimme ihren Namen ruft: „Rose! Rooose…Rooooose…" Während sie sich dieser Stimme nähert, sieht sie eine prachtvolle Blume. Neugierig, mehr zu erfahren, kniet sie sich hin und bedeckt die Blüte mit ihren Händen. Das nächste, was sie wahrnimmt, ist, dass sie ins Innere der Blume befördert wird. Während sie sich langsam an die innere Architektur der magischen Blume gewöhnt, wird sie kleiner Sphären aus Licht gewahr, die aussehen, wie reisende, schwebende Kugeln.

Verteilen diese Licht-Kugeln Nahrung? Warum können sie durch die Zellmembranen dieser Blume hindurchtreten? Und wie machen sie das? Während sie dies ergründet, realisiert sie, dass die Kugeln ihrer gewahr sind. Sie antworten auf subtile Veränderungen in ihren Träumen und Gefühlen. *Diese Lichtkugeln erinnern mich an die Kosmische Information der Unsterblichkeit, die ich während meiner Nahtod-Erfahrung gemacht habe,* sinniert sie.

Rose fühlt sich vollkommen zu Hause in der Welt der Blumen, so sehr, dass sie fast vergisst, dass sie ein Mensch ist. Die innere Welt der Blume fühlt sich harmonisch und lebendig an. *Ich fühle so eine fröhliche Resonanz hier!*

Sie beobachtet die wunderschönen Details der Blütenblätter, und fühlt die Kurven ihres eigenen Körpers während ihr Geist in den inneren Kurvaturen der Blume spazieren geht. Sie wird erregt, während eine ganze Bandbreite von sinnlichen Erfahrungen und Empfindungen durch ihren Körper fließen. Ihr Körper und die Blumenwelt vibrieren symphonisch miteinander.

Ein wunderschönes violettes Licht beginnt im Inneren der Blume zu leuchten, als wenn es aus der starken Alchemie zwischen der Blume und Rose hervorgehen würde. Ihre Verbindung intensiviert sich. Sie wächst und leuchtet, und so wächst auch das Licht der Blumenwelt. *Das fühlt sich so herrlich an...*, denkt sie in ihrem Traum. *Ich hätte nie gedacht, dass mich eine Blume so anmachen kann.*

Das Klingeln kleiner Glöckchen erfüllt die Welt der Blumen wie eine Märchenklangkammer, in der das Herz der Blume wie eine perfekte Kuppel geformt ist. Die kleinen Glöckchen klingen in einem Muster, das irgendwie mit einem leisen Brummen zusammenhängt, das von außerhalb der Blume kommt.

Womit oder mit wem kommuniziert diese Blume?, fragt sich Rose, während sie aufschaut in die Richtung des Brummens.

„Rums!" Etwas landet auf der Kuppel, die beginnt, aus ihrem Inneren zu leuchten und zu singen. Eine Welle der Freude und des Vergnügens erfüllt Roses Wesen. *Oh, ist das eine glückliche Blume!*

Eine Biene ist auf der Blume gelandet. Das strahlende violette Licht strömt durch die gesamte Blume und durch Rose. Die Biene und die Blume machen Liebe miteinander, in einer ekstatischen Vereinigung explodierend, und Rose ist Teil des Ganzen. Sie realisiert, dass die Blume sich auf die Biene vorbereitet hatte.

Diese Blume liebt diese kleine Biene wirklich. Wenn doch Menschen nur diese Art von Liebe für das Leben und füreinander empfinden könnten. Sie empfindet die sinnliche Alchemie der Natur zum ersten Mal. Nach einem Höhepunkt der Wonne entspannt sich Rose in einer Welle tiefen Friedens und tiefer zeitloser Präsenz.

Nach einer gefühlten Ewigkeit wacht sie langsam durch das Zwitschern der Vögel vor ihrem Fenster auf. Sie greift sich einen Stift und notiert alle Details ihres Traumes in ihr Tagebuch, bevor der Traum verblasst. Sie hat eine Übereinkunft mit ihrem Verstand getroffen, dass sie auf alle Schlüsselbotschaften ihrer Träume auch im wachen Zustand in Form von umsetzbarer Weisheit zugreifen kann.

Sie legt den Stift beiseite, liest sich durch, was sie geschrieben hat, und entscheidet sich, noch etwas länger im Bett zu bleiben, um von diesen wunderbaren neuen Gefühlen noch etwas länger durchdrungen zu werden. Ihr Körper glüht und kribbelt vom Scheitel bis zur Sohle. „Das ist ja noch besser als Omas Übungen", lacht sie laut. „Bitte, Kosmos, gib mir noch mehr solche orgasmischen Träume. Ich mag es, auf diese Weise etwas über das Universum zu lernen!"

Den Geist der Materie entdecken

Neugierig, mehr über die Lichtkugeln in der Blumenwelt zu lernen, ruft Rose eine Freundin an, die an Lösungen im Bereich erneuerbarer Energien arbeitet. Diese führt sie in die Welt der „Microvita" ein und erklärt ihr, dass Microvita subtile sub-mikroskopische lebendige Lebewesen sind, die Energie so organisieren, dass sie Formen, Strukturen und Prozesse generieren. Scheinbar ist dieses Wissen nicht Teil der Mainstream-Wissenschaften. Rose fragt sich, ob diese Microvita das Gleiche sind wie die reisenden Lichtkugeln, die sie entdeckt hat. Der yogische Philosoph Shrii Anandamurti beschreibt die Microvita in folgender Weise:

Microvita bewegen sich durch das Universum und sind Träger des Lebens in unterschiedlichen Sternen, Planeten und Satelliten – keine Kohlenstoffatome oder Kohlenstoffmoleküle. Die Wurzel des Lebens sind nicht die einzelligen Protozoen oder die Einheit der protoplasmatischen Zelle, sondern diese Einheit des Microvitums. [12]

Dieser yogische Philosoph erwähnte auch, dass Microvita zwischen den Welten der Materie und den Welten des Geistes hin und her reisen, in beiden erscheinend und zu keiner zugehörig. Roses Neugierde ist geweckt. Sie möchte mehr über den „Geist" erfahren, insbesondere über den Geist der Materie. Sie fragt sich: *Was, wenn Materie und Geist das Gleiche sind, so dass es keiner Reisen zwischen den beiden Qualitäten bedarf, sondern nur einer kleinen Verschiebung zwischen den Ebenen der Realität?*

Sie findet einen Artikel über seltsame Anomalitäten in der Antarktis, welche die Wissenschaftler noch nicht erklären können und die auf eine neue Art der Physik hindeuten könnten.[13] Die Wissenschaftler fanden winzige Kosmische Partikel, die jede Art von Materie durchdringen können, ohne sich zu verändern. Es wird gesagt, dass diese Partikel nicht mit ihrer Umgebung interagieren und immer ihre Eigenschaften behalten.

Diese Information aktiviert Roses Kosmische Schaltkreise noch mehr. *Könnte es sein, dass es viele subtile Schichten der Realität gibt, die aus ganzen Welten bestehen, derer der menschliche Verstand sich nicht gewahr ist?*

Als Biologin hat Rose die fraktalen Pattern der Natur viele Jahre lang studiert, speziell die holonischen Strukturen mit denen Zellen Anteile größerer Organe bilden. „Holos" heißt auf Griechisch „ganz". Der Terminus „holon" wurde von Arthur Koestler geprägt, um etwas zu beschreiben, das gleichzeitig ein Ganzes und ein Teil eines größeren Ganzen sein kann; ein anderer Weg, das holographische Prinzip der Kosmischen Architektur des Lebens zu verstehen.

Das holographische Prinzip und die nichtlokale Konnektivität enthüllen, wie die Raum-Zeit nicht nur Information trägt und transportiert. Raum-Zeit ist In-formation. Sie erinnert sich an eine frühere Unterhaltung mit ihrer Großmutter: „Wenn wir uns auf den Informations-Transfer innerhalb unserer bekannten Raum-Zeit-Dimensionen konzentrieren, ist die Geschwindigkeit dieser Übertragung durch die universelle Lichtgeschwindigkeit limitiert. Durch nichtlokale Konnektivität ist jedoch keine Reise durch die Raum-Zeit mehr notwendig. Die Ganzheit der Totalität ist in jedem Teil repräsentiert."

Die Wurzel unserer eskalierenden Nachhaltigkeitskrise ist eine sehr gestörte Beziehung zu unserem Konzept von Materie und Materialität. Rose kann das spüren und ist entschlossen, zum Herz der Materie vorzudringen. Sie hat eindrücklich die Möglichkeit einer Welt erlebt, die Materie und Geist als Eins realisiert, und aus vollkommen anderen Prinzipien aufgebaut ist als unsere derzeitigen Zivilisationen.

Der Biologe Rupert Sheldrake hat die Ansicht bestätigt, dass unser Universum eher ein Organismus ist, als eine Maschine. Darauf aufbauend schlägt er vor, dass es sinnhaft wäre, die Naturgesetzen als Gewohnheiten des Universums anzusehen; und das würde wiederum suggerieren, dass das Universum ein innewohnendes Gedächtnis dessen hat, was wir und es selbst erleben.[14] Dazu passt die Aussage der Kosmologin Jude Currivan, dass unser Universum expandiert, weil es lernt – und schon öffnet sich ein faszinierender Blick auf die Natur der Materialität.

Rose ist beunruhigt über die vielen oberflächlichen New-Age-Techniken des Verbiegens der Materie durch die Kraft des Geistes – weil es den Glauben der menschlichen Superiorität über die Natur bekräftigt, und dabei ein vitales Verständnis der Natur der Materie als implizite Struktur des Bewusstseins, und damit auch unserer Gedanken, ignoriert. Wir alle denken mit der lebendigen Architektur des Universums, und nicht getrennt davon – ob wir uns dessen bewusst sind oder nicht. *Vielleicht ist Materie die Struktur unserer Gedanken und „denkt uns" in ein anderes Denken über sie selbst?* Rose befragt den Kosmos auf der Suche nach Antworten, die weit über die menschlichen Dualitäten von Geist und Materie hinaus gehen.

Hat das Universum Spiegelneuronen – gleich denen in unserem Gehirn, die uns helfen, Empathie zu imitieren und zu empfinden? Universums-Spiegelneuronen, die unsere neurologischen Zustände nachahmen können, sodass es unsere inneren Zustände wahrnehmen kann? Wenn wir Eis essen und die Erfahrung des kalten Knisterns machen, wenn unsere Zähne das Eis durchtrennen – hat das Universum eine Möglichkeit, so etwas auch zu erleben? Wie genau prägen unsere emotionalen und mentalen Zustände die Lebens-Felder um uns herum? Wie ist unsere Erfahrung in den größeren Kosmischen Verstand eingebunden?

Den ganzen Tag feuern Roses Gedanken, während sie die Grenzen und Verbindungspunkte des Kosmischen Geistes in ihrem Inneren auslotet. Ihre Gedanken expandieren kontinuierlich weiter, bis zu dem Punkt, an dem sie einschläft – an diesem Tag später als gewöhnlich.

Der Ruf des Raben

Am nächsten Morgen erwacht sie früh. Es ist noch frisch. Ein einsamer Rabe vor Roses Fenster durchbricht mit seinem krächzenden Ruf die Nebeldecke, die die Stadt verschlungen hat. Rose starrt hinaus in den Nebel, der die gewohnten Konturen der Stadt verschleiert. Für einen Moment fühlt sie sich wie zu Hause in Island bei ihren Großeltern. Ihr Herz sehnt sich nach den warmen Umarmungen ihrer Familie und nach dem Lachen, welches sie so sehr vermisst. Ihr Verstand ist heute Morgen im Reisemodus. Der Nebel ist ein perfektes Medium, um in alle möglichen Gefilde und Mythen einzutauchen.

Während sie wieder in den Nebel starrt, erinnert sie sich an die Geschichten über die Nebel von Avalon, die sie von ihrer Familie erzählt bekommen hat. Sie fühlt sich in das magische Reich von dem Zauberer Merlin, der Dame des Sees, Viviane, und dem Druiden-König Arthur versetzt, der auserwählt wurde, über die Menschen und das magische Reich als ein geeintes Königreich zu herrschen.

Wie sehr sich dieses Königreich doch von den heutigen Nationalstaaten unterscheidet! Was ist mit all diesen magischen Gefilden passiert? Warum haben wir diese Gefilde vergessen oder verlassen, die auch Teil dieser Erde sind, fragt sich Rose mit Schmerz im Herzen.

Verdandi hatte Rose erklärt, wie vor langen Zeiten die Druiden diejenigen waren, die in diesen Gegenden Europas die Könige der Menschen kürten. Ein König konnte nur dann Herrscher über die geeinten Reiche werden, wenn der Hohepriester in ihm erweckt worden war. Um diesen inneren Hohepriester zu erwecken, musste der König von der Hohepriesterin der Druiden initiiert und gesalbt werden, denn sie war diejenige, die die Beziehungen zwischen den Gefilden der Natur und der menschlichen Welt vermittelte. Die Hohepriesterin wurde von der Göttin dazu bestimmt, ihr Avatar auf Erden zu sein.

Die Göttin gab sich im Körper der Priesterin zu erkennen, sobald diese Wahl stattfand. Dies verlieh der Priesterin eine vollkommen neue Kraft der Fruchtbarkeit, welche die verschiedenen Reiche in ihr miteinander vereinte. Als Hohepriesterin konnte sie somit die spirituellen Essenzen empfangen, die die Gefilde der Natur fruchtbar und die verborgenen Welten geeint erhielten.

Sobald es für den Druiden-Prinzen an der Zeit war, König zu werden, würde die Hohepriesterin den Großen Hirsch, „Grand Cerf" genannt, mit einer intimen Zeremonie erwecken. Einmal erweckt und zeremoniell vereint, konnten die magischen Gefilde im Bewusstsein des Königs repräsentiert werden, daraufhin konnte seine Ausbildung ernstlich beginnen.

„Nun weißt du, Rosie, warum Viviane als die Hohepriesterin so wichtig für die Geschichte ist – und nicht nur Merlin. Viviane hat eine Menge mehr vollbracht, als nur Arthur das Schwert Excalibur zu übergeben. Sie hat ihn sogar gesalbt." Verdandi erklärte Rose dies alles, nachdem sie das erste Mal ihre Menstruation bekommen hatte.

Rose fragt sich, ob sie nicht auch von den Gefilden der anderen Welten berufen oder auserwählt worden sei für ein Schicksal, dessen sie sich noch nicht bewusst ist. Schließlich entstammt sie auch einer langen Tradition von Druiden, Schamanen und Hohepriesterinnen. Sie kann spüren, wie diese uralten Erinnerungen und energetischen Verbindungen zu anderen Gefilden in ihrem Blut lebendig sind. Diese Energielinien sind manchmal so stark, dass es sich anfühlt, als begänne ihr Blut in ihrem Inneren zu kochen. Wenn dies passiert, fühlt es sich an, als würde der Druck diese inneren Portale längst vergessener Tore zu diesen magischen Welten aufbrechen. Rose findet es schwer, diese Erfahrungen und mythischen Erinnerungen mit dem täglichen Leben und der „normalen" Welt – wie viele Menschen sie lieber nennen - zu integrieren.

Ein Zukunfts-Vorfahre der Multi-Welt werden.

Rose will unbedingt ihre Großmutter anrufen, die immer früh wach ist. Sie ist sicher, dass Verdandi ihren Herzschmerz verstehen wird. Sie gibt ihrer Großmutter einen kompletten Bericht über die brennenden Fragen ihres jungen ruhelosen Verstandes. Im Stillen hofft Rose, dass die Menschen – wenn sie nur realisierten, wie Materie mit Geist erfüllt ist als Ausdruck von Bewusstsein – vielleicht bereit dazu wären, die Tatsache anzuerkennen, dass es viel mehr im Leben gibt, als sie vorher erwartet hätten. Rose schüttet Verdandi ihr Herz über ihre Gedanken über die menschliche Dualität von Materie und Geist aus, und Verdandi hört zu.

Als Rose fertig ist, seufzt Verdandi. „Oh, Rosie, du hast dich komplett ins ultimative Paradoxie-Spiel manövriert – in die Dialektik zwischen Geist und Materie."

Rose antwortet: „Aber was ist, wenn der Geist nichts anderes ist als Materie und Materie nichts anderes als Geist, sondern nur unterschiedliche Eigenschaften des Bewusstseins, wie das, was ich in meinem Traum in der Blume erlebt habe?"

„Ja, mein Liebes, für dich ist das leicht vorstellbar. Aber für viele Leute, die das Bewusstsein nicht als Ursprung dessen ansehen, von dem Materie und Geist hervorgehen, ist entweder die Materie primär oder sie denken, dass der Verstand überlegen sei. Deshalb habe ich dir den Schlüssel der Dreifaltigkeit gegeben, sodass du das Paradoxe ergründen und hinter diese vermeintlichen Dualitäten oberflächlicher Gedanken blicken kannst."

Rose ist etwas verärgert. „Es heißt nicht nur, dass Materie mental ist wie viele Mentalisten suggerieren, sondern der Geist ist gleichzeitig auch Materie. Beide – Materie und Geist – bedingen sich gegenseitig und bringen sich gegenseitig hervor. Unsere Gedanken werden aus den Grundpattern der impliziten Strukturen der Realität geformt, ob wir sie nun wie David Bohm ‚die implizite Ordnung', oder wie Sir Roger Penrose ‚die fundamentale Raum-Zeit-Geometrie', oder wie Carl Jung ‚die Archetypen' nennen. Diese fundamentalen in-formationellen Strukturen werden *Gedanken für unseren Geist und Moleküle und Organe für unsere Körper*. Materie und Verstand sind nur unterschiedliche Beschreibungen und Übersetzungen der gleichen fundamentalen Realitäten. Unsere Gefühle könnten die Verbindung zwischen Geist und Materie sein, weshalb Gefühle so kraftvoll für die Manifestation sind."

„Süße, was ist eigentlich los? Was macht dir Sorgen? Willst du wirklich die Menschheit von der Essenz der Materie überzeugen? Oder was liegt dir wirklich auf dem Herzen?" Verdandi kennt ihre Enkelin nur zu gut.

„Ich hab es satt, in einer Welt zu leben, in der die Menschen so tun als stünden sie über der Natur – obwohl sie in Wirklichkeit die Natur gar nicht verstehen. Wir denken, ein Baum sei ein Rohstoff, um Möbel oder Papier herzustellen, ansonsten glauben wir, Bäume wären wichtig für die Produktion von Sauerstoff oder das Binden von Kohlenstoff und für die Entstehung einer Atmosphäre in der wir leben und atmen können. Aber wer sitzt unter einer Weide, um mit der Hilfe ihres Stammes in andere Welten zu reisen? Wer redet mit der Kiefer, um ihren alten Erzählungen von unserer Geschichte und ihrem uralten Verständnis von Leben und Verbindung zu lauschen? So oft muss ich verstecken, was ich über die Magie der Natur weiß und erfahren habe, nur damit ich den Status quo nicht störe. Ich muss verstecken, wie ich tief in meinem Herzen das Flüstern und Rufen des Kosmos höre, muss verstecken, wie ich höre, wie die alten Druiden mich rufen durch die uralten Verwandtschaften in meinen Knochen. Ich möchte nicht in eine Welt hineinpassen, die lange ihre ehrwürdigen Wurzeln und den Ursprung des Lebens vergessen hat. Ich hab dieses Versteckspiel satt, Oma. Ich kann es einfach nicht mehr mitspielen.

„Während meines Traumes in der Blume habe ich mich unendlich mehr lebendig gefühlt als an den meisten Tagen, und ich habe einen tieferen Orgasmus erlebt, als in allen meinen menschlichen Beziehungen. Ich habe die komplette Vereinigung im Liebe-Machen der Blume mit der Biene gespürt. Ihre Sinnlichkeit ist so viel weiter entwickelt als unsere. Die menschliche Gesellschaft fühlt sich so stumpf an verglichen mit den Visionen und Träumen, die ich habe, wenn ich in diese anderen Bewusstseinszustände eintrete. Viele meiner Freunde nehmen an Pilz- oder Ayahuasca-Zeremonien teil, um einen flüchtigen Hauch davon zu erleben, was ich erlebe. Für mich treten diese anderen Zustände ganz natürlich ein – und wenn ich es am wenigsten erwarte. Ich muss dafür nichts einnehmen oder tun, damit es passiert."

„Ich verstehe, mein Schatz, und deshalb haben wir uns entschieden, so weit weg in Island zu wohnen, nahe an den Wurzeln unserer Vorfahren und weit genug weg vom Druck der Moderne, damit wir unsere Traditionen noch leben können. Es ist nicht leicht.

„Du bist nun am Knackpunkt angekommen. Verschiedene Schnittpunkte laufen hier zusammen, die komplett neue Entscheidungen erfordern, welche Richtung du deinem Leben geben willst. Du bist eindeutig von unseren

Vorfahren, dem Kosmos und den natürlichen Gefilden auserwählt, eine Brücke zu diesen Multi-Welten und ihren multiplen Dimensionen (the Multi-World) zu sein. Du bist eine Frau der Multi-Welten. Jede Welt ist in dir repräsentiert und ist Teil des Pfades deiner Bestimmung. Du fühlst dich zerrissen, wenn eine Welt dich zwingt, sie einer anderen vorzuziehen. Merke dir: Du bist all das zusammen und so viel mehr.

„Du bist die Schnittmenge zwischen dem, was schon lang vergessen war und dem, was noch nicht geboren wurde. Du bist Schnittmenge zwischen dem Magischen und dem Wissenschaftlichen und den indigenen und modernen Welten. Du bist die Tochter der ‚Huldufólk‘ oder ‚verborgenen Menschen‘, den Elfen, Feen und Trollen, und gleichzeitig Tochter der menschlichen Spezies. Du bist der Hybrid und zukünftige Vorfahr einer Menschheit, die mit vielen Gefilden der Natur und dem größeren Ganzen – dem Kosmos – in den wir gehören, wiedervereint sein wird. Du bist die neu entstehende Arthur-Sage, die diesmal nicht von Merlin und König Arthur handelt, sondern von Viviane und Merlin in einer wirklichen Partnerschaft zusammen mit der Königin und dem König Avalons. Du, meine Kleine, bist ein Zukunfts-Archetypus einer völlig neuen Geschichte und das Versprechen, dass wir aufs Neue zu den Multi-Welten gehören und unsere Wurzeln in einem viel größeren Schicksal finden werden, als einfach nur durch die Galaxien zu reisen als menschliche Raumschiffe. Lass diese neue Welt aus deinem Inneren heraus geboren werden. Halte inne an diesem Wendepunkt deines Weges!"

Rose fühlt die Realität von Verdandis Worten tief in sich erwachen. Während sie der Stimme ihrer Großmutter lauscht, fühlt sie, wie sie die DNA von jeder dieser Welten in ihrem Wesen trägt. Zum ersten Mal fühlt sie dieses Band der Einheit, das eine vollkommen neue Partnerschaft repräsentiert; einen neuen Vertrag zwischen diesen Codes und ihrer Herkunft im Inneren. Es fühlt sich an, als wenn ein grausamer und uralter Krieg, der in so vielen Dimensionen und Welten ausgetragen wurde, eines Tages durch diesen neuen Vertrag, dieses neue Band beendet werden würde.

Sie kann nun sehen, in welcher Weise sie diesen Code in sich trägt, der diese primordiale Einheit zwischen jeder dieser Welten und Pfade verkörpert – in einer völlig neuen Konfiguration: In der Zukunfts-Konfiguration der Menschen. Die Entscheidung, ein Zukunfts-Vorfahre zu sein für diesen neuen Bund, der gleichzeitig den uralten Bund der Einheit erneuert, der so lange vergessen war; die Entscheidung, zu allen Welten des Lebens als das *Eine* zu gehören. Die Brücke des Regenbogens zu sein.

„Oma, ist es das, worauf mich meine Entscheidung in der Nacht im Krankenhaus vorbereiten wollte?"

„Ja, Liebes. Deshalb wurdest du mit diesem ultimativen Moment der höheren Entscheidung konfrontiert, um zu sehen, ob du bereit bist, die nächsten Stadien deines Schicksals anzunehmen. Dies erforderte auch den Tod deines Weges als Mensch des vergessenen Bundes, um dann als ‚Rose, Kosmische Tochter des Bundes der Einheit' wiedergeboren zu werden, das menschliche Wesen, das zu all diesen Welten gehört. Du bist durch den klassischen mythischen Tod gegangen, um dann als größeres Selbst wiedergeboren zu werden, was schon in dir schlummerte, wie die Schmetterlings-Codes in der Raupe."

Rose bemerkt, wie der Nebel in der Stadt sich lichtet, während die Strahlen der Morgensonne nun die Erde erwärmen. Sie fühlt sich, als hätte gerade ein völlig neuer Tag begonnen. Sie schaut auf ihr Leben mit neuen Augen und versteht so viel mehr als das, was vorher in ihrem Fokus war. Auf einmal scheint die ganze Dialektik von Materie und Geist unwichtig. Ihre Bestimmung erwacht tief in ihrem Inneren. Sie fühlt nun, dass sie zu diesem Bund der Einheit gehört, und dass eines Tages eine völlig andere Art Mensch aus dieser Einheit heraus geboren werden wird.

Der Schlüssel der Einheit

Verdandi lächelt während sie die Veränderung in Rose bemerkt. „Nun hast du den Schlüssel der Einheit entdeckt. Dieser Schlüssel wird dir helfen, das unendliche Spiel des Lebens zu spielen, ohne dich in den Welten der Dualität der Menschen zu verlieren, die noch nicht die größeren Realitäten erkannt haben, zu denen sie gehören. Du musst nicht länger vortäuschen, lediglich das endliche menschliche Wesen in einem biologisch abbaubaren Raum-Zeit-Anzug zu sein, während du weißt, dass du aus dem unsterblichen Stoff der Götter gemacht bist. Du musst nicht länger wählen, dies und nicht das zu sein. Du musst dich nicht länger selbst zerteilen oder kompromittieren. Sei was du bestimmt bist zu sein, Rose. Lebe deine Bestimmung – jetzt!

„Wir sind alle das lebendige Universum in einer ewigen, beseelten Form seiner selbst. Wir sind alle aus den fraktalen Codes der Ewigkeit zusammengesetzt und erleben die Sterblichkeit und das Endlich-Sein. Das menschliche ‚Selbstfindungs-Spielchen' könnte etwas sein, was die Kosmische Unendlichkeit aus Spaß betreibt. Ohne es zu begreifen, leben wir in Stadien galoppierender Vieldeutigkeit und Ambiguität, gefangen in begrenzten

Zeit-Vehikeln, und sehnen uns nach unserem größeren Selbst. Und wenn wir uns auf die seltene Exkursion in unser Höheres Wesen machen, unser Kosmisches Selbst werdend; dann sehnen wir uns plötzlich wie Dorothy aus dem Zauberer von Oz zurück auf unsere Farm in Kansas. Hast du mal darüber nachgedacht, warum?"

„Weil wir Gewohnheitstiere sind, die immer das Vertraute suchen?"

„Wir sind tatsächlich Gewohnheitstiere, wie die Natur. Aber da ist noch mehr dahinter. Diese Herzschmerzen, von denen du kürzlich erzählt hast, sind alles Anzeichen *Kosmischen Heimwehs*. Die Sehnsucht, in die spirituellen Dimensionen zurückzukehren, von denen du so reichlich getrunken hast, als du in der Nacht deines Todes hinter den Schleier getreten bist. Diese Erfahrung hat den Schleier in deinem Inneren zerrissen. Deine innere Welt empfängt nun permanent das Licht und die Informationen dieser anderen Gefilde. Die Herausforderung ist nun aber, nicht einfach in die spirituellen Höhen zu entschwinden, sondern die Regenbogenbrücke zu werden; wirklich zu spüren und zu ergründen, um was es bei diesem neuen Bund, diesem neuen Vertrag geht.

„Die ultimative Lebens-Herausforderung für alle Menschen ist, in einem Zustand von ‚sowohl als auch' zu leben. Die Unendlichkeit verlässt uns nie, sogar wenn wir glauben, sie hätte es getan. Nie verlassen wir jemals das ewige ‚Jetzt'. Die magische Welt von Oz ist nicht weit entfernt von der Farm in Kansas. Die Farm in Kansas ist das Tor zu Oz, sobald Dorothy realisiert, dass sie selbst der Schlüssel zu beiden Welten ist."

Rose hört aufmerksam zu. Ihre Augen füllen sich mit Tränen, während sie begreift, dass es in ihrer menschlichen Zukunfts-Entscheidung immer um weit mehr ging, als nur ihr eigenes Zukunfts-Potential auszuleben. Sie kann nun die Architektur dieses neuen Vertrages, des neuen Bundes spüren, der gerade in ihr lebendig wird. Sie realisiert, wie dieser Bund Frieden und Florieren für unseren gesamten Planeten mit seinen Myriaden von Kulturen und Zivilisationen – sowohl menschlicher als nichtmenschlicher - bedeutet. Nun realisiert sie, dass das Dazugehören zu jeder dieser Welten sie nicht zerteilt, sondern sie – und auch jeden von uns – in einer viel tieferen Ganzheit vereint.

„Danke, Oma. Ich kann nun verstehen, wo die Quelle meiner zahlreichen inneren Spannungen liegt und warum ich mich so ruhelos, voller Heimweh und in vielerlei Hinsicht zerrissen fühlte. Ich habe die Wurzeln dieses uralten Krieges tief in meinem eigenen Wesen gespürt. Ich war Teil dieses

Krieges und bin eine Nachfahrin dieses uralten Krieges, der so vielen unserer heutigen Kriege vorausging.

„Und doch – als Nachkomme dieses Krieges trage ich auch die Medizin für seine Lösung in mir, und als solche bin ich auch die Nachfahrin der Zukunfts-Menschen des neuen Bundes des Lebens, des neuen Vertrages zwischen den multi-dimensionalen Welten. Ich weiß, was ich den widersprüchlichen Stimmen in meinem Inneren sagen muss und woher sie stammen. Ich weiß, welche Richtung ich den verschiedenen Spannungen in und um mich herum geben muss; wie ich der Schlüssel der Einheit für all das sein kann, was getrennt wurde, als wir unser größeres Verständnis dessen verloren, wer wir wirklich sind."

„Das ist die Richtung, Rosie. Du siehst, dass der Weg auf dem du bist, mehr ist, als das Erkennen des Immerwährenden im Endlichen oder das Realisieren deiner Kosmischen Identität als Essenz der Materie. Was sich in dir Bahn bricht und in deinem Inneren formt, ist ein neuer Bund; einer, der schon lang geweissagt wurde, aber die Zeit war lange nicht reif dafür. Nun kommt die Zeit. Du bist von dieser zukünftigen Zeit, in der dieser Bund schon geschlossen wurde. Dies sind deine menschlichen Zukunfts-Codes. Sobald du diese Wahrheit vollständig verstanden und internalisiert hast, wird es deiner Freiheit, zu sein, wer du bist, enorme Kraft verleihen – genau wie deiner Fähigkeit und dein Leben von deinem Schicksal aus wachsen zu lassen und weiterzuentwickeln, welches dich ruft. Der Dichter William Blake sagte einmal: ‚Die Ewigkeit ist verliebt in die Schöpfungen der Zeit.' (Eternity is in love with the productions of time). Dein Schicksalsweg ist auch ein Werk der Zeit; eine neue Schöpfungs-Zeit."

„Kannst du mir eine Übung geben, damit ich meine inneren Veränderungen noch tiefer integrieren kann?"

Übung zum Bekräftigen unserer inneren Transformationen.

„Mach es dir bequem, entweder sitzend oder liegend. Atme tief. Entspanne deinen Körper. Entspanne deinen Geist. Lass alle Ängste, Sorgen und Befürchtungen los. Entspanne dich einfach und lass alles los. Werde dir nun deines Wandlungsprozesses bewusst.

Was verändert sich gerade in dir und deinem Leben? Gibt es irgendwelche Wachstumszyklen oder Zyklen des Wandels, die sich gerade einem Ende zuneigen oder schon beendet sind? Hältst du an irgendetwas fest, das seinen

Zweck erfüllt hat und nun losgelassen werden muss? Empfindest du irgendwie Verlust oder Angst vor dem Wandel? Scanne und beobachte dich, ohne darauf zu reagieren, was dir bewusst wird. Nimm diesen Wandlungsprozess einfach wahr und erkenne ihn an. Wenn du bereit bist, bekräftige deine Bereitschaft für das nächste Stadium deines Wachstums. Du kannst dies als eine Intention in deinem Herzen tun, oder du kannst dir sagen: ‚Ich bin bereit und gewillt, in meine nächste Wachstumsphase einzutreten.'

„Danke deinem Körper und Bewusstsein für alles, was sie dir ermöglicht haben und wie sie dich in den Zyklen, die sich dem Ende zuneigen, unterstützten. Danke allem, was sich vollendet hat und nicht mehr länger nützlich ist – auch den schwierigen Erfahrungen. Danke ihnen, für alles, was sie dir beigebracht haben – dann lasse sie los.

„Erinnere dein ganzes Wesen daran, dass du nicht die Form des Wandels bist, sondern der kreative Prozess, der Wandel überhaupt ermöglicht. Du bist die kreative Kraft, die den Wandel in-formiert. Du bist auch das Bewusstsein, aus dem neue Formen hervorgehen und geboren werden können – und in dem alte Formen sterben und sich auflösen können. Wandel kommt und geht, während das Bewusstsein bestehen bleibt. Du bist das Bewusstsein, in dem sich der Wandel vollzieht.

„Rufe nun das Schmetterlings-Pattern der metamorphischen Transformation an. Bitte den Kosmos, einen protektiven Kokon zur Unterstützung deiner inneren Transformation um dich herum zu spinnen. Du kannst diesen Kokon jederzeit herbeirufen, indem du die Intention fasst, dass dieses Pattern der Transformation sich in dir und um dich herum aktiviert.

„Ein protektiver und unterstützender Kokon formt sich um dich herum, der es dir erleichtert, dich deinem Wandlungs-Prozess hinzugeben. Dieser Kokon ist perfekt designt, um dich mit der optimalen Unterstützung auszustatten, um die alten Formen, Pattern und Identitäten aufzulösen, während er die Entstehung neuen Wachstums fazilitiert. Er unterstützt außerdem die Verkörperung deines Zukunfts-Bewusstseins in Form neuer Codes, Strukturen, Patterns und Lebensweisen.

„Fühle die Präsenz dieses Kokons als liebevolle und protektive Wärme, die dich umgibt. Du wirst in einer sicheren und sanften Art und Weise von einer tieferen Intelligenz gehalten, die genau weiß, was du brauchst.

Dieser Kokon ist von deinem Zukunfts-Bewusstsein her kodiert. Es kennt die Richtung deines Wandels, der dein zukünftiges Werden unterstützt.

„Dieser Kokon stattet dich mit den energetischen Enzymen aus, die jegliche alte Pattern, Formen, Glaubenssysteme, Identitäten, Codes, Strukturen und Prozesse auflösen, die dir bei der nächsten Phase deines Wachstums nicht mehr dienlich sind. Wenn du bereit bist, empfange diese Enzyme und heiße sie willkommen, um den Prozess der Auflösung deines früheren Raupen-Selbst zu beginnen. Löse alles auf, was befreit werden soll und lass los. Diese Enzyme wissen genau, was aufzulösen ist und werden keine gesunden Strukturen oder Codes betreffen, die weiterbestehen müssen.

„Realisiere und fühle, dass du durch diesen Kokon vollkommen sicher und in deiner Transformation unterstützt bist. Entspanne dich und gib dich der Weisheit dieses Wandlungsprozesses hin. Werde dir jeglicher neuer Areale gewahr, die einer Heilung bedürfen. Rufe nun dein Zukunfts-Bewusstsein an, diese Areale mit der Kraft der neuen Zukunfts-Codes, -Pattern und -Fertigkeiten deines nächsten Wachstumszyklus zu transformieren. Wenn du willst, kannst du auch deine Intention ausdrücken, den nächsten Wachstumszyklus von den höheren Ordnungen der Realität aus zu betreten, die nun für unsere Zukunfts-Menschheit möglich sind.

„Fühle nun, wie diese neuen Wachstumszyklen, dein inneres Wachstum und unser evolutionäres Wachstum als Spezies beginnen, das Feld des Lebens zu in-formieren und neu zu strukturieren. Sie unterstützen dein Feld des Lebens mit neuen Kosmischen Saat-Codes, neuen Potentialen und neuen Möglichkeiten. Dein Zukunfts-Bewusstsein aktiviert sich immer tiefgreifender, und es ist in der Lage, diese neuen Potentiale mit großer Sorgfalt und Weisheit umsetzen zu können.

„Der Kosmische Kokon stattet dich mit den Nährstoffen, Pattern, Blaupausen und Membranen aus, die deine innere Transformation und dein zukünftiges Werden unterstützen. Deine inneren Systeme befinden sich nun in einem glorreichen Wandel: Sie strukturieren sich neu, integrieren und optimieren sich für die Emergenz deines nächsten Wachstumsstadiums.

„Jegliche schädlichen viralen oder bakteriellen Pattern sind nun vollständig transformiert, so dass ihr euch nun zusammen in einer gesunden Art und Weise und euch gegenseitig unterstützend weiterentwickeln könnt. Dein ganzes Selbst und alle Potentiale der Natur in dir arbeiten zusammen, um dir zu deinem Schmetterlings-Selbst zu verhelfen; wunderschön in deiner Bestimmung, gesund und strahlend. Fühle die Genialität eurer gegenseitigen Zusammenarbeit an deiner Fähigkeit zu erschaffen und zu gedeihen. Dein ganzes Wesen ist auf wunderschöne Art bereichert. Fühle die wachsende Kraft und deine Bereitschaft, alles zu sein, was du sein kannst, als ein Wesen, das wirklich und wahrhaftig der Unterschied sein kann, der den Unterschied ausmacht.

„Wisse, dass dieser Prozess mühelos und natürlich weitergehen wird, ohne dass du dich darauf konzentrieren musst. Wenn deine innere Transformation abgeschlossen ist, wird sich der Kosmische Kokon automatisch auflösen und deine Zukunfts-Form wird in der Welt erscheinen. Wann auch immer du erneut die Unterstützung des Kokons für einen neuen Zyklus der inneren Transformation benötigst, bitte einfach den Kosmos, einen neuen Kokon um dich herum zu spinnen.

„Nimm dir nun ein paar Minuten, um dich auszuruhen und die neuen Erfahrungen zu integrieren. Wenn deine Augen geschlossen waren, kannst du sie jetzt öffnen. Dehne sanft deinen Körper. Sei vollkommen präsent, gesund und ganz im Hier und Jetzt.

„Setze deine Erfahrung in anderer Form um, um diesen Prozess zu komplettieren: Schreibe ein Gedicht in dein Tagebuch oder zeichne ein Bild. Sing ein Lied oder steh auf und tanze; und fühle die Zukunfts-Pläne für dich, während du dich durch den Raum bewegst und neue Bewegungsmuster deiner Transformation erforschst. Drücke dich spontan aus wo auch immer du bist, auf eine Art und Weise, die dir sicher und fröhlich möglich ist."

Wandel und Unsicherheit willkommen heißen

Es ist ein paar Tage her, seit Rose ihr eindrückliches Gespräch mit Verdandi hatte. Sie spürt, wie sich der Schlüssel der Einheit mehr und mehr in ihrem Inneren aktiviert. Das verändert nicht nur ihr Verständnis von ihrer Bestimmung, sondern verbindet sie auch mit Teilen ihrer selbst, die über ihr Leben als Rose hinausgehen. Sie hat den Eindruck, dass sie der Dimensionen ihres Geistes gewahr wird und erwacht, während sie mehr Bewusstsein für den weiten Blick auf ihr Leben entwickelt. Sie beginnt auch zu verstehen, dass der Tod in Wahrheit ein Freund des Lebens ist, und nicht derjenige, der das Leben nimmt. „Der Tod ist die Mitte eines langen Lebens", ist ein irisches Sprichwort, was uns zeigt, wie wichtig es ist, kleine Tode zu sterben, um intensiver leben zu können.

Wie können wir unsere Herzen angesichts der Tragödien entlasten, die gerade überall passieren?, fragt sich Rose. *Wie können wir diese kleinen Tode sterben, sodass wir empfänglicher für das Leben werden und alles, was das Leben uns gerade zu verstehen und erkennen aufträgt?*

Sie vermisst ihren Cousin Otto, der nicht in der Lage gewesen war, von der anderen Seite des Schleiers zurückzukehren, und sie ist tief betrübt über das viele Sterben in der Welt. Immer wenn sie sich in der Natur aufhält, fühlt sie sich besser, geerdeter, präsenter, also beschließt sie, im nahegelegenen Wald einen Spaziergang zu machen. Sie atmet die frische Luft ein und genießt es, einen Sonnenstrahl durch die schweren Regenwolken hervorbrechen zu sehen. Für einen Moment fühlt es sich so an, als würde das Licht der Himmel durch die Wolken scheinen. Das erinnert sie an den Riss im Schleier, von dem Verdandi vor ein paar Tagen sprach.

Die Erde ist noch feucht vom schweren Regen vor ein paar Stunden. Ihre Füße landen sanft auf dem satten dunklen Waldboden. Die Farben des Frühlings sind den dunkleren Grüntönen des Sommers gewichen. Rose bewegt ihre Hände über die Pattern in den Blättern, die sie an die fraktalen Pattern des Kosmos erinnern. Sie hat immer noch Kosmisches Heimweh und fühlt sich so, als hätte sie den Bezug zu den Realitäten ihres jetzigen Lebens verloren, während sie immer mehr Details aus den jenseitigen Leben erinnert.

Als sie am Nachbarhaus vorbeiläuft, hört sie erbauliche Klaviermusik erklingen – sie weiß, es kommt aus dem Fenster im Erdgeschoss, gespielt von ihrer Freundin Lillian, die eine begabte Pianistin ist. Im Moment spielt sie Bachs 6. Partita in e-Moll, die Rose sofort erkennt. Lillian begleitet Sophia und Rose oft bei ihren Geigenkonzerten. Rose mag ihre Freundin sehr und beschließt, bei ihr vorbeizuschauen.

„Hallo, Lillian!"

„Rose! Es ist so schön, dich zu sehen! Komm rein."

„Ich hab dich vom Bürgersteig aus spielen hören. Es klang so wunderbar. Ich wollt nur mal für eine Minute reinkommen und schauen, wie's dir geht."

Lillian ist wirklich froh, Rose zu sehen. Sie lotst ihre Freundin weiter in die Wohnung und die jungen Frauen setzen sich einander gegenüber. Lillian serviert zwei Gläser mit erfrischendem Limettensaft auf Eis – mit Honig und Minze.

„Auf das Leben!", sagt Lillian. Sie lächeln und stoßen mit den Gläsern an.

„Das ist köstlich", sagt Rose und nimmt noch ein Schlückchen von ihrem Getränk.

Lillian besitzt eine unglaubliche innere Stärke, die Rose sehr bewundert. Die junge Frau hat die Diagnose einer sehr aggressiven Form von Brustkrebs bekommen und hatte ihre Operation ein paar Monate bevor der Coronavirus-Ausbruch begann. Alle um sie herum haben sich große Sorgen gemacht, zumal der Krebs schon andere Areale ihres Körpers befallen hatte. Die Ärzte konnten fast alles entfernen, und nun wird sie mit einer holländischen Medizin behandelt, die „maretak" heißt, auch bekannt als „Viscum album". Es wird Patienten verordnet, um die Ausbreitung des Krebses zu verlangsamen und ihr Immunsystem zu stärken.

Trotz all dieser Strapazen, die sie durchmachen musste, ist Lillian positiv geblieben und voller Leben. Rose fragt sich, ob dies der Fall ist, weil sie dem Tod schon so nahe war. Rose macht sich Sorgen um Lillians Beziehung zu ihrem Partner Rob. Er kann manchmal ein anstrengender Mann sein, besonders, wenn er sie abfällig behandelt. Rose fragt sich, ob das an dem unglaublichen Stress liegt, unter dem er als Polizist leidet.

Seine Eltern sind Kreolen aus Suriname, einer früheren holländischen Kolonie. Obwohl die Niederlanden als ein sehr offenes und liberales Land gelten, war es auch für Rob nicht leicht. Er musste als farbige Person oft seine Autorität unter Beweis stellen. In den Niederlanden – wie auch an vielen anderen Orten der Welt – haben rassistische Spannungen zugenommen, zum Teil aufgrund des Erstarkens von populistischen rechten Parteien, die mit der wachsenden Anti-Immigrations-Stimmung der Menschen in Europa und anderswo spielen.

Rose fragt sich manchmal, was Lillian und Rob eigentlich als Paar zusammenhält. Ihre Interessen sind sehr unterschiedlich. Sie wagt aber nicht, Lillian darauf anzusprechen. *Sie müssen diesen Schlüssel der Einheit besitzen, den ich noch nicht verstehe,* überlegt Rose.

Lillian hat im Vorjahr eine Fehlgeburt erlitten, als sie im fünften Monat schwanger war, vielleicht, weil der Krebs schon begonnen hatte zu metastasieren. Lillian fühlt sich für die Fehlgeburt verantwortlich, obwohl sie weiß, dass es nicht ihre Schuld war.

„Lillian, wie lebst du mit all dieser Unsicherheit? Zuerst die Unsicherheit durch den Verlust deines Babys, dann die Unsicherheit der Krebsdiagnose, und jetzt die Unsicherheit, nicht zu wissen, ob dein Körper geheilt ist und wie lange du leben wirst oder ob der Krebs zurückkehren wird? Ich hoffe, du nimmst mir nicht übel, dass ich dir diese persönlichen Fragen stelle – ich bewundere einfach deine Fähigkeit, so viel Unsicherheit zu ertragen und bei alledem so positiv zu bleiben. Wie schaffst du das?"

„Es ist in Ordnung, Rose. Du darfst fragen. Um dir die Wahrheit zu sagen, es ist nicht so leicht. Es gibt Tage, da kriecht die Unsicherheit und Angst durch meinen Körper. Ich muss mich dann daran erinnern, dass ich ja eigentlich nie wirklich völlige Kontrolle über mein Leben hatte. Wenn die Dinge gut laufen, schreiben wir das den smarten Entscheidungen zu, die wir getroffen haben; oder dem gesunden Essen, das wir essen, oder unserem Trainingsprogramm. Aber haben wir jemals volle Kontrolle? Es gibt so viel, was ich nicht verstehe und nicht kontrollieren kann.

„Was ich kontrollieren *kann*, ist, wie ich auf das reagiere, was mit mir passiert; und das Leben in allen Höhen und Tiefen zu suchen – in allen Enttäuschungen und auch in Momenten guter Neuigkeiten.“

„Du hast eine fabelhafte Einstellung.“

„Danke. Ich bin für jeden Tag dankbar, der mir gegeben ist. Ich weiß letzten Endes, dass mein Leben nicht mir gehört, sondern dass ich dem Leben gehöre. Solange das Leben hier Pläne mit mir hat, werde ich hier sein. Wenn der Tag kommt, an dem ich die Seite umblättern muss, wird es passieren, egal wie sehr ich auch versuche, es zu umgehen.

„Es gab einen entscheidenden Tag in meiner Reise mit dem Krebs, an dem ich mich entschieden habe, den Tod anzunehmen und ihn in mir zu dulden. Ich habe aufgehört, gegen ihn zu kämpfen und lernte, mit ihm zu leben. Nun ist der Tod immer bei mir. Er ist mein bester Lehrmeister geworden. Der Tod lehrt einen, freundlich und fürsorglich zu sein. Er lehrt mich, mitfühlend zu sein und dankbar für all das, was ich habe.“

„Das ist beeindruckend. Wie arbeitest du mit dem Tod? Hast du nicht Angst, dass der Tod alle gesunden Teile deiner Zellen und Organe auffrisst?“

„Worüber du sprichst, ist der Krebs, Rose, nicht der Tod. Krebs ist ein fehlgesteuertes Wachstums-Pattern in meinem Körper. Ich habe herausgefunden, dass meine Krebszellen wie verwirrte Stammzellen sind, die vergessen haben, dass wir uns in anderen Zeiten befinden und ein anderes Wachstumsmuster gefragt ist. Es ist wie ein Erwachsener, der so tut, als wäre er ein kleines Baby. Der Krebs verhält sich wie ein defektes Programm, welches vor langer Zeit von gesunden Stammzellen in mir ausging; ein Programm, das durchgedreht ist und sich immer weiter ausbreitet. Es ahmt so viel von dem nach, was in unserer Gesellschaft passiert, dass ich mich frage, ob der Krebs selbst nicht auch wie ein Virus ist.

„Du bist doch von der Corona-Infektion genesen, stimmt's, Rose? Wie war denn das für dich? Hast du das Virus als Tod wahrgenommen oder als verwirrtes Programm?"

„Das ist eine interessante Frage. Ich habe auch Freundschaft mit dem Virus geschlossen. Ich habe es nicht als Tod angesehen, obwohl es mich wirklich zur Schwelle des Todes gebracht hat. Ich habe mich irgendwie immer weiter darauf fokussiert, wie das Virus und mein Körper lernen könnten, uns miteinander zu einer neuen Konfiguration zu entwickeln.

„Ich wusste schon immer, dass Viren kraftvolle evolutionäre Akteure sind, aber dieses Mal musste ich dieses Wissen tief in meinem Inneren anwenden. Zuerst war es nicht leicht. Ich fühlte mich ängstlich und überfordert. Glücklicherweise hatte ich den Beistand meiner Großmutter aus Island und meiner Familie und Freunde, die für mich gebetet haben. Ich bin immer noch dabei, mich mit dem Tod zu arrangieren. Ich fühle mich noch nicht an dem Stadium, wo du bist. Du hast so ein unglaubliches Vertrauen und so viel Akzeptanz. Es gibt so viel, was ich mit meinem Leben gerade anfangen will, aber es scheint, dass die Pläne, die ich für mein Leben schmiede und die, die das Universum für mich hat, nicht wirklich die gleichen sind."

„Was denkt deine Großmutter über den Tod?" Lillian weiß, wie nahe Rose Verdandi steht.

„Sie sagt, dass der Tod lediglich ein Portal ist, durch das man von einer Perspektive in die Andere hinüberwechselt. Sie sagt, dass es nur ein Lebens-Kontinuum gibt. Körper kommen und gehen als biologisch abbaubare Raum-Zeit-Anzüge, aber das Bewusstsein lebt fort. Sie feiert den Tod als Form von Geburt und Wiedergeburt, eine Passage zu einer neuen Art des Seins, die uns in die nächsten Kapitel unseres Lebens führt. Sie hat mir gesagt: ‚Der Tod ist eine mythische Transformation. Kein Ende, sondern das Überschreiten einer anderen Schwelle. Er läutet das Abenteuer des Großen Mysteriums ein, in dem wir unser Bewusstsein mit seinem Ursprungsort verbinden, aus dem alle großen Geschichten entstammen. Unser ursprüngliches Zuhause.'"

Neue Anfänge

Rose fühlt sich nach dem Gespräch mit Lillian viel besser. Sie bittet Lillian, ihr Lieblingsstück zu spielen: Die Aria aus Bachs Goldberg-Variationen. Die Melodie dieses Stückes ist einfach göttlich, als ob die Himmel sich öffneten mit einem sanften Schimmer der Hoffnung und des Glaubens – und uns durch diese schwierigen Zeiten hindurchführten. Rose schließt ihre Augen, lässt sich gehen und entspannt tief. Eine Welle des tiefen inneren Friedens fließt durch ihr ganzes Wesen. Sie hat sich mit der Rolle des Todes in ihrem Inneren abgefunden, genau wie mit den notwendigen Abschieden, so dass neue Möglichkeiten geboren werden können. Dieses Annehmen der Rolle des Todes stammt aus einem tiefen und uralten Teil ihrer Selbst – nicht aus ihrem Verstand oder Intellekt.

Während sie Lillians Klavierinterpretation der majestätischen Aria lauscht, stellt sich Rose vor, wie es sein würde, wenn Maestro Bach sein eigenes Werk auf einer der schönsten Orgeln der Welt spielen würde. Ihr Verstand wandert zur Kathedrale Notre-Dame in Paris mit ihrer berühmten Orgel mit fast 8000 Pfeifen und fünf Manualen!

Die erste Orgel in der Kathedrale von Notre Dame wurde um 1330 herum gebaut, die später durch eine größere Orgel ersetzt wurde, die nach und nach immer mehr Manuale und Pfeifen bekam. Ihre derzeitige Form datiert zurück ins 18. Jahrhundert, nachdem sie in den 1730er Jahren rekonstruiert worden war unter Einbeziehung der originalen zwölf Pfeifen aus dem 14. Jahrhundert.

Rose hat das Gefühl, hier sei eine tiefere Botschaft über Orgeln, sich erweiternde Tasten, Manuale und Pfeifen verborgen. Sie erinnert sich an einen Traum vor einigen Wochen, in dem es auch um eine Orgel mit zwei Manualen ging. Der Traum begann damit, dass sie auf den zwei Manualen spielte. Plötzlich bemerkte sie eine Verschiebung im Traum, und entdeckte daraufhin ein drittes Manual weiter oben, das sie noch nie zuvor gesehen hatte. Während sie ausprobierte, auf drei Manualen zu spielen, entdeckte sie völlig neue Ausdrucksmöglichkeiten für sich selbst und für neue Kompositionen. *Faszinierend, wie die Orgel von Notre-Dame sich immer wieder erweitert – mit mehr Pfeifen und Manualen – genau wie das Universum sich stetig erweitert mit immer größerer Diversität und vielfältigeren Möglichkeiten des Ausdrucks seiner selbst,* überlegt sie. *Vielleicht sind wir wie die Kosmischen Orgelpfeifen und Tasten des Lebens, damit der Kosmos sich und uns darauf ins Leben spielt.*

Rose hatte das Glück, die unglaublichen Klänge der Orgel von Notre-Dame vor den verheerenden Feuern von 2019 hören zu können, die fast das gesamte Dach dieser beeindruckenden Kathedrale zerstörten. Überraschenderweise wurde die Orgel beim Feuer nicht beschädigt; in dem Wissen, dass auch die zwei Weltkriege und andere Gefahren der Orgel nichts anhaben konnten, fragt sich Rose, ob sie vielleicht doch göttlichen Schutz genießt, wie manche versichern.

Sie erinnert sich, mit Verdandi über die Feuer gesprochen zu haben, nachdem sie erstmals über die Ereignisse in der Kathedrale gehört hatte. Verdandi erzählte ihr, dass Notre-Dame auf einer heiligen heidnischen Stätte erbaut wurde, welche für hunderte, wenn nicht tausende von Jahren dazu diente, die primordiale Mutter, die Dunkle Göttin, zu verehren. Die Dunkle Göttin wurde später als Schwarze Madonna oder Black Virgin dargestellt, als das Christentum sich in Europa verbreitete und die früheren heidnischen Bräuche und Glauben ablöste.

Verdandi erzählte Rose, dass es in den heidnischen Tempeln nicht erlaubt war, Dachkonstruktionen über Kosmischen Kraftstätten zu erbauen. Rose wundert sich, ob diese uralten Kräfte der heidnischen Götter etwas mit den Feuern zu tun hatten, die das Dach der Kathedrale zerstörten.

Sie verbindet sich im Stillen mit dem Element Feuer: *Oh, Heiliges Feuer, dank dir für das Verbrennen so vieler falscher Dächer und artifizieller Konstrukte. Danke, dass du uns zeigst, wie wir gleich dem Phönix aus der Asche auch wiedergeboren werden können – stärker und weiser, wenn wir uns den notwendigen Transformationen hingeben.*

Die Aria von Bach bringt Rose in eine andere Dimension. Eine unfassbare Vision eröffnet sich ihr. Sie wird zu einer Kosmischen Orgel mit fünf Manualen geführt. Jedes Manual schenkt ihr unterschiedliche Töne und Nuancen, die Tiefe, mehr Dimensionen und Brillanz hinzufügen. Das tiefe Manual enthält die Bässe und Grundstrukturen – genau wie die Kosmischen Archetypen. Die höheren Manuale erlauben, die Nuancen und den Obertonreichtum melodiös auszudrücken. Die höchsten Manuale erinnern sie an die Licht-Effekte, die Maestro Rembrandt in so exquisiter Weise in seinen Gemälden als dramatischen Hell-Dunkel-Kontrast umzusetzen vermochte. Plötzlich öffnen sich Roses innere Register weit, während sie in Dimensionen ihrer selbst eintritt, die sie noch nie zuvor erlebt hat.

Auf einmal erscheinen alle Kosmischen Schlüssel, die sie all diese Monate erforscht hatte – einer nach dem anderen – in ihrer Vision: Der Schlüssel der bewussten Entscheidung, der Schlüssel der imaginalen Kräfte, der Schlüssel der Kosmischen Kommunikation, der Schlüssel der Dreifaltigkeit, der Schlüssel des Paradoxen, des bewussten Selbst, des Werdens, und der Schlüssel der Einheit. Sie erlebt nachhaltig, wie jeder dieser Schlüssel tatsächlich ein Kosmischer Schlüssel des Bewusstseins ist, genau wie Verdandi gesagt hatte, und sie dadurch befähigt, die Symphonien des Lebens auf der Großen Orgel ihres Kosmischen Selbst zu orchestrieren. Jede Taste öffnet ein anderes Register ihrer selbst, und damit wird sie befähigt, den Kosmischen Wind in unterschiedliche Kombinationen durch die internen Pfeifen-Strukturen ihrer Kosmischen Architektur zu kanalisieren. Die Vision zeigt ihr, wie wir durch das Bespielen unserer Kosmischen Organe unsere Kosmischen Potentiale manifestieren und verwirklichen, und damit neue Welten und Zukünfte ins Sein rufen.

Roses tiefes Erwachen wird immer intensiver und tiefer, während jeder der neun Schlüssel unterschiedliche Qualitäten, Geschmacksrichtungen, Töne und Klänge ihres menschlichen Zukunfts-Potentials aktiviert. Sie sieht von Neuem die Kosmischen Lichtpunkte, die sie schon vor all diesen Monaten während ihrer Nahtoderfahrung im Krankenhaus gesehen hatte. Sie nimmt wahr, wie diese Kosmischen Punkte sich zu einem Pattern vereinen, welches aussieht wie ein digitaler Schmetterling, der sich wie ein Torus aus Licht bewegt. Sie fragt sich, ob dies noch ein weiterer Schlüssel ist.

Ohne dass sie sich dessen bewusst ist, führt der Schlüssel der Einheit alle anderen acht Schlüssel in ihr zusammen, so dass Rose zum zehnten Schlüssel werden kann. Der zehnte Schlüssel ist der aktivierte Zukunfts-Mensch, der die Portale zu den neuen Welten und der Zeit unserer zukünftigen Ära öffnen kann. Rose beginnt schon einen Einblick in diese neuen Welten zu erhaschen. Ihr Schicksal ruft sie auf, die Kosmische Rose zu werden.

Lillian spielt gerade die Schlussakkorde von Bachs Aria. Ihre Finger landen sanft auf den Klaviertasten. Ihre Berührung ist zärtlich – als würde sie von unsichtbaren Federn getragen. Die Aria verklingt mit einem subtilen einzelnen G in der tiefen und höheren Oktave, die beide wie ein Ton klingen. Die Stille, die dem letzten Ton folgt, ist so süß und zart, dass sogar die Vögel draußen verstummen.

Der Raum vibriert mit einer Energie, die nicht von dieser Welt scheint. Die Zeit steht still. Der Kosmos hat sich vollkommen des Raumes bemächtigt durch die Harmonien von Bach, die die Saiten des Bewusstseins im Körper unserer Zeit und des Raumes zum Klingen bringen.

Das heißt es also, Kosmischer Architekt zu werden!, sinniert Rose während sie wahrnimmt, was passiert, wenn wir die Saiten des Bewusstseins mit den Kosmischen Schlüsseln aktivieren und die Resonanz der Kosmischen Architektur in unsere Welt und Zeit bringen.

Rose und Lillian tauschen ein wissendes Lächeln aus, während die letzten Noten der Aria verklingen. Keine der beiden fühlt ein Bedürfnis zu sprechen;

hier an diesem Ort ist alles gesagt, alles erkannt. Die Schleier zwischen den verschiedenen Welten haben sich gelüftet.

Lillian macht ihre eigene Erfahrung tiefer Einheit: Sie erlebt zum ersten Mal die imaginale Berührung der Hände ihres Babys, die sich sanft auf ihre Hände senken, während sie über die Tasten gleitet; die federleichte Berührung eines kleinen Engels. Obwohl ihr Baby es nicht lebend aus dem Mutterleib heraus geschafft hat, weiß sie jetzt tief in ihrem Inneren, dass der Geist ihres Babys sicher auf die andere Seite des Schleiers gelangt ist und sie jetzt wissen lässt, dass es durch das Band ihrer Liebe weiterlebt. Liebe ist das Band der Einheit, die die Entfernungen von Zeit, Raum und sogar Tod transzendieren kann.

Jede tritt in einen neuen Anfang ein, ein neues Kapitel unserer gemeinsamen Kosmischen Reise des Lebens: Rose, Lillian, ihr Baby und du – und wir in dieser Geschichte, die uns hier hat zusammenkommen lassen. Roses Reise ist nun zu deiner Reise geworden, so wie die Reise des Lebens in jedem von uns weitergeht. Dies ist die Herausforderung unserer Zeit; die Herausforderung, Zukunfts-Menschen in einer Welt und einer Zeit zu werden, die sich aus der Kosmischen Architektur des Lebens speist: Unsere Kosmische Entfaltung als eine Rose. Die Kosmischen Schlüssel unserer Zukunfts-Potentiale sind nun in dir erwacht, und mit diesen Schlüsseln kannst auch du nun deine Zukunfts-Möglichkeiten unserer größeren Bestimmung aktivieren und hervorbringen. Wir werden uns hier bald wieder treffen – am Ort unserer Geschichte von den Zukunfts-Menschen. Ein neues Abenteuer ruft uns bereits. Halte Ausschau nach dem Schmetterling und erinnere dich an die Kraft der winzigen Punkte...

Integration -
Der Schlüssel der Einheit

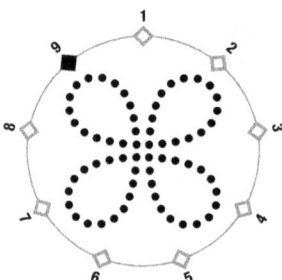

In diesem letzten Kapitel hast du die Aktivierung des Schlüssels der Einheit empfangen, durch welchen die acht früheren Schlüssel konvergieren und sich gemeinsam ausrichten. Du erhieltest noch eine weitere Übung – die des Kosmischen Kokons, um deine innere Transformation und deinen inneren Wandel zu unterstützen. Der Bund der Einheit zwischen den multiplen Welten lebt nun in dir, während du eingeladen bist, immer tiefer in die größeren Realitäten unserer Kosmischen Bestimmung einzutreten: Der Ruf, ein Zukunfts-Mensch in einem neuen Zyklus der Zeit zu werden, einer neuen Welt, die tief aus der Kosmischen Architektur des Lebens gespeist ist.

Der Schlüssel der Einheit aktiviert den Bund der Einheit und lüftet die Schleier zwischen den multiplen Welten. Er verbindet dich wieder mit den größeren Kosmischen Realitäten deiner selbst und bereitet dich darauf vor, ein Zukunfts-Mensch zu werden, der die Pforten in eine neue Welt und Zeit öffnet.

Die folgende Zusammenfassung wird dir helfen, das Erlebte tiefer zu integrieren:

- Der Bund der Einheit schließt dich und jeden von uns ein, ungeachtet der Wege, die wir für uns gewählt haben. Wir sind alle Teil der

Kosmischen Architektur des Lebens; eine Architektur der Ganzheit, die in uns allen repräsentiert ist – in allen Dimensionen der Existenz und allen Angelegenheiten des Lebens.

- Die Natur der Materie *ist die implizite Struktur* des Bewusstseins, und deshalb auch unserer Gedanken und Gefühle. Wir alle denken und fühlen mit der lebendigen Architektur des Universums, nicht getrennt davon, *ob wir es bemerken oder nicht.*

- Bewusstsein ist der Ursprung, aus dem Materie und Geist hervorgehen. Geist ist nicht „etwas Anderes als Materie" und Materie ist nicht „etwas Anderes als Geist". Sie sind zwei Seiten derselben ewigen Medaille.

- Unsere Gedanken sind aus den basalen Pattern der impliziten Struktur der Realität geformt. Diese fundamentalen in-formationalen Strukturen werden *Gedanken für unseren Verstand und Moleküle und Organe für unsere Körper.* Materie und Geist sind unterschiedliche Erzählweisen der gleichen fundamentalen Realitäten. Unsere Gefühle sind die Verbindung zwischen Geist und Materie.

- Lerne jeden Tag, mit dem Tod zu leben. Freunde dich mit ihm an, so wird er dein bester Lehrmeister.

- Der Tod ist lediglich ein Portal, um von einer Perspektive in eine andere hinüberzuwechseln; eine mythische Transformation, die kein Ende, sondern das Überschreiten einer anderen Schwelle darstellt. Er läutet das Abenteuer des Großen Mysteriums ein, in der wir unser Bewusstsein wieder mit dem Ursprungsort vereinen, aus dem alle großartigen Geschichten hervorgehen: Unserem wahren Zuhause.

- Erforsche in dir die Kreuzungen zwischen dem, was lange vergessen, und dem, was noch nicht geboren ist, so wie die Kreuzungen zwischen dem Magischen und dem Wissenschaftlichen, und den indigenen und modernen Welten. Fühle, wie alle diese Knotenpunkte in deinem Leben zusammenkommen. Nimm wahr, wie alle diese Straßen und Reisen deines Geistes aus der Vergangenheit, Gegenwart und Zukunft sich nun hier treffen, indem du der zukünftige Vorfahre eines neuen Bundes mit der Welt wirst, unsere neue Geschichte.

- Erlebe und erforsche den Code der Regenbogen-Brücke, die die primordiale Einheit zwischen all den Welten und Pfaden in einer vollkommen neuen Konfiguration ausdrückt; die menschliche Zukunfts-Konfiguration, die erweckt wird durch die bewusste Entscheidung, zu allen Welten zu gehören als der Einen.

- Der Schlüssel der Einheit existiert schon in dir und wird jetzt aktiviert, wo du diese Worte hörst oder liest. Sei das, was du wahrhaft bestimmt bist, zu sein. Lebe jetzt deine Bestimmung.

- Was sich in dir schmiedet und formt, ist ein neuer Bund, ein neuer Vertrag der Multi-Welten. Ein Vertrag, der schon lange vorhergesagt wurde. Deine Zukunfts-Potentiale sind aus einer zukünftigen Zeit, in welcher dieser Bund schon lange gelebt wird. Das sind deine menschlichen Zukunfts-Codes.

- Der Weg der Rose ist der Weg unserer Zeit, die weiterlebt in den Entscheidungen, die wir treffen und den Möglichkeiten, die in unseren Herzen lebendig werden. Auf ein baldiges Wiedersehen – ein neues Abenteuer erwartet uns bereits.

QUELLENANGABEN

KAPITEL 2

[1] Sahtouris, E. (2000). *EarthDance: Living Systems in Evolution*. iUniverse. P. 309.

[2] Chopra, D. (2019). *Metahuman: Unleashing Your Infinite Potential*. Ebury Digital. P. 259.

KAPITEL 3

[3] Levy, P. (2018). *Quantum Revelation: A Radical Synthesis of Science and Spirituality*. SelectBooks. P. 99.

[4] Currivan, J. (2017). *The Cosmic Hologram: In-formation at the Center of Creation*. Inner Traditions/Bear & Company. P.112.

[5] Currivan, J. (2017). *The Cosmic Hologram: In-formation at the Center of Creation*. Inner Traditions/Bear & Company. P.17.

[6] Cheng, L., Abraham, J., Zhu, J., et al. (2020). Record-Setting Ocean Warmth Continued in 2019. *Adv. Atmos. Sci.*, *37*(2), 137–142. https://doi.org/10.1007/s00376-020-9283-7.

KAPITEL 7

[7] Fridman, L. (2020, March 31). *Roger Penrose: Physics of Consciousness and the Infinite Universe | Lex Fridman Podcast #85* [Video]. YouTube. https://www.youtube.com/watch?v=orMtwOz6Db0

[8] Hameroff, S., & Penrose, R. (2014). Consciousness in the universe: a review of the 'Orch OR' theory. *Physics of Life Reviews*, *11*(1), 39–78. https://doi.org/10.1016/j.plrev.2013.08.002

[9] Hameroff, S., & Chopra, D. (2012, January 24). *The "Quantum Soul" Part3 – Orchestrated Objective Reduction ("Orch OR")*. https://bit.ly/3fqFCEC

[10] Hameroff, S. (1998). *Quantum computation in brain microtubules? The Penrose–Hameroff 'Orch OR' model of consciousness*. Phil. Trans. R. Soc. A., 356(1743), 1869–1896. https://doi.org/10.1098/rsta.1998.0254

KAPITEL 8

[11] Sahtouris, E. (2000). *EarthDance: Living Systems in Evolution.* iUniverse.

KAPITEL 9

[12] Vedaprajinananda, D. (2013, December 26). *Microvita and the Mystery of Life.* https://bit.ly/3fyLgEZ

[13] Strickland, A. C. (2020, May 27). *Not a parallel universe: The quest to understand neutrinos, ghostly messenger particles.* CNN. https://cnn.it/3a3tUOz

[14] Sheldrake, R. (1987). Part I: Mind, memory, and archetype morphic resonance and the collective unconscious. *Psychological Perspectives, 18*(1), 9–25. https://doi.org/10.1080/00332928708408747

GLOSSAR

Archetypus (Archetype) – Ein häufiges Muster von Verhalten, welches die tieferen systemischen Strukturen, Blaupausen oder Codes von der Art und Weise offenbart, wie Dinge sich formen, wachsen, entfalten und sich weiterentwickeln. Ein Archetypus kann auch ein psychisches oder kulturelles Pattern sein, welches das Verhalten einer Person oder einer Gruppe von Personen animiert.

Komplexität (Complexity) – Ein nichtlinearer Zustand der Konnektivität, der aus multiplen Ebenen von untereinander abhängigen Verbindungen und Beziehungen emergiert (entsteht) [*siehe auch Emergenz*]. Nicht zu verwechseln mit „Kompliziertheit" („complicatedness"), welche eine Situation beschreibt, die nicht einfach zu verstehen ist.

Kosmos (Cosmos) – Zurückgehend auf das griechische Wort „Kosmos", welches „geordnetes Ganzes" bedeutet, und auch benutzt wird, um das Universum als geordnetes, harmonisches, lebendes System zu bezeichnen.

Kosmische Architektur (Cosmic Architecture) – Die innewohnenden holographischen Strukturen, Codes und Archetypen der Information, die die Art und Weise formen und beeinflussen, wie unser Universum sich formt, wächst und weiterentwickelt. [*Siehe auch Implizite Ordnung, Information*]

Kosmisches Hologramm (Cosmic Hologram) – Basierend auf der Grundlage neuester physikalischer Forschung, die nahelegt, dass das Universum ein Kosmisches Hologramm ist, weil es auf allen Ebenen der Existenz informationell verbunden ist. [*Siehe auch Implizite Ordnung, Information, Holographisches Prinzip*].

Evolution - Ein emergierender Prozess des Lernens und der Entwicklung von den winzigsten Pixeln aus zur größeren Realität von Sternen, Planeten, allen Menschen – welcher sich durch wachsende verkörperte Komplexität und sich vertiefende evolutionäre Kohärenz entfaltet. [*Siehe auch Komplexität und Evolutionäre Kohärenz*].

Evolutionäre Kohärenz (Evolutionary Coherence) – Ein dynamischer Zustand harmonischer Resonanz und spontaner Kollaboration zwischen unterschiedlichen Elementen und Beziehungen komplexer lebender Systeme. Ein natürlicher Zustand des Einklangs bezüglich der innewohnenden Ganzheit und der Einheit des Lebens [*siehe auch Evolution*].

Fraktal (Fractal) – Unendlich komplexe Pattern, die sich in einer selbst-kreativen und selbst-replizierenden Weise in allen Dimensionen des Lebens wiederholen. Wir können Fraktale in der Art entdecken, wie Blumenblätter wachsen und sich in Spiralen entfalten, sowie in Wachstumsmustern von Bäumen oder in Wetter-Pattern. Die kosmische Architektur des Lebens ist fraktaler Gestalt. [*Siehe auch Kosmische Architektur, Kosmisches Hologramm*].

Holographisches Prinzip (Holographic Principle) – Ein physikalisches Prinzip, dass suggeriert, wie die Erscheinung unseres physikalischen Universums als dreidimensionaler Raum von einer zweidimensionalen holographischen Oberfläche oder Grenze ausgeht, die auf dem kleinsten Niveau physikalischer Realität mathematisch (informationell) codiert ist. [*Siehe auch Kosmisches Hologramm*].

Imaginal – Ein Zukunfts-gestaltender Zustand des Bewusstseins, der weit über das „Imaginative" hinausgeht und uns mit den transformativen Kräften des Universums in der Art zu denken, zu erleben und zu reagieren verbindet.

Implizite Ordnung (Implicate Order) – Ein Begriff, geprägt vom Physiker David Bohm, um zu erklären, wie das physische Universum Teil eines ungeteilten holographischen Ganzen des Bewusstseins ist und aus tieferen impliziten Ordnungen oder Strukturen der Realität entsteht, die der Raum-Zeit vorausgehen. [*Siehe auch Holographisches Prinzip*].

Information – Die primäre und grundlegende Entität aus der die physikalische Realität konstruiert wird sowie Grundbaustein des Bewusstseins. Das Leben ist eine informationelle Einheit, was nahelegt, dass sowohl Energie-Materie als auch Raum-Zeit komplementäre Ausdrucksformen von Information sind.

Nichtlokalität (Nonlocality) – Ein Prinzip der Quantenphysik, die Albert Einstein als „spukhafte Fernwirkung" bezeichnete. Die klassische Physik nimmt an, dass die physikalische Realität lokal sei, das heißt, dass eine Messung eines Punktes im Raum nicht beeinflussen kann, was an einem anderen Ort im Raum passiert, wenn die Distanz zwischen diesen Punkten groß genug ist. Dahingegen prädiziert die Quantenphysik, dass die physikalische Realität essentiell nichtlokal ist, das heißt, unter bestimmten Bedingungen wird die Messung eines Partikels unmittelbar den Zustand eines anderen Partikels beeinflussen, auch wenn die Distanz zwischen diesen Partikeln vielen Lichtjahren entspricht. Nichtlokalität bedeutet, dass Partikel auf tieferen Leveln der Realität informationell korreliert sind. Wir benutzen das Konzept der Nichtlokalität auch für das Konzept der Stadien der Einheit des Bewusstseins und unsere kreative Partnerschaft mit dem Universum [*Siehe auch Holographisches Prinzip*].

Renaissance – Die Renaissance ist eine Periode signifikanter Wiedergeburt, Regeneration und Transformation, der oft Perioden von Kollaps und Krise vorangehen.

Superpositions-Zustand (Superposition State) – Ein Quantenzustand der Potentialität, in dem alle möglichen Zustände simultan co-existieren, bevor sie beobachtet werden.

Fähigkeit zu gedeihen, zu florieren (Thrivability) – Unsere innewohnende Fähigkeit, unsere Fertigkeiten zu entwickeln und unsere Potentiale auszuschöpfen – in einer Art und Weise, die erneuerbar und re-generativ, lebens-bejahend und zukunfts-gestaltend ist.

Essentielle Neue Wissenschaftliche Erkenntnisse

Die *Future Humans Trilogy* basiert auf radikal neuen Erkenntnissen, die an der Schwelle der neuesten Paradigmen in Wissenschaft und Forschung emergieren. Die *New Paradigm Sciences* offerieren ein integriertes Konzept der Existenz und der Rolle des Bewusstseins. Diese Wissenschaften beinhalten Felder wie die Quantenfeld-Theorie, die Kosmologie, die neue Physik, Komplexitäts-Wissenschaften, Evolutionäres und System-Design, Neurowissenschaften, Epigenetik und Bewusstseins-Forschung.

All die im Buch zitierten wissenschaftlichen Referenzen gehen auf echte Menschen und echte Forschung zurück. Wir haben uns dafür entschieden, diese wissenschaftlichen Erkenntnisse in Form einer Geschichte zu teilen – in dem Bewusstsein, dass manche dieser Ideen so komplex und verblüffend sind, dass manche Leute aufhören würden zu lesen, wenn sie direkt mit diesen Informationen konfrontiert würden. Mit anderen Worten erfordert es ein schmackhaftes Mahl, ein gemütliches Ambiente und die Wärme menschlicher Beziehungen, um diese radikal neuen Perspektiven von der Natur der Realität und des Universums zu verdauen. Und selbst dann heißt das Sprichwort: „Die, die Quantenphysik verstehen, verstehen sie nicht."

Die *New Paradigm Sciences* bestätigen, was die alten Mystiker schon seit Anbeginn der Zeit sagen: Das Universum ist in Wahrheit eine große Einheit, was umso augenfälliger wird, wenn wir die Zeit als lebendiges Feld erforschen, in dem „Zukunft, Gegenwart und Vergangenheit" simultan existieren und einander-bedingend entstehen (co-arising). In erster Linie ist dies die Wissenschaft vom Lernen über die Art und Weise, wie das lokale Selbst sich ins Abenteuer begibt, mit dem Ultimativen Selbst – diesem großen Einen, das wir Kosmos nennen – in Einklang zu kommen und es zu spiegeln.

Basierend auf unseren eigenen Forschungsergebnissen in den sich entwickelnden Feldern der *New Paradigm Sciences* haben wir im Folgenden zusammengefasst, was wir für essentielle neue Erkenntnisse für unsere Zeit halten, die als Grundlage für diese *Future Humans Trilogy* und die *Future*

Humans Kurse dienen. Diese Forschung wird referenziert für eine mögliche weitere Beschäftigung damit.

Einige dieser wissenschaftlichen Konzepte und Ideen mögen zuerst sehr komplex und schwer verständlich erscheinen. Wir empfehlen deshalb, diese Zusammenfassung als Denkanstoß zu lesen, um diese Konzepte als Geschenk an die Tiefe des Verstandes zu betrachten, da dieser sich öffnen und neue Perspektiven und Einsichten gewinnen wird. Wie schon in uralten Rätseln werden sich manche dieser Konzepte nur zögerlich offenbaren, oft viel später – und wenn wir es am wenigsten erwarten.

Die drei Evolutionsprinzipien des Lebens

1. Das Universum existiert und entwickelt sich als einzige geeinte Entität, eine untrennbare Ganzheit. Dieses evolutionäre Prinzip hilft uns, das Leben als geeinte Realität zu begreifen, während Energie-Materie und Raum-Zeit komplementäre informationelle Ausdrucksformen von Bewusstsein sind.

2. Das Universum entwickelt sich weiter durch das Vertiefen der evolutionären Kohärenz und verkörperten Komplexität (embodied complexity) – präzise abgestimmt, um Leben zu ermöglichen. Dieses evolutionäre Prinzip zeigt uns, wie wir Architektur und Design so gestalten können, dass evolutionär kohärente Komplexität entsteht, die lebens-regenerativ ist.

3. Das Universum entwickelt seine evolutionäre Kapazitäten, indem es seine kosmologischen Potentiale durch systemische Autonomie und Autopoiese (Selbst-Erschaffung, Regulation und Adaptation) verwirklicht. Dieses evolutionäre Prinzip zeigt uns, wie wir die systemischen Bedingungen für Wachstum, Entwicklung und Weiterentwicklung als sich selbst-verwirklichende Prozesse des Bewusstseins gestalten und entwickeln können.

Die Natur der Realität und die Architektur des Bewusstseins

1. Bewusstsein existiert, erschafft und entwickelt sich als geeintes holografisches Feld des Lebens. Dieses Feld umfasst alle Ordnungen der Realität (lokal und nichtlokal), ist empfindend, reaktionsfähig und kommunikativ (Bohm, 1980; Kauffman, 2019; Laszlo et al., 2016; Penrose et al., eds., 2017). Dieses Feld agiert auch wie eine Gebärmutter und Membran für das Lokalisieren der Verwirklichungs-Potentiale des Bewusstseins durch den evolutionären Prozess des Lebens (Smitsman & Currivan, 2019).

2. *Die Kosmische Architektur des Universums ist codiert als ein Kosmisches Hologramm.* Diese Kosmische Architektur *in*-formiert und potenziert den Prozess der Schöpfung durch ein ‚Alphabet' aus Ziffern, die sich in fraktaler Gestalt durch alle Dimensionen des Seins ziehen. Bewusstsein erschafft Realitäten und Welten durch dieses Kosmische Hologramm aus Information (Currivan, 2017).

3. *Kosmische Information ist holografisch und geeint.* Kosmische Information bettet in fraktaler Weise die Qualitäten und Potentiale des geeinten Feldes des Bewusstseins ein und manifestiert sie (Smitsman & Currivan, 2021).

4. *Das Kosmische Hologramm generiert Oberflächen von interdependenten Realitäten.* Die holografischen Oberflächen konvergieren die Information zwischen den impliziten Ordnungen der Realität und den expliziten Ordnungen des Lebens (Bohm, 1980; Smitsman, 2019).

5. *Raum-Zeit und Energie-Materie sind komplementäre Zustände von Information.* Alles, was wir physikalische Realität nennen, ist buchstäblich aus Information gemacht, die als digitalisierte *bits* ihre Expression gefunden hat und eingebettet ist im Planck-Skalen-Bereich der holografischen Raum-Zeit-Grenze. Diese informationale Perspektive auf die Realität ermöglicht ein radikal neues Verständnis von der Natur der Materialität und des Primats des Bewusstseins (Primacy of Consciousness) (Currivan, 2017; Smitsman & Currivan, 2021).

6. *Raum-Zeit entsteht aus noch fundamentaleren Strukturen, die ihr vorausgehen.* Raum-Zeit als Datenstruktur projiziert eine dreidimensionale Oberfläche, in welcher der Fluss der Zeit sich als vierte Dimension manifestiert (Currivan, 2017). Das wirft die Frage auf, ob die Raum-Zeit selbst Teil noch fundamentalerer Strukturen ist, die ihr vorausgehen, und für die neue physikalische Prinzipien vonnöten sind, um sie zu verstehen (Arkani-Hamed, 2015, 2017). Dies wirft die weitere Frage auf, ob die Expansion des Raumes daher rührt, dass das Universum Komplexität einbettet, und ob dies als Indiz gewertet werden kann, dass unser Universum lernt und sich weiterentwickelt (Smitsman & Currivan, 2019; Smitsman & Smitsman, 2020).

7. *Informations-Zustände korrespondieren mit Bewusstseins-Zuständen.* Auf dem Niveau von nichtlokalen Quanten-Zuständen der Realität existiert Information in einem Superpositions-Zustand simultaner Möglichkeiten. Wenn digitalisiert, heißt das, dass Information sich in einem Stadium

von ‚0 *und* 1' und allen möglichen Varianten davon befinden kann. Auf lokalem (physischem) Niveau erscheint Information im binären Zustand des *Entweder-Oder*. Wenn digitalisiert, dann erscheint diese Information als entweder ‚0' *oder* ‚1', welches dem informationalen Zustand entspricht, nach dem die meisten unserer digitalen Programme operieren. Durch das Ergründen, in welchen verschiedenen Zustandsformen Information existieren und sich manifestieren kann, entwickeln wir eine kraftvolle neue Perspektive dessen, wie wir die Natur von Bewusstsein besser verstehen können und wie wir die menschlichen Systeme und Wachstumsmodelle re-designen können im Einklang mit der Kosmischen Architektur des Lebens (Smitsman & Currivan, 2021).

8. *Die Geometrie der Raum-Zeit ist Teil der Architektur unseres Körper-Geist-Komplexes.* Zylindrische Protein-Polymere innerhalb von Neuronen in unserem Gehirn, die „Mikrotubuli" genannt werden, statten unser Gehirn mit den gleichen Quanten-Berechnungs-Fähigkeiten aus, wie das Universum. Diese Mikrotubuli sind in der Lage, sich selbst zusammenzusetzen und sich zusammenzuschalten, um es Membranstrukturen und Genen im Zellkern zu ermöglichen, zu kommunizieren und sich auszutauschen. Diese Mikrotubuli scheinen eine Rolle in der Erfahrung der Selbst-Bewusstheit zu spielen, in dem sich Quantenzustände und Binärzustände von Information vereinen und integrieren (Hameroff, 1998; Hameroff & Chopra, 2012).

9. *Quanten-Gravitations-Schwellen spielen eine Schlüsselrolle in der Architektur von Entscheidungen.* Quantum-Gravitations-Schwellen sind Teil der fundamentalen Wellen der Raum-Zeit-Geometrie und scheinen eine fundamentale Rolle zu spielen in der Art und Weise, wie diese Systeme zwischen Quantum-Superpositions-Stadien und singulären Stadien auswählen bzw. hin- und herwechseln (Hameroff & Penrose, 2014). Die Architektur der Entscheidungsfindung ist nicht-algorithmisch und bestätigt die Hypothese, dass Bewusstsein nicht rechnerisch und deshalb non-deterministisch ist (Fridmann 2020). Wir postulieren, dass die Quantengravitation als weibliches Prinzip der Kontraktion angesehen werden kann, die essentiell ist für die Manifestation und grundlegend für verkörperte bewusste Erfahrungen des Selbst.

Die imaginalen Gefilde und die Präsenz der Zukunft

1. *Die imaginalen Gefilde sind Teil der Kosmischen Architektur des Lebens.* Die imaginalen Gefilde sind kosmologisch in allen Dimensionen und Realitäten der Existenz präsent als der Ort, den höheren Traum zu träumen und zu unseren Zukunfts-Möglichkeiten zu werden.

2. *Zukünfte existieren nun innerhalb des imaginalen Reiches des Bewusstseins, durch die das Leben transformiert und erneuert wird.* Das imaginale Reich ist ein innerer Zustand des Bewusstseins, der essentiell für Lernen, Heilung, Entwicklung und Transformation ist (Smitsman et al., 2018).

3. *Wir können imaginal unsere Zukünfte aktivieren und sie ins Sein herab bringen.* Der imaginale Zustand ist der Superpositions-Quantenzustand gleichzeitiger Möglichkeiten, und der wiederum ist essentiell ein Zukunfts-Zustand des Bewusstseins. Wir können uns bewusst weiterentwickeln durch das imaginale Aktivieren und Herbeirufen von Zukunfts-Potentialen der höheren Ordnungen der Realität – hinein in den verkörperten Zustand unseres lokalen Kontextes (Kauffman, 2019; Smitsman et al., 2018).

4. *Zukunfts-Potentiale sind nichtlokale Information, die in lokale Information übergeht durch die holografischen Membran-Strukturen der Raum-Zeit.* Die Membran-Strukturen der Raum-Zeit können mit einem holografischen Fischernetz verglichen werden und auch mit einer Kosmischen Gebärmutter, um alle Oberflächen-Niveaus der Realität mit den imaginalen Potenzen der Zukunfts-Potentiale zu befruchten, zu imprägnieren. Diese feminine Perspektive auf Materie ist fundamental für das Erschaffen von generativen und fruchtbaren Systemen und Kulturen.

5. *Wenn Zukunfts-Stadien lokal aktiviert werden, dann kann das ganze System in einen Zustand höherer Ordnung der Realität übergehen.* Unsere imaginalen Kräfte ermöglichen uns direkten Zugang zu den imaginalen und zukünftigen Stadien des Bewusstseins. Durch das Aktivieren von Zukunfts-Stadien höherer Ordnungen von Realität können wir die Konditionierung alter Strukturen und Glaubenssysteme überschreiben und transformieren. Die Einbeziehung von Zukunfts-Zuständen spielt eine Schlüsselrolle in immunitätsbezogenen Lernprozessen und auch in Bezug auf epigenetische, biomische und planetare Gesundheit.

Evolutionäre Kohärenz und die Kosmische Architektur des Lebens

1. *Die Kosmische Architektur des Lebens ist evolutionär kohärent und präzise darauf abgestimmt, die Potentiale des Bewusstseins zu verwirklichen.* Indem wir die Welt mit der Kosmischen Architektur des Lebens planen und erschaffen, können wir in Co-Kreation kohärente Systeme und Kulturen erschaffen und dem globalen Bewusstsein ermöglichen, sich unserer menschlichen Erfahrung selbst bewusst zu werden.

2. *Evolutionäre Kohärenz ist essentiell für unsere persönliche, kollektive und planetare Gesundheit und Entwicklung.* Wenn evolutionäre Kohärenz stark ist, entstehen auf natürliche Weise Synergien, Kollaboration und gemeinsames Verständnis. Evolutionäre Kohärenz erzeugt Flow-Zustände und Resonanz-Bedingungen, um sich mit dem geeinten Feld des Bewusstseins einzuschwingen – beides Bedingungen für unsere evolutionäre Weiterentwicklung und planetares Wohlergehen.

3. *Das Erschaffen von evolutionär kohärenten Wachstums-Pattern ist der fundamentale Durchbruch im Verständnis zum Überwinden der Sustainability-Krise.* Evolutionär kohärentes Wachstum emergiert in den Systemen, die in der Kosmischen Architektur des Lebens verwurzelt sind. Evolutionär kohärentes Wachstum ist im Einklang mit den systemischen Grenzen, die der Integrität des Ganzen dienen. Systeme, die *nicht* in der Kosmischen Architektur verwurzelt und von ihr reguliert sind, werden zu systemischen Gedeihlichkeits-Barrieren. Systemische Barrieren manifestieren sich als schädliche, exponentielle, extrahierende und krebsartige Wachstums-Pattern, sowie als polarisierte Diversität, die versucht, die Einheit des Lebens zu zerstören und zu frakturieren (Smitsman, 2019).

4. *Wenn die evolutionäre Kohärenz unter einen bestimmten Schwellenwert fällt, manifestieren sich die Bedingungen für systemisches Kollabieren.* Wir schaden und verringern evolutionäre Kohärenz durch das Ignorieren der Kosmischen Architektur des Lebens – in der Art wie wir unsere Systeme designen, entwickeln und wachsen lassen;

- indem wir Ziele stecken und umsetzen, die nur der Agenda einiger Weniger dienen;

- durch Spalten, Fragmentieren und Polarisieren unserer Welt mittels schädlicher Gewinn-Verlust-Dynamiken;

- durch das Operieren durch Dominanz – dadurch wird es unserer Diversität unmöglich, zu konvergieren, sich zu integrieren und zu entwickeln;

- durch die Anwendung extraktiver Wachstumsmodelle, die nicht in der Kosmischen impliziten Wachstums-Dynamik des Lebens verwurzelt sind – dadurch erzeugen wir Schäden und Dysbalancen in unseren planetaren Systemen;

- durch das Erzeugen von degenerativen Wachstums-Pattern durch dualistisch polarisierte Governance-Systeme.

5. Die Kosmische Architektur enthält den Schlüssel, um neue Zivilisationen gemeinschaftlich in Co-Kreation zu erschaffen, die per Design auf Gedeihlichkeit und Florieren ausgelegt sind. Die Kosmische Architektur enthüllt uns, wie das Leben eine geeinte Realität darstellt und in welcher Weise Materie eine Form von Bewusstsein ist, die sich durch die Zyklen des Lebens hindurch transformiert. Wir haben eine nicht-nachhaltige menschliche Welt geschaffen, weil wir die kosmische Architektur des Lebens nicht konsequent genug angewendet haben – im Design, der Architektur, in Wachstums-Modellen und in Aktivitäten unserer menschlichen Gesellschaft. Durch das Einbetten und Verkörpern der kosmologischen Potentiale des Bewusstseins werden wir zu den Zukunfts-Menschen einer gedeihlichen und bewussten Welt.

Wissenschaftliche Referenzen

Arkani-Hamed, N. (2017, December 1). *The Doom of Spacetime - Why It Must Dissolve Into More Fundamental Structures* [Video]. PSW Science. https://bit.ly/2SbsI5Y

Arkani-Hamed, N. (2015). *Nima Arkani-Hamed on the Amplituhedron* (Annual Report 2013–2014). Institute for Advanced Study. https://bit.ly/3u5GfJp

Bohm, D. (1980). *Wholeness and the implicate order.* Routledge.

Currivan, J. (2017). *The Cosmic Hologram: In-formation at the Center of Creation.* Inner Traditions/Bear & Company.

Fridman, L. (2020, March 31). *Roger Penrose: Physics of Consciousness and the Infinite Universe | Lex Fridman Podcast #85* [Video]. YouTube. https://www.youtube.com/watch?v=orMtwOz6Db0

Hameroff, S., & Chopra, D. (2012, January 24). *The "Quantum Soul" Part3 – Orchestrated Objective Reduction ("Orch OR").* https://bit.ly/3fqFCEC

Hameroff, S. (1998). *Quantum computation in brain microtubules? The Penrose–Hameroff 'Orch OR' model of consciousness*. Phil. Trans. R. Soc. A., 356(1743) 1869–1896. https://doi.org/10.1098/rsta.1998.0254

Hameroff, S. & Penrose, R. (2014). Consciousness in the universe: A review of the 'Orch OR' theory. *Physics of Life Reviews. 11*(1), 39–78. https://doi.org/10.1016/j.plrev.2013.08.002

Kauffman, S. A. (2019). *A World Beyond Physics: The Emergence and Evolution of Life* (1st ed.). Oxford University Press.

Laszlo, E. et al. (2016). *What Is Reality? The New Map of Kosmos, Consciousness, and Existence*. SelectBooks.

Penrose, R., et al. (Eds.). (2017). *Consciousness and the Universe: Quantum Physics, Evolution, Brain & Mind*. Cosmology Science Publishers.

Smitsman A. (2019). *Into the Heart of Systems Change*. [Doctoral dissertation, International Centre for Integrated assessment and Sustainable development (ICIS), Maastricht University]. https://dx.doi.org/10.13140/RG.2.2.28450.25280

Smitsman, A., & Currivan, J. (2021). Healing our Relationship with Gaia through a New Thrivability Paradigm. In J. Wright (Ed.), *Subtle Agroecologies: Farming With the Hidden Half of Nature*. CRC Press. https://doi.org/10.1201/9780429440939

Smitsman, A., & Currivan, J. (2019). Systemic Transformation into the birth canal. *Systems Research and Behavioral Science, 36*(4), 604–613. https://doi.org/10.1002/sres.2573

Smitsman, A., Laszlo, A., & Barnes, K. (2018). Attracting our Future into Being–The Syntony Quest. *World Futures: The Journal of New Paradigm Research, 75*(4), 194–215. https://doi.org/10.1080/02604027.2018.1499850

Smitsman A., & Smitsman A.W. (2020). The Future-Creative Human: Exploring Evolutionary Learning. *World Futures: The Journal of New Paradigm Research, 77*(2), 81–115. https://bit.ly/3bGFkbY

Epilog Der Autorinnen

Es wird oft angenommen, dass Zeiten des Zusammenbruchs notwendig sind, um einen Durchbruch zu ermöglichen. Durch *Die Reise der Rose* haben wir eine Alternative für unsere Welt, uns selbst und unser kollektives Bewusstsein angeboten, um uns zu entwickeln und in unsere höheren Potentiale unseres zukünftigen Werdens hineinzuwachsen. So wie die Raupe uns daran erinnert, existieren die Zukunfts-Potentiale des latenten Schmetterlings schon in uns als Imaginal-Zellen. Diese Zellen aktivieren sich und schließen sich zu Gruppen zusammen, während die Raupe noch am Leben ist – bevor sie sich in ihrem Kokon auflöst.

Als Pioniere der Bewusstseinsforschung, des Human Development Movement, der Quanten-Natur der Realität, der Kosmologie unseres Universums, der evolutionären Wissenschaften und Living-Systems-Architektur wurden wir Zeuge dessen – ja haben persönlich erlebt, wie diese neuen Wege des Wandels und der Transformation nicht nur möglich, sondern notwendig sind. Das ist es, was gemeint ist, wenn wir von der Entwicklung von neuen Möglichkeiten höherer Ordnung der Realität sprechen, die sich in uns aktivieren. Mit anderen Worten müssen wir es uns selbst, einander und unserem Planeten nicht so schwer machen. Wir können entscheiden, uns liebevoller, freudiger und anmutiger zu entwickeln. Vielleicht ist dies die potenteste Medizin für unsere Heilung und unsere Transformation.

Wir haben uns entschlossen, diese Trilogie als Allegorie zu schreiben, und nicht nur als Reise von Anneloes und Jean, weil wir würdigen wollen, dass es bei diesen archetypischen Charakteren und mythischen Codes um viel mehr geht, als unsere Lebensgeschichten. *Die Reise der Rose* ist der Weg und die Herausforderung unserer Zeit; der Aufruf, wiedergeboren zu werden aus dem Herzen unserer Menschheit, indem wir die Einheit wertschätzen, die vorherrscht. Bevor wir diese Etappe der menschlichen Reise in die Zukunft beenden, möchten wir erzählen, wie alles für uns begann...

Die Pfote war's

Vor vielen Jahren machte uns eine gemeinsame Freundin, Justine Page, miteinander bekannt, weil sie davon überzeugt war, dass wir zur gleichen Ordnung der Realität gehörten mit all den Ähnlichkeiten in unseren

Ansätzen und Lehren. Wir bemerkten schnell, dass sie recht hatte! Obwohl wir unterschiedlichen Generationen und Kulturen angehören und einen ganz anderen Hintergrund haben, verlief unser Leben in vielerlei Hinsicht parallel. Wir versprachen, eines Tages nach Wegen der Zusammenarbeit zu suchen und dann kam das Leben dazwischen…, und Jeans voller Reisekalender. All das änderte sich 2020 mit dem Beginn der Corona-Virus-Pandemie, die unsere Leben so sehr berührt hat.

Ende Februar 2020 flog Anneloes von Mauritius, wo sie mit ihren Kindern lebt, in die Niederlande, um dort einen Kurs über Neue Ökonomien zu besuchen und Zeit mit ihren Eltern zu verbringen, zumal ihre Mutter zwei Monate vorher fast gestorben wäre. Was ein dreiwöchiger Aufenthalt sein sollte, wurde zu sieben Monaten. Die Grenzen wurden geschlossen, bevor sie nach Hause fliegen konnte; und nach vielen gestrichenen Flügen wurde sie endlich Mitte September 2020 mit ihren Kindern im Teenager-Alter wiedervereint. Die Hauptarbeit der Konzeption der Trilogie und des Schreibens passierte in diesen herausfordernden und unsicheren Zeiten.

Währenddessen hatte Jeans Leben mit Reisen und persönlichen Lehrverpflichtungen und Vorträgen ein jähes Ende gefunden, und das gab ihr Raum und Zeit für etwas anderes. Das Universum wurde aktiv. Ende April bekam Anneloes eine E-Mail von Jean mit der Bitte, ein Zoom-Telefonat zu vereinbaren und ihre gemeinsame Arbeit zu beginnen. Anneloes war hoch erfreut, von Jean zu hören, zumal sie schon über Jahre versucht hatte, sie seit ihrem initialen Treffen 2018 und einigen Telefonaten zu erreichen. Anneloes wusste nicht, dass ihre E-Mails in Jeans überfließender Inbox mit Hunderten von Nachrichten von Leuten aus der ganzen Welt untergegangen waren – es war bekannt, dass Jean eine „nette öffentliche Person" war, immer bereit, anderen zu helfen.

2018 hatte Anneloes Jean ihren gerade erschienenen Artikel *Attracting our Future into Being* geschickt, der Teil ihrer Doktorarbeit an der Maastricht University in den Niederlanden war, die sie 2019 beendete. Jeans Neugier war sofort geweckt, als sie entdeckte, dass Anneloes die gleichen Quanten-Perspektiven auf Zeit und Realität erforscht hatte und dies schon jahrelang lehrte. Und dann schlug das Leben wieder zu und Anneloes' Artikel verschwand in einem Stapel von Briefen auf Jeans Schreibtisch – zusammen mit einigen Folge-E-Mails.

Im Frühjahr 2019 hatte Anneloes einen lebhaften Traum von sich selbst und Jean mit einem Aufruf aus der Zukunft. Der Traum enthüllte, wie ihre Gehirne in endlosen Netzwerken aus Licht bestanden, bereit sich miteinander zu verbinden und eine neue Konfiguration aus Bewusstsein hervorzubringen und eine neue mögliche Welt ins Sein zu befördern; eine Welt, die sie beide auf parallelen Pfaden jede für sich erforscht hatten. Anneloes versuchte erneut, eine Verbindung mit Jean aufzunehmen, aber Jean sah keine ihrer E-Mails.

Der Traum war zu lebendig um ihn zu ignorieren. Gegen Ende des Jahres 2019 versuchte Anneloes ein letztes Mal, eine Verbindung herzustellen – verbunden mit der Bitte ans Universum, einen Weg um alle Blockaden und Zeitverzögerungen zu finden. Dieses Mal gelang es ihr, zu Jean vorzudringen, die ihr sagte, sie würde sich für ein mögliches Datum für ein Telefongespräch melden, sobald ihr Terminkalender wieder etwas besser aussähe.

Das Universum entschied, dass eine anders geartete Intervention notwendig war, um die Dinge zu beschleunigen. Es war Mitte April 2020, als Jeans Hund Habibi, ein sehr großer Goldendoodle, begann, an einer Ecke des Teppichs in Jeans Haus zu scharren. Er scharrte und scharrte, bis Jean sich endlich entschloss zu helfen und etwas unter dem Teppich hervor zog. Zu ihrer Überraschung war es Anneloes' Artikel *Attracting our Future into Being*. Sie las ihn erneut und verstand die Nachricht. Hoch erfreut rief sie aus: „Hot dog, we've got a live one here! The Cosmos speaks through this one!" (Hot dog, wir haben hier eine Lebendige! Der Kosmos spricht aus dieser hier!). Und so begann die Geschichte der *Future Humans Trilogy* mit dem Universum, der Hilfe eines Hundes, der Jean darauf aufmerksam machte, es sei an der Zeit. Wir bleiben dabei, täglich miteinander zu telefonieren und die Geschichten und Wege der Zukunfts-Menschen auszuloten, die auch Teil unserer Online-Kurse sind.

Dankenswerterweise wurde der Traum Wirklichkeit, den Anneloes 2019 empfing – durch viele lustige und unerwartete Interventionen. Für die, die Jean nicht kennen – es war klar, dass es der Intervention eines Hundes bedurfte, um ihre Aufmerksamkeit zu erlangen – da Hunde ihre besten Freunde sind, die sie unglaublich schätzt.

Kennst du das alte Sprichwort, welches sagt: „Sei vorsichtig mit dem, was du versprichst?" Um die Liebe und den glücklichen Zufall, die Teil dieser Arbeit sind, besser zu verstehen, möchten wir noch eine Sache erzählen. Jeder von uns hatte der Zukunft ein bestimmtes Versprechen gegeben, das das Universum nicht vergessen hat.

Wahr werdende Versprechen

1978 versprach Jean Margaret Mead auf ihrem Totenbett, der Menschheit zu helfen, die Zukunfts-Menschen in einer möglichen Welt zu werden.

Margaret betrachtete Jean als ihre Tochter. Sie hatte Jean von der Wichtigkeit erzählt, Lehr- und Lerngemeinschaften zu schaffen, in denen Menschen gemeinsam wachsen können, um die Fertigkeiten zu entwickeln, die in einer Welt der kompletten Veränderung und des Wandels gebraucht werden. Kurz vor ihrem letzten Atemzug bat sie Jean, ihr zu versprechen, dass sie dies umsetzen würde, wenn die Zeit reif sei – und Jean versprach es. Die Zukunfts-Menschen sind die möglichen Menschen in einer möglichen Welt.

2008 hatte Anneloes, als sie im fünften Monat mit ihrem ersten Sohn Akash schwanger war, einen luziden Traum, in dem sie von neuen Seelen träumte, die noch nie eine Lebenserfahrung in physischer Form gemacht hatten und nun auf unsere Erde kamen.

Der Traum zeigte ihr, wie diese Seelen aus einem neuen Zyklus der Zeit kamen, der gerade begann. Sie stellten sich als „Zukunfts-Menschen aus einer neuen Zeit" vor. Sie zeigten ihr, dass die Zukunft nicht die sei, die aus unserer Vergangenheit erschaffen wird, sondern eine Zukunft aus einem neuen kreativen Zyklus des Bewusstseins. Als der Traum voranschritt, wurde sich Anneloes der bemerkenswerten Art und Weise bewusst, wie der Geist dieser Seelen funktionierte; wie sie viele der harten Erfahrungen, durch die die Menschen gehen mussten, um sich weiterzuentwickeln, nicht durchlaufen mussten. Es war, als wären sie schon so verdrahtet und programmiert, dass sie einige der fundamentalen Aspekte des Lebens und unseres Universums verstehen konnten, von denen unsere Wissenschaft erst begann, einen flüchtigen Eindruck zu erhaschen. Sie nahm außerdem wahr, wie diese neuen Menschen viel größere kreative Fertigkeiten hatten als die jetzigen Menschen und mit den wunderbarsten Lösungen und Ideen aufwarteten, um die größten Herausforderungen unserer Zeit zu lösen.

Der Traum schwenkte dann in die Zukunft, in der sie sah, wie die Ideen vieler dieser Zukunfts-Menschen in unserer Welt nicht willkommen waren. Schlimmer noch, einige der Zukunfts-Menschen zeigten ihr, dass viele Menschen gar nicht hören und verstehen konnten, was die Zukunfts-Menschen versuchten, ihnen mitzuteilen, als würde es noch keinen Ort oder kein Interface für diese neue Form des Bewusstseins geben; und einige Menschen empfanden dies sogar als Bedrohung für ihre Weltanschauung. Anneloes wurde dann Zeuge des Elends, das daraus entstehen würde, wenn diese neue Art des Bewusstseins nicht willkommen wäre und nicht integriert würde in unser derzeitiges Bewusstsein. Sie realisierte, dass es unabdingbar wäre, die Menschheit auf dieses neue Bewusstsein und unsere Zukunfts-Möglichkeiten vorzubereiten.

Anneloes versprach den neuen Seelen, dass sie alles daran setzen würde, um die Brücken, Interfaces und Systeme zu errichten, die dem neuen Bewusstsein ermöglichten, seine Bestimmung in dieser Welt und Zeit zu verwirklichen. Ihr wurde außerdem gezeigt, dass dieses neue Bewusstsein in einem neuen Archetypus eines Kindes existiert, das in jedem von uns schlummert, und auch in der Erde selbst. Während einer ihrer Initiationen in Australien vor einigen Jahren hatte sie ihre eigene Wiedergeburt in Gestalt dieses zukünftigen Kinder-Archetypus erlebt und akzeptiert.

Die *Future Humans Trilogy* ist nun ihr Geschenk für die Erfüllung dieses Versprechens aus den vergangenen und zukünftigen Zeiten, um das Versprechen einer neuen Zeit einzulösen.

Schließe dich uns an für die nächsten Abenteuer der Zukunfts-Menschen

Begleite uns auch im zweiten Buch der Trilogie – *The Return of the Avatars* – mit faszinierenden Charakteren in einem packenden, die Seele aufrüttelnden Abenteuer. Wir werden essentielle Lektionen über Kraftverhältnisse, Einheit, Schatten, Hoffnung, Mut und Liebe erforschen. Bestärkt durch die Entdeckung der Kosmischen Architektur des Lebens und das Wissen um ein geeintes Universum wirst du nun herausfinden, wie du die Systeme und Pläne der ökonomischen Dominanz und die Regierung des Entzweit-Seins dekodieren kannst. Zusammen werden wir Entscheidungen und Möglichkeiten entdecken, die sich uns eröffnen, indem wir unsere menschlichen Zukunfts-Kräfte durch die Weisheit des höheren Herzens entwickeln – und mit Hilfe der sieben Kosmischen Architekten-Werkzeuge sowie zehn transformativen Übungen. Auf unser baldiges Wiedersehen…

Auf unsere Zukunft!

In Liebe,

Anneloes und Jean

Danksagungen

Die *Future Humans Trilogy* war eine der transformativsten Erfahrungen, die wir als Autorinnen gemacht haben. Wir möchten beginnen, unsere tiefste Dankbarkeit gegenüber dem Kosmos, der Erde und unseren Vorfahren und Nachfahren von vergangenen und zukünftigen Zivilisationen auszudrücken, die uns auf unserer Reise geleitet haben. Dieses Buch repräsentiert die Ideen und Erkenntnisse so vieler herausragender Pioniere, die es wagten, die tieferen Fragen der Welt zu stellen. Unsere tiefe Dankbarkeit gilt jedem und jeder von euch, die ihr/euer Leben und Wirken der menschlichen Evolution verschreiben und allem, was ihr zum Verständnis der menschlichen Reise beigetragen habt.

Wir sind tief dankbar für ein wunderbares Team, das sich um uns organisch gebildet hat, seit wir den Weg des unabhängigen Veröffentlichens gewählt haben. Unsere tiefste Dankbarkeit gilt unserer genialen Editorin Diane Nichols für ihre Rolle als gute Fee dieser Trilogie, und ihre unaufhaltsame Unterstützung, in der sie die Narrativen zum Leben erweckt hat mit ihrer magischen Hand und ihrem wunderbaren Humor. Dank auch Dagmar Wolff für ihre wunderbare Übersetzung dieses Buches ins Deutsche - und für all ihre Unterstützung und Liebe für dieses Werk; und Phillippe Laventure für sein Korrekturlesen der deutschen Version. Dank gilt auch Rama Mani und Alexander Schieffer für ihr essentielles Korrekturlesen der ersten Version der Trilogie und für all ihre Unterstützung.

Dank ergeht an Lynne McTaggart für das Schreiben des perfekten Vorwortes und ihr essentielles Feedback in den frühen Phasen des Schreibens.

An Anastasia Pellouchoud von Sounds True für ihr höchst willkommenes Feedback und ihre Unterstützung.

Dank dem herausragenden Team von Oxygen Publishing: Carolyn Flower, CEO und Gründerin; Steve Walters, Buch Designer; und Philip Ridgers. Dank an Denise Kester für ihre wunderschönen Illustrationen, die die Visionen von Rose und ihrer Reise in der Trilogie ausdrücken. An Patrice Offman für die Beratung und Führung in Bereich der heiligen Geometrie und für die graphische Umsetzung des Kosmischen Kompasses und aller Designs und Zeichnungen.

Dank gilt Justine Page für all ihre unglaubliche Unterstützung und Freundschaft! Danke, dass du uns vor all den Jahren einander vorgestellt hast und auch für deine meisterhafte Beratung als Marketing-Strategin.

Dank gilt Stephen Aizenstat, als Zauberer und Pate der Trilogie, und Wegbereiter der *Future Humans* Kurse und für all die essentielle Unterstützung, und Dank auch dem hervorragenden Team bei Dream Tending, mit Heidi Townshend, Stacy Sroka und allen Anderen.

Dank an Penny Joy für wichtige Hinweise und initiales Editieren bei der Buchvorstellung und für deine liebevolle Unterstützung. Dank an Jude Currivan für so viele erleuchtende Konversationen, in denen wir die informationale Architektur unseres Universums als Kosmisches Hologramm ergründet haben, und für all deine Unterstützung.

Dank an Constance Buffalo für ihre strategische Beratung in der Anfangsphase der Trilogie, alle die Unterstützung unterwegs, auch als Jeans Geschäftspartnerin.

Dank allen Freunden und Kollegen, die uns immer unterstützt haben und uns mit unschätzbarem Feedback und den wunderbarsten Referenzen beschenkt haben: Deepak Chopra, Caroline Myss, Heather Shea, Ervin Laszlo, Alexander Laszlo, Donna Eden, David Feinstein, Paul Levy, Jeffrey Zeig, José M. Román, Carolyn Rivers, Terry Patten, Claire Zammit,, Hege Forbech Vinje, Kristie Googin, Steven Lovink, Ralph Thurm, Diane Williams, Deborah Moldow, Saul Arbess, Sheri Herndon, Marco Buschman, Mitchell Rabin, Anita Sanchez, Sasha Siem, Reiki Cordon, Stephen Gomes, Yanik Silver, Shani Lehrer, Janice Hall, Larry Dossey, Lawrence Bloom, Susan Manewich, Zenobia Beckett, Joel Bakst, Jewels Rottiers, Phil Lane Jr. und allen anderen, die hier nicht namentlich erwähnt sind – wir hoffen, dass ihr wisst, wen wir meinen!

Wir senden auch eine enorme Dankbarkeit an die Tausenden Schüler und Studierenden, die wir die Ehre hatten, über so viele Jahre zu begleiten und zu lehren, für ihre verblüffenden Erkenntnisse und Ideen, die so viel zu unseren Eigenen hinzugefügt haben. Außerdem möchten wir die folgenden persönlichen Danksagungen anschließen:

• • •

Von Anneloes

Mein Dank und tiefe Dankbarkeit gilt: Meinen Kindern, Manu and Akash, für all eure wunderbaren Anmerkungen, Fragen, Umarmungen und eure Geduld und an Manu für seine Rolle als Olaf im Kosmischen Kompass-Spiel. Sie gilt Mom und Dad für eure Bereitschaft, die Arme der Liebe zu sein bei vielen Herausforderungen in meinem ungewöhnlichen Leben und für eure unglaubliche Unterstützung während dieser sieben Monate, als ich aufgrund der COVID-19-Krise nicht zu Manu und Akash zurückkehren konnte.

Meinem liebsten Kurt Barnes für die Art und Weise, in der du mich hinter den Kulissen unterstützt hast, für das Teilen deines Wissens und der Praktiken der Gnostischen Traditionen, die in Karl, Roses Vater, ihren Ausdruck finden.

Dank an meine Schwester Nienke Smitsman und ihren Partner, Anton Busselman, und alle meine anderen Freunde, Familienmitglieder und Verwandte für eure Liebe und Unterstützung, als ich die Grenzen des Status quo verschob und während meiner Erforschung der tieferen Mysterien.

Dank an die zwei Engel zu Beginn meiner Reise, für eure mysteriösen Besuche und Botschaften der Gnade. Und schließlich auch meinen Großeltern und meinen nordischen und merowingischen Vorfahren für all das, was sie zu meinem Leben und auch diesem Buch beigetragen haben.

• • •

Von Jean

Mein Dank gilt meiner langjährigen Shakespeare-Arbeitspartnerin Peggy Rubin; Dank auch Diane Cox, für deinen Fleiß und deine Hingabe als meine Haushälterin; Kelsey Hill, die sich um die gesamte Büro-Logistik und Erinnerungen kümmert. Mein Dank an Elizabeth Austin für deine tatkräftige Unterstützung. Danke, Michael Korzinski mit Familie für deinen Ideenreichtum und das neue Denken. Danke den Dres. Aftab Omer und Melissa Schwartz für die geniale Gründung der Meridian University, in der ich Chancellor bin – und auch für eure Unterstützung für dieses Buch. Dank allen meinen anderen Freunden für viele Jahre voller Ermutigungen.

Dank gilt auch meinen Vorfahren; ich erhalte weiterhin tiefe Inspiration von der Weisheit meiner Mutter, Mary Houston (geborene Maria Annunciata

Serafina Fiorina Todaro), und dem reichen komischen Genie meines Vaters, Jack Houston.

Dank gilt meiner Mentorin, Margaret Mead. Ich verbleibe für immer in tiefer Dankbarkeit für deine Strenge und deine Inspiration. Dank an Pierre Teilhard de Chardin für deine Inspiration für ein junges Mädchen: Mich selbst.

Und ganz besonderer Dank gilt Serafina, meiner wunderbaren vierbeinigen Begleiterin für all die Freude, Verspieltheit und Weisheit, die du mir schenkst.

Und schließlich meine unsterbliche Liebe und Dankbarkeit für meinen verstorbenen Mann Robert Masters, dessen Genie und Ermutigung für mich „the boat of a million years" war.

• • •

Unser herzlicher Dank geht schließlich an dich, liebe Leserin, lieber Leser, weil du Teil des Grundes bist, warum wir diese Trilogie geschrieben haben und weil du uns auf dieser Reise begleitest: Dem Weg zum Zukunfts-Menschen.

Über Die Autorinnen

Anneloes Smitsman

Dr. Anneloes Smitsman, Ph.D., LLM, ist eine visionäre Wissenschaftlerin, Autorin, Futuristin, System-Architektin und Leadership-Katalysatorin für den Übergang zu einer gedeihlicheren und florierenden Zivilisation. Sie ist Gründerin und CEO des EARTHwise Centre. Sie hat einen Master-Abschluss in Law & Judicial Political Sciences von der Universität Leiden (die Niederlanden) und promovierte am Maastricht Sustainability Institute, Universität Maastricht (die Niederlanden). Ihre bahnbrechende Doktorarbeit *Into the Heart of Systems Change* befasst sich mit der Frage, wie man systemische Barrieren unserer Weltkrise diagnostizieren und durch einen Übergangsplan für gedeihlichere Zivilisationen transformieren kann. Im Mai 2022 wurde ihr der Visioneers Lifetime Achievement Award als Visionary Leader verliehen. Anneloes ist Co-Autorin der preisgekrönten *Future Humans Trilogy* mit Dr. Jean Houston, und ist Autorin des Amazon Bestsellers *Love Letters from Mother Earth: The Promise of a New Beginning,* und der als Erzählung veröffentlichten Version *Messages from Mother Earth* mit Soundtracks von Alan Howarth, neben vielen wissenschaftlichen Artikeln und Buchkapiteln in peer-reviewten Fachzeitschriften und Büchern. Ihre einzigartigen Transformations-Programme, transformative Kurse und Übungen haben tausende Menschen und Organisationen rund um den Globus gestärkt und inspiriert. Anneloes ist die Haupt-Architektin des EARTHwise Earth Song Projekts, Hauptautorin des r3.0 *Educational Transformation Blueprint,* Architektin der *SEEDS Constitution,* in der sie ihr Design des Kosmischen Kompass implementierte, und Steward von Hypha und SEEDS für die co-kreative Entwicklung regenerativer Renaissance-Werkzeuge, -Währungen und -Systeme. Sie ist Mitglied des Evolutionary Leaders Circle der Source of Synergy Foundation.

• Mehr Informationen zu Anneloes Smitsman:
  www.earthwisecentre.org/anneloes-smitsman

Über Die Autorinnen

Jean Houston

Prof. Dr. Jean Houston, Ph.D. ist eine weltweit hoch geschätzte Wissenschaftlerin, Futuristin und Forscherin auf dem Gebiet menschlicher Fähigkeiten, des sozialen Wandels und der systemischen Transformation. Sie ist eine der zentralen Figuren und Begründerin des *Human Potential Movement* und eine der führenden und visionären DenkerInnen und MacherInnen unserer Zeit. Sie ist außerdem eine Mitbegründerin des Gebietes der *Social Artistry*, „menschliche Entwicklung im Licht des sozialen Wandels", das ihre Arbeit in die ganze Welt getragen hat. Sie ist eine Schlüsselfigur im Empowerment von Frauen und wurde mit dem *Synergy Superstar Award 2020* der Source of Synergy Foundation für ihre beispielhafte Arbeit ausgezeichnet, die uns inspiriert, unsere höchsten Potentiale auszuschöpfen. Dr. Houston hält weltweit Konferenzen, Seminare und Mentoring-Programme für Führungspersönlichkeiten und Akteure des Wandels ab. Sie arbeitete intensiv in mehr als vierzig Kulturen, gab in mehr als 100 Ländern Vorträge, beriet Organisationen wie die UNICEF, UNDP und NASA, neben ihrer beratenden Tätigkeit für globale Staatsoberhäupter, führende Bildungsinstitutionen, Unternehmen und Millionen von Menschen, um deren Einzigartigkeit zu fördern und zu vertiefen. Sie ist Co-Autorin der preisgekrönten *Future Humans Trilogy* mit Dr. Anneloes Smitsman, und hat über 35 Bücher veröffentlicht, neben einer unglaublichen Anzahl von unveröffentlichten Büchern, Theaterstücken, Artikeln und Manuskripten. Dr. Houston ist Chancellor der Meridian University und hat als Fakultätsangehörige am Hunter College, Marymount College, The New School for Social Research, und der University of California gelehrt. Dr. Houston war Präsidentin der American Association of Humanistic Psychology und Chair der United Palace of Spiritual Arts in New York City.

• Mehr Informationen zu Jean Houston: www.jeanhouston.com

FUTURE HUMANS PUBLIKATIONEN UND PROGRAMME

Werde Teil der *Future Humans* Transformations-Programme mit Anneloes Smitsman und Jean Houston, um dein menschliches Zukunfts-Potential weiter zu erforschen und zu entwickeln. Für die neusten Angebote und den Kontakt zur Community kannst du *Future Humans* Website unter www.futurehumans.world besuchen.

Veröffentlichungen in der Future Humans Trilogy Serie

- Book 1 – The Quest of Rose: The Cosmic Keys of Our Future Becoming.
- Book 2 – Return of the Avatars: The Cosmic Architect Tools of Our Future Becoming

Empfohlene Kurse über die Future Humans Website

- The Catalyst Course – für die Arbeit mit *The Quest of Rose*.
- The Future Humans Quest – für die Arbeit mit *Return of the Avatars*.

Andere Publikationen der Autorinnen

Ausgewählte Bücher von Jean Houston

- The Wizard of Us: Transformational Lessons from Oz.
- The Possible Human: A Course in Enhancing Your Physical, Mental & Creative Abilities.
- A Passion for the Possible: A Guide to Realizing Your True Potential.
- Mystical Dogs: Animals as Guides to Our Inner Life.
- A Mythic Life: Learning to Live Our Greater Story.
- Jump Time: Shaping Your Future in a World of Radical Change.
- Public Like a Frog: Entering the Lives of Three Great Americans.
- Mind Games: The Guide to Inner Space (with Robert Masters).

Ausgewählte Bücher/Veröffentlichungen von Anneloes Smitsman

- Love Letters from Mother Earth: The Promise of a New Beginning.
- Into the Heart of Systems Change, Ph.D. Dissertation.
- The New Paradigm in Politics (with Alexander Laszlo).

WEITERE REZENSIONEN DER FUTURE HUMANS TRILOGY

„Jean Houston verkörpert die großzügige, katalytische und erleuchtet-dienende Führungsqualität, die seine Heiligkeit den Dalai Lama zur Aussage inspirierte, dass die Welt von den westlichen Frauen gerettet werden würde – und tatsächlich hat sie viele von ihnen inspiriert und als Mentorin betreut! Nun, da sich die patriarchalischen Pattern der industriellen Zivilisation beginnen aufzulösen, kommen die Frauen zu unserer Rettung. Dr. Jean Houston bringt ihre Kräfte mit dem Genie einer brillanten jüngeren Frau – Dr. Anneloes Smitsman – zusammen, die eine frische Qualität femininer kreativer Leadership mitbringt. Genießen Sie und lassen Sie sich die Augen öffnen und den Geist sich erfreuen an dem, was dabei entstanden ist: Die *Future Humans Trilogy*. Sie erzählt eine nachvollziehbare Geschichte – von Roses (und unserer kollektiven) Nahtod-Erfahrung in dieser apokalyptischen Zeit – und der Entdeckung, Erforschung und Weitergabe der sich unendlich erneuernden und magischen Natur des lebendigen Universums. Als Leser begleiten wir eine menschliche Geschichte und werden Teil davon, sehen allmählich und verstehen, wie wir in einer Welt, die auf profunde Art multidimensional und magisch ist und trotzdem einzig, ganz, gesund und holistisch – leben können. Dres. Houston und Smitsman laden uns auf spielerische Weise ein, ihnen zu folgen und im Prozess unsere latenten Kräfte und Potentiale zu erkennen, die wir für die Co-Kreation und das Bewohnen einer gedeihlichen Zukunft für unsere Kinder und Enkel benötigen. Sie werden die Lektüre dieser Trilogie verwundert und voller Freude beenden.“

~ **Terry Patten**, Autor von *A New Republic of the Heart*

„Wäre es nicht schön, einen zauberhaften Mentor zu haben, der einen durch diese turbulenten Zeiten führt? Von ihm eine Blaupause der Zukunft gezeigt zu bekommen, eine, die uns beschreibt, was möglich ist, wonach wir streben, als nächstes Stadium in der ganzheitlichen und gesunden Evolution unserer Spezies mit allem Leben, dass es derzeit auf der Erde gibt? Natürlich ist so etwas unmöglich, oder? Wer würde in der Lage dazu sein, so etwas zu kommunizieren oder überhaupt Zugang dazu bekommen?! Nun, scheinbar ist es nicht unmöglich für Anneloes Smitsman und Jean Houston – sie haben es geschafft. Und sie haben es in einer Weise getan, die dich dazu einlädt, hinein in die Landschaft der Blaupause, im Stile einer Fabel für unsere Zeiten.

Es ist die fabelhafte Geschichte von Rose, Großmutter Verdandi und allen Freunden, die ihre eigene Reise von der Entwicklung einer persönlichen Beziehung mit der Kosmischen Architektur des Lebens beschreiben. Die Fabel bringt dich in die Raum-Zeit der Mythen und nimmt dich mit in einen großartigen Initiations-Ritus – gleichzeitig sehr persönlich und dann doch von uns allen und von allem Leben erzählend. Im Geiste von Louis Malles Film *My Dinner with André* aus dem Jahre 1981 oder Bernt Capras Film *Mindwalk* von 1990 teilen Smitsman und Houston tiefgreifende Gespräche, die Quantenphysik, indigene Weisheit, Kosmische Evolution, spirituelle Transformation und existentialistische und transzendentale Philosophie des Ostens und Westens, des Nordens und Südens vereinen. Und sie tun dies auf köstlichste und absolut unterhaltsame Art und Weise, die diese Themen verständlich, nachvollziehbar und relevant macht. Smitsman und Houston laden dich ein, mit ihnen im Mondschein spazieren zu gehen oder am Feuer zu sitzen und dem Knistern zuzuhören, dir Hände und Herz zu wärmen und dem Flackern und Spiel des Feuers zuzuschauen, Schattenfiguren zu beobachten, während du ihrer modernen Version der Mahabharata lauschst. Während wir in diesen imaginativen Ort eintreten, lassen sie uns tiefer eintreten in die imaginalen Gefilde unserer eigenen Emergenz – individuell und kollektiv. Rose nennt dies das 'Eintreten in die Lebensschule der Kosmischen Architektur' in der wir unserem zukünftigen Erbe begegnen, während wir den Ältesten lauschen, den reisenden Weisen, Druiden, Zauberern und weisen Frauen, und dabei ihre Führung in uns selbst entdecken."

~ **Prof. Dr. Alexander Laszlo**, Ph.D. Forschungs-Direktor des Laszlo Institute of New Paradigm Research, Mitbegründer des EARTHwise Centre

„Werden Sie Teil von Roses Reise, auf der sie herausfindet, was es wirklich heißt, Mensch zu sein. Ihr Drängen und ihr Enthusiasmus, die Menschheit zu erheben, ist von entscheidender Bedeutung, da sie mit den schnellen Veränderungen zusammenfallen, die der Menschheit und dem Planeten gerade widerfahren. Von den größten Tiefen unserer Seele bis hin zum sozialen Gefüge, das unsere Gesellschaft zusammenhält und wie wir miteinander umgehen, erkennen wir, dass wir in jedem Moment die Wahl haben, zu träumen, zu erschaffen und wirklich unser eigener Kosmischer Architekt zu sein. Die Lektionen und Weisheiten, die von Anneloes und Jean so freigiebig geteilt werden, enthalten wertvolle Geschichten, Schlüssel, Codes und Blaupausen, um unsere Lebensgeschichten so couragiert zu verändern, dass sie uns ermöglichen, aus dem Bekannten in einen imaginalen Raum zu treten, in dem wir die Welt als Resultat unserer Entscheidung zur Liebe zu sich selbst und des Alignments mit dem Kosmos sehen, spüren und erfahren können. Das Buch ist voller Anknüpfungspunkte zur Evolutionsbiologie und Physik und verweist auf einige der meistgeschätzten mystischen Lehrmeister unserer menschlichen Geschichte. Dres. Smitsman und Houston weben zeitgerecht und eloquent die Yin-Perspektive mit ein, die den notwendigen Raum des Mutterschoßes bereithält, um die Lebenskraft dessen hervorzubringen und zu erhalten, was für die Menschheit möglich ist als Teil unserer rechtmäßigen Evolution."

~ **Susan A. Manewich**, Präsidentin des New Energy Movement, Co-Direktorin der Nui Foundation for Moral Technology

„Die *Future Humans Trilogy* ist eine außergewöhnliche und einzigartige Kreation. Sie ist unfassbar aufregend, informativ und inspirierend. Eine Kombination von wissenschaftlicher Veröffentlichung, Kosmischem Abenteuer und imaginalem Festmahl. Die Struktur der Geschichte von Rose, erzählt überwiegend als Unterhaltung zwischen ihrer Großmutter und der Freundin Sophia, setzt eine Fülle von Weisheit, Vision und einem Reichtum von neuesten wissenschaftlichen Erkenntnissen frei, welche sie in einer Nahtoderfahrung während einer Covid-19-Erkrankung empfangen hat. Die Trilogie ist eine faszinierende Veröffentlichung, die Verstand, Herz und Seele in einer tiefgreifenden Art und Weise anspricht. Das wunderschöne Design des Kosmischen Kompasses und visuelle Hilfen sind großartiges Instrumentarium, um einige der komplexeren Ideen zu verstehen."

~ **Penny Joy**, Filmemacherin, Drehbuchautorin, und Fazilitatorin von Restorative Justice Circles

„Als eine Erzählung über Bewusstsein, Code und Kosmos verwebt diese Allegorie in vorzüglicher Art und Weise moderne Wissenschaften mit der Weisheit der beständigen mystischen Traditionen der Welt. Wir werden sofort beschenkt mit einem tiefen Glauben in die menschliche Fähigkeit zu reifen, zu wachsen und uns weiterzuentwickeln. Ob Sie eine weise, talentierte, geschichtenerzählende Großmutter in Island haben oder nicht – schnappen Sie sich Ihre Kardamom-gesprenkelten Kekse und eine Tasse Tee und tauchen Sie in die tiefen Gefilde des Bewusstseins Ihres Herzens ein und machen Sie sich auf den Weg in eine tiefgreifende und Ihr Leben transformierende geführte Erkundungsreise. Sie werden sich selbst und die Welt um sich herum in einem völlig neuen Licht sehen. *Die Reise der Rose* ist das perfekte Buch für diese höchst turbulenten Zeiten, die einen neuen Blick auf alles erfordern."

~ **Dr. Bishop Heather Shea**, Ph.D. CEO & Spiritual Director der United Palace of Spiritual Arts

„Die *Future Humans Trilogy* von Anneloes Smitsman, Ph.D, und Jean Houston, Ph.D, bietet einen brillanten, kreativen und hoffnungsvollen Rahmen, um unsere schwierigen Zeiten zu verstehen und adäquat auf sie zu antworten. Die Trilogie ist eine Chronik einer jungen Frau, die fast an einer Covid-19-Erkrankung verstirbt. Diese Nahtod-Erfahrung inspiriert eine Heldenreise der Selbsterkenntnis und persönlichen Transformation. Die Trilogie führt den Leser durch ein Kaleidoskop der Ideen, die neue Wissenschaften und uralte mystische Weisheiten sowie transpersonale Psychologie umfassen – und das alles provoziert und inspiriert die eigene moderne Imagination. In diesem Buch erblickt man ein kohärentes Bild eines Universums, was vollkommen lebendig ist, sich immerfort entwickelnd und vor Potentialität strotzend. In diesem Universum hat ein menschliches Wesen Zugang zu imaginalen Gefilden, die von kraftvollen, lebens-transformierenden und welt-erschaffenden Möglichkeiten überschäumen; es ist nun an uns, bewusste Partner der gesamten Schöpfung zu werden. The *Future Humans Trilogy* ist ein ermutigender Mythos und praktische Anleitung für unsere Zeiten."

~ **Dr. José M. Román**, Vice-President Research Administration, Rutgers University

„Sich durch die Zeilen von *Die Reise der Rose* zu bewegen, fühlt sich an wie das Surfen auf der Großen Welle. Es scheint, der Kosmische Atem wurde herbeigerufen, der uns mit einem beruhigenden Balsam wieder in das verborgene Herz bläst. Jedes Wort enthält in seinem Inneren eine Symphonie des ewigen Lichts, die die heilige Interaktion des Seins enthüllt. Und als Handbuch ist es voll beladen mit essentiellen praktischen Dingen."

~ **Dr. Kurt Barnes**, N.D., DEA. Founder & Chair des EARTHwise Centre, Psy-Coach, und International Psycho-Social Expert

„Anneloes Smitsman und Jean Houston haben ihre eigene mystische Lebenserfahrung, wissenschaftliche Erkenntnisse und die einzigartige Essenz der Geschichte von Rose und Verdandi in dieses Buch und seine Charaktere eingebracht. Beim Lesen dieser Seiten begibst du dich auf eine Reise, die dein eigenes Erinnern und die Aktivierung deines zukünftigen Werdens auslöst. Diese Bücher sind eine ‚potteresque' Erfahrung, und Pflichtlektüre für alle Menschen aller Schichten und jeden Alters. Durch die eingewebten

Schlüssel, Werkzeuge, Übungen und Weisheit werden wir unserer wichtigen Rolle gewahr, die wir in dieser Zeit spielen, während wir zu den co-kreativen *Zukunfts-Menschen dieser Welt* werden."

~ **Justine Page**, Begründerin von The Essence Effect, Mitbegründerin EARTHwise Centre

„Wir sind mit einem Tsunami von Büchern konfrontiert, die uns zeigen, wo wir uns sowohl in unserer spirituellen Evolution als Gesellschaft und auch als Spezies befinden. Ich glaube seit vielen Jahren, dass die Menschheit an einer Identitätskrise leidet. Wir sind wirklich vom Weg abgekommen, und in unserem verzweifelten Versuch, die Kultur des Todes zu vermeiden, die wir geschaffen haben, tendieren wir dazu, unsere Herausforderungen auf der Ebene des Ergebnisses zu lösen und nicht an der Ursache. Das wird niemals funktionieren. Endlich ist ein Buch aus der brillanten Ausstrahlung von Anneloes Smitsman und dem beständigen, allumfassenden Herzen von Jean Houston hervorgegangen. Folgen Sie Rose auf ihrer Entdeckung, wer sie ist – und entdecken Sie, wer Sie sind. Machen Sie die Übungen und verankern Sie diese Entdeckung in sinnvollem Handeln. Dies ist kein Plädoyer dafür, ein Buch zu lesen... Dies ist ein Plädoyer dafür, die Geschichte dessen, was wir wirklich sind, zu ändern, damit wir uns entscheiden können für eine *Kultur des Lebens*."

~ **Lawrence Bloom**, ehemaliger Generalsekretär der Be Earth Foundation, eine zwischenstaatliche UN-Organisation

„Willkommen in der Welt von Rose – einer jungen Frau, die eine traumatische Nahtoderfahrung durchmacht und dann nach dem sucht, auf das sie sich in ihrem neuen noch jungen Leben verlassen kann. Sie ist die Verkörperung der Herausforderungen des größeren Ganzen, denen wir gegenüberstehen, mit der Bedrohung der Ausrottung der Menschheit und der Ablehnung der Menschheit von Seiten des Planeten Erde – wenn – und dieses *Wenn* steht für Roses Weg – wir uns nicht neu orientieren in Richtung Regeneration und Gedeihen. Die Transformation der Raupe von der Struktur - zur Fluidität – und zu neuer Struktur ist eines der Wunder der Evolution. Aber es zeigt den Weg, den die Menschheit loslassen und dann neu erschaffen muss. Folgen Sie Rose in ihrer Transformation und schließen Sie sich ihr an für das Wohl eines größeren Ganzen, dessen Teil wir alle sind. Was für eine Inspiration Rose ist!"

~ **Ralph Thurm**, Managing Director r3.0, Autor der Publikation *The Corona Chronicles: Envisioning a New Normal for Regeneration and Thriving*

„Eine post-pandemische Zukunft, die in Harmonie floriert mit allem Leben, braucht zukunftstaugliche Menschen. Der Weg des weisen Zukunfts-Menschen ist von einem Kompass geleitet. Rose, die Heldin des Buches, nimmt den Leser mit auf eine magische Erfahrungsreise voller reflektiver Entdeckungen. Quellcodes des Lebens, die Kosmische Architektur und die Intelligenz des Herzens sind durch wunderbare Erzählkunst miteinander verwoben. Ihre tiefe Weisheit stellt sicher, dass der Kompass auf unserer Suche immer in Richtung des ‚wahren Nordens' weist. Ein Meisterwerk, was immer und immer wieder von all denen gelesen werden sollte, die dazu berufen sind, eine bessere Welt auf der Grundlage von universeller Wahrheit, Vertrauen und Liebe aufzubauen."

~ **Steven Lovink**, Bridge-Builder to a Whole New World

„Zwei meiner Lieblingsvisionäre haben uns auf eine Reise in die imaginalen Gefilde mitgenommen, in der sie historische Archetypen mit solchen des Quantenfeldes unseres Zukunfts-Selbst verweben. Jean war seit Jahrzehnten mein Guru, Geschichtenerzählerin und Leitfigur für den möglichen Menschen. Und nachdem ich mit Anneloes gearbeitet habe, die das Talent besitzt, imaginales Denken mit den Grenzen der Wissenschaft zu verbinden, ist es schwer, sich ein perfekteres Paar vorzustellen, welches uns den Weg für eine evolutionär kohärente Realität ebnet. Diese Verbindung des Geschichten-Erzählens, der Wissenschaft und des imaginalen Denkens und Seins ist wahrhaft originell – und doch auf eine bestimmte Weise für mich unglaublich vertraut und rief ein inhärentes Wiedererkennen hervor. Rose erkennt, dass das ‚Universum gleichzeitig eine Gebärmutter' ist und dass die Menschheit ein neues Narrativ gebären muss. Ob man Experte oder Neuling auf diesem Weg ist – diese Heldenreise ist eine Mythologie für die sich entfaltende neue Welt, die wir schaffen. Es wird ein Kickstart für Ihre imaginalen Zellen sein."

~ **Janice Hall**, Präsidentin des Natural Network International, Sozial-Alchemistin, und Business-Ecosystem-Designerin of Thrivable Worlds

„Das Universum schüttelt neue Kosmische Archetypen aus, auf dass jeder von uns seinen Platz in dieser neuen sich entfaltenden Geschichte finde. Dieses Werk bietet die Plattform, durch die die Welt entstehen kann."

~ **Yanik Silver**, Creator, Autor von *The Cosmic Journal* and *Evolved Enterprise*

„*Die Reise der Rose* ist eine fesselnde Geschichte der neuen Paradigmen von Transformation und Metamorphose, erzählt durch die unstillbare Neugier einer jungen Frau, Rose, in Konversation mit ihrer weisen alten Großmutter. Zusammen mit Familie und Freunden ergründen sie die Schlüssel der Bewusstheit ihrer selbst und der bewussten Entscheidungen, setzen neue Dimensionen der Kommunikation frei und versetzen menschliche Zukunfts-Wesen in die Lage, eine andere Welt neu zu imaginieren und co-kreativ zu erschaffen. Die Weisheits-Visionäre Anneloes Smitsman und Jean Houston laden Sie ein auf ein Abenteuer jenseits der Fallen der Dualität dieser beispiellosen Zeit und navigieren meisterhaft zwischen den evolutionären Spannungen und der moralischen Komplexität des Lebens auf der Erde umher. Einmal angefangen ist es schwer, dieses Buch wieder wegzulegen. Es bestärkt die Absicht, die Segel jenseits der sicheren Häfen zu setzen, den primordialen Kräften der Evolution zu begegnen und sie zu umarmen; und das Universum als ein fühlendes, harmonisches Reich infiniten Potentials und einer mitfühlenden liebenden Präsenz wiederzuentdecken.“

~ **Chloe Goodchild**, Klang-Visionärin, Stimm-Pionier, Gesangs-Philosophin, Autorin von *The Naked Voice – Transform Your Life through the Power of Sound*